Die GmbH

Elisabeth Mehrmann
Herbert Kern
Lothar Th. Jasper

Die GmbH

Gründung und Führung

Econ Taschenbuch Verlag

Econ Taschenbuch Verlag 2000
Der Econ Taschenbuch Verlag ist ein Unternehmen der
Econ Ullstein List Verlag GmbH & Co. KG, München
6., aktualisierte Auflage

Umschlagkonzept: Büro Meyer & Schmidt, München – Jorge Schmidt
Titelkonzept und Umschlaggestaltung: Petra Soeltzer, Düsseldorf

Gesetzt aus der Rotis, Linotype
Satz: Josefine Urban – KompetenzCenter, Düsseldorf
Druck und Bindearbeiten: Ebner Ulm
Printed in Germany
ISBN 3-612-21326-1

Inhalt

Abkürzungen

AfA Absetzung für Abnutzung
AG Aktiengesellschaft
AktG Aktiengesetz
ArbGG Arbeitsgerichtsgesetz
AO Abgabenordnung
AV Anlagevermögen
BerlinFG Berlinförderungsgesetz
BetrAVG Gesetz über betriebliche Altersversorgung
BetrVG Betriebsverfassungsgesetz
BeurkG Beurkundungsgesetz
BewG Bewertungsgesetz
BFH Bundesfinanzhof
BGB Bürgerliches Gesetzbuch
BGBl Bundesgesetzblatt
BGH Bundesgerichtshof
BGHZ Entscheidungen des Bundesgerichtshofes in Zivilsachen
BiRiLiG Bilanzrichtlinien-Gesetz
BMF Bundesminister der Finanzen
BNotO Bundesnotarordnung
BR Bundesrat
BStBl Bundessteuerblatt
DMBilG D-Mark-Bilanzgesetz
DVO Durchführungsverordnung
EFG Entscheidungen der Finanzgerichte (Zeitschrift)
EGAktG Einführungsgesetz zum Aktiengesetz
EGHGB Einführungsgesetz zum Handelsgesetzbuch
EK Eigenkapital
EStG Einkommensteuergesetz
EstR Einkommensteuer-Richtlinien
FFG Gesetz über die Angelegenheiten der freiwilligen Gerichtsbarkeit
FördG Fördergebietsgesetz
GbR Gesellschaft bürgerlichen Rechts
GenG Genossenschaftsgesetz

GewO Gewerbeordnung
GmbH Gesellschaft mit beschränkter Haftung
GmbHG GmbH-Gesetz
GmbHR GmbH-Rundschau
GOB Grundsätze ordnungsmäßiger Buchführung
GrEStG Grunderwerbsteuergesetz
GuV Gewinn- und Verlustrechnung
GWG Geringwertige Wirtschaftsgüter
GewSt Gewerbesteuer
HB Handelsbilanz
HGB Handelsgesetzbuch
HK Herstellungskosten
HR Handelsregister
HRA Handelsregister Teil A
HRB Handelsregister Teil B
InvZulG Investitionszulagegesetz
KAGG Gesetz über Kapitalanlagegesellschaften
KapErhG Gesetz über die Kapitalerhöhung aus Gesellschaftsmitteln und über die Verschmelzung von Gesellschaften mit beschränkter Haftung
KapSt Kapitalertragsteuer
KG Kommanditgesellschaft
KGaA Kommanditgesellschaft auf Aktien
KO Konkursordnung
KostO Kostenordnung
KSt Körperschaftsteuer
KStG Körperschaftsteuergesetz
KVStDV Kapitalverkehrsteuer-Durchführungsverordnung
KVStG Kapitalverkehrsteuergesetz
KWG Kreditwesengesetz
LG Landgericht
LöschG Gesetz über die Auflösung und Löschung von Gesellschaften und Genossenschaften
NJW Neue Juristische Wochenschrift
OHG Offene Handelsgesellschaft
OLG Oberlandesgericht
OLGZ Entscheidungen der Oberlandesgerichte in Zivilsachen

PublG Gesetz über die Rechnungslegung von bestimmten Unternehmen und Konzernen (Publizitätsgesetz)
RGZ Entscheidungen des Reichsgerichts in Zivilsachen
StB Steuerbilanz
UmwStG Umwandlungssteuergesetz
VSt Vermögensteuer
VStG Vermögensteuergesetz
ZonRFG Gesetz zur Förderung des Zonenrandgebietes (Zonenrandförderungsgesetz)
ZPO Zivilprozeßordnung

Vorwort zur Neuauflage

Jährlich werden in Deutschland rund 200 000 Unternehmen in Form einer Personen- oder Kapitalgesellschaft gegründet. Hiervon überleben in der Regel 5 % die ersten fünf bis sieben Geschäftsjahre nicht. Die Ursachen dafür sind vielfältig und können sicherlich nicht pauschal beurteilt werden.

Aus unserer Beratungspraxis läßt sich jedoch feststellen, daß immer noch zu viele Gesellschaften mit beschränkter Haftung übereilt gegründet werden. Manchmal ist eine Gesellschaft unterkapitalisiert, manchmal gibt es binnen kurzer Zeit Streit zwischen den Gesellschafter-Geschäftsführern, oder der Finanz- und Liquiditätsplan wurde nicht vorsichtig und realistisch genug aufgestellt, es fehlt an Führungserfahrung oder die Nachfrage stimmt nicht: Die Gesellschaft muß liquidiert werden.

Dieses Buch soll es Ihnen erleichtern, alle Schritte, die bei einer GmbH-Gründung notwendig sind, zu bedenken. Es soll Ihnen Anregung geben und Lust darauf machen, sich den einen oder anderen Sachverhalt auch über dieses Buch hinausgehend intensiv anzuschauen. Wir möchten Ihnen mit unseren Tips helfen, eine sichere Gründungsphase zu bewerkstelligen, und wünschen Ihrer Gesellschaft ein langes Leben – auch über das verflixte siebente Jahr hinaus!

Bonn/Köln im Sommer 2000

Lothar Th. Jasper, Dipl.-Volkswirt, Steuerberater, Köln

Herbert Kern, Rechtsanwalt, Köln

Elisabeth Mehrmann, Management consult Unternehmensberatung, Bonn

Vorwort zur Neuauflage

Vorwort der 1. Auflage 1993

Dieses Buch besteht aus einem rechtlichen, einem betriebswirtschaftlichen und einem steuerrechtlichen Teil. Im rechtlichen Teil werden die Errichtung der GmbH, die Rechtsverhältnisse der Gesellschaft und der Gesellschafter sowie die Vertretung und Geschäftsführung der GmbH behandelt. Darüber hinaus finden sich im Anhang des Werkes der Gesetzestext des GmbHG sowie die relevanten Auszüge des HGB. Ferner finden sich Muster-Gesellschafterverträge mit Bar- und Sachgründung sowie ein Gesellschafter-Geschäftsführer-Vertrag im Anhang.

Im betriebswirtschaftlichen Teil werden die Kapitalausstattung und Finanzierung der GmbH sowie der Jahresabschluß der GmbH mit seinen notwendigen Bestandteilen behandelt.

Die betriebswirtschaftlichen und rechtlichen Aspekte der Gründung und Führung der GmbH werden ergänzt durch die steuerlichen Gesichtspunkte. Stichworte sind hier Körperschaftsteuer, Gewerbesteuer, Umsatzsteuer, Vermögensteuer sowie Lohnsteuer und Sozialversicherung.

Aufgrund des bei einem Taschenbuch naturgemäß begrenzten Seitenumfanges konnten in diesem Werk vielfach nur Grundsätze behandelt werden. Gleichwohl sind die Fragen der Gründung und Führung der GmbH anhand grundsätzlicher Problemstellungen erörtert worden. So findet der Leser einen Schnelleinstieg in die Thematik und kann sich ebenso auf die Gründung der Gesellschaft kompetent vorbereiten, wie er auch einen unentbehrlichen Ratgeber im Alltagsgeschäft der GmbH findet. Natürlich ersetzt dieses Werk wegen der Vielzahl der sich möglicherweise ergebenden Probleme keinen Rechts- oder Steuerberater oder gar einen betriebswirtschaftlichen Berater. In Zweifelsfällen sollte daher auf sachkundigen Rat nicht verzichtet werden.

Die Autoren

1 Einführung

Die GmbH ist und bleibt die beliebteste Rechtsform der Unternehmen. Nicht zuletzt deshalb, weil durch die Haftungsbeschränkung für die Gesellschafter eine gewisse Sicherheit erwächst.

Die GmbH wurde 1892 in Deutschland vom Gesetzgeber zur Erfüllung ganz bestimmter Zwecke geschaffen. Bis 1980 betrug das Stammkapital einer GmbH mindestens 20 000 DM. Diese Mindestgröße bestand bereits vor dem Ersten Weltkrieg; nach der Inflationszeit wurde sie zeitweise auf 5 000 RM verringert. 1926 wurde die Höhe wieder auf den ursprünglichen Betrag festgelegt. Für die Reform sah der Referentenentwurf von 1969 ein Mindestkapital von 50 000 DM vor, doch der Regierungsentwurf von 1971 lautete noch über 20 000 DM. Seit der GmbH-Novelle von 1980 muß das Stammkapital mindestens 50 000 DM[1], bzw. nun mindestens 25 000 Euro, die Stammeinlage jedes Gesellschafters mindestens 100 Euro betragen.

Bei der Gründung (und natürlich auch später) stehen einem Unternehmer verschiedene Möglichkeiten der Wahl der Rechtsform für sein Unternehmen zur Verfügung. Die hier zu treffende erste Entscheidung ist die Wahl einer Einzel- oder Gesellschaftsunternehmung bzw. Personen- oder Kapitalgesellschaft oder gar einer Mischform (Kombination von Personen- und Kapitalgesellschaft) wie beispielsweise die GmbH & Co. KG.

Die Wahl der Rechtsform ist eine langfristig wirksame Entscheidung des Unternehmens, die jedoch immer wieder

---

1 vgl. § 5 Abs. 1 GmbH-Gesetz

Überprüfungen standhalten muß, da es beispielsweise durch Diversifikation notwendig sein kann, eine andere Rechtsform zu wählen.
Die Rechtsform der GmbH erfreut sich seit langem schon einer großen Beliebtheit, deren Ursachen jeweils firmenindividuell zu suchen sind. Pauschal läßt sich jedoch feststellen, daß die GmbH den Vorteil bietet, daß die Gesellschafter ihre Haftung auf die Kapitaleinlagen beschränken können.

1.1 Bedeutung und Definition der GmbH

Die Gesellschaft mit beschränkter Haftung (GmbH) ist eine Gesellschaft mit eigener Rechtspersönlichkeit, deren Gesellschafter mit einem Geschäftsanteil beteiligt sind, ohne persönlich für die Verbindlichkeiten der Gesellschaft zu haften. Das Haftungskapital der Gesellschaft beschränkt sich daher auf das Stammkapital.
Eine GmbH kann für jeden gesetzlich zulässigen Zweck errichtet werden; sie ist nicht auf ein Handelsgeschäft beschränkt. Sie kann durch eine oder mehrere Personen errichtet werden.
Die Rechtsform der GmbH findet sich häufig, da sie mit relativ wenig Kapital gegründet werden kann und die Haftung der Gesellschafter auf die Stammeinlage beschränkt ist. Zudem ist manchmal eine Einsparung von Steuern möglich, und für kleinere Gesellschaften entfällt eine Veröffentlichungspflicht.
Die Gesellschaftsform der GmbH bietet sich für Unternehmen der kleinen bis mittleren Größenordnung an. Für Großunternehmen wird eher die Rechtsform einer Aktiengesellschaft gewählt, was u. a. auch mit der Kapitalausstattung zusammenhängt.

1.2 Abgrenzung GmbH – GmbH & Co. KG usw.

Die GmbH & Co. KG ist eine Personengesellschaft, bei der die GmbH Komplementärin und die Anteilseigner der GmbH meistens auch die Kommanditisten der KG sind. Hierbei ist die GmbH als Kapitalgesellschaft und juristische Person Rechtssubjekt und Gesellschaftsvermögensinhaber. Damit ist sie aber auch im Verhältnis zu ihren Gesellschaftern Rechtssubjekt. Die Gesellschafter besitzen nur Anteile an ihr und sind nicht identisch mit ihr.

Die GmbH & Co. KG hingegen ist nicht Rechtssubjekt. Die Gesellschafter halten das Gesellschaftsvermögen zur gesamten Hand. Es gibt keine Anteile an Personengesellschaften, sondern nur Beteiligungen an den rechtlichen Beziehungen aus dem Gesellschaftsvertrag zwischen den Beteiligten.

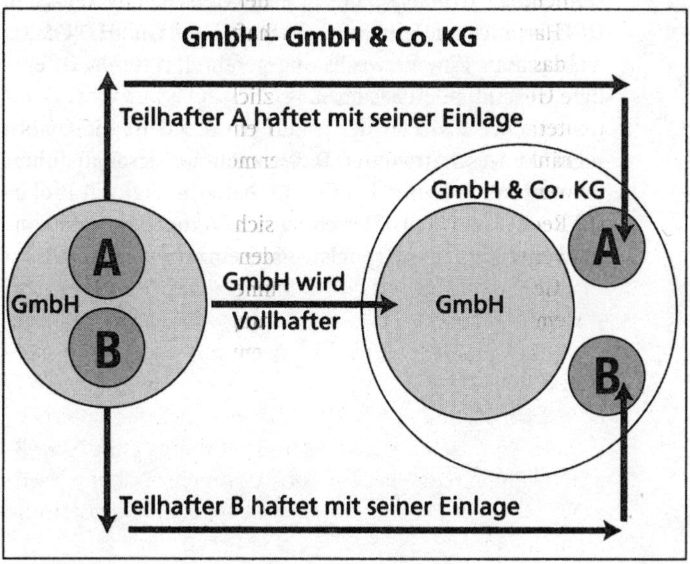

Abb. 1: Haftungsverhältnisse GmbH – GmbH & Co. KG

Die Gründung einer GmbH & Co. KG kann unter den folgenden Ausgangslagen vorgenommen werden:

- In einer bestehenden KG übernimmt eine bestehende oder besonders zu diesem Zweck gegründete GmbH die bisher von einer natürlichen Person eingenommene Stellung des Komplementärs. Dies kann dadurch geschehen, daß der bisherige Komplementär seinen Gesellschaftsanteil an die GmbH überträgt und aus der KG ausscheidet, daß er Kommanditist wird oder daß alle bisherigen Komplementäre ihre Gesellschaftsanteile in eine GmbH einbringen.
- Zu einer bereits bestehenden GmbH treten Kommanditisten hinzu.
- Sowohl die GmbH als auch die KG werden erst neu gegründet.

Für alle diese Fälle müssen gemeinsame Grundsätze beachtet werden. Zunächst müssen die Firmen zu unterscheiden sein. Dieser Grundsatz der Firmenunterscheidbarkeit (§ 30 HGB) ist auch im Verhältnis von GmbH und GmbH & Co. KG zu beachten. Eine Verwechslungsgefahr darf für die Öffentlichkeit somit nicht bestehen.

Gesetzlicher Vertreter der GmbH & Co. KG ist die GmbH, nicht der Geschäftsführer. Daher kann der Geschäftsführer der persönlich haftenden Gesellschafterin zugleich Prokurist der KG sein. Seine Befreiung vom Verbot des Selbstkontrahierens ist in das Handelsregister einzutragen.

2 Errichtung der GmbH

2.1 Gesellschaftszweck

Gemäß § 1 GmbHG kann eine Gesellschaft mit beschränkter Haftung *zu jedem gesetzlich zulässigen Zweck* errichtet werden. Der Gegenstand des Unternehmens kann also jeder beliebige – gesetzlich zulässige – Zweck sein; anders als bei den handelsrechtlichen Personengesellschaften ist der Betrieb eines Handelsgewerbes nicht erforderlich. Ein Erwerbszweck muß nicht verfolgt werden; der Zweck der Gesellschaft kann z. B. auch von mildtätiger, religiöser oder gemeinnütziger Art sein. Möglich ist auch die Gründung einer GmbH zum Zweck der Abwicklung eines bestimmten Vorhabens, etwa als Arbeitsgemeinschaft im Baugewerbe.

Gesetzlich unzulässig ist die Errichtung einer GmbH beispielsweise zu Zwecken, die einen Straftatbestand erfüllen würden. Ist die Gründung einer GmbH nach dem Gesetz erlaubt, so kann die Ausübung der Tätigkeit jedoch an die Erteilung einer staatlichen Genehmigung gebunden sein. Die staatliche Konzession, etwa nach § 2 des Gaststättengesetzes zum Betrieb einer Gaststätte, muß vor Eintragung der GmbH beschafft werden.

Das Registergericht wird die Eintragung der Gesellschaft ablehnen oder eine Gesellschaft, die bereits im Handelsregister eingetragen ist, von Amts wegen löschen, wenn bekannt wird, daß der Gesellschaftszweck gegen das Gesetz oder die guten Sitten verstößt.

2.2 Form und Inhalt des Gesellschaftsvertrages

Der Gesellschaftsvertrag, der, um den Bedürfnissen der Gesellschafter gerecht zu werden, möglichst sorgfältig ausgearbeitet werden sollte, bedarf gem. § 2 GmbHG *notarieller Form.*

Soll die Unterzeichnung des Gesellschaftsvertrages durch einen Bevollmächtigten erfolgen, so muß dieser im Besitz einer notariell errichteten oder beglaubigten Vollmacht sein. Der gesetzliche Vertreter ist nicht Bevollmächtigter; dieser benötigt eine notariell errichtete bzw. beglaubigte Vollmacht nicht, muß sich aber bei Unterzeichnung des Gesellschaftsvertrages durch Vorlage von Personalausweis und entsprechender Urkunde, etwa Geburtsurkunde seines Kindes, legitimieren.

Für Änderungen des Gesellschaftsvertrages bestehen die gleichen Formvorschriften wie für dessen Unterzeichnung.

Nach § 1 GmbHG kann eine GmbH durch *eine* oder *mehrere Personen* errichtet werden. Seit der Änderung des GmbHG im Jahr 1980 kann die GmbH auch durch nur eine Person gegründet werden. Die Zahl der Gesellschafter ist sowohl bei der Gründung als auch zu einem späteren Zeitpunkt nach oben unbegrenzt. Nicht nur natürliche Personen, sondern auch juristische Personen und Personengesellschaften (z. B. KG, OHG und GbR) können Gesellschafter sein. Für Minderjährige handelt deren gesetzlicher Vertreter. Auch Ausländer und Gesellschaften des Auslands kommen als Gesellschafter in Betracht, jedoch dürfen Ausländer, denen eine Erwerbstätigkeit verboten ist, keine GmbH gründen.[1]

In § 3 GmbHG ist der Mindestinhalt des Gesellschaftsvertrages festgelegt. Der Gesellschaftsvertrag muß folgende *Regelungen* enthalten:

- die Firma und den Sitz der Gesellschaft,
- den Gegenstand des Unternehmens,
- den Betrag des Stammkapitals,
- den Betrag der von jedem Gesellschafter auf das Stammkapital zu leistenden Einlage (Stammeinlage),

---

1 Vgl. OLG Stuttgart, in: MDR 1984, S. 495, 496

- soweit vorgesehen, die Zeitdauer der Gesellschaft,
- über die Leistung von Kapitaleinlagen ggf. hinausgehende Verpflichtungen der Gesellschafter gegenüber der Gesellschaft.

Zwar ist ein die vorgenannten Mindesterfordernisse enthaltender Gesellschaftsvertrag gültig, jedoch sollte dieser entsprechend den Bedürfnissen der Gesellschafter ergänzt werden. Irgendwelche nicht im Gesellschaftsvertrag selbst niedergelegten mündlichen oder schriftlichen Vereinbarungen begründen weder Gesellschafterrechte noch Gesellschafterpflichten.

Der *Euro* ist am 1. 1. 1999 zu einer eigenständigen Währung geworden und damit anstelle der nationalen Währungen aller an der europäischen Währungsunion teilnehmenden Staaten getreten. Demzufolge sind die nationalen Währungen und damit die DM nur noch bloße Recheneinheiten für den Euro. In einem Übergangszeitraum bis zum 31. 12. 2001 darf die DM noch wahlweise statt des Euro verwendet werden, jedoch spätestens zum 1. 1. 2002 sollen dann auf Euro lautende Geldscheine und Münzen in Umlauf gebracht werden. Spätestens zum 30. 6. 2002 soll die DM ihre Eigenschaft als gesetzliches Zahlungsmittel verlieren und der Euro zum ausschließlichen gesetzlichen Zahlungsmittel werden. Die erforderliche Währungsumstellung wird für das Recht der GmbH in § 86 GmbH-Gesetz geregelt. Auf die dort enthaltenen Übergangsregelungen für Altgesellschaften wird verwiesen.

Auch wenn für Neugründungen, die zwischen dem 1. 1. 1999 und dem 31. 12. 2001 angemeldet und eingetragen werden, nach § 86 GmbH-Gesetz ein Wahlrecht dahingehend vorgesehen ist, daß die Gründer Stammkapital und Stammeinlagen entweder in Euro oder in DM vorsehen können, ist nur eine Euro-Neugründung praktisch sinnvoll.

Die *Firma der GmbH* ist der Name, unter welchem die Gesellschaft ihre Geschäfte betreibt und am Rechtsverkehr teilnimmt. Durch die Firmierung soll die GmbH individualisiert und von gleichartigen Unternehmen unterschieden werden können.

Mit der Einführung des neuen Firmenrechts ist der Grundsatz der freien Firmenbildung verbunden. Es bleibt zwingend erforderlich, daß die Firma den Zusatz »Gesellschaft mit beschränkter Haftung« oder aber eine allgemein verständliche Abkürzung dieser Bezeichnung in deutscher Sprache enthalten muß.

Es bleibt auch dabei, daß die Firma keine Angaben enthalten darf, die geeignet sind, über geschäftliche Verhältnisse, die für die angesprochenen Verkehrskreise wesentlich sind, irrezuführen. Dabei kommt es objektiv auf die Sicht eines durchschnittlichen Angehörigen des betroffenen Personenkreises an. Das Registergericht prüft dabei, ob eine solche Täuschungseignung ersichtlich ist.

Das Verbot sittenwidrigen Verhaltens sowie eines Verstoßes gegen die öffentliche Ordnung gilt weiterhin.

Auch ist zu beachten, daß eine Firma registerrechtlich zulässig sein kann, jedoch markenrechtlich, wettbewerbsrechtlich oder namensrechtlich unzulässig ist. Das Registergericht darf die GmbH nur dann nicht eintragen, wenn die Firma nichtig ist.

Sondervorschriften für die Firmierung gelten für Steuerberatungsgesellschaften, Wirtschaftsprüfungsgesellschaften, Buchprüfungsgesellschaften und Rechtsanwaltsgesellschaften; diese sind verpflichtet, in die Firmierung die Bezeichnung Steuerberatungsgesellschaft, Wirtschaftsprüfungsgesellschaft etc. aufzunehmen.

Dies vorausgeschickt, sind für die Bildung der Firma folgende Möglichkeiten gegeben: Die GmbH kann eine Personenfirma bilden, die den Namen eines oder mehrerer Gesellschafter enthält. Auch kann ein Pseudonym für die Bildung der Firma benutzt werden. Die Bildung einer Sachfirma, bei der der Unternehmensgegenstand Teil der Firma ist, ist ebenso möglich wie die Verbindung einer Personen- und Sachfirma als Mischfirma (z.B. Müller Karosseriebau GmbH). Nach neuem Recht darf auch eine reine Phantasiefirma (z.B. Flamingo-GmbH) gebildet werden. Abgesehen von den eingangs erwähnten Beschränkungen, kommt es im wesentlichen darauf an, daß die Firma nicht dem Verwechslungsrisiko mit anderen Firmen, insbesondere aus der gleichen oder ähnlichen Branche, unterliegt. Diese Unterscheidungskraft fehlt bei reinen Sachfirmen, z. B. Wohnungsbau-GmbH, so daß reine Sachfirmen ohne einen individualisierenden Zusatz nicht eintragungsfähig sind. Eintragungsfähig sind dagegen Allerweltsnamen wie Schmitz GmbH oder Müller GmbH, wenn diese mindestens mit einem abgekürzten Vornamen geführt werden.

Die Firma muß auf die beteiligten Verkehrskreise wie ein Name wirken, d. h., der Firmenkern muß aus einer wörtlichen bzw. aussprechbaren Bezeichnung gebildet werden, wobei auch Buchstabenfolgen, soweit sie überschaubar und nicht endlos sind (z. B. ADE-GmbH) sowie ausgeschriebene Zahlenbezeichnungen (z. B. 33-GmbH) zulässig sind. Bildzeichen werden nach wie vor nicht als eintragungsfähig angesehen, wohl jedoch aus Buchstaben und Ziffern gebildete Firmierungen wie z. B. Bank 24.

Immer kommt es darauf an, daß sich die Firma von anderen Firmen im Bezirk des Registergerichts deutlich unterscheidet.

Im Zweifel sollte bei der Wahl des Firmennamens fachkundiger Rat eingeholt werden.

Mit Zustimmung des Veräußerers kann die GmbH bei Erwerb eines Handelsgeschäftes die Firma fortführen, wobei jedoch § 25 Abs. 1 HGB zu beachten ist; es tritt eine Haftung für Verbindlichkeiten ein, wenn die fremde Firma ganz oder nur mit unwesentlichen Änderungen fortgeführt wird.

Der Sitz der Gesellschaft muß im Gesellschaftsvertrag enthalten sein. Der Sitz muß im Inland liegen. Für die Bestimmung des Gesellschaftssitzes nennt § 4 a GmbH-Gesetz drei Alternativen, und zwar entweder den Ort, an dem sich der Betrieb oder die Geschäftsleitung oder die Verwaltung der Gesellschaft befindet. Als Betrieb wird der Schwerpunkt der Unternehmenstätigkeit anzusehen sein. Da die Geschäftsleitung der GmbH dem Geschäftsführer obliegt, befindet sich diese an dem Ort, von dem aus der Geschäftsführer die Gesellschaft leitet. Da die meisten Gesellschaften mit beschränkter Haftung bei ihrer Gründung noch keinen

Betrieb und auch keine Verwaltung im eigentlichen Sinne haben, kommt es in solchen Fällen darauf an, von welchem Ort aus der Geschäftsführer tätig wird. Die GmbH darf nur einen Sitz haben, kann jedoch eine Zweigniederlassung gründen. Wird eine ursprünglich zulässige Sitzwahl durch Veränderungen der tatsächlichen Gegebenheiten im nachhinein unzulässig, z.B. durch Verlegung der als Gesellschaftssitz angegebenen Produktionsstätte, besteht die Pflicht zur förmlichen Satzungsänderung hinsichtlich des Sitzes der GmbH. Aus dem Sitz der Gesellschaft ergibt sich die örtliche Zuständigkeit des Registergerichts, bei dem die Anmeldung zur Eintragung in das Handelsregister vorzunehmen ist (vgl. § 7 Abs. 1 GmbH-Gesetz).

Nach § 3 Abs. 1 Ziffer 4 GmbHG muß der Gesellschaftsvertrag den Betrag der von jedem Gesellschafter auf das Stammkapital zu leistenden Einlage *(Stammeinlage)* enthalten. Das Stammkapital ist als Vermögensgrundstock der GmbH, mit welchem diese in das geschäftliche Leben eintreten soll, zu bezeichnen.

Ausweislich § 5 Abs. 1 GmbHG muß das Stammkapital für die neu zu gründende Gesellschaft mindestens 25 000 Euro betragen. Eine Höchstbegrenzung besteht nicht. Die Höhe des Stammkapitals ist notwendiger Bestandteil des Gesellschaftsvertrages. Da das Stammkapital den Gesellschaftsgläubigern zur Verfügung stehen soll, darf es von den Gesellschaftern jedenfalls in der im Gesellschaftsvertrag bestimmten Höhe nicht angegriffen werden.

Es ist in der Bilanz unter den Passiva als gezeichnetes Kapital auszuweisen (vgl. § 42 Abs. 1 GmbHG).

Daraus ergibt sich, daß ein verfügbares Gesellschaftsvermögen lediglich in einer Höhe vorhanden sein kann, die die Summe des Stammkapitals und der übrigen Passiva übersteigt. Das Stammkapital ist von den Gesellschaftern aufzubringen. Es besteht aus der Summe aller von den Gesellschaftern bewirkten Stammeinlagen.

Das zur Erhaltung des Stammkapitals erforderliche Vermögen der Gesellschaft darf an die Gesellschafter nicht ausgezahlt werden; Zahlungen, welche diesem Verbot zuwider

geleistet werden, müssen der Gesellschaft erstattet werden, wobei die Mitgesellschafter nach dem Verhältnis ihrer Geschäftsanteile haften, falls die Erstattung von dem Empfänger nicht zu erlangen ist (vgl. § 30, § 31 GmbHG).
Die Stammeinlage, deren jeweilige von den Gesellschaftern zu leistende Höhe im Gesellschaftsvertrag enthalten sein muß, ist von jedem Gesellschafter zu erbringen. Es ist also nicht möglich, daß zwei von drei Gesellschaftern mit ihren Stammeinlagen das gesamte Stammkapital übernehmen und der dritte Gesellschafter keine Stammeinlage erbringt. Die Stammeinlage eines jeden Gesellschafters muß mindestens 100 Euro betragen (vgl. § 5 Abs. 1 GmbHG); die Anmeldung der Gesellschaft bei Eintragung in das Handelsregister darf – soweit nicht Sacheinlagen vereinbart sind – erst erfolgen, wenn auf jede Stammeinlage ein Viertel einbezahlt ist (vgl. § 7 Abs. 2 GmbHG).
Die auf jede Stammeinlage zu erbringende Mindestbareinlage beträgt demnach ein Viertel. Wie sich aus dem Vorstehenden ergibt, ist auch eine Sacheinlage möglich. Vor der Anmeldung muß an Bar- und Sacheinlagen insgesamt mindestens soviel geleistet worden sein, daß die wertmäßige Summe der Einlagen 12 500 Euro erreicht (vgl. § 7 Abs. 2 Satz 2 GmbHG).
Für die Einmann-GmbH ergibt sich aus dem GmbHG eine Sonderregelung. Nach § 7 Abs. 2 Satz 3 darf die Anmeldung zur Eintragung im Handelsregister erst erfolgen, wenn durch den einzigen Gesellschafter eine Stammeinlage in Höhe von mindestens 12 500 Euro geleistet wurde und er für den übrigen Teil der Geldeinlage eine Sicherung bestellt hat. Die Sicherheitsleistung kann z. B. in der Stellung einer Bürgschaft, der Hinterlegung von Geld oder Wertpapieren oder in der Stellung von Hypotheken an inländischen Grundstücken bestehen. Wenn der abgesicherte Teil der Geldeinlage geleistet ist, wird die Sicherung frei. Das gleiche gilt, wenn ein weiterer Gesellschafter in die Gesellschaft eintritt, da durch dessen Mithaftung bzw. Ausfallhaftung für die restliche Geldeinlage der Sicherungszweck erreicht ist (vgl. insoweit auch § 24 GmbHG).

Um einer Strohmann-Gründung vorzubeugen, ist in § 19 Abs. 4 GmbHG folgendes bestimmt: »Vereinigen sich innerhalb von drei Jahren nach der Eintragung der Gesellschaft in das Handelsregister alle Geschäftsanteile in der Hand eines Gesellschafters oder daneben in der Hand der Gesellschaft, so hat der Gesellschafter innerhalb von drei Monaten seit der Vereinigung der Geschäftsanteile alle Geldeinlagen voll einzuzahlen oder der Gesellschaft für die Zahlung der noch ausstehenden Beträge eine Sicherung zu bestellen oder einen Teil der Geschäftsanteile an einen Dritten zu übertragen.«

Das Registergericht fordert den Gesellschafter, der dieser Verpflichtung nicht nachkommt, auf, alle Geldeinlagen voll einzuzahlen, eine entsprechende Sicherheit zu stellen oder einen Teil der Geschäftsanteile an einen Dritten zu übertragen (vgl. § 144 b FGG). Wird eine der vorgenannten Handlungen nicht innerhalb einer vom Registergericht gesetzten Frist vorgenommen, so stellt dieses die Auflösung der Gesellschaft fest.

Die in § 7 Abs. 2 GmbHG normierte Pflicht zur Einzahlung der Bareinlage beinhaltet, daß diese an die GmbH zu leisten und *zur freien Verfügung* des Geschäftsführers der GmbH stehen muß. Der Geschäftsführer muß tatsächlich und rechtlich in die Lage versetzt werden, den Betrag für die GmbH verwenden zu können. Dies ist allein durch die Hingabe eines Schecks oder Wechsels nicht der Fall. Ebensowenig reicht es aus, wenn der Gesellschaft durch einen Gründer ein diesem persönlich eingeräumter Bankkredit zur Verfügung gestellt wird. Die Geldeinlage muß bar oder auf ein Konto der GmbH einbezahlt sein.

Gemäß § 7 Abs. 3 GmbHG sind auch die Sacheinlagen vor der Anmeldung der Gesellschaft zur Eintragung in das Handelsregister so an die Gesellschaft zu bewirken, daß sie endgültig *zur freien Verfügung* der Geschäftsführer stehen. Wollen die Gesellschafter ihre Stammeinlage nicht als Bareinlage leisten, sondern statt dessen Sacheinlagen in die Gesellschaft einbringen, müssen im Gesellschaftsvertrag der Gegenstand der Sacheinlage, deren Geldwert sowie der

Gesellschafter, der die Sacheinlage erbringen soll, festgelegt werden (vgl. § 5 Abs. 4 GmbHG). Genügt der Gesellschaftsvertrag diesem Erfordernis nicht, wird das Registergericht die Eintragung der GmbH in das Handelsregister ablehnen.

Als Sacheinlagen kommen alle Vermögenswerte in Betracht, die in der Bilanz als Aktivposten ausgewiesen werden können. Es kann sich hierbei um Sachen und Rechte handeln, z. B. Lastkraftwagen, Maschinen, Grundstücke, Forderungen und Handelsgeschäfte. Nicht möglich ist es, anstelle einer Bareinlage eine Dienstleistung für die GmbH unentgeltlich zu erbringen und den Gegenwert der Tätigkeit der Gesellschaft als »Sacheinlage« zur Verfügung zu stellen. Allerdings kann eine derartige Vorgehensweise als besondere Verpflichtung gegenüber der Gesellschaft im Gesellschaftsvertrag festgelegt werden (vgl. § 3 Abs. 2 GmbHG).

Grundsätzlich ist *bei der Sachgründung Vorsicht geboten*, da die Gefahr der Überbewertung der Sacheinlagen besteht. Wird seitens des Registergerichts die Oberbewertung von Sacheinlagen nicht erkannt und erfolgt eine Eintragung der Gesellschaft, so hat der zur Sacheinlage verpflichtete Gesellschafter in Höhe des Fehlbetrages eine Einlage in Geld zu leisten (vgl. § 9 GmbHG).

Ersatzweise haften nach § 24 GmbHG auch die übrigen Gesellschafter; darüber hinaus kommt gem. § 9 a GmbHG eine Haftung der Gesellschafter und Geschäftsführer in Betracht. In diesem Zusammenhang ist darauf hinzuweisen, daß die nachträgliche Umwandlung einer Sacheinlage in eine Bareinlage möglich ist (nicht jedoch der umgekehrte Fall).

In § 5 Abs. 4 Satz 2 GmbHG ist bestimmt, daß die Gesellschafter einen *Sachgründungsbericht* zu erstellen haben, in welchem die für die Angemessenheit der Leistungen für Sacheinlagen wesentlichen Umstände darzulegen und beim Übergang eines Unternehmens auf die Gesellschaft die Jahresergebnisse der beiden letzten Geschäftsjahre anzugeben sind. Der Sachgründungsbericht ist bei Anmeldung dem Registergericht vorzulegen (vgl. § 8 Abs. 1 Ziffer 4 GmbHG).

Im Sachgründungsbericht müssen die Sacheinlageverträge und Unterlagen darüber enthalten sein, daß der Wert der Sacheinlagen den Betrag der dafür übernommenen Stammeinlagen erreicht. Wegen der unterschiedlichen Möglichkeiten, eine Sacheinlage zu erbringen, kann an dieser Stelle nicht einzeln aufgeführt werden, welche Unterlagen für die Überprüfung durch das Registergericht geeignet sind. Je schwerer die eingebrachten Sachen zu bewerten sind, um so eher kann ein Sachverständigengutachten erforderlich werden. Das Registergericht kann selbst Ermittlungen anstellen und sich dabei von der Industrie- und Handelskammer unterstützen lassen (vgl. § 12, § 126 FGG).

Da der Sachgründungsbericht nicht Bestandteil des Gesellschaftsvertrages ist, ist auch keine notarielle Beurkundung desselben erforderlich. Allerdings muß der Gegenstand der Sacheinlage seinem wesentlichen Inhalt nach im Gesellschaftsvertrag enthalten sein, so daß kein Zweifel über die Identität der Sachleistung, die Person des die Sachleistung erbringenden Gesellschafters und den Geldwert der Einlage besteht.

Soll die Geschäftstätigkeit der GmbH auf eine *bestimmte Zeitdauer* beschränkt werden, so muß dies Inhalt des Gesellschaftsvertrags werden (vgl. § 3 Abs. 2 GmbHG); es erfolgt dann eine entsprechende Eintragung im Handelsregister und Veröffentlichung dieser Eintragung (vgl. § 10 Abs. 2 und 3 GmbHG).

Die Gesellschaft wird durch Ablauf der im Gesellschaftsvertrag bestimmten Zeit aufgelöst (vgl. § 60 Abs. 1 Ziffer 1 GmbHG). Bei fehlender Vereinbarung über die Dauer der GmbH wird diese durch Gesellschafterbeschluß aufgelöst, wozu mangels anderweitiger Vereinbarung im Gesellschaftsvertrag die Mehrheit von drei Viertel der abgegebenen Stimmen erforderlich ist (vgl. § 60 Abs. 1 Ziffer 2 GmbHG; weitere Auflösungsgründe siehe § 60, § 61 GmbHG).

Sollen die Gesellschafter gegenüber der GmbH über die Erbringung der Stammeinlage hinaus zu *weiteren Leistungen* verpflichtet werden, sind auch diese gem. § 3 Abs. 2 GmbHG im Gesellschaftsvertrag inhaltlich festzulegen. Der-

artige Verpflichtungen bieten sich an, wenn der einzelne Gesellschafter enger an die Erfüllung der Ziele der Gesellschaft gebunden werden soll.
Zu denken ist insoweit neben der Erbringung der Stammeinlage an Sonderzahlungen, mit welchen der Gesellschaft verfügbares Kapital zur Verfügung gestellt wird, ferner Lieferungspflichten des Gesellschafters an die Gesellschaft, Dienstleistungen z. B. in Form der Geschäftsführertätigkeit, Wettbewerbsverbote, unentgeltliche, ggf. zeitlich beschränkte Überlassung von Produktionsmitteln etc.

2.3 Anmeldung zur Eintragung in das Handelsregister

Die Gesellschaft ist bei dem Gericht, in dessen Bezirk sie ihren Sitz hat, zur Eintragung in das Handelsregister anzumelden (§ 7 Abs. 1 GmbHG). Für die *Anmeldung* sind die Geschäftsführer verantwortlich. Hat die Gesellschaft einen Geschäftsführer, meldet dieser allein an; sind mehrere Geschäftsführer vorhanden, müssen alle Geschäftsführer die Anmeldung der Gesellschaft bewirken; hierzu gehören auch stellvertretende Geschäftsführer (vgl. § 78 GmbHG).
Der Anmeldung müssen beigefügt sein:

- Gesellschaftsvertrag in notarieller Form;
- notariell beglaubigte Vollmachten, sofern sich ein Gesellschafter bei Abschluß des Gesellschaftsvertrages hat vertreten lassen;
- die Legitimation der Geschäftsführer, sofern dieselben nicht im Gesellschaftsvertrag bestellt sind;
- eine von den Anmeldenden unterschriebene Liste der Gesellschafter, aus welcher Name, Vorname, Geburtsdatum und Wohnort der Gesellschafter sowie der Betrag der von jedem Gesellschafter übernommenen Stammeinlage ersichtlich ist;
- bei Vereinbarung von Sacheinlagen die Verträge, die den Festsetzungen zugrunde liegen oder zu ihrer Ausführung geschlossen worden sind;
- bei Sacheinlagen der Sachgründungsbericht und Unterla-

gen darüber, daß der Wert der Sacheinlagen den Betrag der dafür übernommenen Stammeinlagen erreicht;
- die Genehmigungsurkunde, sofern der Gegenstand des Unternehmens einer staatlichen Genehmigung bedarf;
- die Angabe, welche Vertretungsbefugnis die Geschäftsführer haben;
- die Versicherung der Geschäftsführer, daß auf jede Stammeinlage ein Viertel, mindestens 12 500 Euro eingezahlt wurden (vgl. § 7 Abs. 2 und 3 GmbHG) und sich endgültig in der freien Verfügung der Geschäftsführer befinden, bei der Einmann-GmbH zusätzlich die Versicherung, daß der Gesellschafter für den übrigen Teil der Geldeinlage eine Sicherung gestellt hat (vgl. § 7 Abs. 2 Satz 3 GmbHG);
- die Versicherung der Geschäftsführer, daß keine Umstände vorliegen, die ihrer Bestellung entgegenstehen, z. B. Verurteilung wegen Bankrotts oder Verletzung der Buchführungspflicht, Berufsverbot oder Gewerbeuntersagung (vgl. § 6 Abs. 2 Satz 2 und 3 GmbHG);
- die Versicherung der Geschäftsführer, daß sie über ihre unbeschränkte Auskunftspflicht gegenüber dem Gericht belehrt worden sind.

Die Geschäftsführer haben ihre Unterschrift zur Aufbewahrung bei dem Registergericht zu zeichnen. Deren unter der Anmeldung stehende Unterschriften müssen notariell beglaubigt sein.

Falsche Angaben zum Zweck der Eintragung in das Handelsregister, betreffend die Übernahme der Stammeinlagen, die Leistung der Einlagen und im Sachgründungsbericht, sind für Geschäftsführer und Gesellschafter *strafbar* (vgl. § 82 Abs. 1 Ziffer 1 und 2 GmbHG).

Zu falschen Angaben gehören nicht nur unrichtige, sondern auch unvollständige und unterlassene Angaben. Im übrigen *haften* alle Gesellschafter und Geschäftsführer der GmbH als Gesamtschuldner für fehlende Einzahlungen und nicht bekanntgegebenen Gründungsaufwand der Gesellschaft gegenüber, wenn zum Zwecke der Errichtung der Gesellschaft falsche Angaben gemacht wurden (vgl. § 9 a GmbHG).

Darüber hinaus haben im Falle der Verantwortlichkeit von Gesellschaftern und Geschäftsführern gem. § 82 Abs. 1 Ziffer 1.2 GmbHG auch geschädigte Dritte einen Schadensersatzanspruch gegen die Geschäftsführer bzw. Gesellschafter der GmbH aus dem Gesichtspunkt der unerlaubten Handlung. Es wird daher nochmals darauf hingewiesen, daß die in § 7 Abs. 2 GmbHG bestimmten Mindesteinlagen bei der Anmeldung bewirkt und sich endgültig in der freien Verfügung der Geschäftsführer befinden müssen, d. h., der Geschäftsführer muß zum Zeitpunkt der Anmeldung jederzeit über den eingezahlten Betrag in voller Höhe verfügen können. Bareinlagen dürfen vor Anmeldung nicht angegriffen werden; will die (Gründungs-)Gesellschaft schon vor Anmeldung Sachwerte anschaffen, besteht die Möglichkeit der Sachgründung.

Kommt der Richter am Registergericht bei Überprüfung der ihm übergebenen Unterlagen zu dem Ergebnis, daß die Gesellschaft nicht ordnungsgemäß errichtet und angemeldet ist, wird er die Eintragung ablehnen. Dies kann bei Oberbewertung der Sacheinlagen der Fall sein (vgl. § 9 c GmbHG). »Bei der Gründung einer Ein-Personen-GmbH ist das Registergericht nicht berechtigt, einen Nachweis der Einzahlung des gesamten Stammkapitals zu verlangen, ohne darauf abzustellen, ob im Einzelfall begründete Zweifel an der Richtigkeit bei der Anmeldung eingereichten Unterlagen bestehen.« (vgl. Beschluß des LG Bonn vom 5. 11. 1991 in GmbHR 1993, Seite 100 f.)

Gegenstand der *Eintragung in das Handelsregister* sind

- die Firma und der Sitz der Gesellschaft,
- der Gegenstand des Unternehmens,
- die Höhe des Stammkapitals,
- der Tag des Abschlusses des Gesellschaftsvertrages,
- die Personen der Geschäftsführer und deren Vertretungsbefugnis,
- ggf. eine Bestimmung über die Zeitdauer der Gesellschaft.

Soll der Geschäftsführer von dem *Selbstkontrahierungsverbot* gem. § 181 BGB befreit werden, so ist auch dies in das Handelsregister einzutragen (vgl. § 10 Abs. 1 Satz 2 GmbHG).

Der Inhalt dieser Eintragungen und bei Sachgründungen der Gegenstand der Sacheinlage und der Betrag der Stammeinlage, auf welche sich die Sacheinlage bezieht, werden im Bundesanzeiger veröffentlicht.

Bezüglich der *Kosten* der Errichtung und Anmeldung einer GmbH gilt folgendes:

Für die notarielle Beurkundung des Gesellschaftsvertrages ist das Doppelte der vollen Gebühr gem. § 36 Abs. 2 i. V. m. § 141 KostO zu zahlen; bei der Gründung einer Einmann-GmbH wird nach herrschender Meinung nur eine volle Gebühr gem. § 36 Abs. 1 KostO erhoben, da diese nicht durch einen Vertrag, sondern aufgrund einseitiger Erklärung des alleinigen Gesellschafters errichtet wird. Der Geschäftswert richtet sich gem. § 39 KostO nach dem Wert aller zu erbringenden Bar- und Sacheinlagen; gem. § 39 Abs. 4 KostO ist der Geschäftswert auf höchstens 10 Mio. DM begrenzt.

Die notarielle Beurkundung eines Gesellschaftsvertrages von mehreren Gesellschaftern kostet bei einer Stammeinlage von insgesamt 25 000 Euro derzeit 320 DM.

Die Kosten der notariellen Beglaubigung der Unterschriften sowie der Namenszeichnung bei der Anmeldung zum Handelsregister richten sich nach § 38 Abs. 2 Nr. 7 KostO und betragen die Hälfte der vollen Gebühr, wobei ebenfalls die gesamten zu erbringenden Einlagen als Geschäftswert zugrunde gelegt werden. Bei einer Stammeinlage von insgesamt 25 000 Euro betragen diese Kosten derzeit 80 DM.

Für die Eintragung der Gesellschaft in das Handelsregister wird eine volle Gebühr erhoben (§ 79 Abs. 1 Satz 1 KostO); dies sind bei einem Stammkapital von 25 000 Euro derzeit 160 DM.

Hinzu kommen Kosten, die im Zusammenhang mit der Geschäftsführerbestellung stehen, und ggf. Kosten der Beurkundung oder Beglaubigung einer Vollmacht, falls sich ein Gesellschafter vertreten läßt. Die Gründungsgesellschafter sind Kostenschuldner (vgl. § 2 Nr. 1 KostO).

Zu den Gründungskosten gehören auch die Kosten für die Veröffentlichung der Gesellschaftsgründung im Bundesanzeiger bzw. in der Tagespresse.

2.4 Rechtszustand vor der Eintragung

Die mit der Gründung einer GmbH häufig gewünschte Haftungsbeschränkung tritt erst mit der Eintragung in das Handelsregister ein. Deshalb besteht für denjenigen, der für die künftige GmbH handelt, die Gefahr, persönlich herangezogen zu werden. Vor Eintragung der GmbH ist zunächst zwischen *Vorgründungsgesellschaft* und *Vorgesellschaft* zu unterscheiden. Bei der Vorgründungsgesellschaft liegt lediglich der Abschluß eines – noch nicht notariell beurkundeten – Gründungsvertrages vor. Bei rechtsgeschäftlichem Handeln für die zukünftige GmbH im Vorgründungsstadium haften die Gesellschafter persönlich. Die Haftung der Mitglieder einer Vorgründungsgesellschaft entfällt mit späterer Eintragung der GmbH im Handelsregister nur dann, wenn dies mit dem Gläubiger vertraglich vereinbart wurde.[2]
Ein derartiger Haftungsausschluß muß vom Schuldner bewiesen werden.
Mit Abschluß eines notariell beurkundeten Gesellschaftsvertrages entsteht bis zu der Eintragung der GmbH eine sog. Vorgesellschaft. Sind nach Abschluß eines notariellen Gesellschaftsvertrages und vor Eintragung der GmbH für die zukünftige Gesellschaft Rechtsgeschäfte getätigt worden, greift die Vorschrift des § 11 Abs. 2 GmbHG ein.[3] In § 11 Abs. 2 GmbHG heißt es: »Ist vor der Eintragung im Namen der Gesellschaft gehandelt worden, so haften die Handelnden persönlich und solidarisch.«
Die Haftung tritt folglich nicht ein, wenn der Handelnde nicht für die Gesellschaft, sondern im eigenen Namen aufgetreten ist; in diesem Fall haftet er persönlich. Ferner kommt es nicht zu einer Haftung des Handelnden, wenn dieser mit Vollmacht der Gründungsmitglieder und in deren Namen tätig geworden ist; dies löst eine Haftung der Gründungsmitglieder aus.
Die Haftung gem. § 11 Abs. 2 GmbHG kommt nicht zum Tra-

---

2 Vgl. hierzu BGH, in: NJW 1983, S. 2822
3 Vgl. BGH, in: NJW 1984, S. 2164 f.

gen, wenn mit dem Vertragspartner ein Haftungsausschluß vereinbart oder das Rechtsgeschäft nur unter der Bedingung getätigt wurde, daß die GmbH tatsächlich entsteht. Mit Eintragung der GmbH haftet dann diese. Als Handelnder im Sinne des § 11 Abs. 2 GmbHG kommt nur ein aktiv Handelnder oder jemand in Betracht, der für sich einen anderen, von ihm Bevollmächtigten handeln läßt. Die bloße Eigenschaft als Gründungsmitglied läßt eine Handlungshaftung des § 11 Abs. 2 GmbHG nicht entstehen. Immer ist jedoch Voraussetzung, daß das rechtsgeschäftliche Handeln für die zukünftige GmbH erfolgte. Der aus § 11 Abs. 2 GmbHG Verpflichtete hat den Vertrag in dem Umfang zu erfüllen, wie ihn die Gesellschaft hätte erfüllen müssen. Der Geschäftsführer bzw. der für die zukünftige GmbH Handelnde wird nicht dadurch von seiner persönlichen Haftung befreit, daß dem Vertragspartner die Tatsache der noch nicht erfolgten Eintragung der GmbH bei Geschäftsabschluß bekannt war.[4]
Mit Eintragung der GmbH in das Handelsregister entfällt die Haftung der Gründer aus Verbindlichkeiten der Vorgesellschaft.[5] Auch die Haftung desjenigen, der für die Gründer und die zukünftige Gesellschaft rechtsgeschäftlich tätig war, erlischt mit der Eintragung.[6] Hat allerdings der Geschäftsführer ohne Vertretungsmacht für die zukünftige GmbH gehandelt, so besteht dessen Haftung gem. § 11 Abs. 2 GmbHG trotz Eintragung der GmbH in das Handelsregister fort, sofern das Rechtsgeschäft nicht nachträglich durch die GmbH genehmigt wird.
Eine persönliche Haftung des GmbH-Geschäftsführers kommt dann in Betracht, wenn dieser für eine GmbH einen Geschäftsabschluß tätigt, ohne die beschränkte Haftung des Vertragspartners offenzulegen. Dies gilt auch für den Geschäftsführer einer Vor-GmbH.[7] Darüber hinaus haften die Gesellschafter für eine im Zeitpunkt der Eintragung sich

4 Vgl. BGH, in: NJW 1983, S. 2822
5 Vgl. BGH, in: NJW 1981, S. 1373, 1376
6 Vgl. BGH, in: NJW 1981, S. 1452
7 Urteil des OLG Hamm vom 12. 4. 1994, in GmbHR 2/95, S. 127

ergebende Differenz zwischen Stammkapital und Gesellschaftsvermögen, die durch eine Geschäftsaufnahme vor Eintragung entstehen kann.
Ferner sei nochmals auf die Gründungshaftung gem. § 9 a GmbHG hingewiesen; die anspruchsberechtigte GmbH kann gem. § 9 b GmbHG auf die Ersatzansprüche nach § 9 a GmbHG nicht verzichten und sich über diese Ansprüche nicht vergleichen, soweit Gläubiger der Gesellschaft zu befriedigen sind. Ein Anspruch der Gesellschafter und Gesellschaftsgläubiger auf Schadensersatz besteht nicht gem. § 9 a GmbHG, jedoch kann ein Schadensersatzanspruch gem. § 823 Abs. 2 BGB i. V. m. § 263 StGB (Betrug), § 266 StGB (Untreue) oder § 82 GmbHG entstanden sein.

3 Rechtsverhältnisse der Gesellschaft und der Gesellschafter

3.1 Rechtsnatur der GmbH

Die GmbH ist ab dem Zeitpunkt ihrer Eintragung in das Handelsregister *selbständige Trägerin von Rechten und Pflichten.* Sie kann Eigentum und andere dingliche Rechte an Grundstücken erwerben, vor Gericht klagen und verklagt werden (vgl. § 13 Abs. 1 GmbHG). Aufgrund ihrer rechtlichen Selbständigkeit ist sie auch rechtlich getrennt von den Gesellschaftern zu sehen. Das Einkommen und Vermögen der Gesellschafter ist daher getrennt von dem Einkommen und Vermögen der GmbH zu betrachten. Einkommen aus der GmbH kann einem Gesellschafter nur über einen Gesellschafterbeschluß zukommen. Ist ein Gesellschafter zugleich Geschäftsführer, besteht ein Dienstverhältnis zwischen diesem und der GmbH. Die Gesellschaft begründet keine unmittelbaren Rechtsbeziehungen der Gesellschafter untereinander. Die GmbH selbst kann keine strafbaren Handlungen begehen, wohl aber der für die Gesellschaft handelnde Geschäftsführer. Vor Gericht wird die GmbH durch den Geschäftsführer gesetzlich vertreten; eine Ausnahme besteht insoweit, falls die Gesellschaft gegen den Geschäftsführer prozessiert (vgl. § 46 Ziffer 8 GmbHG).

Der *Geschäftsführer* kann als *gesetzlicher Vertreter* der Gesellschaft grundsätzlich nicht Zeuge in einem von dieser geführten Gerichtsverfahren sein, als Zeugen kommen jedoch die Gesellschafter in Betracht.

Für die Verbindlichkeiten der Gesellschaft *haftet* den Gläubigern derselben *nur das Gesellschaftsvermögen* (§ 13 Abs. 2 GmbHG).

Die *Haftungsbeschränkung* besteht darin, daß die Gesellschafter dem Grunde nach mit ihrem persönlichen Vermögen nicht für Verbindlichkeiten der GmbH haften, sondern nur in Höhe der von ihnen übernommenen Einlage und, falls dies im Gesellschaftsvertrag vorgesehen ist, mit Nachschüssen. Das nicht in die GmbH eingebrachte Vermögen der Gesellschafter bleibt im Fall der Haftung der GmbH unberührt. Es handelt sich daher faktisch um eine beschränkte Haftung der Gesellschafter. Die Haftung der GmbH ist unbeschränkt. Die GmbH *haftet mit ihrem gesamten Gesellschaftsvermögen.* Das Gesellschaftsvermögen ist nicht mit der Stammeinlage zu verwechseln. Es kann im Laufe der Geschäftstätigkeit über die ursprüngliche Stammeinlage von beispielsweise 25 000 Euro hinausgehen. Als Haftungsvermögen steht daher nicht nur das ursprüngliche (angenommene) Stammkapital von 25 000 Euro, sondern das darüber hinausgehende gesamte Vermögen der Gesellschaft zur Verfügung.

Allerdings ist eine persönliche Haftung von Gesellschaftern und Geschäftsführern möglich, wenn diese im Rahmen der Tätigkeit für die Gesellschaft eine unerlaubte Handlung begangen haben. Die persönliche Haftung kommt auch zum Zuge, wenn sich Gesellschafter oder Geschäftsführer für eine gegen die GmbH gerichtete Verbindlichkeit persönlich verpflichtet oder verbürgt haben.

Gem. § 13 Abs. 3 GmbHG gilt die GmbH als Handelsgesellschaft im Sinne des Handelsgesetzbuches. Die GmbH ist *Vollkaufmann.* Daher gelten für sie die Vorschriften des Handelsrechts über die Firmierung, die besonderen Bestimmungen für Kaufleute im Handelsgesetzbuch sowie die Vorschriften über Buchführungs- und Bilanzpflicht. Dies bedeutet u. a., daß eine Bürgschaftsverpflichtung für die GmbH auch mündlich abgegeben werden kann (vgl. § 350 HGB); ein der GmbH gegenüber abgegebenes Angebot gilt als angenommen, falls darauf nicht unverzüglich eine Antwort erfolgt (vgl. § 362 HGB). Festgestellte Mängel einer gelieferten Ware beispielsweise müssen unverzüglich gerügt werden (vgl. § 377 HGB).

3.2 Geschäftsanteile und deren Übertragung

Der *Geschäftsanteil* jedes Gesellschafters bestimmt sich nach dem Betrag der von ihm übernommenen Stammeinlage (§ 14 GmbHG). Der Gesellschafter erhält also mit Übernahme der Stammeinlage einen Geschäftsanteil. Der Geschäftsanteil verkörpert die Mitgliedschaftsrechte und -pflichten jedes Gesellschafters. Aus der Höhe des Geschäftsanteils ergibt sich die Höhe des an den einzelnen Gesellschafter auszukehrenden Gewinns (vgl. § 29 Abs. 3 GmbHG). Das Stimmrecht des einzelnen Gesellschafters wird ebenfalls anhand des Geschäftsanteils bestimmt (vgl. § 47 GmbHG). Die Höhe des Geschäftsanteils ist des weiteren im Falle der Liquidation der Gesellschaft für die Höhe des Liquidationsguthabens maßgebend (vgl. § 72 GmbHG). Im Gesellschaftsvertrag können die vorerwähnten Rechte abweichend von der gesetzlichen Regelung vereinbart werden, beispielsweise ein nicht der Höhe des Geschäftsanteils entsprechendes Stimmrecht oder Gewinnbezugsrecht (vgl. § 29 Abs. 3 Satz 2; § 45 Abs. 2; § 72 Satz 2 GmbHG). Nach dem GmbHG ist die Ausgabe eines Anteilscheins über den Geschäftsanteil nicht vorgeschrieben. Wird ein Anteilschein über einen Geschäftsanteil ausgegeben, so hat dieser lediglich Beweiswert; um ein Wertpapier handelt es sich nicht. Es besteht die Möglichkeit, die Auszahlung des Gewinns oder eine Stimmabgabe von der Vorlage des Anteilscheins abhängig zu machen.

Der Geschäftsanteil kann von einem Gesellschafter *veräußert* werden, wodurch die Mitgliedschaftsrechte auf den Erwerber übergehen. Zur Abtretung von Geschäftsanteilen durch Gesellschafter bedarf es eines *in notarieller Form* geschlossenen Vertrages (vgl. § 15 Abs. 3 GmbHG). Notarielle Form ist nicht allein für die Abtretung des Geschäftsanteils selbst erforderlich, sondern auch bei einer Vereinbarung, durch welche die Verpflichtung eines Gesellschafters zur Abtretung eines Geschäftsanteils begründet wird. Allerdings wird im letztgenannten Fall der Formmangel geheilt, wenn die spätere Abtretung notariell beurkundet wird (vgl.

§ 15 Abs. 4 GmbHG). Mit den strengen Formvorschriften soll verhindert werden, daß Geschäftsanteile spekulativ gehandelt werden. Da in der Regel die Gesellschafter einer GmbH persönlich stärker an die Gesellschaft gebunden sind als die Inhaber einer Aktie an die Aktiengesellschaft, soll ein häufiger Wechsel der Mitglieder über die Formvorschriften erschwert werden. Ähnlich wie bei der Grundstücksveräußerung, die ebenfalls der notariellen Form bedarf, sollen übereilte Entscheidungen verhindert werden. Um häufige Wechsel der Mitglieder zu verhindern, eröffnet § 15 Abs. 5 GmbHG die Möglichkeit, die Abtretung der Geschäftsanteile an weitere Voraussetzungen zu knüpfen, insbesondere von der Genehmigung der Gesellschaft abhängig zu machen. Im Gesellschaftsvertrag könnte beispielsweise den übrigen Gesellschaftern ein Vorkaufsrecht eingeräumt werden mit der Folge, daß erst bei Nichtausübung des Vorkaufsrechtes an einen Dritten veräußert werden kann. Wird im Gesellschaftsvertrag die Abtretung eines Geschäftsanteils von der Zustimmung der übrigen Gesellschafter abhängig gemacht, kann die Zustimmung nicht willkürlich versagt werden; für die Versagung muß ein wichtiger Grund vorliegen.

Die Geschäftsanteile sind vererblich (vgl. § 15 Abs. 1 GmbHG). Im Gegensatz zur Abtretung kann im Gesellschaftsvertrag die Vererblichkeit des Geschäftsanteils nicht ausgeschlossen werden. Es können aber im Gesellschaftsvertrag Bestimmungen über das Schicksal des Gesellschaftsanteils eines verstorbenen Gesellschafters getroffen werden, etwa das Recht der überlebenden Gesellschafter, von den Erben den Geschäftsanteil zu erwerben.

Bei Gründung der GmbH kann jeder Gesellschafter nur eine Stammeinlage übernehmen und damit nur einen Geschäftsanteil erwerben. Spätere, von einem Gesellschafter zusätzlich erworbene Geschäftsanteile behalten ihre *Selbständigkeit* (vgl. § 15 Abs. 2 GmbHG). Mehrere von einem Gesellschafter gehaltene Geschäftsanteile müssen daher deutlich auseinandergehalten werden.

GmbH-Anteile können nicht nur veräußert, sondern auch verpfändet werden. Auch die Bestellung eines Nießbrauchs an einem Geschäftsanteil ist möglich. Der Nießbraucher hat einen Anspruch auf Gewinn, in beiden Fällen steht dem Gesellschafter jedoch weiterhin das Stimmrecht zu. Auch bei der Verpfändung und bei der Bestellung des Nießbrauchs muß eine notarielle Beurkundung erfolgen. Bei Veräußerung, Verpfändung und dergl. des Geschäftsanteils ist § 16 GmbHG zu beachten. Der Gesellschaft gegenüber gilt im Falle der Veräußerung (oder Verpfändung etc.) des Geschäftsanteils nur derjenige als Erwerber, dessen Erwerb unter Nachweis des Übergangs bei der Gesellschaft angemeldet ist. Die *Anmeldung* hat gegenüber der Geschäftsführung zu erfolgen. Dieser ist die notarielle Urkunde über den Übergang des Geschäftsanteils vorzulegen, bei Übergang des Geschäftsanteils aufgrund Erbfalls ein anderer geeigneter Nachweis, etwa der Erbschein. Erst mit der Anmeldung muß der Anteilserwerber von der Gesellschaft als Berechtigter, aber auch Verpflichteter anerkannt werden. Ein etwaiger Gewinnanspruch ist daher erst an den Erwerber zu zahlen, wenn dieser die Anmeldung vorgenommen hat. Soweit das Stimmrecht auf ihn übergegangen ist, kann er dieses auch erst mit der Anmeldung ausüben. Andererseits ist der Erwerber nun verpflichtet, die zur Zeit der Anmeldung rückständigen Leistungen des Veräußerers zu entrichten, wie beispielsweise vereinbarte Nachschüsse, Restzahlungen auf die Stammeinlage oder anderweitige gesellschaftsvertragliche Verpflichtungen. Neben dem Erwerber haftet der Veräußerer weiterhin für Forderungen, die die Gesellschaft bis zur Anmeldung gegen ihn hatte (vgl. § 16 Abs. 3 GmbHG).

Die Veräußerung *von Teilen* eines Geschäftsanteils kann nur mit Genehmigung der Gesellschaft stattfinden (§ 17 Abs. 1 GmbHG), unabhängig davon, ob das Genehmigungserfordernis im Gesellschaftsvertrag festgelegt ist oder nicht. Die Genehmigung für die Veräußerung von Teilen eines Geschäftsanteiles erfolgt durch Beschluß der Gesellschafterversammlung. Für die Genehmigung ist Schriftform erforderlich; in der Genehmigung müssen die Person des Erwerbers und der Betrag bezeichnet sein, welcher von der Stammeinlage des ungeteilten Geschäftsanteiles auf jeden durch die Teilung entstandenen Geschäftsanteil entfällt (vgl. § 18 Abs. 2 GmbHG).

Die Teilung eines Geschäftsanteils ist also derart möglich, daß aufgrund der Teilung zwei oder mehrere Geschäftsanteile vorhanden sind. Die Teilung von Geschäftsanteilen ist erst nach Entstehung der GmbH möglich; bei Gründung der Gesellschaft darf ein Gesellschafter nicht mehrere Stammeinlagen übernehmen (vgl. § 5 Abs. 2 GmbHG). Die Teilung von Geschäftsanteilen darf nur im Fall der Veräußerung oder Vererbung stattfinden; auch dies kann im Gesellschaftsvertrag ausgeschlossen werden (vgl. § 17 Abs. 6 GmbHG). Daraus ergibt sich, daß eine Teilung in der Hand eines Gesellschafters nicht gestattet ist. Auch die gleichzeitige Übertragung mehrerer Teile von Geschäftsanteilen eines Gesellschafters an denselben Erwerber ist unzulässig (§ 17 Abs. 5 GmbHG). Bei der Teilung des Geschäftsanteils zum Zwecke der Veräußerung muß jeder Teil mindestens 100 Euro betragen und in Euro durch 50 teilbar sein (vgl. § 15 Abs. 4 i. V. m. § 5 Abs. 1 und 3 GmbH-Gesetz). Mit der Teilung werden sämtliche aus dem Geschäftsanteil sich ergebende Rechte und Pflichten, also Gewinnanspruch, Stimmrecht etc., entsprechend dem jeweiligen Anteil aufgeteilt. Für den Fall der Veräußerung von Teilen eines Geschäftsanteils an andere Gesellschafter oder bei Teilung von Geschäftsanteilen verstorbener Gesellschafter unter den Erben kann im Gesellschaftsvertrag von der gesetzlich vorgesehenen Genehmigung abgewichen werden.

Steht ein Geschäftsanteil mehreren Mitberechtigten ungeteilt zu, etwa den Mitgliedern einer ungeteilten Erbengemeinschaft, so können diese die Rechte aus dem Geschäftsanteil nur gemeinschaftlich ausüben (vgl. § 18 Abs. 1 GmbHG). Die Mitberechtigten haften gesamtschuldnerisch für auf den Geschäftsanteil zu bewirkende Leistungen, beispielsweise Rückstände auf die Stammeinlage oder von der Gesellschaft beschlossene Nachschüsse (vgl. § 18 Abs. 2 GmbHG). Ist ein gemeinsamer Vertreter der Mitberechtigten nicht vorhanden, so sind die seitens der Gesellschaft gegenüber den Mitberechtigten vorzunehmenden Rechtshandlungen auch wirksam, wenn sie nur gegenüber einem der Mitberechtigten vorgenommen werden (vgl. § 18 Abs. 3 Satz 1 GmbHG). Bei mehreren Erben eines Gesellschafters ist insoweit § 18 Abs. 3 Satz 2 GmbHG zu beachten.

3.3 Einzahlungen auf die Stammeinlage, Folgen bei Zahlungsverzug

Wie bereits oben dargelegt, kann die Gesellschaft erst dann zur Eintragung in das Handelsregister angemeldet werden, wenn auf jede zu leistende Stammeinlage ein Viertel eingezahlt ist und – einschließlich Sacheinlagen – 12 500 Euro eingebracht sind. Falls Sacheinlagen vereinbart sind, sind diese gem. § 7 Abs. 3 GmbHG in vollem Umfang vor der Anmeldung der Gesellschaft zur Eintragung in das Handelsregister zu leisten und müssen dem Geschäftsführer zur freien Verfügung stehen. Soweit ein Gesellschafter seine Stammeinlage teils in Sacheinlagen und teils in Geld zu erbringen hat, muß auch hier die Sacheinlage vor der Eintragung vollständig geleistet sein. Die Bestimmung in § 19 Abs. 1 GmbHG, nach der die Einzahlungen auf die Stammeinlagen nach dem Verhältnis der Geldeinlagen zu leisten sind, bezieht sich daher nur auf Geldeinlagen. § 19 Abs. 1 GmbHG gilt nicht nur für den Zeitraum nach, sondern auch für den vor der Eintragung der Gesellschaft. Da gem. § 7 GmbHG vor Eintragung jedoch Mindesteinlagen zu erbringen sind, spielt die Vorschrift nur insoweit eine Rolle, als bereits vor Eintragung der Gesellschaft nach dem Gesellschaftsvertrag höhere Einlagen als die Mindesteinlagen zu leisten sind. Bei dem aus § 19 Abs. 1 GmbHG sich ergebenden Gleichbehandlungsgrundsatz handelt es sich nicht um zwingendes Recht. Die Gesellschafter können vertraglich vereinbaren, daß die Gesellschafter ihre – über die Mindesteinlage hinausgehenden – Geldeinlagen zu unterschiedlichen Zeitpunkten leisten müssen. Wenn sich allerdings aus dem Gesellschaftsvertrag eine derartige Regelung nicht ergibt, können die restlichen Geldeinlagen nicht willkürlich von den Gesellschaftern eingefordert werden. Mangels gesellschaftsvertraglicher Regelungen wird die Einforderung von Einzahlungen auf die Stammeinlagen gem. § 46 Ziffer 2 GmbHG von der Gesellschafterversammlung beschlossen. Die Ausführung des Beschlusses erfolgt durch den Geschäftsführer.

Um den Schutz der Gesellschaftsgläubiger zu gewährleisten, können die Gesellschafter von der Verpflichtung zur Leistung ihrer Einlagen nicht befreit werden (vgl. § 19 Abs. 2 Satz 1 GmbHG). Von dem Verbot erfaßt werden Ansprüche der Gesellschaft bis zur Höhe des im Gesellschaftsvertrag vereinbarten Stammkapitals. Hierzu gehört auch der Anspruch der Gesellschaft gegen den Sacheinleger auf Leistung des Fehlbetrages in Geld, sofern die Sacheinlage überbewertet wurde (vgl. § 9 GmbHG). Schließlich werden vom Verbot der Befreiung Ansprüche aus § 16 Abs. 3, § 21 Abs. 3, § 22 Abs. 2 und § 24 GmbHG eingeschlossen.[1] Ist der Fälligkeitstermin vertraglich oder durch Einforderung festgelegt, ist eine Stundung nicht möglich. Ein Vergleich, nach welchem eine geringere Stammeinlage als ursprünglich vorgesehen zu leisten ist, wird dann zuzulassen sein, wenn Streit über die Höhe der Stammeinlage besteht, nicht jedoch, wenn ein Gesellschafter nur bis zur Höhe der Vergleichssumme Zahlungen leisten kann.[2] Gegen den Anspruch der Gesellschaft auf Leistung der Stammeinlage ist die Aufrechnung nicht zulässig (vgl. § 19 Abs. 2 Satz 2 GmbHG). Ein Gesellschafter, der gegen die Gesellschaft eine fällige Forderung hat, kann diese Forderung nicht mit der eingeforderten Stammeinlage verrechnen. Die Stammeinlage muß der Gesellschaft zur Verfügung gestellt werden. Ist die Gesellschaft in der Lage, alle Gesellschaftsschulden zu begleichen, ist es nicht erforderlich, auf eine Forderung eines Gesellschafters zu leisten und sich sodann von diesem die Stammeinlage auszahlen zu lassen; in diesem Fall ist es zulässig, wenn die Gesellschaft die beiden Forderungen verrechnet. Unzulässig ist die Gel-

---

1 Hachenburg/Ulmer, GmbH, 8. Aufl., Berlin/New York 1991
2 RGZ 79, S. 271, 274

tendmachung eines Rückbehaltungsrechts wegen einer Forderung, welche sich nicht auf den Gegenstand einer Sacheinlage bezieht (vgl. § 19 Abs. 2 Satz 3 GmbHG). Aus § 19 Abs. 5 GmbHG ergibt sich, daß eine zu erbringende Sacheinlage nur nach im Gesellschaftsvertrag bestimmter Art und Umfang geleistet werden darf. Die Einbringung eines anderen Vermögensgegenstandes als vertraglich vorgesehen ist unzulässig. Mit dieser Vorschrift soll verhindert werden, daß die für die Sacheinlagen geltenden gesetzlichen Erfordernisse wie Offenlegung im Gesellschaftsvertrag und Überprüfung durch das Registergericht umgangen werden. Ist im Gesellschaftsvertrag nicht vereinbart, daß statt einer Bareinlage auch eine bestimmte Sacheinlage geleistet werden kann, so wird der Gesellschafter, der der Gesellschaft einen Vermögensgegenstand anstelle der Barleistung überläßt, nicht von seiner Einlageverpflichtung befreit.

Eine Befreiung dürfte jedoch insoweit eintreten, als die Gesellschaft durch die Verwertung des Vermögensgegenstandes vollständig befriedigt wird.

Nach § 19 Abs. 4 GmbHG ist der Gesellschafter, in dessen Hand sich innerhalb von drei Jahren nach Eintragung der Gesellschaft in das Handelsregister alle Geschäftsanteile vereinigen, verpflichtet, innerhalb von drei Monaten seit der Vereinigung alle Geldeinlagen voll einzuzahlen oder aber eine Sicherheit für die noch ausstehenden Stammeinlagen zu bestellen oder einen Teil der Geschäftsanteile an einen Dritten zu übertragen (vgl. § 19 Abs. 4 GmbHG). Diese Vorschrift korrespondiert mit § 7 Abs. 2 Satz 3 GmbHG, wonach für die nach Zahlung der Mindesteinlage noch offenstehenden Beträge auf das Stammkapital eine Sicherheit zu leisten ist. Der Geschäftsführer ist verpflichtet, dem Registergericht die Vereinigung der Geschäftsanteile unverzüglich anzuzeigen (vgl. § 40 Abs. 2 GmbHG); geschieht dies nicht, so ist der Geschäftsführer der Gesellschaft zum Ersatz eines aus der Pflichtverletzung sich ergebenden Schadens verpflichtet (vgl. § 43 Abs. 2 GmbHG).

Als Folge des Zahlungsverzuges auf die Stammeinlagen sind die gesetzlichen Verzugszinsen zu erwähnen (vgl. § 20

GmbHG). Die Fälligkeit der Stammeinlage ergibt sich aus dem Gesellschaftsvertrag oder, falls in diesem keine entsprechende Bestimmung getroffen wurde, aus dem Einforderungsbeschluß der Gesellschafterversammlung. Wenn vertraglich kein höherer Zinssatz vereinbart wurde, verbleibt es bei einem gesetzlichen Zinssatz von 4 %. Die Zinszahlungspflicht ist nicht von dem Verschulden des Gesellschafters an der verzögerten Einzahlung der Stammeinlage abhängig, sie entsteht kraft Gesetzes. Dem säumigen Gesellschafter kann die Zinszahlungsverpflichtung gestundet oder erlassen werden, da hierdurch das dem Gläubigerschutz dienende Stammkapital nicht angetastet wird.

Der Gesellschafter kann auch mit seinem Geschäftsanteil im Fall verzögerter Einzahlung der Stammeinlage ausgeschlossen werden, sog. *Kaduzierung* (vgl. § 21 GmbHG). Hiervon ist die Einziehung des Geschäftsanteils zu unterscheiden (siehe hierzu Kapitel 3.5). Mit der Kaduzierung verliert der Gesellschafter seinen Geschäftsanteil bzw. seine Mitgliedschaft. Kommt es zum Ausschluß, gehen dem Gesellschafter teilweise Leistungen auf die Stammeinlage verloren; nicht jedoch ein etwaiger bereits entstandener Gewinnanspruch. Ab dem Zeitpunkt des Ausschlusses hat der Gesellschafter jedoch keinerlei Rechte und Pflichten mehr. Das Kaduzierungsverfahren ist möglich bei einem zur Bareinlage verpflichteten säumigen Gesellschafter. Es ist auch dann zulässig, wenn der Gesellschafter schon einen erheblichen Teil seiner Einlage geleistet hat. Gegen den säumigen Gesellschafter hat eine »erneute Aufforderung« zu ergehen mit der Aufforderung, binnen einer Nachfrist von mindestens einem Monat Zahlung zu leisten; für den Fall der Nichtzahlung muß die Androhung seines Ausschlusses mit dem Geschäftsanteil erfolgen (vgl. § 21 Abs. 1 GmbHG). Aus der Formulierung »erneute Aufforderung« ergibt sich, daß bereits eine erste Aufforderung zur Zahlung vorhanden ist. Diese erste Aufforderung kann bereits im Gesellschaftsvertrag in Gestalt einer Frist zur Zahlung der Stammeinlage enthalten sein. In der erneuten Aufforderung muß also eine Ausschlußandrohung sowie eine Nachfrist von mindestens einem Monat enthalten sein. Die erneute Aufforderung hat mit eingeschriebenem Brief zu erfolgen. Läßt der säumige Gesellschafter die ihm mit der erneuten Aufforderung gesetzte Frist fruchtlos verstreichen, so ist dieser seines Geschäftsanteils und der geleisteten Teilzahlung durch eingeschriebenen Brief zugunsten der Gesellschaft für verlustig zu erklären (vgl. § 21 Abs. 2 GmbHG). Im Falle der Säumnis ist die Gesellschaft zur Betreibung des Kaduzierungsverfahrens jedoch nicht verpflichtet. Sie kann auch wegen nichtgezahlter Stammeinlagen gerichtlich gegen den säumigen Gesellschafter vorgehen. Ihr steht es auch frei, von der Verlustigerklärung gem. § 21 Abs. 2 GmbHG abzusehen. Der Gesellschafter hat die Möglichkeit, durch Zahlung vor Zugang der Ausschlußerklärung seinen Ausschluß zu verhindern. Der Geschäftsanteil geht mit dem Ausschluß nicht unter. Er wird von der Gesellschaft verwaltet. Die Gesellschaft kann nun wegen des rückständigen Betrages einen etwaigen Rechtsvorgänger des säumigen Gesellschafters gem. § 22 GmbHG heranziehen oder, falls von einem Rechtsvorgänger der rückständige Betrag nicht zu erlangen ist, den Geschäftsanteil gem. § 23 GmbHG im Wege der öffentlichen Versteigerung verkaufen lassen (siehe unten). Führt dies nicht zum Erfolg, kann der säumige und ausgeschlossene Gesellschafter wegen des Ausfalls, den die Gesellschaft erleidet, gem. § 21 Abs. 3 GmbHG herangezogen werden. Schließlich haben die übrigen Gesellschafter den Fehlbetrag nach dem Verhältnis ihrer Geschäftsanteile aufzubringen, soweit die Stammeinlage weder von dem säumigen Gesellschafter eingezogen noch durch Verkauf des Geschäftsanteils gedeckt werden kann (vgl. § 24 GmbHG; siehe unten). Wegen des von dem ausgeschlossenen Gesellschafter nicht bezahlten Betrages der Stammeinlage haftet gegenüber der Gesellschaft der letzte und jeder frühere bei der Gesellschaft angemeldete Rechtsvorgänger des ausgeschlossenen Gesellschafters (vgl. § 22 Abs. 1 GmbHG). Der Gesellschaft gegenüber gilt nur derjenige als Erwerber, dessen Erwerb bei der Gesellschaft angemeldet ist (vgl. § 16 Abs. 1 GmbHG). Die Haftung gegenüber der Gesellschaft besteht also nur für angemeldete Rechtsvorgänger. Da gem. § 22 Abs. 2 GmbHG ein früherer Rechtsvorgänger nur haftet, soweit die Zahlung von dessen Rechtsnachfolger nicht zu erlangen ist, ist es unzulässig, wenn die Gesellschaft gegen einen früheren als den letzten (angemeldeten) Rechtserwerber vorgeht, ohne zuvor versucht zu haben, den nicht bezahlten Betrag der Stammeinlage von dem letzten Rechtsnachfolger des ausgeschlossenen Gesellschafters zu erlangen. Zu einer Haftung des früheren Rechtsvorgängers kommt es nur, wenn die Zahlungsunfähigkeit dessen Rechtsnachfolgers nachgewiesen ist. Die Zahlungsunfähigkeit des letzten Erwerbers wird gesetzlich vermutet, wenn dieser die Zahlung nicht bis zum Ablauf eines Monats geleistet hat, nachdem an ihn die Zahlungsaufforderung ergangen und an dessen Rechtsvorgänger die Benachrichtigung von der Zahlungsaufforderung erfolgt ist (vgl. § 22 Abs. 2 GmbHG). Der Vorgänger des letzten haftenden Erwerbers kann die Vermutung von dessen Zahlungsunfähigkeit durch Darlegung von Tatsachen, die für dessen Zahlungsfähigkeit sprechen, entkräften. Der zahlende Rechtsvorgänger erwirbt kraft Gesetzes den Geschäftsanteil des ausgeschlossenen Gesellschafters (vgl. § 22 Abs. 4 GmbHG). Die Haftung des Rechtsvorgängers ist auf die innerhalb der Frist von fünf Jahren auf die Stammeinlage eingeforderten Einzahlungen beschränkt; Fristbeginn ist der Tag, an dem die Anmeldung der Veräußerung des Geschäftsanteils auf den Rechtsnachfolger erfolgt ist (vgl. § 22 Abs. 3 GmbHG).

Ist die Zahlung des rückständigen Betrages von Rechtsvorgängern nicht zu erlangen, so kann die Gesellschaft den Geschäftsanteil im Wege *öffentlicher Versteigerung* verkaufen lassen (§ 23 Satz 1 GmbHG). Die Versteigerung des Geschäftsanteils kommt erst in Betracht, wenn ein Vorgehen nach § 22 GmbHG entweder wegen fehlender Rechtsvorgänger des ausgeschlossenen Gesellschafters nicht möglich war oder aber ein Vorgehen gegen die Rechtsvorgänger fruchtlos verlaufen ist, weil diese zahlungsunfähig waren. Auf eine Versteigerung kann nicht ohne weiteres verzichtet werden, da die Ausfallhaftung des ausgeschlossenen Gesellschafters gem. § 21 Abs. 3 GmbHG und die Haftung der übrigen Gesellschafter für die Fehlbeträge gem. § 24 GmbHG erst eingreift, wenn nach Kaduzierung weder von dem säumigen Gesellschafter noch von dessen Rechtsvorgängern und auch nicht durch Verkauf bzw. Versteigerung des Geschäftsanteils die restliche Stammeinlage aufgebracht werden kann. Wenn allerdings eine sorgfältige Überprüfung unter Einbeziehung der Versteigerungskosten zu dem Ergebnis führt, daß eine Versteigerung aussichtslos erscheint, wird man auf ein Vorgehen nach § 23 GmbHG verzichten können. Alle Gesellschafter können bei einer Versteigerung mitbieten; die Gesellschaft selbst, vertreten durch den Geschäftsführer, kann jedoch den Geschäftsanteil nicht im Wege der Versteigerung erwerben, da die Einlage noch nicht vollständig geleistet ist (vgl. hierzu § 33 GmbHG). Die Gesellschaft kann auch statt der öffentlichen Versteigerung eine andere Art des Verkaufs vornehmen, wenn der ausgeschlossene Gesellschafter zustimmt (vgl. § 22 Satz 2 GmbHG). Der Ersteigerer bzw. Käufer des Geschäftsanteils wird Gesellschafter. Auf ihn gehen alle mit dem Geschäftsanteil verbundenen Rechte und Pflichten über.

Die Gesellschaft erhält den Ersteigerungs- bzw. Verkaufserlös. Ein über den Betrag der rückständigen Stammeinlage hinausgehender Mehrerlös verbleibt der Gesellschaft. Für in Zukunft fällige Reste der Stammeinlage haftet der Erwerber. Sollte sich die Unverkäuflichkeit des Anteils etwa wegen mangelnden Interesses Dritter an dem Erwerb oder aufgrund des die Verfahrenskosten nicht deckenden Angebotes herausstellen, fällt der Geschäftsanteil an die Gesellschaft.[3]

Nach § 24 GmbHG haben die *übrigen Gesellschafter* den *Fehlbetrag* nach dem Verhältnis ihrer Geschäftsanteile *aufzubringen*, soweit eine Stammeinlage weder von dem Zahlungspflichtigen eingezogen noch durch Verkauf des Geschäftsanteils gedeckt werden kann. Es handelt sich also um eine subsidiäre Haftung. Vor Inanspruchnahme der Mitgesellschafter muß das Kaduzierungsverfahren durchge-

---

3 Vgl. RGZ 86, S. 419, 421

führt sein, von ggf. vorhandenen Rechtsvorgängern des ausgeschlossenen Gesellschafters muß der nichtbezahlte Betrag der Stammeinlage nicht zu erlangen gewesen sein, eine Versteigerung bzw. ein Verkauf mit Zustimmung des ausgeschlossenen Gesellschafters muß zwecklos gewesen sein oder zu einem Fehlbetrag geführt haben, schließlich muß der ausgeschlossene Gesellschafter wegen des Ausfalls ohne Erfolg herangezogen worden sein. Trotz der nur subsidiären Haftung kann ein Gesellschafter leicht der Gefahr ausgesetzt werden, *über seine eigene Stammeinlage hinaus* in erheblichem Umfang *in Anspruch genommen zu werden*, wenn die vorerwähnten Möglichkeiten, die fehlende Stammeinlage aufzubringen, erfolglos verlaufen sind. Bei den §§ 21 bis 24 GmbHG handelt es sich um *zwingende Vorschriften*, von deren Rechtsfolgen die Gesellschafter nicht befreit werden können (vgl. § 25 GmbHG). Es ist daher zu empfehlen, daß sich die Gesellschafter untereinander entsprechend absichern, etwa in der Form, daß sie Bankbürgschaften für die Erbringung ihrer Stammeinlagen stellen.

Die gem. § 24 GmbHG haftenden übrigen Gesellschafter sind die Gesellschafter, die nicht im Wege der Kaduzierung ausgeschlossen worden sind. Hierbei handelt es sich um sämtliche zur Zeit der Einforderung der Stammeinlage gemeldeten Gesellschafter; dies ist allerdings umstritten. Die haftenden Gesellschafter haben den Fehlbetrag nach dem Verhältnis ihrer Geschäftsanteile aufzubringen; Beiträge, welche von einzelnen Gesellschaftern nicht zu erlangen sind, werden ebenfalls nach dem Verhältnis ihrer Geschäftsanteile auf die übrigen Gesellschafter verteilt. Je höher der Geschäftsanteil eines Gesellschafters ist, um so höher ist seine Haftung für den Fehlbetrag.

3.4 Nachschußpflicht, Gewinnverwendung

Hat die Gesellschaft im Laufe der Zeit einen höheren Kapitalbedarf, kann entweder das *Stammkapital erhöht* (vgl. § 55 GmbHG) oder auch gesellschaftsvertraglich eine *Nach-*

schußpflicht festgelegt werden (vgl. § 26 GmbHG). Zwingende Voraussetzung für eine Nachschußpflicht sind eine gesellschaftsvertragliche Regelung sowie ein Einforderungsbeschluß der Gesellschafterversammlung; die Einforderung selbst wird durch den Geschäftsführer vorgenommen. Durch die Zahlung von Nachschüssen kommt es nicht zu einem höheren Gesellschaftsanteil bei den Gesellschaftern. Nachschüsse werden nicht auf das Stammkapital angerechnet. Zur Wahrung der Gleichbehandlung der Gesellschafter haben die Nachschüsse nach dem Verhältnis der Geschäftsanteile zu erfolgen (vgl. § 26 Abs. 2 GmbHG); von diesem Grundsatz kann jedoch bei Nachschüssen, soweit dies im Gesellschaftsvertrag bestimmt ist, abgewichen werden (vgl. hierzu § 53 Abs. 3 GmbHG). Die Rückzahlung von Nachschüssen ist zulässig, jedoch nur, soweit die einbezahlten Nachschüsse nicht zur Deckung eines Verlustes am Stammkapital erforderlich sind (vgl. § 30 Abs. 2 GmbHG). Unter Umständen läßt sich auch ein seitens eines Gesellschafters der Gesellschaft zugeführtes Darlehen nicht ohne weiteres zurückfordern (vgl. § 32 a und b GmbHG sowie Kapitel 3.5).

Im GmbHG sind verschiedene Formen der Nachschußpflicht vorgesehen. Bei der unbeschränkten Nachschußpflicht (vgl. § 27 GmbHG) können von den Gesellschaftern Nachschüsse in unbeschränkter Höhe gefordert werden, soweit dies in der Satzung bestimmt ist. Der Gesellschafter hat jedoch die Möglichkeit, sich der unbeschränkten Nachschußpflicht zu entledigen, indem er seinen Geschäftsanteil der Gesellschaft zur Verfügung stellt, sog. *Preisgaberecht*. Zulässig ist dies nur, soweit die Stammeinlage voll einbezahlt worden ist. Die Preisgabe hat innerhalb eines Monats nach der Aufforderung zur Einzahlung zu erfolgen. Leistet der Gesellschafter innerhalb der Monatsfrist weder den Nachschuß, noch gibt er die Preisgabeerklärung ab, so kann die Gesellschaft mit eingeschriebenem Brief erklären, daß sie den Geschäftsanteil als zur Verfügung gestellt betrachtet (vgl. § 27 Abs. 1 GmbHG). Nach der Preisgabe verbleibt der Geschäftsanteil zunächst bei dem Gesellschafter. Die Gesellschaft hat nun den preisgegebenen Geschäftsanteil binnen eines Monats im Wege der öffentlichen Versteigerung zu verkaufen oder mit Zustimmung des Gesellschafters anderweitig zu verwerten (vgl. § 27 Abs. 2 GmbHG). Nach dem Verkauf wird der Erwerber Gesellschafter, die Mitgliedschaft des ehemaligen Gesellschafters endet. Er erhält den nach Deckung der Verkaufskosten und des rückständigen Nachschusses verbleibenden Überschuß sowie evtl. bis dahin fällige Gewinnansprüche. Wegen der Haftung des ehemaligen Gesellschafters und des Erwerbers wird auf § 16 Abs. 3 GmbHG verwiesen. Der Geschäftsanteil fällt der Gesellschaft zu, wenn die Befriedigung durch den Verkauf nicht zu erlangen ist (vgl. § 27 Abs. 3 GmbHG). In § 27 Abs. 4 GmbHG ist ferner die Möglichkeit eröffnet, die Preisgabe erst zuzulassen, wenn bei unbeschränkter Nachschußpflicht die eingeforderten Nachschüsse insgesamt eine bestimmte Höhe überschreiten.

Sofern die Nachschußpflicht im Gesellschaftsvertrag auf einen bestimmten Betrag festgelegt worden ist, kann im Falle einer verzögerten Einzahlung nach den Regeln zum Kaduzierungsverfahren (§§ 21 bis 23 GmbHG) vorgegangen werden (vgl. § 28 Abs. 1 GmbHG). Im Gesellschaftsvertrag können jedoch hiervon abweichende Regelungen getroffen werden.

Sofern nicht der Grundsatz der Gleichbehandlung aller Gesellschafter verletzt und auch das Gebot des § 30 Abs. 1 GmbHG beachtet wird, können eingeforderte Nachschüsse gestundet oder erlassen werden.

Die *Gewinnverwendung* ist in § 29 GmbHG geregelt. Die Gesellschafter haben Anspruch auf den Jahresüberschuß zuzüglich eines Gewinnvortrages und abzüglich eines Verlustvortrages, soweit der sich ergebende Betrag nicht nach Gesetz oder Gesellschaftsvertrag oder durch Beschluß über die Verwendung des Ergebnisses von der Verteilung unter die Gesellschafter ausgeschlossen ist. Grundlage für die Gewinnverteilung ist der aus der Bilanz sich ergebende Reingewinn.

Nach dem Grundsatz der Gleichbehandlung der Gesellschafter erfolgt die Verteilung nach dem Verhältnis der Ge-

schäftsanteile; jedoch kann im Gesellschaftsvertrag ein anderer Maßstab der Verteilung festgesetzt werden (vgl. § 29 Abs. 3 GmbHG). Die Gesellschafterversammlung kann daher beschließen, daß der Gewinn ganz oder teilweise für die Bildung von Rücklagen verwendet werden soll. Der Gewinnanspruch der Gesellschafter entsteht mit Beschluß der Gesellschafterversammlung über die Gewinnverteilung.
Falls dieser im Gesellschaftsvertrag nicht vorgesehen ist, ist in einer Gesellschafterversammlung die Feststellung der Jahresbilanz zu beschließen. Bei der Gewinnverwendung ist in jedem Fall darauf zu achten, daß das *Stammkapital nicht angegriffen wird.* Dies gilt selbstverständlich auch für Abschlagszahlungen auf in Aussicht stehende Gewinne. Die Zulässigkeit einer Abschlagszahlung ist anhand einer Zwischenbilanz zu überprüfen.

3.5 Erhaltung des Stammkapitals

Nach dem Bilanzrichtliniengesetz muß in der Bilanz das Stammkapital als »gezeichnetes Kapital« ausgewiesen werden (vgl. § 42 Abs. 1 GmbHG). Dieses gezeichnete Kapital muß, wie sich aus den verschiedensten Vorschriften des GmbHG ergibt, zum Schutz der Gläubiger erhalten werden. So darf das Vermögen, welches zur Erhaltung des Stammkapitals erforderlich ist, nicht an die Gesellschafter zurückgezahlt werden (vgl. § 30 Abs. 1 GmbHG). Dies bedeutet andererseits, daß es zur Befriedigung von Gesellschaftsgläubigern verwendet werden darf. Unter dem Auszahlungsverbot gem. § 30 Abs. 1 GmbHG sind all die Leistungen zu verstehen, die die Gesellschaft an ihren Gesellschafter erbringt, ohne daß dieser hierauf einen Rechtsanspruch hat oder daß dem eine gleichwertige Gegenleistung gegenübersteht. Ist ein Gesellschafter gleichzeitig Geschäftsführer und erhält er ein weit über der üblichen Vergütung liegendes Gehalt, so liegt hierin – abgesehen von einer verdeckten Gewinnausschüttung – eine unzulässige Rückzahlung. Ein Verstoß gegen das Verbot der Rückzahlung kann in vielen Fällen gegeben sein. Immer ist Voraussetzung, daß das Stammkapital angegriffen wird. Dabei ist auf die tatsächlichen Vermögensumstände abzustellen. Das gezeichnete Kapital wird angegriffen, wenn durch eine Leistung der Gesellschaft an einen ihrer Gesellschafter der Aktivsaldo zwischen dem Vermögen der Gesellschaft und deren Verbindlichkeiten niedriger als das Stammkapital wird.[4]

Nach den obigen Grundsätzen richtet sich auch das Verbot der Rückzahlung von Nachschüssen (vgl. § 30 Abs. 2 GmbHG). Zwar können eingezahlte Vorschüsse, soweit sie nicht zur Deckung eines Verlustes am Stammkapital erforderlich sind, an die Gesellschafter zurückgezahlt werden. Die Rückzahlung darf jedoch nicht vor Ablauf von drei Monaten erfolgen, nachdem der Rückzahlungsbeschluß durch die im Gesellschaftsvertrag für die Bekanntmachungen der Gesellschaft bestimmten öffentlichen Blättern und bei Fehlen von diesen durch die für die Bekanntmachung aus dem Handelsregister bestimmten öffentlichen Blätter bekanntgemacht ist. Vor Volleinzahlung des Stammkapitals ist die Rückzahlung dieser Nachschüsse unzulässig. Zurückgezahlte Nachschüsse gelten als nicht eingezogen.

Für den oder die Geschäftsführer ergibt sich aus § 43 Abs. 3 GmbHG unmittelbar eine Haftung, falls sie entgegen der Vorschrift des § 30 GmbHG Leistungen an die Gesellschafter erbracht haben. Der Geschäftsführer kann sich nicht darauf berufen, er habe in Ausführung eines Beschlusses der Gesellschaft gehandelt (vgl. § 43 Abs. 3 Satz 3 GmbHG). Er kann sich bei Verstößen gegen die Erhaltung des Stammkapitals ebenfalls nicht darauf berufen, er habe die entsprechenden Verbotsvorschriften nicht gekannt oder den Angriff des Stammkapitals nicht erkennen können; im letzteren Fall ist er gehalten, sich fachkundigen Rates zu bedienen. Die Gesellschaft kann auf den Ersatzanspruch gegen den Geschäftsführer gemäß § 43 GmbHG nicht verzichten und sich über den Ersatzbetrag mit dem Geschäftsführer nur vergleichen, soweit dieser zahlungsunfähig ist. Nach § 31

4 Vgl. BFH, in: Der Betrieb 1989, LS. 462 f.

GmbHG sind die Gesellschafter verpflichtet, Zahlungen, welche entgegen dem Grundsatz der Erhaltung des Stammkapitals geleistet worden sind, an die Gesellschaft zu erstatten. War der Empfänger im guten Glauben, so kann die Erstattung nur insoweit verlangt werden, als sie zur Befriedigung der Gesellschaftsgläubiger erforderlich ist. Kann die Erstattung von dem Empfänger nicht erlangt werden, so haften für den zur Befriedigung der Gesellschaftsgläubiger erforderlichen Erstattungsbetrag die übrigen Gesellschafter nach dem Verhältnis ihrer Geschäftsanteile. Wenn von einzelnen Gesellschaftern diese Beiträge nicht zu erlangen sind, werden diese ebenfalls nach dem Verhältnis der Geschäftsanteile auf die übrigen Gesellschafter verteilt. Auch für die Haftung nach § 31 GmbHG gilt, daß die Zahlungen den Zahlungspflichtigen nicht erlassen werden können. Die Gesellschafter, die in dem Fall, daß die Erstattung von dem Empfänger nicht zu erlangen ist, den zur Befriedigung der Gesellschaftsgläubiger erforderlichen Betrag zahlen müssen, können sich bei Verschulden der Geschäftsführer an diesen schadlos halten (vgl. § 31 Abs. 6 GmbHG).

In § 32 a und § 32 b GmbHG ist – ebenfalls unter dem Gesichtspunkt der Erhaltung des Stammkapitals – die Gewährung von Darlehen durch die Gesellschafter oder wirtschaftlich gleichwertiger Rechtshandlungen geregelt. Hat ein Gesellschafter der Gesellschaft in einem Zeitpunkt, in dem ihr die Gesellschafter als ordentliche Kaufleute Eigenkapital zugeführt hätten (Krise der Gesellschaft), statt dessen ein Darlehen gewährt, so kann er den Anspruch auf rückgewährtes Darlehen im Insolvenzverfahren über das Vermögen der Gesellschaft nur als nachrangiger Insolvenzgläubiger geltend machen (§ 32 a Abs. 1 GmbH-Gesetz). Auch in dem Fall, daß ein Dritter der Gesellschaft zu einem Zeitpunkt, in dem ihr die Gesellschafter als ordentliche Kaufleute Eigenkapital zugeführt hätten, statt dessen ein Darlehen gewährt und ihm ein Gesellschafter für die Rückführung des Darlehens eine Sicherung gestellt oder sich dafür verbürgt hat, so kann der Darlehensgeber im Insolvenzverfahren über das Vermögen der Gesellschaft nur für den Betrag verhältnismäßige Befriedigung verlangen, mit dem er bei der Inanspruchnahme der Sicherung oder des Bürgen ausgefallen ist. Vorstehende Vorschriften gelten sinngemäß für andere Rechtshandlungen eines Gesellschafters oder eines Dritten, die der Darlehensgewährung nach § 32 a Abs. 1 und 2 wirtschaftlich entsprechen. Die Regeln über den Eigenkapitalersatz gelten nicht für den nicht geschäftsführenden Gesellschafter, der mit 10 vom Hundert oder weniger am Stammkapital beteiligt ist. Erwirbt ein Darlehensgeber in der Krise der Gesellschaft Geschäftsanteile zum Zweck der Überwindung der Krise, führt dies für seine bestehenden oder neu gewährten Kredite nicht zur Anwendung der Regeln über den Eigenkapitalersatz. Hat die Gesellschaft im Fall des § 32 a Abs. 2, 3 das Darlehen im letzten Jahr vor dem Antrag auf Eröffnung des Insolvenzverfahrens oder nach diesem Antrag zurückgezahlt, so hat der Gesellschafter, der die Sicherung gestellt hatte und als Bürge haftete, der Gesellschaft den zurückgezahlten Betrag zu erstatten. Die Verpflichtung besteht nur bis zur Höhe des Betrages, mit dem der Gesellschafter als Bürge haftete oder der dem Wert der von ihm bestellten Sicherung im Zeitpunkt der Rückzahlung des Darlehens entspricht. Der Gesellschafter wird von der Verpflichtung frei, wenn er die Gegenstände, die dem Gläubiger als Sicherung gedient hatten, der Gesellschaft zu ihrer Befriedigung zur Verfügung stellt. Diese Vorschriften gelten sinngemäß für andere Rechtshandlungen, die der Darlehensgewährung wirtschaftlich entsprechen.

Nach § 43 a GmbHG ist es untersagt, Geschäftsführern, anderen gesetzlichen Vertretern, Prokuristen oder zum gesamten Geschäftsbetrieb ermächtigten Handlungsbevollmächtigten Kredit aus dem zur Erhaltung des Stammkapitals erforderlichen Vermögen der Gesellschaft zu gewähren. War zur Zeit der Darlehenshingabe ein über dem Stammkapital liegender Aktivsaldo nicht vorhanden, so ist das Darlehen sofort zurückzugewähren.

Der Erwerb eigener Geschäftsanteile durch die Gesellschaft ist zulässig. Dies gilt jedoch nur dann, wenn die Stammeinlage vollständig eingezahlt ist (vgl. § 33 GmbHG). Die

Gesellschaft darf eigene Geschäftsanteile des weiteren nur als Pfand nehmen, wenn eine vollständige Einzahlung der Stammeinlage erfolgt ist bzw. das Stammkapital der Gesellschaft nicht berührt wird. Der Gesellschaft ist der Erwerb eigener Geschäftsanteile untersagt, wenn dies nicht aus dem über den Betrag des Stammkapitals hinaus vorhandenen Vermögen der Gesellschaft geschehen kann. Aufgrund des Erwerbs eigener Geschäftsanteile durch die Gesellschaft fallen Rechte und Pflichten, Gläubiger und Schuldner in einer (juristischen) Person zusammen. Bis zur weiteren Veräußerung dieses Geschäftsanteils an einen Dritten besteht eine Vielzahl von Sonderproblemen, auf welche im Rahmen dieses Buches aus Platzgründen nicht näher eingegangen werden soll.
Eine bedeutsame Vorschrift ist die Regelung der *Einziehung von Geschäftsanteilen* nach § 34 GmbHG. Die Einziehung von Geschäftsanteilen darf nur erfolgen, soweit eine entsprechende Bestimmung im Gesellschaftsvertrag enthalten ist. Wenn im Gesellschaftsvertrag nichts anderes bestimmt ist, wird die Einziehung eines Geschäftsanteils durch die Gesellschafterversammlung mit einfacher Stimmenmehrheit beschlossen. Über diese Regelung können der Gesellschaft nicht genehme Gesellschafter ausgeschlossen werden.
Es ist die Zustimmung desjenigen Gesellschafters, dessen Geschäftsanteil eingezogen werden soll, erforderlich. Dies gilt allerdings nicht, wenn die Einziehung im Gesellschaftsvertrag enthalten ist oder jedenfalls in dem Zeitpunkt eine Änderung bzw. Ergänzung des Gesellschaftsvertrages betreffs der Einziehung vorhanden war, in dem der betroffene Gesellschafter den Geschäftsanteil erworben hat. Für eine entsprechende Satzungsänderung ist die Zustimmung aller Gesellschafter erforderlich. Ist entgeltliche Einziehung des Geschäftsanteils vertraglich festgelegt, so scheidet eine Einziehung aus, wenn durch Zahlung der Entschädigung das Stammkapital der Gesellschaft angegriffen würde (vgl. § 34 Abs. 3 GmbHG). Mit der Einziehung des Geschäftsanteils gehen alle an ihm bestehenden Rechte unter. Auf die verbleibenden Geschäftsanteile der GmbH gehen alle Rechte und Pflichten des eingezogenen Geschäftsanteils über.

3.6 Aufgaben der Gesellschafter, Gesellschafterversammlung

Die Gesellschafter sind das oberste Organ der Willensbildung der Gesellschaft. Die Rechte, die den Gesellschaftern nicht einzeln zustehen, sondern insgesamt, werden in der Gesellschafterversammlung ausgeübt. Die Gesellschafterversammlung ist Beschlußorgan der Gesellschaft. Die Vertretung der Gesellschaft nach außen erfolgt durch den oder die Geschäftsführer. Die Rechte der Gesellschafter in Angelegenheiten der Gesellschaft sowie in der Geschäftsführung bestimmen sich nach dem Gesellschaftsvertrag (vgl. § 45 GmbHG). Gemäß § 46 GmbHG sind der Gesellschafterversammlung verschiedene Aufgaben übertragen. Die in § 46 GmbHG aufgeführten Aufgaben können im Gesellschaftsvertrag erweitert oder eingeschränkt werden. Sie können aufgrund gesellschaftsvertraglicher Regelung auch auf ein anderes Organ, z.B. den Aufsichtsrat, übertragen werden. Der Bestimmung der Gesellschafterversammlung unterliegen zwingend z.B. die Einforderung von Nachschüssen, die Satzungsänderungen, der Beschluß über die Auflösung der Gesellschaft sowie die Übertragung der Liquidation auf andere Personen als den Geschäftsführer. Soweit nicht im Gesellschaftsvertrag die Zuständigkeit der Gesellschafter eingeschränkt oder erweitert ist, unterliegen der Bestimmung der Gesellschafter gem. § 46 GmbHG folgende Aufgaben:

1. *Die Feststellung des Jahresabschlusses und die Verwendung des Ergebnisses (§ 46 Nr. 1 GmbHG)*

Die Aufstellung der Bilanz wird von dem oder den Geschäftsführer(n) vorgenommen. Anschließend wird durch die Gesellschafterversammlung über die Feststellung des Jahresabschlusses und über die Ergebnisverwendung beschlossen. Bei kleinen Gesellschaften i. S. d. § 267 Abs. 1 HGB muß dieser Beschluß bis zum Ablauf der ersten 11 Monate des Geschäftsjahres erfolgen. Kleine Kapitalgesellschaften sind solche, die mindestens zwei der drei nachstehenden Merkmale nicht überschreiten:

- 5,31 Mio. DM Bilanzsumme nach Abzug eines auf der Aktivseite ausgewiesenen Fehlbetrages (§ 268 Abs. 3 HGB);
- 10,62 Mio. DM Umsatzerlös in den 12 Monaten vor dem Abschlußstichtag;
- im Jahresdurchschnitt 50 Arbeitnehmer.

Bei einer großen und mittelgroßen GmbH hat der Beschluß über die Feststellung des Jahresabschlusses und über die Ergebnisverwendung spätestens bis zum Ablauf der ersten 8 Monate zu erfolgen. Ist in der Satzung nicht ein anderes Stimmrechtsverhältnis festgelegt, erfolgt die Beschlußfassung mit einfacher Stimmenmehrheit.

2. *Die Einforderung von Einzahlungen auf die Stammeinlagen (§ 46 Nr. 2 GmbHG)*

Diese bezieht sich auf die Zahlung derjenigen Stammeinlagen, die nicht bereits vor Anmeldung der Gesellschaftseintragung im Handelsregister eingezahlt werden mußten (vgl. hierzu § 7 Abs. 2 GmbHG). Ein Beschluß der Gesellschafterversammlung nach § 46 Nr. 2 GmbHG ist entbehrlich, wenn bereits im Gesellschaftsvertrag Bestimmungen über die Zahlung der restlichen Stammeinlagen getroffen wurden.

3. *Die Rückzahlung von Nachschüssen (§ 46 Nr. 3 GmbHG)*

Bezüglich der Rückzahlung von Nachschüssen wird auf die obigen Ausführungen und auf § 30 Abs. 2 GmbHG verwiesen.

4. *Die Teilung sowie die Einziehung von Gesellschaftsanteilen (§ 46 Nr. 4 GmbHG)*

Nach dem Gesetz ist für die Veräußerung von Teilen eines Geschäftsanteils die Genehmigung der Gesellschaft erforderlich (vgl. § 16 Abs. 1 GmbHG). Die Genehmigung wird durch die Gesellschafterversammlung erteilt. Es kann jedoch bereits im Gesellschaftsvertrag vereinbart werden, daß für die Veräußerung von Teilen des Geschäftsanteils an andere Gesellschafter und für die Teilung von Geschäftsanteilen verstorbener Gesellschafter unter deren Erben eine

Genehmigung der Gesellschaft nicht erforderlich ist (vgl. § 17 Abs. 3 GmbHG). Ein Beschluß der Gesellschafterversammlung über die Einziehung setzt voraus, daß eine solche im Gesellschaftsvertrag vorgesehen ist.

5. *Die Bestellung und Abberufung von Geschäftsführern sowie deren Entlastung (§ 46 Nr. 5 GmbHG)*

Hinsichtlich der Bestellung und Abberufung des Geschäftsführers darf auf Kapitel 4 verwiesen werden. Die Entlastung ist eine Erklärung der Gesellschafterversammlung, daß keine Ersatzansprüche der Gesellschaft gegen den oder die Geschäftsführer aus deren bisheriger Tätigkeit bestehen. Ist der zu entlastende Geschäftsführer gleichzeitig Gesellschafter, so hat er bei dem Entlastungsbeschluß kein Stimmrecht und darf ein solches auch nicht für einen Mitgesellschafter ausüben (vgl. § 47 Abs. 4 GmbHG). Der Entlastungsbeschluß ist nur wirksam, wenn die Gesellschafter bei Vorlage der Geschäftsunterlagen etwaige Ersatzansprüche hätten erkennen können und der Geschäftsführer eine pflichtwidrige Geschäftsführung nicht durch Täuschung der Gesellschafter verheimlicht hat. Die Grenze für eine Entlastung liegt dort, wo die Gesellschafterversammlung den Geschäftsführer trotz Kenntnis von pflichtwidriger Geschäftsführung entlastet und hierdurch der Gläubigerschutz tangiert wird.

6. *Die Maßregeln zur Prüfung und Überwachung der Geschäftsführung (§ 46 Nr. 6 GmbHG)*

Im Rahmen ihrer Prüfungs- und Überwachungsbefugnis kann die Gesellschafterversammlung von der Geschäftsführung Auskunft verlangen, in die Geschäftsunterlagen einsehen oder andere zweckmäßig erscheinende Kontrollmaßnahmen durchführen. Selbstverständlich können derartige Maßnahmen bereits im Gesellschaftsvertrag festgelegt werden. Hiervon zu unterscheiden ist das dem einzelnen Gesellschafter zustehende Auskunfts- und Einsichtsrecht gem. § 51 a GmbHG, welches nicht abbedungen werden kann.

7. Die Bestellung von Prokuristen und von Handlungsbevollmächtigten zum gesamten Geschäftsbetrieb (§ 46 Nr. 7 GmbHG)

Die Gesellschafterversammlung ist auch für die Bestellung von Prokuristen und Handlungsbevollmächtigten zum Geschäftsbetrieb der GmbH zuständig. Die Durchführung der Bestellung muß durch den Geschäftsführer erfolgen. Die dem Geschäftsführer gesetzlich zugewiesenen Aufgaben wie etwa die Verpflichtung, für die ordnungsgemäße Buchführung der Gesellschaft zu sorgen (vgl. § 41 GmbHG), können nicht von dem Prokuristen übernommen werden.

8. Die Geltendmachung von Ersatzansprüchen (§ 46 Nr. 8 GmbHG)

Der Bestimmung der Gesellschafterversammlung unterliegt die Geltendmachung von Ersatzansprüchen, welche der Gesellschaft aus der Gründung oder Geschäftsführung gegen Geschäftsführer oder Gesellschafter zustehen. Die genannten Ersatzansprüche umfassen alle Ersatzansprüche vertraglicher und außervertraglicher Art. Vor Geltendmachung dieser Ansprüche hat der Geschäftsführer die Genehmigung der Gesellschaft einzuholen. Betroffene Geschäftsführer oder Gesellschafter haben bei der Beschlußfassung kein Stimmrecht (vgl. § 47 Abs. 4 GmbHG). Soll ein Klageverfahren seitens der Gesellschaft gegen einen Geschäftsführer angestrengt werden, hat die Gesellschafterversammlung darüber zu beschließen, von wem sie in einem solchen Prozeß vertreten werden soll. Auch hier ist § 47 Abs. 4 GmbHG zu beachten. »Will eine GmbH gegen ihren (früheren) Geschäftsführer Ansprüche klageweise geltend machen, so bedarf dies nach § 46 Nr. 8 GmbHG eines ausdrücklichen Gesellschafterbeschlusses; andernfalls ist die Klage unbegründet.« (Vgl. Urteil des OLG Köln vom 27. 11. 1992 GmbHR 1993, Seite 157 f.)

Die *Einberufung der Gesellschafterversammlung* erfolgt durch die Geschäftsführer (vgl. § 49 GmbHG), falls in dem Gesellschaftsvertrag nichts anderes bestimmt ist.

Hat die Gesellschaft mehrere Geschäftsführer, so sollte in dem Gesellschaftsvertrag klargestellt werden, daß die Einberufung der Gesellschafterversammlung auch durch einen einzelnen Geschäftsführer erfolgen kann. *Gesetzlich vorgeschrieben* ist die Einberufung der Gesellschafterversammlung bei Einforderung von Nachschüssen (vgl. § 26 GmbHG), bei Satzungsänderungen (vgl. § 53 GmbHG), bei Auflösung der Gesellschaft (vgl. § 60 Abs. 1 Nr. 2 GmbHG) sowie bei der Ernennung und Abberufung von Liquidatoren (vgl. § 66 GmbHG). Abgesehen davon, ist die Gesellschafterversammlung dann einzuberufen, wenn es im Interesse der Gesellschaft erforderlich erscheint (vgl. § 49 Abs. 2 GmbHG). Wann bestimmte Entscheidungen die Einberufung einer Gesellschafterversammlung erfordern, ist Frage des Einzelfalles. Über entsprechende Bestimmungen im Gesellschaftsvertrag können insoweit Anhaltspunkte geschaffen werden. Gemäß § 49 Abs. 3 GmbHG muß die Versammlung unverzüglich einberufen werden, wenn sich aus der Jahresbilanz oder aus einer im Laufe des Geschäftsjahres aufgestellten Bilanz ergibt, daß die Hälfte des Stammkapitals verloren ist. Wenn sich sämtliche Gesellschafter schriftlich mit der zu treffenden Bestimmung oder mit der *schriftlichen Abgabe der Stimmen* einverstanden erklären, bedarf es der Abhaltung einer Gesellschafterversammlung nicht (vgl. § 48 Abs. 2 GmbHG). Diese Bestimmung kann im Gesellschaftsvertrag, etwa für die Beschlußfassung bei bestimmten Entscheidungen, modifiziert werden. Das Einverständnis, welches von sämtlichen Gesellschaftern eingeholt werden muß, ist von diesen schriftlich zu erklären. Nur eine schriftliche Erklärung zu dem Abstimmungspunkt selbst ist als Stimmabgabe zu werten. Ist eine *notarielle Beurkundung vorgeschrieben*, kann *nicht* im schriftlichen Verfahren abgestimmt werden. In aller Regel werden die Beschlüsse der Gesellschafter in Versammlungen gefaßt. Die Berufung der Gesellschafterversammlung erfolgt durch Einladung der Gesellschafter mit eingeschriebenem Brief; die Ladungsfrist beträgt mindestens 1 Woche, wobei der Beginn der Frist mit der zu erwartenden Zustellung der Ladung anzunehmen ist. Um die nötige Teilnahme und die Vorbereitung der einzelnen Gesellschafter sicherzustellen, sollte im Gesellschaftsvertrag eine längere Ladungsfrist festgelegt werden, In der Ladung ist auch der *Zweck* derselben *anzugeben.* Beschlüsse der Gesellschafterversammlung über nicht in die Ladung aufgenommene Tagesordnungspunkte können nur dann gefaßt werden, wenn diese nachträglichen Abstimmungsvorschläge in der gleichen Form, die für die Einberufung der Gesellschafterversammlung vorgesehen ist, wenigstens drei Tage vor der Versammlung angekündigt worden sind (vgl. § 51 Abs. 4 GmbHG). Eine ordnungsgemäße Ladung ist gegeben, wenn der eingeschriebene Brief an die letzte der Gesellschaft bekannte Adresse des Gesellschafters zur Post aufgegeben worden ist. Zur Gesellschafterversammlung zu laden sind alle Gesellschafter, auch wenn einzelne von ihnen kein Stimmrecht besitzen oder bei einzelnen Tagesordnungspunkten von der Abstimmung ausgeschlossen sind. Der in der Ladung anzugebende Versammlungsort kann bereits im Gesellschaftsvertrag festgelegt werden, wobei sich der Sitz der Geschäftsführung der Gesellschaft anbietet.

Ist die Versammlung nicht ordnungsgemäß einberufen, so können Beschlüsse nur gefaßt werden, wenn sämtliche Gesellschafter anwesend sind (vgl. § 51 Abs. 3 GmbHG). Neben der Anwesenheit aller Gesellschafter ist für eine rechtsgültige Beschlußfassung Voraussetzung, daß alle Gesellschafter mit der Abhaltung der Versammlung zum Zwecke der Beschlußfassung einverstanden sind.[5]

Die *Abstimmung* erfolgt durch Beschlußfassung nach der Mehrheit der abgegebenen Stimmen, wobei jede 50 Euro eines Geschäftsanteils eine Stimme gewähren (vgl. § 47 Abs. 1 und Abs. 2 GmbHG). Nach dem Gesetz genügt in der Regel die einfache Mehrheit der abgegebenen Stimmen; Ausnahmen bestehen bei der Änderung des Gesellschaftsvertrages (vgl. § 53 GmbHG) und bei der Auflösung der Gesellschaft (vgl. § 60 Abs. 1 Nr. 2 GmbHG). Im Gesellschaftsvertrag kann für alle oder bestimmte Entscheidungen – mit Ausnahme der voraufgeführten Sonderregelungen – eine andere Abstimmungsregelung, etwa Abstimmung nach Kopfteilen, Einstimmigkeit oder zumindest qualifizierte Mehrheit – vereinbart werden.

5 Vgl. BGH, in: NJW 1987, Seite 2580, 2581

Da nach dem Gesetz die einfache Mehrheit der abgegebenen Stimmen, die nach der Größe des Geschäftsanteils berechnet werden, entscheidet, ist bei Abfassung des Gesellschaftsvertrages ein besonderes Augenmerk darauf zu legen, ob nicht die Vereinbarung eines vom Gesetz abweichenden Stimmenverhältnisses zumindest bei wesentlichen Entscheidungen sinnvoller ist. Halten zwei Gesellschafter gleich hohe Anteile, können sich auch hier nach der gesetzlichen Regelung Probleme dadurch ergeben, daß der eine Gesellschafter den anderen nicht überstimmen kann. In einem solchen Fall könnte einem Gesellschafter die Majorität gegeben oder ein dritter Gesellschafter mit einem kleineren Geschäftsanteil in die Gesellschaft aufgenommen werden, um eine Mehrheitsentscheidung zu ermöglichen. Nicht stimmberechtigt ist ein Gesellschafter, soweit er bei einer anstehenden Entscheidung in einen Interessenkonflikt gerät (vgl. § 47 Abs. 4 GmbHG).

Nach § 48 Abs. 3 GmbHG ist bei einer *Einmann-GmbH* die Beschlußfassung unverzüglich in Form einer Niederschrift aufzunehmen und unter Angabe von Ort und Tag der Beschlußfassung zu unterschreiben.

Von dem Stimmrecht zu unterscheiden ist das Recht des Gesellschafters, an der Gesellschafterversammlung teilzunehmen. Auch dem nicht stimmberechtigten oder im Einzelfall nicht stimmberechtigten Gesellschafter muß Gelegenheit gegeben werden, seine Meinung in der Gesellschafterversammlung kundzutun.

Ist im Gesellschaftsvertrag ein Versammlungsleiter nicht vorgesehen, so sollte zumindest bei größeren Gesellschafterversammlungen von dieser ein Versammlungsleiter gewählt werden, der für die Abhandlung der Tagesordnungspunkte und den ordnungsgemäßen Verlauf der Versammlung Sorge zu tragen hat. Zweckmäßig ist auch, über Gesellschafterversammlungen ein Protokoll zu erstellen oder Bestimmungen über die Protokollführung im Gesellschaftsvertrag auszugestalten; zumindest sollten Ort und Tag der Versammlung, die Namen der anwesenden Gesellschafter und Abstimmungsergebnisse über eingereichte Beschlußvorlagen enthalten sein.

Zu beachten ist die Berechtigung einer *Minderheit*, die Einberufung einer Versammlung zu verlangen. Gemäß § 50 Abs. 1 GmbHG können Gesellschafter, deren Geschäftsanteile zusammen mindestens 10 % des Stammkapitals ausmachen, unter Angabe des Zwecks und der Gründe die Einberufung einer Gesellschafterversammlung verlangen. Es ist zulässig, in dem Gesellschaftsvertrag das Minderheitsrecht einzuschränken oder zu erweitern oder bei Zustimmung aller Gesellschafter ganz auszuschließen. Der Antrag der Minderheit auf Einberufung einer Gesellschafterversammlung ist an das für die Einberufung der Versammlung zuständige Organ zu richten. Kommt dieses dem Ansinnen der Minderheit nicht nach oder sind Personen, an welche dasselbe zu richten wäre, nicht vorhanden, so können die Minderheitsgesellschafter die Berufung der Versammlung oder die Ankündigung von Gegenständen zur Beschlußfassung selbst bewirken (vgl. § 50 Abs. 3 GmbHG). Die in § 51 GmbHG enthaltenen Formerfordernisse sind auch hier zu beachten.

Die *Fehlerhaftigkeit von Beschlüssen* und deren Folgen sind im GmbHG nicht geregelt. Ein Beschluß ist dann nichtig, wenn er gegen zwingende Gesetzesvorschriften oder gegen die guten Sitten verstößt. Die Nichtigkeit eines Beschlusses liegt beispielsweise vor, wenn durch diesen gegen zum Schutz der Gläubiger der Gesellschaft bestehende Vorschriften verstoßen wird, etwa gegen Vorschriften über die Erhaltung des Stammkapitals oder das Verbot der Rückzahlung von Einlagen. Formelle Mängel eines Gesellschafterbeschlusses führen in der Regel zu dessen Anfechtbarkeit; diese können z. B. in der Verletzung von Satzungsbestimmungen bestehen. Die Nichtigkeit eines Gesellschafterbeschlusses kann von jedem, also auch von einem durch den Beschluß betroffenen Nichtgesellschafter, jederzeit eingewandt werden. Die Anfechtung eines Beschlusses dagegen hat klageweise binnen angemessener Frist zu erfolgen und sollte möglichst binnen eines Monats nach Beschlußfassung eingereicht werden. Von der Fehlerhaftigkeit eines Beschlusses ist ein Fehler bei der Stimmabgabe zu unterscheiden. Auch die Stimmabgabe des einzelnen Gesellschafters kann nichtig oder anfechtbar sein.

Nichtigkeit besteht bei Verstößen gegen das Gesetz oder die guten Sitten. Die Möglichkeit der Anfechtung besteht, wenn der Abstimmende sich irrt oder durch Zwang bzw. Täuschung zu der Stimmabgabe veranlaßt wurde. Die Anfechtung der Stimmabgabe ist gegenüber den übrigen Gesellschaftern zu erklären, und zwar bei Irrtumsanfechtung unverzüglich, bei Anfechtung wegen Zwang oder Täuschung binnen eines Jahres ab Kenntnis des Anfechtungsgrundes.

§ 51 a GmbHG gibt den Gesellschaftern das Recht, von den Geschäftsführern auf Verlangen unverzüglich *Auskunft* über die Angelegenheiten der Gesellschaft und die *Einsicht* in deren Bücher und Schriften zu erhalten. Die Geschäftsführer dürfen die Auskunft und die Einsicht verweigern, wenn zu besorgen ist, daß der Gesellschafter sie zu gesellschaftsfremden Zwecken verwenden und dadurch der Gesellschaft einen nicht unerheblichen Nachteil zufügen wird. Die Verweigerung bedarf eines Gesellschafterbeschlusses, der betroffene Gesellschafter hat insoweit kein Stimmrecht. Von dieser Regelung kann im Gesellschaftsvertrag nicht abgewichen werden (vgl. § 51 a Abs. 3 GmbHG). Wird dem Gesellschafter sein Auskunfts- und Einsichtsrecht verweigert, kann er gem. § 51 b GmbHG eine Entscheidung des Gerichts einholen. Das Auskunfts- und Einsichtsrecht findet seine Grenze dort, wo es mißbräuchlich ausgeübt wird. Das Recht gem. § 51 a GmbHG steht nur dem Gesellschafter zu, der zur Zeit seines Auskunftsverlangens Gesellschafter ist. Ein ausgeschiedener Gesellschafter hat gem. § 810 BGB Anspruch auf Einsicht in die Geschäftsunterlagen der Gesellschaft, wenn er ein rechtliches Interesse daran hat, etwa zwecks Überprüfung der ihm vor seinem Ausscheiden erwachsenen Gewinnansprüche.

3.7 Änderung des Gesellschaftsvertrages

Eine Abänderung des Gesellschaftsvertrages kann nur durch Beschluß der Gesellschafter erfolgen (vgl. § 53 Abs. 1 GmbHG). Eine Satzungsänderung ist gegeben, wenn Bestimmungen des Gesellschaftsvertrags gestrichen, ergänzt, geändert oder etwa neue Bestimmungen eingeführt werden, die innergesellschaftliche Rechte und Pflichten tangieren. Hierzu zählen etwa ändernde Beschlüsse, betreffend das Stammkapital oder die Firma. Der Änderungsbeschluß ist *notariell zu beurkunden.* Der Beschluß bedarf der Mehrheit von drei Viertel der abgegebenen Stimmen, jedoch kann gesellschaftsvertraglich auch Einstimmigkeit sämtlicher oder aller bei dem Beschluß mitwirkenden Gesellschafter gefordert werden (vgl. § 53 Abs. 2 GmbHG). Hinsichtlich der Ordnungsgemäßheit und Anfechtbarkeit von Gesellschafterbeschlüssen wird auf die Ausführungen in Kapitel 3.6 verwiesen. Gemäß § 53 Abs. 3 GmbHG kann eine Vermehrung der den Gesellschaftern nach dem Gesellschaftsvertrag obliegenden Leistungen nur mit Zustimmung sämtlicher beteiligter Gesellschafter beschlossen werden. Ein einem einzelnen Gesellschafter zustehendes Sonderrecht darf ohne dessen Zustimmung nicht durch Beschluß beseitigt werden. Die Änderung des Vertrages hat keine rechtliche Wirkung, bevor sie in das Handelsregister eingetragen ist (vgl. § 54 Abs. 3 GmbHG). Es ist also auch die Abänderung des Gesellschaftsvertrages zur Eintragung in das Handelsregister anzumelden. Der Anmeldung ist der vollständige Wortlaut der neuesten Fassung des Gesellschaftsvertrages beizufügen; er muß mit der Bescheinigung eines Notars versehen sein, daß die geänderten Bestimmungen des Gesellschaftsvertrages mit dem Beschluß über die Änderung des Gesellschaftsvertrages und die unveränderten Bestimmungen mit dem zuletzt zum Handelsregister eingereichten vollständigen Wortlaut des Gesellschaftsvertrages übereinstimmen. Bei der Anmeldung sind Änderungen besonders herauszustellen, die Firma, Sitz, Gegenstand der Gesellschaft, die Höhe des Stammkapitals oder die Zeitdauer der Gesellschaft betreffen.

3.8 Erhöhung und Herabsetzung des Stammkapitals

Die *Erhöhung und Herabsetzung des Stammkapitals* sind Satzungsänderungen, da hierdurch ein wesentlicher Bestandteil des Gesellschaftsvertrages berührt wird. Es ist jeweils zumin-

dest die Mehrheit von drei Viertel der abgegebenen Stimmen für einen ordnungsgemäßen Beschluß erforderlich, der ebenfalls notariell beurkundet werden muß.
Die für das erhöhte Stammkapital zu leistenden Einlagen können sowohl von den bisherigen Gesellschaftern als auch von anderen Personen übernommen werden, also nach dem Gesetz nicht von der Gesellschaft selbst strittig. Im Gesellschaftsvertrag kann eine Regelung dahin gehend getroffen werden, daß die bisherigen Gesellschafter vorrangig die neuen Geschäftsanteile übernehmen können. Bei dem Beitritt neuer Gesellschafter ist zu prüfen, ob deren Übernahme eines neuen Geschäftsanteils zum Nennwert nicht zu einer Benachteiligung der übrigen Gesellschafter führen würde, wenn beispielsweise in der Gesellschaft hohe Rücklagen vorhanden sind. Auch die bisherigen Gesellschafter, die eine Stammeinlage auf das erhöhte Kapital übernehmen, erwerben einen weiteren Geschäftsanteil (vgl. § 55 Abs. 3 GmbHG). Die gleichzeitige Übernahme von mehreren Stammeinlagen ist unzulässig; die Mindesteinlage muß 100 Euro betragen (vgl. § 55 Abs. 4 GmbHG). Die Erklärung des Übernehmers, eine auf das erhöhte Stammkapital zu leistende Stammeinlage zu übernehmen, bedarf dessen notariell aufgenommener oder beglaubigter Erklärung (vgl. § 55 Abs. 1 GmbHG). Bei Kapitalerhöhung mit Sacheinlagen muß ihr Gegenstand und der Betrag der Stammeinlage, auf die sich die Sacheinlage bezieht, im Beschluß über die Erhöhung des Stammkapitals festgesetzt und in der Erklärung der Übernahme angegeben werden (vgl. § 56 GmbHG). Die Erhöhung des Stammkapitals ist durch den Geschäftsführer zur Eintragung in das Handelsregister anzumelden. Zum Zeitpunkt der Anmeldung muß das erhöhte Kapital durch Übernahme von Stammeinlagen gedeckt sein. Wie bei der Gründung der GmbH muß ein Viertel der übernommenen neuen Stammeinlage eingezahlt und bei Kapitalerhöhung durch Sacheinlagen diese vollständig erbracht sein und zur freien Verfügung des Geschäftsführers stehen (vgl. § 57 Abs. 1 und Abs. 2 GmbHG sowie Kapitel 2.3). Der Geschäftsführer hat die auf die obigen Voraussetzungen sich bezie-

henden Versicherungen in der Anmeldung abzugeben. Der Anmeldung sind beizufügen:

- das Original oder eine beglaubigte Abschrift der Übernahmeerklärung;
- eine von den Anmeldenden unterschriebene Liste der Personen, welche die neuen Stammeinlagen übernommen haben, wobei aus der Liste der Betrag der von jedem übernommenen Stammeinlage ersichtlich sein muß;
- bei einer Kapitalerhöhung mit Sacheinlagen die Sacheinlageverträge sowie, da es sich um eine Satzungsänderung handelt,
- die beglaubigte Niederschrift des Gesellschafterbeschlusses und
- der Gesellschaftsvertrag neuester Fassung mit notarieller Bescheinigung (vgl. § 54 Abs. 1 Satz 2 GmbHG).

Auf die Haftung des anmeldenden Geschäftsführers wird hingewiesen (vgl. § 57 Abs. 4 i. V. m. § 9 a Abs. 1 und Abs. 3, § 9 b GmbHG).

Bei der *Herabsetzung des Stammkapitals*, die ebenfalls einen entsprechenden Beschluß mit einer Mehrheit von mindestens drei Viertel der abgegebenen Stimmen voraussetzt, ist § 58 GmbHG zu beachten. Der Beschluß auf Herabsetzung des Stammkapitals muß von dem Geschäftsführer zu drei verschiedenen Malen bekanntgemacht werden. Gleichzeitig sind die Gläubiger der Gesellschaft in diesen Veröffentlichungen aufzufordern, sich bei der Gesellschaft zu melden. Aufgeforderte Gläubiger, die der Herabsetzung des Stammkapitals nicht zugestimmt haben, müssen befriedigt werden; zumindest ist wegen der geltend gemachten Ansprüche der Gläubiger eine Sicherheit zu bestellen. Erst nach Ablauf eines Jahres seit dem Tage, an welchem die Gläubiger in öffentlichen Blättern ein drittes Mal aufgefordert wurden, sich bei der Gesellschaft zu melden, darf die Anmeldung des Herabsetzungsbeschlusses zur Eintragung in das Handelsregister erfolgen.

Hinsichtlich der Kapitalerhöhung sind noch die Vorschriften der §§ 57 b bis 57 o GmbHG sowie hinsichtlich der Herabsetzung des Stammkapitals die Vorschriften der §§ 58 a bis 58 f GmbHG zu beachten, welche im Anhang abgedruckt sind.

3.9 Ausscheiden von Gesellschaftern

Das *Ausscheiden eines Gesellschafters* geschieht in der Regel durch Veräußerung seines Geschäftsanteils. Um den Eintritt fremder Personen zu verhindern, kann im Gesellschaftsvertrag bestimmt werden, daß ein ausscheidender Gesellschafter sich gegenüber der Gesellschaft verpflichtet, seinen Geschäftsanteil an einen anderen Gesellschafter zu veräußern oder abzutreten. Denkbar ist auch, gesellschaftsvertraglich die Veräußerung von Geschäftsanteilen generell zu untersagen oder aber von der Genehmigung der übrigen Gesellschafter abhängig zu machen. Dem ausscheidungswilligen Gesellschafter darf jedoch das Ausscheiden aus der Gesellschaft nicht verwehrt werden, wenn ein wichtiger Grund für den Austritt vorliegt. Die Entscheidung darüber, ob ein derartiger wichtiger Grund gegeben ist, können sich die übrigen Gesellschafter nicht vorbehalten; diese unterliegt der gerichtlichen Überprüfung. Der Geschäftsanteil verbleibt beim austrittswilligen Gesellschafter, bis er übertragen worden ist. Eine Klausel im Gesellschaftsvertrag ist daher zweckmäßig, nach welcher die Mitgliedschaftsrechte des ausscheidenden Gesellschafters ab dem Zeitpunkt der Austrittserklärung ruhen sollen.

Das Ausscheiden des Gesellschafters kann auch aufgrund einer Kaduzierung (vgl. § 21 GmbHG sowie Kapitel 3.3), durch Preisgabe (vgl. § 27 GmbHG sowie Kapitel 3.4) und durch Einziehung (vgl. § 34 GmbHG sowie Kapitel 3.5) erfolgen. Wenn die Gesellschaft durch das Verhalten eines Gesellschafters in nicht zumutbarer Weise beeinträchtigt wird, ist als äußerstes Mittel bei Vorliegen eines wichtigen Grundes eine Ausschließungsklage möglich. Der Beschluß der Gesellschafter hierüber bedarf Dreiviertelmehrheit der Stimmen, wobei der Betroffene bei der Beschlußfassung kein Stimmrecht hat.

4 Vertretung und Geschäftsführung

4.1 Bestellung des Geschäftsführers

Die gerichtliche und außergerichtliche *Vertretung der Gesellschaft erfolgt durch den Geschäftsführer* (vgl. § 35 Abs. 1 GmbHG). Zur Vertretung müssen ein oder mehrere Geschäftsführer bestellt werden. Es ist nicht erforderlich, daß der Geschäftsführer auch Gesellschafter der GmbH ist. Andererseits ist es zulässig, daß eine beliebige Anzahl von Geschäftsführern bestellt wird, die zugleich Gesellschafter sind. Die Bestellung mehrerer Geschäftsführer kann sich anbieten, wenn beispielsweise ein Geschäftsführer für den kaufmännischen Bereich, ein weiterer für den technischen Bereich der Gesellschaft zuständig sein soll. Auch wenn innerbetrieblich hierdurch eine Beschränkung der Geschäftsführung erfolgt, wirkt eine solche Beschränkung nicht nach außen (vgl. § 37 GmbHG). Bei Trennung der Geschäftsführung nach Aufgabenbereichen empfiehlt sich eine schriftliche Geschäftsverteilung. Dennoch hat jeder Geschäftsführer für die Erfüllung der steuerlichen Pflichten der Gesellschaft Sorge zu tragen (vgl. § 34 AO). Wer wegen einer Straftat nach den §§ 283 bis 283 d des Strafgesetzbuches (Bankrott, Verletzung der Buchführungspflicht, Gläubiger- oder Schuldnerbegünstigung) verurteilt worden ist, kann für die Dauer von fünf Jahren seit der Rechtskraft des Urteils nicht zum Geschäftsführer bestellt werden (vgl. § 6 Abs. 2 GmbHG). Gleiches gilt für die Zeit, für welche dem Geschäftsführer durch gerichtliches Urteil oder durch vollziehbare Entscheidung einer Verwaltungsbehörde die Ausübung des Berufes oder Gewerbes untersagt worden ist. Der

Geschäftsführer hat bei Anmeldung der Gesellschaft zur Eintragung in das Handelsregister zu versichern, daß der Geschäftsführerbestellung irgendwelche Maßnahmen der vorerwähnten Art nicht entgegenstehen. Die Bestellung des Geschäftsführers erfolgt entweder bereits *im Gesellschaftsvertrag oder durch Beschluß der Gesellschafter* (vgl. § 6 Abs. 3 GmbHG). In Ermangelung einer bereits vorliegenden gesellschaftsvertraglichen Regelung wird der Beschluß der Gesellschafter zur Bestellung des Geschäftsführers durch die Mehrheit der abgegebenen Stimmen gefaßt, wobei auf je 50 Euro eines Geschäftsanteils eine Stimme entfällt (vgl. § 47 Abs. 1 und Abs. 2 GmbHG). Sollen nach dem Gesellschaftsvertrag sämtliche Gesellschafter die Geschäfte führen, so gilt dies gem. § 6 Abs. 4 GmbHG nur für die Gesellschafter, die zum Zeitpunkt der Festsetzung dieser Bestimmung Gesellschafter waren. Kommt zu einem späteren Zeitpunkt ein Gesellschafter hinzu, steht diesem nicht automatisch ebenfalls die Geschäftsführung zu. In dringenden Fällen, wenn der Gesellschaft aufgrund besonderer Umstände, etwa durch Erkrankung des Geschäftsführers, kein Geschäftsführer zur Verfügung steht, kann auf Antrag desjenigen, der ein besonderes Interesse daran hat, ein Notgeschäftsführer bestellt werden.

Bei der Einmann-GmbH darf sich der einzige Gesellschafter selbst zum Geschäftsführer bestellen.

Zwischen der *Bestellung*, aufgrund deren der Geschäftsführer als gesetzliches Vertretungsorgan der Gesellschaft eingesetzt wird, und der *Anstellung*, der Begründung eines Dienstverhältnisses zwischen dem Geschäftsführer und der Gesellschaft aufgrund des Vertrages, ist zu unterscheiden. In § 35 Abs. 4 GmbHG ist nunmehr bestimmt, daß auch der einzige Gesellschafter der GmbH, der gleichzeitig alleiniger Geschäftsführer dieser Gesellschaft ist, dem Verbot des Selbstkontrahierens gem. § 181 BGB unterliegt. Dies hat zur Folge, daß er mit sich selbst einen Anstellungsvertrag als Geschäftsführer nicht abschließen kann. Die Befreiung von dem Verbot des Selbstkontrahierens ist aber möglich, so daß insbesondere der Einmann-Gesellschafter die Befreiung im

Gesellschaftsvertrag oder durch entsprechenden Beschluß, über den eine Niederschrift zu fertigen ist, festlegen kann. Andernfalls sind Verträge, die der Einmann-Gesellschafter mit sich selbst abschließt, nichtig. Die Befreiung von dem Verbot des Selbstkontrahierens ist im Handelsregister einzutragen.

4.2 Geschäftsführervertrag; Rechte und Pflichten des Geschäftsführers

Will die GmbH anfangs aus finanziellen Gründen keinen Geschäftsführer einstellen, kann sie auch einen ihrer Gesellschafter mit der unentgeltlichen Geschäftsführung beauftragen. Auch in diesem Fall sind diesem Gesellschafter die im Rahmen der Geschäftsführung erforderlichen Aufwendungen zu ersetzen. »Ist der Geschäftsführer zugleich auch Gesellschafter einer GmbH, so besteht nicht die generelle Erwartung, daß er nur gegen Entgelt für diese tätig wird und deswegen bei Fehlern eines Anstellungsvertrages die übliche Vergütung nach § 612 Abs. 1 BGB fordern kann. Es kommt auf die Umstände des Einzelfalles, nicht auf die subjektive Erwartung des Geschäftsführers an.« (vgl. Urteil des OLG Frankfurt a. M. vom 10. 6. 1992 in GmbHR 1993, Seite 358 ff.)

Wird mit einem Geschäftsführer ein *Anstellungsvertrag* geschlossen, sollte dieser schriftlich ausgestaltet werden und Regelungen über die Vergütung, Vertretungsbefugnisse, Anstellungsdauer, Urlaub etc. enthalten. Schriftliche Geschäftsführerverträge sind auch als steuerlicher Nachweis für den Abzug der Geschäftsführerbezüge von Bedeutung.

Die Geschäftsführer haben in den Angelegenheiten der Gesellschaft die Sorgfalt eines ordentlichen Geschäftsmannes anzuwenden und haften der Gesellschaft solidarisch bei Verletzung dieser Obliegenheiten für den entstandenen Schaden (vgl. § 43 GmbHG). Ist vertraglich die Zustimmung der Gesellschafterversammlung für bestimmte Geschäfte, etwa die Aufnahme von größeren Krediten, erforderlich und handelt der Geschäftsführer ohne die Zustimmung, so ist dieses Geschäft dennoch nach außen wirksam, führt unter Umständen im Verhältnis der Geschäftsführer zur Gesellschaft jedoch zu einer Schadensersatzverpflichtung der Geschäftsführer. Verfügt der Geschäftsführer in Teilbereichen seines Tätigkeitsfeldes nicht über das nötige Wissen, muß er den fachkundigen Rat eines Dritten (Rechtsanwalt, Steuerberater etc.) einholen. Der Geschäftsführer ist zuständig für eine geordnete Buchführung, für die Aufstellung eines Jahresabschlusses, die Organisation von Gesellschafterversammlungen, Gesellschafterbeschlüssen und z. B. Anmeldungen zum Handelsregister. Er hat sämtliche Handlungen zu unterlassen, die seiner gegenüber der Gesellschaft bestehenden Treuepflicht zuwiderlaufen, und ist verpflichtet, stets im Interesse der Gesellschaft und nicht im eigenen Interesse zu handeln.

Die Verpflichtung des GmbH-Geschäftsführers gem. § 49 Abs. 3 GmbHG, bei Verlust der Hälfte des Stammkapitals eine Gesellschafterversammlung einzuberufen, setzt nicht erst dann ein, wenn eine Jahres- oder Zwischenbilanz vorliegt; der Geschäftsführer hat vielmehr die wirtschaftliche Lage der GmbH laufend zu beobachten und sich bei Anzeichen einer kritischen Entwicklung einen Überblick über den Vermögensstand zu verschaffen.[1]

Gemäß § 35 a GmbHG ist auf Geschäftsbriefen einer GmbH anzugeben

- die Rechtsform und der Sitz der Gesellschaft,
- das Registergericht des Sitzes der Gesellschaft und die Nummer, unter der die Gesellschaft in das Handelsregister eingetragen ist,
- ferner sämtliche Geschäftsführer
(siehe auch die weiteren Angaben in § 35 a GmbHG).

Bei Geschäftsbriefen handelt es sich um diejenige Korrespondenz, die an einen bestimmten Empfänger gerichtet ist. An keinen bestimmten Empfänger gerichtete Werbeanzei-

1 BGH, Urteil vom 20. 2. 1995, in GmbHR 4/95, S. 299

gen und dergl. sowie Mitteilungen oder Berichte, die im Rahmen einer bestehenden Geschäftsverbindung ergehen und für die üblicherweise Vordrucke verwendet werden, bedürfen dieser Angaben nicht (vgl. § 35 a Abs. 2 GmbHG). Bestellscheine gelten jedoch als Geschäftsbriefe und haben die in § 35 a Abs. 1 GmbHG geforderten Angaben zu enthalten. Jede *Änderung* in den Personen der *Geschäftsführer* sowie die Beendigung der Vertretungsbefugnis eines Geschäftsführers ist zur Eintragung in das Handelsregister anzumelden (vgl. § 39 Abs. 1 GmbHG). Der Anmeldung sind die Urkunden über die Bestellung der Geschäftsführer oder über die Beendigung der Vertretungsbefugnis in Urschrift oder öffentlich beglaubigter Abschrift für das Gericht des Sitzes der Gesellschaft beizufügen (vgl. § 39 Abs. 2 GmbHG). Auch neubestellte Geschäftsführer haben eine Versicherung gem. § 6 Abs. 2 GmbHG abzugeben (vgl. § 39 Abs. 3 GmbHG); die Geschäftsführer machen sich bei Abgabe einer falschen Versicherung gem. § 82 Abs. 1 Nr. 4 GmbHG strafbar. Die Geschäftsführer haben ihre Unterschrift zur Aufbewahrung bei dem Gericht zu zeichnen (vgl. § 39 Abs. 4 GmbHG).

Die Geschäftsführer haben nach jeder Veränderung in den Personen der Gesellschafter und des Umfangs ihrer Beteiligung unverzüglich eine von ihnen unterschriebene Liste der Gesellschafter, aus welcher Name, Vorname, Geburtsdatum und Wohnort der letzteren sowie ihre Stammeinlage zu entnehmen ist, zum Handelsregister einzureichen. Demzufolge ist nach neuem Recht die Gesellschafterliste permanent aktuell zu halten. Die Geschäftsführer sind bei jeder Veränderung in der Person eines Gesellschafters oder des Beteiligungsumfangs verpflichtet, eine neue Gesellschafterliste zum Handelsregister einzureichen, und zwar unverzüglich, d. h. ohne schuldhaftes Zögern. Die Angabe lediglich der Veränderung genügt nicht. Die Geschäftsführer in vertretungsberechtigter Zahl sind zur Einreichung verpflichtet. Sofern mehrere Veränderungen in einem bestimmten Zeitraum stattgefunden haben, sind für die einzelnen maßgeblichen Zeitpunkte jeweils eigene Gesellschafterlisten einzu-

reichen, so daß die Entwicklung eines Gesellschaftsanteils, seine Inhaberschaft etc. lückenlos im Zeitablauf nachvollziehbar ist.
Rechtsgeschäfte zwischen einem Gesellschafter-Geschäftsführer und der Gesellschaft sind unverzüglich nach ihrer Vornahme in eine Niederschrift aufzunehmen (vgl. § 35 Abs. 4 Satz 2 GmbHG).
Auf die Buchführungs- und Bilanzpflicht wird in Kapitel 6 gesondert eingegangen.
Dem angestellten Geschäftsführer ist eine angemessene *Vergütung* zu gewähren. Die Vergütung sollte zweckmäßigerweise im Anstellungsvertrag geregelt werden. Die Möglichkeiten einer Vergütungsvereinbarung sind vielgestaltig. Neben oder statt eines festen Gehaltes kann eine umsatzabhängige Provision und/oder eine nach dem Gewinn zu bestimmende Tantieme vereinbart werden; zur Vermeidung von Streitigkeiten über die Berechnung von Provision bzw. Tantieme sollten insoweit eindeutige vertragliche Vereinbarungen getroffen werden. Darüber hinaus können z. B. Urlaubs- und 13. Monatsgehalt sowie die Stellung eines PKW vereinbart werden. Eine unangemessen hohe Vergütung eines Gesellschafter-Geschäftsführers kann eine verdeckte Gewinnausschüttung darstellen, die zu Benachteiligungen der übrigen Gesellschafter führen kann (siehe hierzu Kapitel 7). Ob die Tätigkeit eines Gesellschafter-Geschäftsführers sozialversicherungspflichtig ist, ist eine Frage des Einzelfalls. Es kommt auf die Höhe der Beteiligung an der Gesellschaft, auf sein persönliches Abhängigkeitsverhältnis zu dieser sowie auf seinen Einfluß auf die Gestaltung der Geschäftsführertätigkeit an.
Ist die Anstellung des Geschäftsführers nicht auf eine bestimmte Zeit vereinbart, kann das Dienstverhältnis sowohl von den Gesellschaftern als auch von dem Geschäftsführer *gekündigt* werden. Mangels einer vertraglichen Vereinbarung einer beiderseitigen längeren Kündigungsfrist gelten die in § 622 BGB vorgesehenen Regelungen.
Danach kann der Geschäftsführervertrag mit einer Frist von 4 Wochen zum 15. oder zum Ende eines Kalendermonats

gekündigt werden. Für eine Kündigung durch die Gesellschaft hängt die gesetzliche Kündigungsfrist von der Dauer des Dienstverhältnisses ab. Bei einer Dauer von 2 Jahren beträgt sie 1 Monat zum Ende eines Kalendermonats, bei einer Dauer von 5 Jahren 2 Monate zum Ende eines Kalendermonats, bei einer Dauer von 8 Jahren 3 Monate zum Ende eines Kalendermonats, bei einer Dauer von 10 Jahren 4 Monate zum Ende eines Kalendermonats, bei einer Dauer von 12 Jahren 5 Monate zum Ende eines Kalendermonats, bei einer Dauer von 15 Jahren 6 Monate zum Ende eines Kalendermonats sowie bei einer Dauer von 20 Jahren 7 Monate zum Ende eines Kalendermonats; bei der Berechnung der Beschäftigungsdauer werden Zeiten, die vor der Vollendung des 25. Lebensjahres des Geschäftsführers liegen, nicht berücksichtigt (vgl. § 622 Abs. 2 BGB).
Besteht der Geschäftsführervertrag auf Lebenszeit oder für mehr als 5 Jahre, kann er dennoch von dem Dienstverpflichteten nach Ablauf von 5 Jahren mit einer Kündigungsfrist von 6 Monaten gekündigt werden. Der Gesellschaft steht in diesem Falle ein Recht zur ordentlichen Kündigung nicht zu. Für Geschäftsführer einer GmbH gelten die Schutzvorschriften des Kündigungsschutzgesetzes nicht (vgl. § 14 Kündigungsschutzgesetz). Die Kündigung des Anstellungsvertrages eines GmbH-Geschäftsführers ist bei Vorhandensein mehrerer Geschäftsführer durch einen Mitgeschäftsführer auszusprechen; die Gesellschafterversammlung kann allerdings auch andere Personen damit beauftragen.[2] Sowohl von dem Geschäftsführer als auch von der Gesellschaft kann das Dienstverhältnis aus wichtigem Grund gekündigt werden. Das Recht zur *Kündigung des Dienstverhältnisses aus wichtigem Grunde* kann nicht abbedungen werden. Ein wichtiger Grund liegt vor, wenn dem Kündigenden die Fortsetzung des Dienstverhältnisses nicht mehr zuzumuten ist. Ein Grund für eine fristlose Kündigung seitens der Gesellschaft kann z. B. in der Weitergabe von Geschäftsgeheimnissen durch den Geschäftsführer an die Konkurrenz liegen. Die

2 Urteil des OLG Celle vom 31. 8. 1994, in GmbHR 10/95, S. 728

Unzumutbarkeit der Aufrechterhaltung des Dienstverhältnisses kann sich aber auch aus Gründen ergeben, die nicht auf einer Pflichtverletzung des Geschäftsführers beruhen, wenn dieser etwa ohne eigenes Verschulden nicht mehr zur weiteren Tätigkeit für die Gesellschaft in der Lage ist. Die fristlose Kündigung wegen Pflichtverletzung hat innerhalb von zwei Wochen ab Kenntnis des Pflichtverstoßes zu erfolgen. Sie muß dem zu Kündigenden zugehen, d. h. in seinen Machtbereich gelangen. »Die für die Kündigung gegenüber einem Geschäftsführer zuständigen Gesellschafter einer GmbH brauchen sich die Kenntnisse eines Mitgeschäftsführers vom Kündigungssachverhalt nicht zurechnen zu lassen.« (vgl. Urteil des Bundesgerichtshofs vom 9. 11. 1992 in GmbHR 1993, Seite 33 ff.)
Den Arbeitsgerichten ist die Entscheidung über die Wirksamkeit einer fristlosen Kündigung gem. § 5 Abs. 1 Satz 3 ArbGG entzogen. Auch für die gerichtliche Geltendmachung anderer Ansprüche des Geschäftsführers aus dem Dienstverhältnis sind die ordentlichen Gerichte zuständig.

4.3 Widerruf der Bestellung

Von der Beendigung des zwischen der Gesellschaft und dem Geschäftsführer abgeschlossenen Dienstvertrages ist die Beendigung der Vertretungsbefugnis des Geschäftsführers der GmbH nach außen zu unterscheiden. Gemäß § 39 GmbHG ist jede Änderung in den Personen der Geschäftsführer sowie die Beendigung der Vertretungsbefugnis eines Geschäftsführers zur Eintragung in das Handelsregister anzumelden. Aufgrund des öffentlichen Glaubens des Handelsregisters wird die Unkenntnis eines Dritten von der Beendigung der Vertretungsbefugnis entschuldigt; war dem Dritten die Beendigung der Vertretungsbefugnis nicht bekannt, kann sie ihm bei fehlender Löschung im Handelsregister nicht entgegengehalten werden (vgl. § 15 HGB).
Die Bestellung der Geschäftsführer kann jederzeit widerrufen werden (vgl. § 38 Abs. 1 GmbHG). Der *Widerruf* der Ge-

schäftsführerbestellung ist unabhängig von dem zwischen der Gesellschaft und dem Geschäftsführer geschlossenen Dienstverhältnis. Entschädigungsansprüche des Geschäftsführers aus dem bestehenden Dienstvertrag bleiben gem. § 38 Abs. 1 GmbHG unberührt. Bis zum vertraglichen Beendigungszeitpunkt bzw. Ende der Kündigungsfrist sind dem Geschäftsführer dessen Bezüge zu zahlen, ohne daß dieser verpflichtet ist, für die Gesellschaft weiterhin tätig zu sein. Im Gesellschaftsvertrag kann die Zulässigkeit des Widerrufs auf den Fall beschränkt werden, daß wichtige Gründe diesen notwendig machen; als solche Gründe sind insbesondere grobe Pflichtverletzung oder Unfähigkeit zur ordnungsgemäßen Geschäftsführung anzusehen (vgl. § 38 Abs. 2 GmbHG). Der Widerruf aus wichtigem Grund kann dagegen im Gesellschaftsvertrag nicht abbedungen werden. Ob ein wichtiger Grund vorliegt, ist eine Frage des Einzelfalles. Die Gründe können verschuldet oder unverschuldet sein; die Aufrechterhaltung der Bestellung zum Geschäftsführer muß für die Gesellschaft unzumutbar sein. Der Widerruf aus wichtigem Grund hat alsbald nach Kenntnis der diesem zugrundeliegenden Tatsachen zu erfolgen. Auf Verlangen ist der Geschäftsführer, anders als bei dem einfachen Widerruf der Bestellung, über die Gründe in Kenntnis zu setzen.
Der Widerruf der Bestellung erfolgt durch Beschluß der Gesellschafterversammlung (vgl. § 46 Nr. 5 GmbHG). Ist im Gesellschaftsvertrag nichts anderes bestimmt, erfolgt die Beschlußfassung mit einfacher Mehrheit. Anders als beim einfachen Widerruf hat der Gesellschafter-Geschäftsführer bei der Beschlußfassung über den Widerruf der Bestellung aus wichtigem Grund kein Stimmrecht. Sobald der Widerruf der Bestellung dem Geschäftsführer zugeht, ist er wirksam. Bei einem Widerruf der Bestellung aus wichtigem Grund hat der betroffene Gesellschafter-Geschäftsführer die Möglichkeit, eine gerichtliche Entscheidung über die Rechtmäßigkeit des Widerrufs herbeizuführen.
Obwohl gesetzlich nur der Widerruf der Bestellung geregelt ist, können die Geschäftsführer ebenfalls jederzeit ihr Amt niederlegen. Voraussetzung ist das Vorliegen eines wichti-

gen Grundes, wie es beispielsweise bei dem Verlangen der Gesellschafter, das den Geschäftsführer zu einem rechtswidrigen Tun anhält, der Fall ist. Sofern der Geschäftsführer für die Gesellschaft überhaupt nicht mehr tätig sein will, ist der Anstellungsvertrag gleichzeitig – ebenfalls aus wichtigem Grunde – zu kündigen. Der drohende Zusammenbruch einer GmbH gibt dem Geschäftsführer kein Recht, sein Amt niederzulegen; wird die GmbH wegen einer gleichwohl erfolgten Amtsniederlegung handlungsunfähig, so ist der Geschäftsführer der GmbH gegenüber schadensersatzpflichtig. Der Geschäftsführer muß den Gesellschaftern die Absicht der Amtsniederlegung rechtzeitig anzeigen, um diesen angemessene Zeit zu belassen, einen neuen Geschäftsführer zu bestellen.[3]

Ist ein wichtiger Grund zur Niederlegung des Amtes nicht vorhanden, müssen die Geschäftsführer so lange im Amt verbleiben, bis der Anstellungsvertrag durch wirksame Kündigung abgelaufen ist. Ein dringender Fall für die Bestellung eines Notgeschäftsführers liegt nicht vor, wenn anzunehmen ist, daß die Gesellschafter in der Lage sind, rechtzeitig einen Geschäftsführer zu bestellen.[4]

Der geschäftsführende Alleingesellschafter muß bei Niederlegung seines Amtes gleichzeitig einen neuen Geschäftsführer bestellen. Auch die Amtsniederlegung ist eine empfangsbedürftige Willenserklärung, die gegenüber den Gesellschaftern zu erklären ist. »Der alleinige GmbH-Geschäftsführer, der sein Amt wirksam und in zulässiger Weise niederlegt, ist im unmittelbaren und zeitlichen Zusammenhang damit auch zur Anmeldung seines Ausscheidens zum Handelsregister befugt.« (vgl. Beschluß des LG Berlin vom 22.7.1992 in GmbHR 1993, Seite 291 f.)

Möglich ist auch die Beendigung der Stellung des Geschäftsführers aufgrund eines einverständlichen Aufhebungsvertrages mit den Gesellschaftern. Ist der Geschäftsführer

---

3 Urteil des OLG Koblenz vom 26.5.1994, in GmbHR 10/95, S. 730 – nicht rechtskräftig.

4 Beschluß des BayOblG vom 28.9.1995, in GmbHR 12/95, S. 869

Gesellschafter und ist ihm in dem Gesellschaftsvertrag ein Sonderrecht zur Geschäftsführung eingeräumt worden, ist eine entsprechende Satzungsänderung erforderlich.

4.4 Vertretungsbefugnis; Wirkung der Vertretung

Die Gesellschaft wird durch die Geschäftsführer gerichtlich und außergerichtlich vertreten (§ 35 Abs. 1 GmbHG). Die Vertretung durch einen Geschäftsführer ist erforderlich, da die GmbH als juristische Person zu einem Handeln im natürlichen Sinne nicht fähig ist. Die aus § 35 GmbHG sich ergebende *Vertretungsbefugnis der Geschäftsführer kann nach außen nicht beschränkt werden* (vgl. § 37 Abs. 2 Satz 1 GmbHG). Zwar sind die Geschäftsführer gemäß § 37 Abs. 1 GmbHG der Gesellschaft gegenüber verpflichtet, die Beschränkungen einzuhalten, die ihnen durch Gesellschaftsvertrag oder Gesellschafterbeschlüsse vorgegeben sind, jedoch ist ein Rechtsgeschäft, welches ein Geschäftsführer unter Nichtbeachtung der Beschränkung im Innenverhältnis ausführt, Dritten gegenüber wirksam. Im Innenverhältnis ist der den Beschränkungen zuwiderhandelnde Geschäftsführer der Gesellschaft gegenüber haftbar. Die Geschäftsführer sind in der Regel nach dem Gesellschaftsvertrag von dem Verbot des Selbstkontrahierens gem. § 181 BGB befreit. Im Falle der Befreiung können sie auch Verträge mit sich selbst abschließen. Ist der Geschäftsführer nicht von diesem Verbot befreit, ist ein von diesem mit sich selbst abgeschlossenes Rechtsgeschäft nichtig. Ist die Befreiung nicht bereits im Gesellschaftsvertrag vorgesehen, kann eine nachträgliche Befreiung von der Beschränkung des § 181 BGB nur über eine formelle Satzungsänderung (vgl. hierzu § 53 GmbHG sowie Kapitel 3.7) erfolgen; ein bloßer Beschluß der Gesellschafterversammlung reicht also nicht aus (vgl. Beschluß des OLG Köln vom 2. 10. 1992 in GmbHR 1993, Seite 37). Enthält bei mehreren Geschäftsführern der Gesellschaftsvertrag keine anderweitige Regelung, so muß die Erklärung und Zeichnung durch sämtliche Geschäftsführer erfolgen (vgl. § 35

Abs. 2 Satz 2 GmbHG). Im Gesellschaftsvertrag kann Einzelvertretungsbefugnis eines jeden Geschäftsführers bestimmt werden. Im Falle der Gesamtvertretung ist es unzulässig, wenn ein Geschäftsführer dem anderen eine generelle Ermächtigung, ihn für die Gesellschaft mitzuvertreten, erteilt. Eine Ermächtigung im Einzelfall ist dagegen zulässig. Die einem Geschäftsführer zustehende Vertretungsvollmacht darf von diesem nicht im Wege einer Generalvollmacht auf einen Dritten übertragen werden. In § 46 Ziff. 7 GmbHG ist die Bestellung von Prokuristen erwähnt.

Eine Bestimmung im Gesellschaftsvertrag, nach der diese bei Bestellung von mehreren Geschäftsführern durch zwei Geschäftsführer gemeinsam oder durch einen Geschäftsführer zusammen mit einem Prokuristen vertreten wird, ist zulässig. Wenn jedoch nur ein Geschäftsführer vorhanden ist, ist es unzulässig, dessen Vertretungsbefugnis an die Mitwirkung eines Prokuristen zu binden. Ebenfalls unzulässig ist eine Bestimmung im Gesellschaftsvertrag, nach der jeder der Geschäftsführer nur befugt ist, die Gesellschaft gemeinsam mit einem Prokuristen zu vertreten. Es ist ausreichend, wenn eine der Gesellschaft gegenüber abzugebende Willenserklärung an einen der Geschäftsführer gerichtet wird (vgl. § 35 Abs. 2 Satz 3 GmbHG).

Die für die Geschäftsführer geltenden Vorschriften gelten auch für Stellvertreter von Geschäftsführern (vgl. § 44 GmbHG). Auch der stellvertretende Geschäftsführer ist nach außen ein vollwertiger Geschäftsführer mit allen für diesen geltenden Rechten und Pflichten. Lediglich im Innenverhältnis ist seine Verantwortung der Gesellschaft gegenüber auf die Zeit seiner Vertretungstätigkeit beschränkt.

Auch gerichtlich wird die Gesellschaft durch den Geschäftsführer vertreten, es sei denn, es handelt sich um Klagen der Gesellschaft gegen die Geschäftsführer oder umgekehrt; in diesem Fall hat die Gesellschaft gem. § 46 Nr. 8 GmbHG eine andere Vertretung zu bestimmen. Im Gerichtsverfahren unter Beteiligung der Gesellschaft haben die Geschäftsführer als gesetzliche Vertreter der Gesellschaft die Stellung einer Partei. Zwar kann in einem Rechtsstreit auch die Partei

vernommen werden, jedoch grundsätzlich nach den zivilprozessualen Grundsätzen nur auf Antrag der Gegenseite. Kommt es zu einer Parteivernehmung des Geschäftsführers, gilt hierfür wie für die Vernehmung von Zeugen die freie richterliche Beweiswürdigung. Unabhängig von der Stellung des Geschäftsführers als gesetzlichen Vertreters der GmbH ist in zivilrechtlichen Rechtsstreitigkeiten vor dem Landgericht, dem Oberlandesgericht oder dem Bundesgerichtshof die Vertretung der GmbH durch einen bei dem jeweiligen Gericht zugelassenen Rechtsanwalt erforderlich.
Gemäß § 35 Abs. 3 GmbHG geschieht die Zeichnung für die Gesellschaft in der Weise, daß der Geschäftsführer bzw. bei Gesamtvertretung die Geschäftsführer zu der Firma der Gesellschaft ihre Namensunterschrift beifügen. Die Firmierung kann gestempelt werden; der oder die Geschäftsführer haben ihre Unterschrift eigenhändig hinzuzusetzen.
Die Gesellschaft wird durch die in ihrem Namen von den Geschäftsführern vorgenommenen Rechtsgeschäfte berechtigt und verpflichtet; dabei ist es gleichgültig, ob das Geschäft ausdrücklich im Namen der Gesellschaft vorgenommen worden ist oder ob die Umstände ergeben, daß es nach dem Willen der Beteiligten für die Gesellschaft vorgenommen werden sollte (vgl. § 36 GmbHG). Ist danach von einem Geschäft für die GmbH auszugehen, ist – wie bereits oben dargelegt – für eine Verpflichtung der Gesellschaft unbeachtlich, ob sich der Geschäftsführer an ihm im Innenverhältnis auferlegte Beschränkungen der Vertretungsbefugnis gehalten hat (vgl. § 37 Abs. 2 GmbHG).

4.5 Pflicht zur Buchführung und Bilanzierung

Die Verpflichtung der Geschäftsführer, für eine ordnungsgemäße Buchführung, Bilanzierung sowie für die Vorlage des Jahresabschlusses und des Lageberichtes Sorge zu tragen, ist in den §§ 41 bis 42 a GmbHG formuliert. Ein vertraglicher Verzicht hierauf ist nicht zulässig. Eine nähere Ausgestaltung über die gesetzlichen Erfordernisse findet sich im HGB.

In Kapitel 6 dieses Buches sind die Grundlagen für eine ordnungsgemäße Buchführung und Bilanzierung näher erläutert.

Die Verpflichtung der Geschäftsführer liegt nicht darin, selbst die Buchführung und den Jahresabschluß zu erstellen. Dieser Aufgabenbereich kann an sachkundige Mitarbeiter oder an Dritte (Steuerberater) übertragen werden. Die Verantwortlichkeit des Geschäftsführers besteht im Falle der Übertragung der Aufgaben darin, die mit diesen betrauten Personen sorgfältig auszuwählen und die Ausführung der Arbeiten zu überwachen.

5 Kapitalausstattung und Finanzierung der GmbH

Die Gesellschaft mit beschränkter Haftung (GmbH) ist seit jeher eine beliebte Form der Kapitalgesellschaft. Dies liegt rechtlich darin begründet, daß das Haftungsrisiko beschränkt ist. Damit treten u. U. jedoch auch Finanzierungsprobleme auf, da die GmbH eine geringere Kreditwürdigkeit genießt als Personengesellschaften.
Die GmbH als Kapitalgesellschaft mit persönlicher Gestaltung steht zwischen der Aktiengesellschaft und der offenen Handelsgesellschaft. Der Aufbau der GmbH ist relativ einfach, die Kontrollvorschriften wurden jedoch durch das Bilanzrichtlinien-Gesetz erweitert. Die Beschränkung der Haftung und der persönliche Kontakt der Gesellschafter mit der Gesellschaft sollten sich in ihr verbinden.

5.1 Stammkapital

Das Stammkapital der GmbH, also der Grundstock des GmbH-Vermögens, beträgt seit Inkrafttreten des Mantelgesetzes vom 21. 6. 1990 ab dem 1. 7. 1990 25 000 Euro. Gesellschaften mbH, die nach altem Recht bereits bestanden haben, mußten ihr Stammkapital innerhalb von fünf Jahren, also spätestens bis zum 30. 6. 1995, an das Mindestkapital von 25 000 Euro anpassen und innerhalb der gleichen Frist die Einlagen bis zur neuen Mindesthöhe aufstocken; d. h., sie mußten ihr Stammkapital um 12 500 Euro erhöhen.
Aus den sog. Stammeinlagen der einzelnen Gesellschafter setzt sich das Stammkapital einer GmbH zusammen. Durch diese Leistung der Stammeinlage erwirbt der Gesellschafter

das Mitgliedschaftsrecht, den Geschäftsanteil, der verschieden hoch sein kann. Die Stammeinlage muß die folgenden Bedingungen erfüllen:

- Sie muß auf Euro lauten.
- Ihre Höhe muß mindestens 100 Euro betragen.
- Die Höhe nach oben ist unbegrenzt.
- Jeder Gründungsgesellschafter darf nur eine Stammeinlage übernehmen.
- Die Summe der Stammeinlagen muß dem Stammkapital entsprechen.
- Jede Stammeinlage muß in Euro durch 50 teilbar sein.

Eine Ausstellung von Urkunden über die Stammeinlagen ist nicht vorgeschrieben. Wird eine Urkunde ausgestellt, so ist dies lediglich ein Beweismittel.

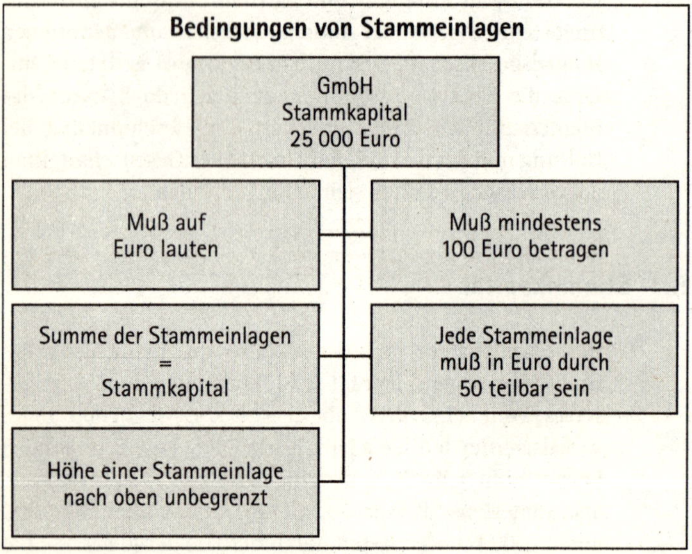

Abb. 2: Bedingungen von Stammeinlagen

Stammeinlagen obliegen einer persönlichen Bindung an den Gesellschafter, der freihändige Verkauf ist gestattet, nicht jedoch der börsenmäßige Handel (§ 15 GmbHG). Der

Abtretungsvertrag bedarf der notariellen Form (§ 15 GmbHG). Die Anmeldung der Veräußerung muß bei der Gesellschaft erfolgen; eine Genehmigung ist jedoch nur dann erforderlich, wenn dies die Satzung der GmbH vorschreibt (§ 15 GmbHG).

Die Mindesteinlage, die ein Gesellschafter leisten muß, beträgt 25 % seiner Stammeinlage, mindestens jedoch 100 Euro. Bei einer verzögerten Einzahlung sind Verzugszinsen zu zahlen. Zudem kann ein Gesellschafter durch das Kaduzierungsverfahren (Verfallserklärung) ausgeschlossen werden. Nach § 21 GmbHG wird ein säumiger Gesellschafter unter Androhung des Ausschlusses erneut zur Zahlung binnen einer bestimmten Nachfrist von mindestens einem Monat durch eingeschriebenen Brief (besser Einschreibbrief mit Rückantwort) aufgefordert. Zahlt der Gesellschafter trotzdem nicht, so wird er von der Gesellschaft ausgeschlossen. Sein Geschäftsanteil wird verkauft. Der ausgeschlossene Gesellschafter haftet für den Mindererlös. Kann er diesen nicht zahlen, so haben die übrigen Gesellschafter den Mindererlös im Verhältnis ihrer Geschäftsanteile zu leisten.

Das Stammkapital der GmbH kann in Geldbeträgen, aber auch in Form von Sachvermögen oder in einer gemischten Form geleistet werden. Bei Sacheinlagen muß der Gegenstand der Sacheinlage im Gesellschaftsvertrag konkret angegeben werden. Bei Bareinlagen sind – wie bereits erwähnt – 25 % sofort zu leisten, bei gemischten Einlagen muß die Sacheinlage sofort erbracht werden, von dem Baranteil ein Viertel.

Bei Sacheinlagen muß ein Sachgründungsbericht erstellt werden.

Bei der Neugründung einer GmbH empfiehlt sich eine Bargründung, damit dem Unternehmen Kapital zur Verfügung steht.

Im Gesellschaftsvertrag der GmbH kann verfügt werden, daß die Gesellschafter über den Betrag der Stammeinlage hinaus die Einforderungen von weiteren Einzahlungen verfügen können. Diese werden als Nachschüsse bezeichnet. Die Einzahlung der Nachschüsse hat nach Verhältnis der

Muster eines Kaduzierungsschreibens nach Zahlungsaufforderungen

Einschreiben

An
Herrn …
…

Betr.: Restliche Zahlung auf übernommene Stammeinlage

Mit unserem Schreiben vom … haben wir Sie aufgefordert, auf die von Ihnen am … übernommene Stammeinlage unserer Gesellschaft in Höhe von 15 000 Euro den noch nicht einbezahlten Betrag von 10 000 Euro bis spätestens … bei der Gesellschaftskasse einzuzahlen.
Nach Verstreichung dieser Frist haben wir Ihnen durch eingeschriebenen Brief vom … eine Nachfrist bis zum … gesetzt. Zugleich forderten wir Sie erneut zur Zahlung des rückständigen Betrags auf und drohten Ihnen den Ausschluß aus der Gesellschaft an, sofern auch die Nachfrist fruchtlos verstreichen sollte. Sie haben auch innerhalb der Nachfrist die auf die Stammeinlage geschuldete Leistung nicht erbracht. Wir erklären Sie daher Ihres Geschäftsanteils und der darauf geleisteten Teilzahlung zugunsten unserer Gesellschaft für verlustig.

Wir bitten um sofortige Nachricht, ob Sie mit dem freihändigen Verkauf des verfallenen Geschäftsanteils einverstanden sind. Sollte eine zustimmende Nachricht von Ihnen nicht bis … bei uns eingegangen sein, werden wir die öffentliche Versteigerung veranlassen.

……………………
Geschäftsführer

Abb. 3: Muster eines Kaduzierungsschreibens

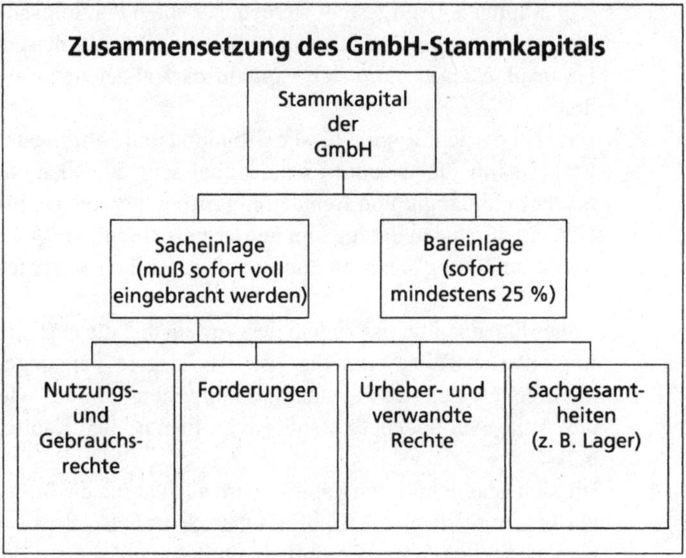

Abb. 4a: Sach- und Bareinlage einer GmbH

Geschäftsanteile zu erfolgen. Im Gesellschaftervertrag kann die Nachschußpflicht auf einen bestimmten, im Verhältnis der Geschäftsanteile festzusetzenden Betrag beschränkt werden. Damit wird der GmbH die Möglichkeit gegeben, ihr Betriebskapital ohne eine förmliche Erhöhung des Stammkapitals zu vermehren. Das Stammkapital der GmbH bleibt unverändert, lediglich das Betriebskapital wird um die einzufordernden Nachschüsse erhöht. Voraussetzung dieser Möglichkeit ist, daß im Gesellschaftsvertrag Nachschüsse bestimmt werden und ein Beschluß der Gesellschafterversammlung über die Einforderung der Nachschüsse vorliegt.

5.2 Kapitalbeschaffung

Wie beschrieben, gehört zur Gründung einer GmbH ein Mindestkapital in Höhe der Stammeinlage. Dieses Kapital reicht natürlich für die Führung einer GmbH nicht aus. Bevor also eine GmbH gegründet wird, sollte tunlichst ein Finanzplan (vgl. Kapitel 5.4) aufgestellt werden, der einen Planungshorizont von drei bis fünf Jahren beinhalten sollte. Aus diesem Finanzplan kann dann der Kapitalbedarf abgeleitet werden.

Das erforderliche Kapital für die Gründung und Führung der GmbH kann Eigen- oder Fremdkapital sein. Eigenkapital macht unabhängig von fremden Eingriffen, und die GmbH ist nicht durch den Entzug von Betriebsmitteln infolge einer Kreditkündigung bedroht und somit wesentlich krisenfester.

Hohes Eigenkapital hat zudem den Vorteil, daß die extreme Kapitalbeschaffung einfacher ist. Als sichere Faustregel kann gelten, daß das Eigenkapital mindestens so hoch wie das Anlagevermögen sein sollte (vgl. hierzu auch Kapitel 5.3).

Die Höhe des benötigten Kapitals wird auch durch die Branche bestimmt, in der die GmbH tätig ist. So ist beispielsweise eine Maschinenfabrik wesentlich kapitalintensiver als ein Zeitungskiosk. Auch die Größe des geplanten Geschäftes hat Einfluß auf den Kapitalbedarf, ebenso die Umschlaghäufigkeit und andere Faktoren.

Bei der GmbH steht im Wege der Eigenkapitalbeschaffung die Möglichkeit offen, eine Kapitalerhöhung vorzunehmen (Erhöhung von Stammeinlagen oder Aufnahme neuer Gesellschafter; vgl. hierzu Kapitel 5.5).

Eine GmbH kann zur Fremdfinanzierung die üblichen Darlehensformen wählen. Ob ein Fälligkeits- oder Kündigungsdarlehen oder ein Tilgungsdarlehen sinnvoll ist, hängt jeweils vom Geschäftszweck und der sonstigen Kapitalausstattung ab. Dies ist somit im Einzelfall zu entscheiden. Einen Überblick über mögliche Darlehensformen gibt Abb. 3 b.

Eine Fremdfinanzierung ist durch die beschränkte Haftung der Gesellschafter manchmal etwas schwierig, da die GmbH eine geringere Kreditwürdigkeit genießt als Personengesellschaften. Oftmals wird dieses Problem dann gelöst, indem die Banken die Kredite durch das Privatvermögen der Gesellschafter sichern.

Kapitalbeschaffung der GmbH

Darlehensformen

Fälligkeits- oder Kündigungsdarlehen	Tilgungs- oder Amortisationsdarlehen	
	Abzahlungsdarlehen	**Annuitätsdarlehen**
Ist in voller Höhe am vereinbarten Fälligkeitstag oder bei Ablauf einer vertraglich festgesetzten Kündigungsfrist zurückzuzahlen. Bis dahin sind vom Kreditnehmer lediglich die Zinsen regelmäßig aufzubringen.	Der Kreditnehmer zahlt neben den Zinsen gleichbleibende Tilgungsraten. Die Zinsen verringern sich entsprechend der Restschuld. Die durch die sinkende Restschuld ersparten Zinsen führen zur Verringerung der Jahresbelastung (fallende Annuität).	Der Tilgungsplan sieht jährlich gleichbleibende Annuität vor, die einen jährlich steigenden Tilgungs- und einen jährlich fallenden Zinsanteil umfaßt. Der Kreditnehmer zahlt jährlich gleichbleibende Beträge (feste Annuitäten), da die mit sinkender Restschuld abnehmende Zinslast zur Vergrößerung der Tilgung führt.

Abb. 4 b: Kapitalbeschaffung der GmbH – Darlehensformen

Muß eine GmbH bei der Gründung mit Fremdkapital wirtschaften, sollten die Verhandlungen mit eventuellen Kapitalgebern sorgfältig vorbereitet werden. Hierzu gehören auf jeden Fall ein Finanzplan und eine Beschreibung des Unternehmenszwecks, eine Marktchancenbestimmung usw.

Existenzgründungen werden z. T. staatlich gefördert. So stellt beispielsweise die Deutsche Ausgleichsbank rückzahlbares Geld zur Verfügung, das als Eigenkapital eingesetzt und ausgewiesen werden kann. Voraussetzungen für diese Eigenkapitalhilfe sind, daß es sich um eine Erstgründung handelt, daß die Existenz davon getragen werden kann, daß ein bestimmter Eigenanteil der Investitionssumme als Eigenkapital vorhanden ist usw.

Andere Geldbeschaffungsquellen sind Mitgesellschafter, Kapitalbeteiligungsgesellschaften, Mitarbeiterbeteiligung, Management-Buy-Out. Für die neuen Bundesländer stehen zur Förderung und Intensivierung der wirtschaftlichen Tätigkeit über 70 mittelstandsorientierte Förder-, Aktions-, Bürgschafts- und Sofortprogramme zur Verfügung. Vor allem kleine und mittlere Unternehmen sollen hier verstärkt in den Genuß dieser Mittel kommen, um sich besser auf den Binnenmarkt vorbereiten zu können.

Auch Miete oder Leasing ist eine interessante Alternative zu herkömmlicher Finanzierung. Diese Formen betreffen im wesentlichen bewegliche Gegenstände. Die bekannteste Leasingform ist das Leasing von Kraftfahrzeugen, das für die GmbH durchaus auch steuerlich interessant ist.

Für die Kreditvergabe und Kreditkontrolle ist die Analyse und Kritik des Jahresabschlusses bzw. der Eröffnungsbilanz ein maßgebliches Informationsinstrument. Gleichzeitig bilden sie eine geeignete Grundlage für die Gespräche zwischen Kreditnehmer und Bank. Gemäß § 264 Abs. 2 HGB soll der Jahresabschluß ein den tatsächlichen Verhältnissen entsprechendes Bild der Vermögens-, Finanz- und Ertragslage des Unternehmens vermitteln.

Leasing als Form der langfristigen Fremdfinanzierung der GmbH

Als Leasing wird die mittel- bis langfristige Vermietung (Gebrauchsüberlassung von beweglichen und unbeweglichen Investitions- sowie langlebigen Konsumgütern) durch den Hersteller selbst oder durch Leasinggesellschaften bezeichnet. Bei der Finanzierung durch Leasing werden Nutzungsrechte an beweglichen und unbeweglichen Wirtschaftsgütern durch Mietverträge erworben.

Formen des Leasings

Leasinggeber

Direktes Leasing
Der Anlageberater selbst oder ein Tochterunternehmen von ihm ist Lesainggeber.

Indirektes Leasing
Finanzierungsunternehmen kaufen die Anlagen, um sie dann zu vermieten.

Leasingvertrag

Operationsleasing
Mietverträge, die keine feste Grundmietzeit und beide Vertragspartner kurzfristig kündigen können. Der Leasinggegenstand wird dem Leasinggeber zugerechnet und von ihm bilanziert. Wartung und Unterhalt erfolgen durch den Leasinggeber.

Financeleasing
Vereinbarung einer unkündbaren Grundmietzeit. Die Zurechnung des Leasinggegenstandes hängt von dem Verhältnis der festgelegten Grundmietzeit zur betriebsgewöhnlichen Nutzungsdauer gemäß des Leasingerlasses des Bundesfinanzministeriums vom 19.4.1971 ab. Bei einer Grundmietzeit von weniger als 40 % der betriebsgewöhnlichen Nutzungsdauer wird der Leasinggegenstand dem Leasingnehmer zugerechnet, von ihm bilanziert und abgeschrieben.

Sale-lease-Back
Die Leasinggesellschaft kauft Anlagegüter von einem Unternehmen und vermietet diese an den Verkäufer zurück.

Leasingobjekt

Konsumgüterleasing

Investitionsgüterleasing
Kann für unbewegliche (Immobilienleasing) und bewegliche Objekte (Mobilienleasing) erfolgen.

Equipmentleasing
Vermietung einzelner Objekte.

Plantleasing
Vermietung ganzer Industrieanlagen.

Abb. 4 c: Leasing als Form der langfristigen Fremdfinanzierung der GmbH

5.3 Beurteilung der Kapitalausstattung

Eine aufbereitete Bilanz (auch die Eröffnungsbilanz der GmbH) enthält bereits wichtige Kennzahlen, die eine Beurteilung der Bilanz zulassen. Eine Bilanz gibt Aufschlüsse über die *Kapitalausstattung, Anlagenfinanzierung, Zahlungsbereitschaft und den Vermögensaufbau* einer GmbH. Daten, die bei einer Finanzierung (d. h. Aufnahme von Fremdkapital, Aufnahme neuer Gesellschafter) eine wesentliche Rolle spielen.

Kennzahlen zur Kapitalstruktur der GmbH

Eigenkapital in %, Grad der finanziellen Unabhängigkeit	Verschuldungsgrad
$= \frac{\text{Eigenkapital x 100}}{\text{Gesamtkapital}}$	$= \frac{\text{Fremdkapital x 100}}{\text{Gesamtkapital}}$
Anteil des langfristigen Fremdkapitals	**Anteil des kurzfristigen Fremdkapitals**
$= \frac{\text{Langfristiges Fremdkapital x 100}}{\text{Gesamtkapital}}$	$= \frac{\text{Kurzfristiges Fremdkapital x 100}}{\text{Gesamtkapital}}$

Abb. 4 d: Kennzahlen zur Kapitalstruktur der GmbH

Bei der Beurteilung der Kapitalausstattung oder Finanzierung ist sehr wichtig, ob eine GmbH mit eigenem oder Fremdkapital arbeitet. Üblicherweise ist die Finanzierung dann positiv, wenn Eigenkapital als Haftungs- bzw. Schutzkapital das Fremdkapital überwiegt. Je höher der Eigenkapitalanteil am Gesamtkapital, um so gesicherter ist die Lage der GmbH in Krisenzeiten. Auch die Unabhängigkeit gegenüber Gläubigern der GmbH ist gewahrt. Damit ist der Anteil des Eigenkapitals am Gesamtkapital ein Indiz für den Grad der finanziellen Unabhängigkeit der GmbH.

Der Anteil des Fremdkapitals am Gesamtkapital bringt den Grad der Verschuldung einer GmbH zum Ausdruck. Ein im Verhältnis zum Eigenkapital zu hohes Fremdkapital bedeutet eine erhebliche Einengung der Selbständigkeit der GmbH, denn mit jeder weiteren Kreditaufnahme sind stets der Nachweis der Kreditverwendung und ständige Kontrollen durch den Gläubiger verbunden.
Die Analyse des Eigenkapitals beinhaltet auch das Beteiligungskapital und das Selbstfinanzierungskapital. Als Beteiligungskapital wird das von den Eigentümern eingebrachte Kapital bezeichnet, also das Stammkapital. Das Selbstfinanzierungskapital ist hingegen durch Gewinnthesaurierung entstanden, d. h. Rücklagen, stille Rücklagen, Sonderposten mit Rücklageteil.
Ist der Anteil an kurzfristigen Schulden sehr hoch, so wird die Liquidität der GmbH in besonderem Maße belastet. Die Zusammensetzung des Fremdkapitals spielt bei der Beurteilung der Finanzierung der GmbH daher eine Rolle.
Bei der GmbH wird im Rahmen der Analyse des Stammkapitals auch überprüft, ob und inwieweit bestimmte Aktivposten als Korrekturwerte abzuziehen sind (z. B. ausstehende Einlagen auf das Beteiligungskapital).

Anlagenfinanzierung

Die Anlagenfinanzierung ist wesentlich für die Beurteilung der Kapitalausstattung einer GmbH. Wesentliche Kennzahlen sind hier der Deckungsgrad 1 und 2 (vgl. Abb. 5). Finanzierungsstrukturen informieren über Zusammenhänge zwischen den Vermögenspositionen und den Kapitalquellen, die sich aus der Bilanz ergeben. Mit der Liquidität wird dagegen die Fähigkeit der GmbH, ihren Zahlungsverpflichtungen nachzukommen, bezeichnet.
Der Deckungsgrad II entspricht der goldenen Bilanzregel, sofern die ermittelte Kennzahl bei 100 % oder höher liegt. Langfristig an die GmbH gebundene Anlagegüter sind durch langfristiges Kapital zu decken, während für das Umlaufver-

mögen eine kurzfristige Finanzierung genügt. Diesen Überlegungen liegt der Grundsatz der Fristengleichheit zugrunde.

Kennzahlen zur Anlagendeckung der GmbH

Deckungsgrad I

$$= \frac{\text{Eigenkapital}}{\text{Anlagevermögen}}$$

Anlagen-Intensität

$$= \frac{\text{Anlagevermögen}}{\text{Gesamtvermögen}}$$

Deckungsgrad II

$$= \frac{\text{Langfristiges Kapital}}{\text{Anlagevermögen}}$$

Abb. 5: Kennzahlen zur Anlagendeckung der GmbH

Anlagegegenstände sind langfristig gebundenes Kapital der GmbH und müssen daher auch entsprechend durch langfristiges Kapital finanziert werden. Gegenstände des Anlagevermögens sollten nie kurzfristig finanziert werden, damit im Krisenfall keine Anlagengüter veräußert werden müssen, um Tilgungsverpflichtungen nachzukommen. Diese Verhältnisse werden durch die Deckungsgrade 1 und 2 wiedergegeben.

Vermögensstruktur

Die Vermögensstruktur der GmbH wird ausgedrückt im Verhältnis zwischen Anlage- und Umlaufvermögen. Zur Orientierung können hier Branchenvergleiche dienen, da es keine allgemeingültigen Regeln hierfür gibt.

Grundsätzlich ist zu bedenken, daß das Anlagevermögen enorme Fixkosten verursacht (Abschreibungen, Instandhaltung etc.), die unabhängig von der Beschäftigung (der Auslastung des Unternehmens; Absatzlage) anfallen.
Je niedriger das Anlagevermögen im Verhältnis zum Umlaufvermögen ist, desto geringer ist auch die Belastung der GmbH mit Fixkosten.
Vorräte, Forderungen, flüssige Mittel sind Bestandteile des Umlaufvermögens der GmbH. Werden diese Positionen mit den Umsatzerlösen der GmbH verglichen, lassen sich hieraus Erkenntnisse über die Absatzlage der GmbH entwikkeln.

Kennzahlen zur Vermögensstruktur der GmbH

Anlagenintensität

$$= \frac{\text{Anlagevermögen}}{\text{Gesamtvermögen}}$$

Vorratsintensität

$$= \frac{\text{Vorratsvermögen}}{\text{Gesamtvermögen}}$$

Umlaufvermögensanteil

$$= \frac{\text{Umlaufvermögen}}{\text{Gesamtvermögen}}$$

Vorräte in % der Herstellkosten des Umsatzes

$$= \frac{\text{Durch. Bestand der Vorräte}}{\text{Herstellkosten des Umsatzes}}$$

Abb. 6 a: Kennzahlen zur Vermögensstruktur der GmbH

Zusammenfassend läßt sich sagen, daß es für das langfristige Überleben der GmbH wichtig ist, auch die Struktur der Bilanz zu planen, da die GmbH nach der Gründungsphase normalerweise auch potentielle Kreditgeber (Banken, Lieferanten) benötigt.
Zur Analyse gehört auch die Analyse der Innenfinanzierungskraft einer GmbH. Hierunter versteht man die Beschaffung von finanziellen Mitteln aus eigener Kraft, also

Kennzahlen zur Finanzierungs-/Investitionsanalyse der GmbH

Innenfinanzierungsgrad

$$= \frac{\text{Kapital aus Innenfinanzierung}}{\text{Gesamtkapital}}$$

Außenfinanzierung in %

$$= \frac{\text{Außenfinanzierung}}{\text{Mittelverwendung}}$$

Innenfinanzierung in %

$$= \frac{\text{Innenfinanzierung}}{\text{Mittelverwendung}}$$

Sachanlagen-Abschreibungsquote

$$= \frac{\text{Sachanlagen-Abschreibung}}{\text{Sachanlagen-Anfangsbestand + -Zugang}}$$

Finanzierung Sachanlagen-Zugang in %

$$= \frac{\text{Sachanlagen-Abschreibung}}{\text{Sachanlagen-Zugang}}$$

Abb. 6 b: Kennzahlen zur Finanzierungs-/Investitionsanalyse der GmbH

betriebsintern. Dies geschieht am häufigsten durch die Wiederverwendung von erwirtschafteten Gewinnen oder die Ausschöpfung vorhandener Reserven.

Die Einbringung eigener, privater Gelder oder privat angeschaffter Güter fällt ihrer Natur nach nicht unter den Begriff Eigenfinanzierung, da dieses Geld primär nicht aus der GmbH stammt. Eine solche Kapitalerhöhung würde das Stammkapital erhöhen und wird damit auch einen Gesellschafterbeschluß sowie einen Änderungseintrag ins Handelsregister zur Folge haben.

Die Innenfinanzierung bezieht sich also auf die internen Finanzierungsmöglichkeiten und geht im wesentlichen über Cash-flow, der Veräußerung nicht betriebsnotwendigen Anlagevermögens, oder über die Auflösung stiller Reserven.[1]

5.4 Liquidität und Finanzplanung

Eine vernünftige Liquidität und eine sichere Finanzplanung sind die Basis jedes Unternehmens. Ein Abwägen zwischen verfügbaren Mitteln und erreichbarem Deckungsbeitrag ist nur mit einer Finanzplanung möglich, die systematisch Mittelverwendung und Mittelherkunft aufzeigt. Die Finanzplanung muß so Liquiditäts- und Rentabilitätsüberlegungen vereinen und einen Kompromiß zwischen beiden Zielen herstellen. Primäre Aufgabe einer Finanzplanung ist jedoch die Steuerung und Planung der Liquidität unter Berücksichtigung externer Risiken (Geld-, Kapitalmarkt, Devisen, Steuern).
Der Begriff der Liquidität hat mehrere Bedeutungen. Zum einen wird unter Liquidität verstanden, ob ein Gut, also beispielsweise ein betrieblicher Vermögenswert, als Zahlungsmittel zur Verfügung steht. In diesem Sinn wird als *absolute* Liquidität die Nähe eines Gutes zum Geldstadium verstanden.
Als *echte* Liquidität wird eine regulative Geldwerdung bei planmäßigem Betriebsgeschehen bezeichnet, also beispielsweise der Weg vom Rohstoff über Zwischen- und Endprodukt zum Umsatz. Auf der Aktivseite der Bilanz findet sich die *Vermögensliquidität*, wobei hierbei Klassen nach der Dauer der Geldwerdung gebildet werden. Auf der Passivseite der Bilanz wird eine Klassifizierung der Liquidität nach Rückzahlungsterminen, also nach Fälligkeiten, vorgenommen.
Die *künstliche* Liquidität, auch Liquidation, wird beispiels-

---

1 Als negative Folge der Auflösung stiller Reserven ist die Erhöhung der Unternehmenssteuern zu nennen, da die Realisierung der stillen Reserven zwangsläufig als Ertrag in die Gewinn- und Verlustrechnung einfließt und damit das zu versteuernde Jahresergebnis erhöht. Andererseits wird in der Regel der Veräußerungserlös ins Unternehmen reinvestiert, so daß ggf. die Steuervergünstigung des § 34 EStG zum Tragen kommt. Eine abschließende Entscheidung sollte in jedem Fall in Zusammenarbeit mit dem Steuerberater getroffen werden.

weise durch den vorzeitigen Verkauf eines Gutes vor seinem Endzustand erreicht; z. B. der Verkauf eines Anlagegutes vor Ablauf der Nutzungsdauer.

Bei der *relativen* Liquidität werden die

- statische (bilanzielle) und
- dynamische

Ausprägung unterschieden. Hierbei stellt die bilanzielle Liquidität eine Zeitpunktbetrachtung dar (Grundlage Bilanz). Als dynamische Liquidität wird eine Zeitraumbetrachtung, also auch die *Liquiditätsplanung*, bezeichnet. Eine Kennzahl zur Messung der Liquidität ist der Liquiditätsgrad. Bei der Interpretation dieser Kennzahlen muß darauf geachtet werden, daß beispielsweise ein Verhältnis von 1:1 nichts über das finanzielle Gleichgewicht eines Unternehmens aussagt. Vielmehr wird damit nur zum Ausdruck gebracht, daß das Unternehmen augenblicklich den kurzfristigen Verbindlichkeiten ohne Probleme nachkommen kann. Damit ist die Liquidität nicht das Oberziel eines Unternehmens, aber ein Sachziel, das ständig eingehalten werden muß, da ansonsten der Konkurs droht. Liquiditätsgrade besagen überhaupt nichts über eine zukünftige Entwicklung.

Kennzahlen zur Liquidität der GmbH

Liquidität 1. Grades

$$= \frac{\text{Zahlungsmittelbestand}}{\text{Kurzfristige Verbindlichkeiten}}$$

Liquidität 2. Grades

$$= \frac{\text{Kurzfristiges Umlaufvermögen}}{\text{Kurzfristige Verbindlichkeiten}}$$

Liquidität 3. Grades

$$= \frac{\text{Gesamtes Umlaufvermögen}}{\text{Kurzfristige Verbindlichkeiten}}$$

Abb. 7: Kennzahlen zur Liquidität der GmbH

Wenn man die eigene GmbH einmal mit anderen vergleichen will, kann man z. B. auf Betriebsvergleiche zurückgreifen, wie diese von den meisten Verbänden herausgegeben werden. Vergleichen sollte man hierbei grundsätzlich nur Unternehmen gleicher Branchen und möglichst auch ungefähr gleicher Größenordnung. Dennoch sind diese Daten immer kritisch zu beurteilen, da ein Betriebsvergleich mit zunehmender Diversifikation eines Unternehmens immer problematischer wird.

Die Liquiditätsplanung wird täglich im Unternehmen vollzogen, während die Finanzplanung in größeren Abständen erfolgt. Entsprechend diesen verschiedenen Zielen setzen die Liquiditätspläne am Kassenbuch, am Scheck- und Wechselbuch, an den Bankauszügen oder beim Rechnungswesen an. Die Finanzplanung hingegen orientiert sich an einer integrierten Unternehmensplanung, also dem Zusammenspiel von mehreren ineinandergreifenden Teilplänen (vgl. Abb. 8).

Unterschiede von Liquiditäts- und Finanzplanung

Kriterium	Liquiditätsplanung	Finanzplanung
Planungshäufigkeit	täglich wöchentl., monatl.	jährlich
Planungshorizont	Tage, Wochen, Monate	ein Jahr, mehrere Jahre
Planungsgegenstand	alle momentan zufließenden Ein- u. Ausgaben sowie Zahlungsmittelbestände	Bestandsveränderungen aller Bilanzpositionen
Planungsziele	Momentanliquidität, Periodenliquidität	Langfr. Überwachung u. Steuerung v. Vermögen u. Schulden

Vgl.: Gabele, E: Finanz- und Liquiditätsplanung; Deutscher Steuerberaterverband e. V. (Hrsg.), Steuerberater Handbuch 1990, Stollfuß-Verlag, Bonn, 1990, S. 1900 ff.

Abb. 8: Unterschiede von Liquiditäts- und Finanzplanung

Mit der Liquiditätsbilanz (Aufteilung von Aktiva und Passiva nach Liquiditätsgrad) wird eine recht gute Ausgangsbasis für eine Finanzplanung geschaffen.

Warum ist eine Liquiditäts- und Finanzplanung notwendig? Nun, zunächst einmal bietet sie eine wertvolle Unterstützung im Tagesgeschäft. Der Geschäftsführer einer GmbH benötigt fortlaufend Information über momentane und zukünftige Zahlungsverpflichtungen zur Erfüllung ihrer Aufgabe. Die Liquiditätsplanung zeigt die kurzfristigen finanziellen Ströme auf, und durch die Finanzplanung kann eine Finanzstrategie entwickelt werden. Diese gewünschten finanziellen Ströme werden dann den operativen Ebenen als Grundlage für ihre Arbeit an die Hand gegeben.

Nicht nur im »normalen« Geschäft ist die Finanzplanung erforderlich. So verlangt beispielsweise § 18 KWG von Kreditinstituten, die *Kreditwürdigkeit* von Kreditnehmern sorgfältig zu prüfen. Zur Offenlegung der wirtschaftlichen Verhältnisse eignet sich eine Finanzplanung sehr gut, insbesondere dann, wenn Sie Ihre Kredite nicht aus Sicherheiten, sondern aus zukünftigen Erträgen bedienen müssen.

Nach den Empfehlungen der UEC gilt der Ertragswert im Rahmen der Unternehmensbewertung als der einzige und endgültige Wert des Unternehmens.[2] Hierbei geht es in erster Linie um die Feststellung der finanziellen Verfügbarkeit der Überschüsse. Auch diese Aufgabe wird von einer Finanzplanung erfüllt. Sollte einmal eine Konkursprüfung erfolgen müssen, so ist eine Überschuldungsbilanz aufzustellen, um eine Überschuldungsmessung herbeiführen zu können. Hierbei sind Kennzahlen wie Cash-flow, Kapitalbedarf usw. gefordert, die ebenfalls die Finanzplanung liefert.

Eine systematische Finanzplanung sichert die Unternehmensexistenz, da Fehlentwicklungen frühzeitig erkannt

---

2 Vgl. WP-Handbuch 1985/86, S. 1076 ff.: Entwurf einer Verlautbarung des Arbeitskreises Unternehmensbewertung: Grundsätze zur Durchführung von Unternehmensbewertung, in: WPg 1980, S. 409 ff.; UEC-Kommission für Fachfragen, Empfehlungen zur Vorgehensweise von Wirtschaftsprüfern bei der Bewertung ganzer Unternehmen, München 1980

werden können. Auch Investitionsentscheidungen können mit einer Finanzplanung überprüft werden.

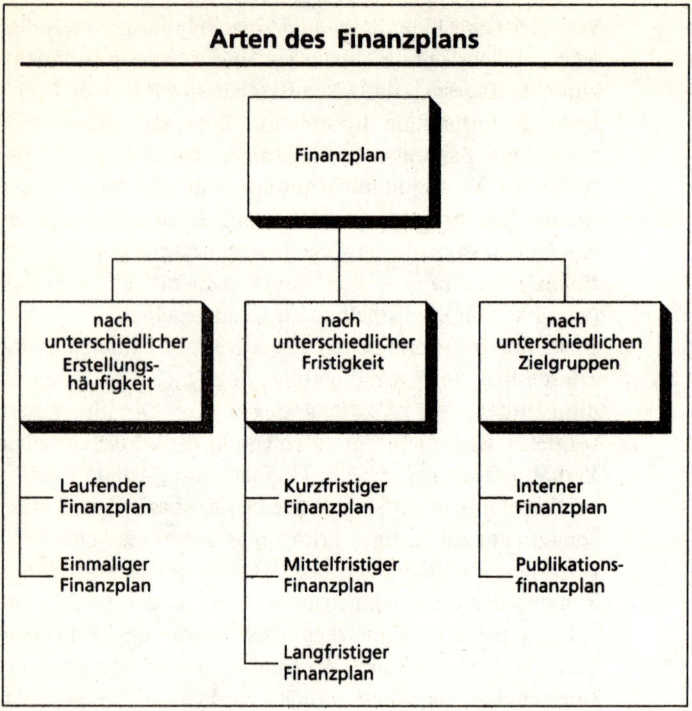

Abb. 9: Arten des Finanzplans

Die Finanzplanung richtet sich auf einen längeren Zeitraum als die Liquiditätsplanung (i. d. R. ein Jahr). Sie deckt üblicherweise einen Zeitraum von ein bis fünf Jahren ab. Je nach Größe der GmbH sind jedoch auch langfristige Finanzpläne von etwa fünf bis zehn Jahren zu finden. Es werden üblicherweise unterschiedlich lange Zeitstrecken gewählt. Gilt es beispielsweise, einen Plan für ein Jahr zu entwerfen, so wird nahe liegende Zeit in kleinen Einheiten dargestellt (Tag, Monat, Quartal) und weiter entfernt liegende Zeit aufgrund der Ungenauigkeit in der Schätzung in größeren Einheiten zusammengefaßt (Quartal, Halbjahr). Je nach der

Zeitbezogenheit handelt es sich hierbei dann also um einen Liquiditäts- oder um einen Finanzplan.
Die Finanzplanung hat das Ziel, Einnahmen und Ausgabenströme der GmbH so zu lenken, daß die Kreditinanspruchnahme minimiert wird und Überschüsse gewinnbringend angelegt werden können. Neben den Veränderungen von Vermögens- und Finanzierungsreserven, die meistens in einer gesonderten Rechnung ermittelt werden, gilt es, die zukünftigen Ein- und Auszahlungen aufzulisten.

Grundsätze der GmbH-Finanzplanung

- ☑ Vollständigkeit
- ☑ Zeitpunktgenauigkeit
- ☑ Betragsgenauigkeit
- ☑ Datentransformation
- ☑ Laufende Finanzkontrolle
- ☑ Laufende Fortschreibung
- ☑ Bruttoausweis

Abb. 10: Grundsätze der Finanzplanung

Bei der Aufstellung von Finanzplänen müssen Grundsätze eingehalten werden, da sonst keine Transparenz gegeben ist. Hierzu gehören eine Vollständigkeit der Datenermittlung, die termingerechte Betrachtung des Planungsintervalles, die Betragsgenauigkeit, die Datentransformation, eine laufende Finanzkontrolle, eine laufende Fortschreibung des Planes sowie der Bruttoausweise (Verbot der Saldierung von Positionen der Einnahmen- und Ausgabenseite). Das Bruttoprinzip muß dringend eingehalten werden, da selbst bei einem Ausgleich der Positionen dem Betrag nach unterschiedliche Zahlungszeitpunkte anfallen können.

Diese Basisdaten für den Finanzplan erhält man aus den Budgets, also den wirtschaftlichen Zielen der einzelnen Unternehmensbereiche. Diese wiederum fußen auf den Ist-Zahlen der Vergangenheit und den Rahmenzielvorstellungen der GmbH und den Zielvorstellungen betrieblicher Teilbereiche.

Der Finanzplan muß immer liquiditätsgerecht aufgestellt werden, d. h., der Zeitpunkt der effektiven Zahlung ist der Ausgangspunkt der Planung. Eine Finanzplanung ist immer auf die *Verfügbarkeit* der Zahlungsmittel abgestellt, daher werden nur Ein- und Ausgaben berücksichtigt. Auf der Finanzebene sind die *Ausgaben* der Wert aller zugegangenen Güter und Dienstleistungen pro Periode nach ihrem Beschaffungswert. Die *Einnahmen* sind der Wert aller veräußerten Leistungen pro Periode (= Erlös bzw. Umsatz). Ausgaben und Einnahmen sind Bewegungsgrößen, d. h. DM pro Zeit*raum*, während die Bestandsgröße das Geldvermögen ist, d. h. DM pro Zeit*punkt*. Das *Geldvermögen* besteht aus dem Bestand an liquiden Mitteln (Kasse, Bank) zuzüglich der Forderungen und abzüglich der Verbindlichkeiten. Einnahmen und Ausgaben sind daher nicht immer mit den periodisch aufgestellten Aufwands- und Ertragsbudgets identisch.

Der Finanzplan besteht, wie bereits deutlich geworden ist, aus diversen Teilplänen, die aufeinander aufbauen und voneinander abhängig sind. Zu einem Finanzplanungssystem gehören

- der Umsatzerlösplan,
- der Kapitalbedarfsplan,
- der Kapitalbindungsplan,
- der Finanzierungsplan sowie
- die kurzfristige Finanz- und Liquiditätsplanung.

Umsatzerlösplan

Im Umsatzerlösplan werden alle zu erwartenden Zahlungen aus dem Verkauf der Produkte bzw. Dienstleistung erfaßt (vgl. Abb. 11). Um diesen Plan gut lesbar zu machen, empfiehlt sich die Zusammenfassung gleichartiger Produkte in Produktgruppen. Ferner ist es sinnvoll, einzelne Monatswerte (bzw. andere Berichtszyklen) zu kumulieren, so daß immer ein Überblick über den aktuellen Stand vorhanden ist.

Kurzfristige Finanzplanung · Umsatzerlösplan

	Januar	Februar		März		...		...		Dezember	
Produkt	DM	DM	DM kum.	DM	DM kum.	DM	DM kum.	DM	DM kum.	DM	DM kum.
A1											
A2											
Produktgruppe A											
B1											
B2											
B3											
Produktgruppe B											
C1											
C2											
C3											
C4											
Produktgruppe C											
Gesamt alle Produktgruppen											

Abb. 11: Umsatzerlösplan

Kapitalbedarfsplan

In einem Kapitalbedarfsplan wird die Höhe der Mittel festgelegt, die zur Anschaffung von Anlagegütern (Maschinen, Büroeinrichtung usw.) benötigt werden. Auch der Aufwand für Lagerhaltung gehört in einen Kapitalbedarfsplan. Somit zeigt der Kapitalbedarfsplan die Mittel*verwendung*.

Kapitalbindungsplan

Der Kapitalbindungsplan besteht aus mehreren Teilplänen. Er gleicht vom Aufbau her der Bewegungsbilanz und enthält keine bilanziellen Bestandspositionen, sondern lediglich Bestandsveränderungen. Die Bestandsveränderungen werden nach Kapitalverwendung und -herkunft gesondert dargestellt. Während die Bewegungsbilanz ein retrospektives Analyseinstrument ist, läßt der Kapitalbindungsplan eine prospektive Rechnung zu. Im Kapitalbindungsplan zeigen sich Über- und Unterdeckungen, aus denen sich dann finanzpolitische Entscheidungen ableiten lassen.

Bewegungsbilanz/Kapitalbindungsplan

Kapitalverwendung	Kapitalherkunft
Aktivmehrungen Passivminderungen	Passivmehrungen Aktivminderungen

Finanzierungsplan

Im Finanzierungsplan wird die Mittel*herkunft* dargestellt. Hier wird aufgezeigt, welche Finanzierungsquellen zur Deckung des benötigten Anlage- und Umlaufvermögens notwendig sind. Der Finanzierungsplan wird stark durch den Umsatzplan und den Investitionsplan beeinflußt. Zudem bestehen Verbindungen zwischen Fremdfinanzierungsmöglichkeiten (Kreditausschöpfung, Lieferantenfinanzierung usw.) und Eigenfinanzierung (Eigenkapital, erzielbare Gewinne, Rücklagenauflösung usw.).

Kurzfristige Finanz- und Liquiditätsplanung

Die kurzfristige Finanz- und Liquiditätsplanung besteht aus Teilplänen, in denen die Ein- und Ausgabeströme dargestellt werden, damit sie hinsichtlich ihrer Fristigkeit überwacht werden können.

Der Weg dorthin führt über eine Budgetierung betrieblicher Teilbereiche. Die Teilbudgets werden zu einem Gesamtbudget zusammengefaßt. Für die Aufstellung eines Finanzplanes bieten sich an:

- Trendanalysen (Preisentwicklung Rohstoffe usw.),
- Statistiken,
- demographische Daten,
- Statistiken des Geldbeschaffungsmarktes,
- allg. Unterlagen über die Kostenentwicklung.

Aufbau und Struktur der Finanzplanung

Die Vollständigkeit ist eine der wichtigsten Forderungen an einen Finanzplan (vgl. Abb. 10), nur so kann er als Entscheidungsinstrument sinnvoll eingesetzt werden. Ein Finanzplan kann in seiner Grundstruktur wie folgt aufgebaut sein (das Schema [siehe Seite 112] läßt sich leicht individuell abändern):

Planintervall (Tag/Woche/Monate) Positionen	1	2	3
1 Zahlungskraft-Anfangsbestand (Überschuß/Fehlbetrag)			
Geplante Einnahmen aus ... ... 2 Σ Plan-Einnahmen			
Geplante Ausgabe für ... ... 3 Σ Plan-Ausgaben			
4 Zahlungskraft-Endbestand (Überschuß/Fehlbetrag) (Zeile 1 + Zeile 2 – Zeile 3)			

Abb. 12: Grundschema eines Finanzplans

Die Frage, wie die einzelnen Positionen des Grundschemas detailliert werden sollen, ist letztendlich auch abhängig von der Branche, in der die GmbH tätig ist. Sinnvoll erscheint jedoch folgende Gliederung:[3]

1 Zahlungskraft (Anfangsbestand)

2 Einnahmen

2.1 Einnahmen im Leistungsbereich

2.1.1 Umsatzeinnahmen

2.1.2 Einnahmen aus der Liquidation von Sachvermögen

2.1.3 Sonstige Einnahmen

3 Vgl. Witte, E.: Finanzplanung in der Unternehmung, 2. Aufl., Opladen 1981

2.2 Einnahmen im neutralen Bereich
2.3 Einnahmen im Finanzbereich
2.3.1 Einnahmen aus Kapitalaufnahme
2.3.2 Einnahmen aus der Desinvestition von Finanzvermögen
2.3.3 Einnahmen aus Finanzierungserträgen
3 Ausgaben
3.1 Ausgaben im Leistungsbereich
3.1.1 Ausgaben für Material
3.1.2 Ausgaben für Personal
3.1.3 Ausgaben für Leistungen Dritter
3.1.4 Ausgaben für Steuer
3.1.5 Sonstige Ausgaben
3.2 Ausgaben für Investitionen im Leistungsbereich
3.3 Ausgaben im neutralen Bereich
3.4 Ausgaben im Finanzbereich
3.4.1 Ausgaben für Kapitaltilgung
3.4.2 Ausgaben für Investitionen im Finanzbereich
3.4.3 Ausgaben für Finanzierungsaufwendungen
4 Zahlungskraft (Endbestand)

Die bisherige Struktur des Finanz- und Liquiditätsplans hat die Form einer Vorschau, was natürlich nur dann gilt, wenn alle Prognosen über zukünftige Entwicklungen auch eingetreten sind. Diese Art der Planung ist jedoch gegenüber Abweichungen empfindlich, von der Notwendigkeit der Erhaltung der Liquidität aus betrachtet, sogar recht gefährlich. Sie ist daher nur dann praxistauglich, wenn die Entwicklung Ihres Unternehmens relativ stabil verläuft oder mehrere Planungsinstrumentarien zusammenspielen bzw. zusammen ausgewertet werden.

Eine Möglichkeit, den bisher beschriebenen Finanz- und Liquiditätsplan zu unterstützen, ist eine rollende Planungsrechnung mit Budgetcharakter. Dies bedeutet einfach nur, daß zu einem bestimmten Zeitpunkt eine Planung erarbeitet wird, die als verbindliches Budget verabschiedet wird. Damit dieses Budget jedoch auch immer wieder bewußt wird, werden Abweichungsanalysen erarbeitet und Begründungen für Budgetüber- oder -unterschreitungen gefordert. Dies ist der Übergang von der einmaligen zur gleitenden, rollierenden Finanzplanung. Die Finanzplanung geht hierbei von einer Planbilanz (Bilanzbudget) als Basis aus. Wie bereits beschrieben, wird hierbei, von der letzten Bilanz ausgehend, die zukünftige Entwicklung geschätzt. Ein Schema zur Ermittlung einer Planbilanz zeigt Abb. 13 a und b.

Mit Planbilanzen werden durch Hochrechnung der Ist-Werte möglichst genaue Vorplanungen ermöglicht. Dafür sind alle in einer Bilanz zusammengestellten Einzelkonten, Kontengruppen, Bilanzpositionen einzeln und als zusammengefaßte Gruppen aus den heranzuziehenden Zeiträumen zu verwenden, die aus dem Zeitraum zwischen Eröffnungs- und Schlußbilanz Werteänderungen erfahren haben.

Diese Vielzahl von Daten kann heute recht einfach mit Tabellenkalkulationsprogrammen, beispielsweise Excel, verwaltet werden. Der Vorteil dieser Umsetzung besteht auch in der Möglichkeit, verschiedene Simulationsrechnungen durchführen zu können.

Voraussetzung dieser Auswertung sind natürlich wieder die vorhandenen Daten aus dem Bereich Finanzbuchhaltung. Dies betrifft alle Konten, Kontengruppen, Bilanzpositionen für die Bestimmung der Relationswerte von Wareneinsatz und Erlösen daraus, für die Ermittlung der Veränderungswerte aus der Eigenproduktion und -leistung sowie Handelswaren und der Relationswerte von Lagerbestand und Wareneinsatz.

Zudem müssen die Daten aus der Kostenrechnung vorhanden sein. Diese werden zur Ermittlung von Personal-, Betriebs- und Verwaltungskosten benötigt sowie für die Bestimmung des Vertriebskostenanteils aus Vertriebskosten und Gesamtleistung.

Von der Ausgangsbilanz zur Planbilanz				
Ausgangsbilanz		Bewegungsbilanz		Planbilanz
Aktiva		Geschäftsbedingte Finanzwirkungen	Zusätzliche Finanzentscheidungen	
Anlagevermögen	Sachanlagen	Investitionen/ Abschreibungen		
	Finanzanlagen		Zu-/Abgänge	
Umlaufvermögen	Vorräte	Zu-/Abnahmen		
	Forderungen	Zu-/Abnahmen		
	Flüssige Mittel	Übersch./Fehlbed.	Verwend./Besch.	
Bilanzsumme		Saldo	Saldo	Bilanzsumme

Abb. 13a: Von der Ausgangsbilanz zur Planbilanz

Von der Ausgangsbilanz zur Planbilanz				
Ausgangsbilanz		Bewegungsbilanz		Planbilanz
Passiva		Geschäftsbedingte Finanzwirkungen	Zusätzliche Finanzentscheidungen	
Eigenkapital	Nennkapital		Kapitalerhöhung	
	Rücklagen	Einbeh. Gewinne	Agio aus Kapitalerh.	
Fremdkapital	Rückstellungen	Zu-/Abnahmen		
	Langfristige Kredite		Rückzahlungen/ Neu-Aufnahme	
	Lieferanten-Kredite	Zu-/Abnahmen		
	Kunden-Anzahl.	Zu-/Abnahmen		
Bilanzsumme		Saldo	Saldo	Bilanzsumme

Abb. 13b: Von der Ausgangsbilanz zur Planbilanz

5.5 Kapitalerhöhung

Kapitalerhöhungen werden aus unterschiedlichen Motivationen vorgenommen. Eine Kapitalerhöhung kann der Sanierung der GmbH dienen, also im Rahmen des Krisenmanagements ein finanzielles Mittel bieten. Ferner kann es passieren, daß die Verluste einen Teil oder das ganze Stammkapital der Gesellschaft verbraucht haben, so daß eine Gesellschafterversammlung einberufen werden muß (§ 49 Abs. 3 GmbHG), die dann z. B. eine effektive Kapitalerhöhung gegen Einlagen beschließt.

Manchmal ist es auch notwendig, eine Kapitalerhöhung vorzunehmen, um die Bilanzstruktur der GmbH zu verbessern (vgl. Kapitel 5.3), z. B. eine verbesserte Eigenkapitalfinanzierung. Neue Investitionen werden oftmals auch durch eine Kapitalerhöhung finanziert.

Die effektive Kapitalerhöhung stellt für die GmbH eine notwendige Satzungsänderung dar, da sich dadurch das Stammkapital ändert. Der Kapitalerhöhungsbeschluß muß somit durch die Gesellschafterversammlung erfolgen. Hierzu ist eine Mehrheit von drei Viertel der abgegebenen Stimmen notwendig (§ 53 Abs. 2 GmbHG), wenn in der Satzung keine andere Regelung vorgesehen ist. Der Beschluß ist notariell zu beurkunden (§ 53 Abs. 1 GmbHG) und im Handelsregister anzumelden.

Bei der nominellen Kapitalerhöhung, der Kapitalerhöhung aus Gesellschaftsmitteln, fließt der GmbH kein neues Kapital zu, d. h., die Gesellschafter leisten keine zusätzlichen Einlagen. Bei einer nominellen Kapitalerhöhung handelt es sich um eine bilanzielle Umbuchung von Rücklagen. Hierzu ist vorher der Jahresabschluß festzustellen sowie der Gewinnverteilungsbeschluß herbeizuführen; erst dann kann die Rücklage zugeführt werden. Im Kapitalerhöhungsbeschluß ist den Gesellschaftern ihr neuer Geschäftsanteil zuzuteilen bzw. ihr Anteilsnennwert zu erhöhen.

Auch die nominelle Kapitalerhöhung bedarf der notariellen Form und muß dem Handelsregister gemeldet werden.

6 Jahresabschluß der GmbH

Die GmbH ist eine Handelsgesellschaft nach HGB § 13 Abs. 3 GmbHG und somit zur ordnungsgemäßen kaufmännischen Buchführung verpflichtet (§ 6, § 238 ff. HGB). Die Bücher der GmbH sind entweder vom Geschäftsführer selbst oder von seinen Beauftragten zu erstellen (§ 41 GmbHG), die er natürlich zu überwachen hat.

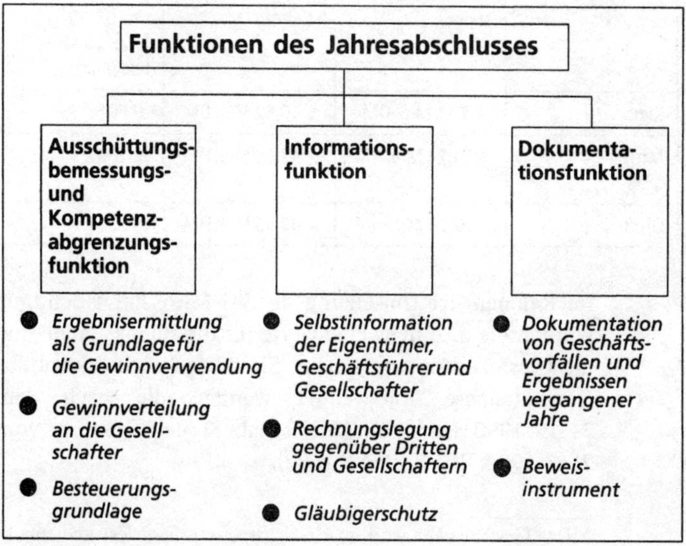

Abb. 14: Funktionen des Jahresabschlusses

Zu diesen Aufgaben gehört die Aufstellung des Jahresabschlusses für das abgelaufene Geschäftsjahr.[1]
Das im Bilanzrichtlinien-Gesetz enthaltene Dritte Buch des HGB (§§ 238-339 HGB) enthält die wesentlichen Vorschriften über die Rechnungslegung einer GmbH. Die §§ 264 ff. HGB enthalten ergänzende Vorschriften für Kapitalgesellschaften. Hier unterscheidet das Gesetz zwischen der kleinen, der mittelgroßen und der großen GmbH (§ 267 HGB). Entsprechend diesen Größenordnungen werden der GmbH abgestufte Pflichten auferlegt.

Merkmale der GmbH-Rechnungslegung

Größe	Bilanzsumme ./. Verluste, die das Eigenkapital übersteigen	Umsatzerlöse in den 12 Monaten vor dem Abschlußstichtag	Mittelwert der Arbeitnehmerzahl am 31. 3., 30. 6., 30. 9. und 31. 12. (ohne Auszubildende)
Klein	≤ 5,31 Mio. DM	≤ 10,62 Mio. DM	≤ 50
Mittelgroß	≤ 21,24 Mio. DM	≤ 42,48 Mio. DM	≤ 250
Groß	> 21,24 Mio. DM	> 42,48 Mio. DM	≤ 250

Im Rahmen der Umsetzung der EG-Mittelstandsrichtlinie wurden die o. g. Schwellenwerte für die Bilanzsumme und die Umsatzerlöse angehoben. Sie dürfen rückwirkend auf Geschäftsjahre angewendet werden, die nach dem 31. 12. 1990 beginnen (Art. 5 Satz 2 des Gesetzes vom 25. 7. 1994, BGBl. 1994 I, 1682).

1 Das Geschäftsjahr wird im Geschäftsvertrag festgelegt und stimmt üblicherweise mit dem Kalenderjahr überein. Eine Abweichung von dieser Regelung bedarf der Zustimmung des zuständigen Finanzamtes. Wird ein abweichendes Geschäftsjahr bereits bei der Gründung festgelegt, so ist dies zustimmungsfrei. Wird eine GmbH neu gegründet, so darf ein sog. Rumpfgeschäftsjahr (Geschäftsjahr weniger als 12 Monate) vollzogen werden; ein längerer Zeitraum als 12 Monate ist hingegen nicht statthaft.

Kleine und große GmbH sind solche, die mindestens zwei Merkmale in den entsprechenden Kategorien aufweisen. Alle anderen werden als mittelgroße GmbH bezeichnet. Für die Kategorienzuordnung ist die Über- bzw. Unterschreitung der jeweiligen Grenzen an zwei aufeinanderfolgenden Abschlußstichtagen Voraussetzung. Nur bei einer Verschmelzung, Umwandlung oder Neugründung sind die Verhältnisse am ersten Abschlußstichtag maßgebend.
Klein ist eine GmbH somit, solange sie nicht an zwei aufeinanderfolgenden Abschlußstichtagen mindestens zwei der nachfolgend genannten Grenzwerte überschreitet:

- 5,31 Mio. DM Bilanzsumme,
- 10,62 Mio. DM Umsatz sowie
- 50 Arbeitnehmer im Jahresdurchschnitt.

Die doppelte Buchführung ist im Gesetz nicht ausdrücklich vorgeschrieben, aber üblich und zudem fast unumgänglich, da nach § 242 Abs. 2 HGB die Geschäftsführer eine Gewinn- und Verlustrechnung (GuV) aufstellen müssen.
Eine kleine GmbH hat den Jahresabschluß sowie den Lagebericht innerhalb von sechs Monaten nach Ende ihres Geschäftsjahres aufzustellen und ihn dann den Gesellschaftern zur sog. Feststellung vorzulegen. Im Anschluß ist dann ein Gesellschafterbeschluß über die Feststellung des Jahresabschlusses und die Ergebnisverwendung herbeizuführen, und danach (vor Ablauf des neuen Geschäftsjahres) sind die Bilanz und der Anhang zum Handelsregister einzureichen.
Bei einer mittelgroßen und einer großen GmbH gelten bedeutend strengere Forderungen. Eine mittelgroße GmbH ist dann gegeben, wenn zwei der nachfolgenden Merkmale nicht überschritten werden:

- Bilanzsumme 21,24 Mio. DM,
- Umsatzerlöse 42,48 Mio. DM sowie
- höchstens 250 Arbeitnehmer.

Große und mittelgroße GmbH müssen den Jahresabschluß innerhalb von drei Monaten nach Geschäftsjahresende auf-

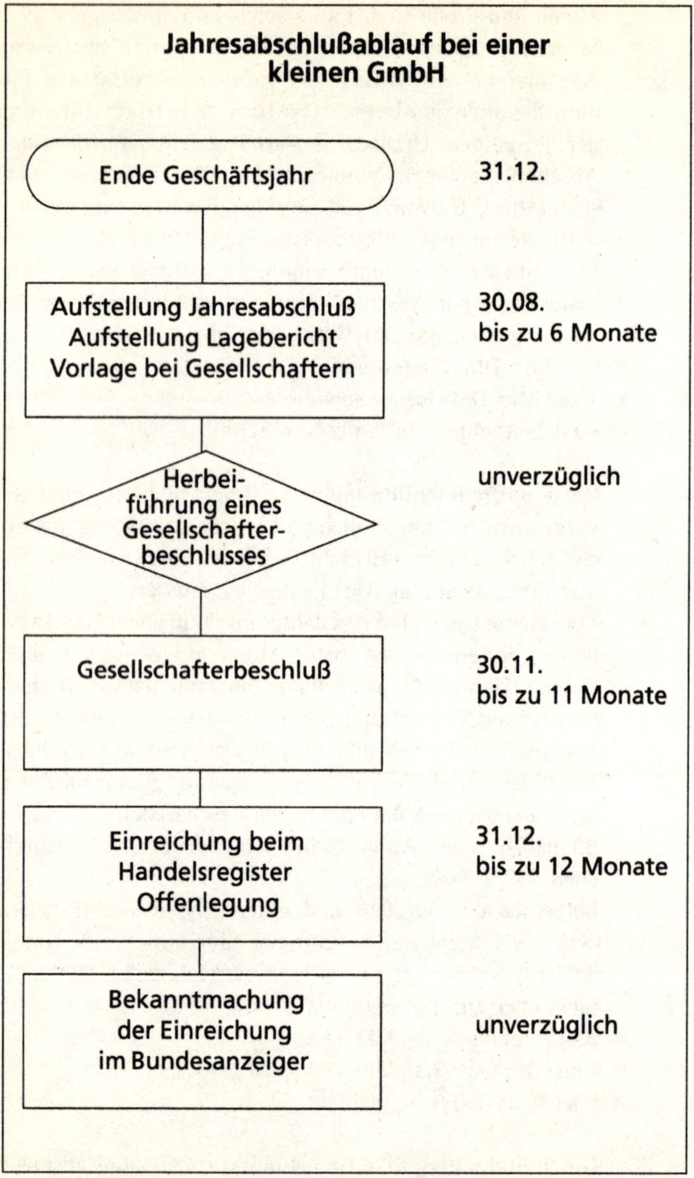

Abb. 15: Jahresabschluß einer kleinen GmbH

stellen. Dieser ist dann mit dem Lagebericht einem Abschlußprüfer, der von den Gesellschaftern gewählt wurde, vorzulegen und von ihm prüfen zu lassen. Dies schreiben § 316 Abs. 1, § 317 Abs. 1 HGB vor. Wenn keine Prüfung stattgefunden hat, kann ein Jahresabschluß nicht festgestellt werden.

Innerhalb von acht Monaten muß eine Beschlußfassung über die Jahresabschlußfeststellung vorliegen, eine Einreichung beim Handelsregister muß dann innerhalb der nächsten neun Monate nach Geschäftsjahresende erfolgen. Zum Jahresabschluß gehören ein Lagebericht, der Gewinnverwendungsbeschluß und der Prüfungsvermerk des Abschlußprüfers.

Die große GmbH hat darüber hinaus im Bundesanzeiger folgendes bekanntzumachen:

- Jahresabschluß (Bilanz, GuV, Anlage),
- Testat der Abschlußprüfer,
- Lagebericht,
- Gewinnverteilungsvorschlag und -beschluß.

Sämtliche Unterlagen sowie die Bekanntmachung im Bundesanzeiger sind dem Handelsregister einzureichen.

Der Jahresabschluß der GmbH besteht aus der Bilanz und der GuV (Gewinn- und Verlustrechnung), dem Anhang und dem Lagebericht. Bilanzen sind in Kontoform aufzustellen und nach § 266 HGB in einer bestimmten Weise zu gliedern (vgl. hierzu Kapitel 6.4).

Die vorgegebene Reihenfolge der Positionen ist für den Jahresabschluß verbindlich. Kleine GmbH brauchen hingegen nur die mit Buchstaben und römischen Zahlen bezeichneten Posten gesondert in der Bilanz aufzuführen.

Die Gewinn- und Verlustrechnung ist in Staffelform nach dem Gesamt- oder Umsatzkostenverfahren aufzustellen (§ 275 HGB). Hierbei ist folgende Gliederung bei Anwendung des Gesamtkostenverfahrens zu verwenden (Auszug aus HGB):

1. Umsatzerlöse
2. Erhöhung oder Verminderung des Bestands an fertigen und unfertigen Erzeugnissen

3. andere aktivierte Eigenleistungen
4. sonstige betriebliche Erträge
5. Materialaufwand:
   a) Aufwendungen für Roh-, Hilfs- und Betriebsstoffe und für bezogene Waren
   b) Aufwendungen für bezogene Leistungen
6. Personalaufwand:
   a) Löhne und Gehälter
   b) soziale Abgaben und Aufwendungen für Altersversorgung und für Unterstützung, davon für Altersversorgung
7. Abschreibungen:
   a) auf immaterielle Vermögensgegenstände des Anlagevermögens und Sachanlagen sowie auf aktivierte Aufwendungen für die Ingangsetzung und Erweiterung des Geschäftsbetriebs
   b) auf Vermögensgegenstände des Umlaufvermögens, soweit diese die in der Kapitalgesellschaft üblichen Abschreibungen überschreiten
8. sonstige betriebliche Aufwendungen
9. Erträge aus Beteiligungen, davon aus verbundenen Unternehmen
10. Erträge aus anderen Wertpapieren und Ausleihungen des Finanzanlagevermögens, davon aus verbundenen Unternehmen
11. sonstige Zinsen und ähnliche Erträge, davon aus verbundenen Unternehmen
12. Abschreibungen auf Finanzanlagen und auf Wertpapiere des Umlaufvermögens
13. Zinsen und ähnliche Aufwendungen, davon an verbundene Unternehmen
14. Ergebnis der gewöhnlichen Geschäftstätigkeit
15. außerordentliche Erträge
16. außerordentliche Aufwendungen
17. außerordentliches Ergebnis
18. Steuern vom Einkommen und vom Ertrag
19. sonstige Steuern
20. Jahresüberschuß/Jahresfehlbetrag

Bei Anwendung des Umsatzkostenverfahrens sind auszuweisen: (§ 275 Abs. 3 HGB)

1. Umsatzerlöse
2. Herstellungskosten der zur Erzielung der Umsatzerlöse erbrachten Leistungen
3. Bruttoergebnis vom Umsatz
4. Vertriebskosten
5. allgemeine Verwaltungskosten
6. sonstige betriebliche Erträge
7. sonstige betriebliche Aufwendungen
8. Erträge aus Beteiligungen, davon aus verbundenen Unternehmen
9. Erträge aus anderen Wertpapieren und Ausleihungen des Finanzanlagevermögens, davon aus verbundenen Unternehmen
10. sonstige Zinsen und ähnliche Erträge, davon aus verbundenen Unternehmen
11. Abschreibungen auf Finanzanlagen und auf Wertpapiere des Umlaufvermögens
12. Zinsen und ähnliche Aufwendungen, davon an verbundene Unternehmen
13. Ergebnis der gewöhnlichen Geschäftstätigkeit
14. außerordentliche Erträge
15. außerordentliche Aufwendungen
16. außerordentliches Ergebnis
17. Steuern vom Einkommen und vom Ertrag
18. sonstige Steuern

Kleine und mittelgroße GmbH dürfen hierbei die Positionen § 275 Abs. 2 Nr. 1 bis 5 (Umsatzerlöse, Bestandsveränderung, aktivierte Eigenleistung, betriebl. Erträge, Materialaufwand) oder die Positionen 1-3 (Umsatzerlöse, Herstellungskosten) und 6 (sonstige betriebliche Erlöse) bei Anwendung des Umsatzkostenverfahrens zu einem Posten unter der Bezeichnung »Rohergebnis« zusammenfassen. Kleine Kapitalgesellschaften brauchen außerdem die in § 277 Abs. 4 Satz 2 und 3 verlangten Äußerungen zu den Posten »außerordentliche Erträge« und »außerordentliche Aufwendungen« nicht zu machen.

6.1 Grundlagen der Bilanz

Eine Bilanz ist eine Übersicht über Vermögen und Schulden eines Unternehmens an einem bestimmten Stichtag. Die Vermögensbestandteile eines Unternehmens, wie der Wert der Wirtschaftsgüter, Guthaben, flüssige Mittel, werden als Aktiva bezeichnet und sind auf der linken Seite der Bilanz angeordnet. Die Geldmittel, die in diese Vermögensbestandteile investiert worden sind, erscheinen, nach ihrer Herkunft in Eigen- und Fremdkapital geordnet, auf der rechten Seite der Bilanz und werden als Passiva bezeichnet.

Eine Bilanz zeigt folgende Grundgliederung (vereinfachtes Schema):

Aktiva		**Passiva**	
Anlagevermögen		Eigenkapital	3 000 000,-
Grundstücke	3 000 000,-	Fremdkapital	495 000,-
Konstruktionsmaschinen	450 000,-		
Umlaufvermögen			
Vorräte	45 000,-		
Summe	3 495 000-	Summe	3 495 000,-

In ihrer Gesamtsumme müssen Aktiva und Passiva immer gleich hoch sein. Die in der Bilanz stehenden Daten ergeben sich aus den zum Bilanzstichtag abgeschlossenen Konten der Buchhaltung.

Für die Bilanz gelten allgemeine Grundsätze:

Grundsätze der Bilanz
■ Bilanzwahrheit: Richtigkeit und Vollständigkeit der Bilanz, was sowohl die zeitliche Reihenfolge als auch die Auswirkungen betrifft. ■ Bilanzklarheit: Einwandfreie, übersichtliche und vorschriftsmäßige Gliederung der Bilanz. ■ Bilanzkontinuität: Die formelle Bilanzkontinuität bezieht sich auf die Forderung nach gleicher Bilanzgliederung und gleicher Benennung der Positionen, Anreihung an die Vorbilanz. ■ Bilanzvorsicht: Prinzip des Gläubigerschutzes. Nicht realisierte Gewinne dürfen nicht ausgewiesen werden, nicht realisierte Verluste müssen ausgewiesen werden.

6.2 Ansatzvorschriften und Bewertungsgrundsätze

Die einzelnen Vermögensteile und Schulden müssen zum Jahresabschluß mit dem richtigen Wert in das Inventar und die Schlußbilanz übernommen werden. Dies bedeutet beispielsweise das Vornehmen von Abschreibungen bei Gütern des Anlagevermögens und Forderungen. Zudem sind etwaige Rückstellungen in einer noch zu bestimmenden Höhe zu bilden usw. Die Bewertung der einzelnen Positionen nimmt Einfluß auf den Jahreserfolg. Unterschiede im Wertansatz der Positionen nehmen unmittelbar auf den Jahreserfolg mit einer Minderung oder Erhöhung Einfluß. Eine falsche Bewertung führt deshalb natürlich zu einer falschen Darstellung des Jahreserfolges und somit der Vermögenslage der GmbH.

Die Ansatzvorschriften der Bilanz regeln die §§ 246 bis 251 HGB. Hieraus ergibt sich eine grundsätzliche Bilanzierungspflicht für

- Vermögensgegenstände,
- Schulden oder
- Rechnungsabgrenzungsposten.[2]

Rechnungsabgrenzungsposten sind durch § 250 HGB definiert. Solche Definitionen gibt es jedoch nicht für Vermögensgegenstände oder Schulden. Demzufolge muß eine Bilanzierungsfähigkeit dieser Positionen aus den Grundsätzen ordnungsmäßiger Buchführung, der allgemeinen Verkehrsauffassung und der Rechtsprechung abgeleitet werden.

§ 264 Abs. 2 HGB schreibt vor, daß der Jahresabschluß einer Kapitalgesellschaft unter Beachtung der Grundsätze ordnungsmäßiger Buchführung ein den tatsächlichen Verhältnissen entsprechendes Bild der Vermögens-, Finanz- und Ertragslage der Kapitalgesellschaft vermitteln muß. Aus dieser Leitidee u. a. werden folgende Prinzipien abgeleitet:

- **Identitätsprinzip**
  § 252 Abs. 1 Nr. 1 HGB schreibt vor: »Die Wertansätze in der Eröffnungsbilanz des Geschäftsjahres müssen mit denen der Schlußbilanz des vorhergehenden Geschäftsjahres übereinstimmen.«

- **Going-concern-Prinzip**
  § 252 Abs. 1 Nr. 2 HGB formuliert: »Bei der Bewertung ist von der Fortführung der Unternehmenstätigkeit auszugehen, sofern dem nicht tatsächliche oder rechtliche Gegebenheiten entgegenstehen.«
  Bei der Bewertung ist somit von einer weiteren Geschäftstätigkeit der GmbH auszugehen, sofern nicht beispielsweise

---

2 Rechnungsabgrenzungsposten = Ausgaben vor dem Abschlußstichtag, die Aufwand für eine best. Zeit nach diesem Tag darstellen; bzw. Einnahmen, die Erträge für eine best. Zeit nach diesem Tag darstellen (§ 250 HGB).

ein Konkurs bereits feststeht. Allerdings gilt das Going-concern-Prinzip nicht für Vermögensgegenstände, die von einer Stillegung von Teilbetrieben, Produktionsstätten oder der Aufgabe bestimmter Produktionsbereiche betroffen sind.

- **Einzelbewertungsprinzip**
  § 252 Abs. 1 Nr. 3 HGB besagt, daß Vermögensgegenstände immer einzeln zu bewerten sind, damit durch Zusammenfassung keine Werterhöhung bzw. Wertminderung dargestellt werden kann. Dieser Grundsatz kann aus Vereinfachungsgründen durchbrochen werden (Festwertverfahren – § 240 Abs. 3 HGB; Gruppenbewertung – § 240 Abs. 4 HGB; Verbrauchsfolgeverfahren – § 256 HGB).

- **Stichtagsprinzip**
  § 252 Abs. 1 Nr. 3 HGB schreibt vor, daß Vermögensgegenstände zum Abschlußstichtag zu bewerten sind. Jedoch läßt hier § 253 Abs. 3 HGB für Gegenstände des Umlaufvermögens einen niedrigeren Wert als den Bilanzstichtagswert zu.

- **Vorsichtsprinzip**
  § 252 Abs. 1 Nr. 4 HGB lautet: »Es ist vorsichtig zu bewerten, namentlich sind alle vorhersehbaren Risiken und Verluste, die bis zum Abschlußstichtag entstanden sind, zu berücksichtigen, selbst wenn diese erst zwischen dem Abschlußstichtag und dem Tag der Aufstellung des Jahresabschlusses bekanntgeworden sind; Gewinne sind nur zu berücksichtigen, wenn sie am Abschlußstichtag realisiert sind.«
  Hierin besagt das *Realisationsprinzip*, daß Gewinne erst dann erfaßt werden dürfen, wenn sie realisiert sind. Das Realisationsprinzip ist generell streng auszulegen. Das *Imparitätsprinzip* verhindert, daß Gewinne ausgewiesen und ausgeschüttet werden, bevor sie tatsächlich entstanden sind. Damit dient das Imparitätsprinzip dem Gläubigerschutz. Verluste müssen erfaßt werden, wenn sie vorhersehbar sind oder Risiken erkennbar sind (außerplanmäßige AfA,

Wertberichtigungen auf Forderungen und Rückstellungsbildung).

- **Abgrenzungsprinzip**
  Entsprechend der Verursachung ist hier die periodengerechte Zurechnung von Aufwand und Ertrag notwendig. »Aufwendungen und Erträge des Geschäftsjahres sind unabhängig von den Zeitpunkten der entsprechenden Zahlungen im Jahresabschluß zu berücksichtigen.« (§ 252 Abs. 1 Nr. 5)

- **Stetigkeitsprinzip (Methodenstetigkeit)**
  § 252 Abs. 1 Nr. 6 lautet: »Die auf den vorhergehenden Jahresabschluß angewandten Bewertungsmethoden sollen beibehalten werden.«
  Damit will der Gesetzgeber eine Vergleichbarkeit herbeiführen. Das Stetigkeitsprinzip ist eng als Muß auszulegen. Betroffen sind von diesem Prinzip die Abschreibungsmethoden, die Methode der Ermittlung der Herstellungskosten und natürlich die Methode des Verbrauchsfolgeverfahrens.

6.2.1 Grundsätze ordnungsmäßiger Buchführung (Bilanzierung)

Die Buchführung als das in Zahlen gefaßte Bild des GmbH-Geschehens erfüllt wichtige Aufgaben nicht nur für den Geschäftsführer der GmbH und die Unternehmenseigner, sondern auch für den Staat bei der Ermittlung der korrekten Steuern. Eine ordnungsmäßige Buchführung dient auch dem Schutz der Gläubiger einer GmbH. Die Buchführungspflicht ist in § 238 HGB wie auch in der AO (§§ 140 f.) fixiert. Ergänzende Vorschriften finden sich in §§ 264 ff. HGB sowie im GmbHG, im EStG, im KStG, im UStG, in den DVO (EStDV, KStDV, UStDV) und den Richtlinien (EStR, KStR, UStR).
Der Begriff der Grundsätze ordnungsmäßiger Buchführung (GOB) wird als sogenannter unbestimmter Rechtsbegriff angesehen, der durch die Praxis der Bilanzierung ordentlicher Kaufleute, die Vorgehensweisen der Betriebswirtschaftslehre und im Rechtsstreitfall durch einen Richter

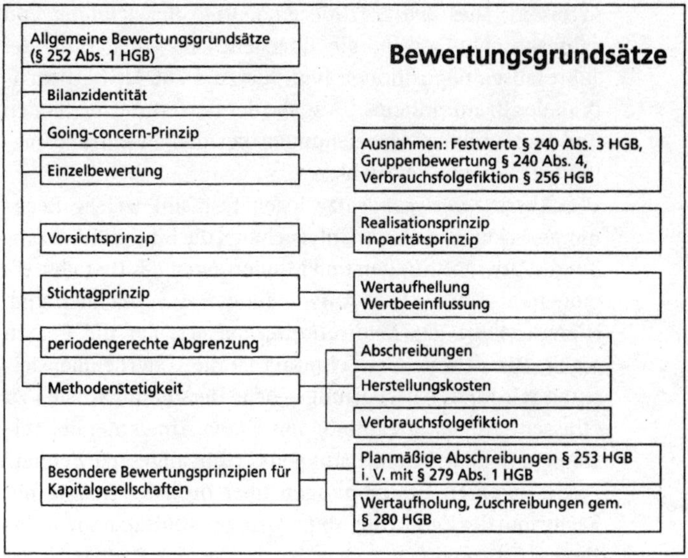

Abb. 16 a: Bewertungsgrundsätze

inhaltlich zu konkretisieren ist. Für den Jahresabschluß seien hier einmal die gängigen GOB aufgeführt.

Der *Grundsatz der Wahrheit* fordert die Kongruenz des Jahresabschlußinhaltes mit den in der Realität vorgefundenen Sachverhalten, über die der Jahresabschluß Auskunft geben soll. Jahresabschlüsse müssen immer die Wirklichkeit real wiedergeben. Daher ist die Vollständigkeit des Bilanzinhaltes (Vollständigkeit aller Vermögensgegenstände und Schulden, die dem Unternehmen zum Bilanzstichtag anzurechnen sind) wesentlich. Fiktive Vermögensgegenstände sowie Schulden dürfen nicht bilanziert werden. Eine Schätzung im Rahmen der Bewertung von Vermögensgegenständen (z. B. Nutzungsdauer von Anlagegegenständen, Ausfallgefahr von Forderungen) und Schulden sind unausweichlich und müssen frei jeglicher Willkür sein. Sind Vermögensgegenstände voll abgeschrieben, so müssen sie mit einem Erinnerungswert (1 DM) ausgewiesen werden.

Der *Grundsatz der Klarheit* ist u. a. auch in § 149 Abs. 1 AktG gefordert. Dies bedeutet die eindeutige Bezeichnung von Jahresabschlußposten, die übersichtliche Gliederung der Jahresabschlußpositionen (vgl. hierzu § 266 HGB), Beachtung des Bruttoprinzips,[3] Angabe der Bewertungsmethoden und wesentlicher Abweichungen bei den Bewertungsmethoden gegenüber Vorjahren.

Die *Abgrenzungsgrundsätze* legen fest, auf welche Rechnungsperioden in einem Unternehmen die Ein- und Auszahlungen bzw. Mehrungen und Minderungen des Betriebsvermögens als Erträge bzw. Aufwendungen zu verrechnen sind. Hierzu gehört der *Realisationsgrundsatz*, der die Fragen regelt: Bis zu welchem Zeitpunkt ist die Unternehmensleistung mit ihren Anschaffungs- oder Herstellungskosten zu erfassen? Ab wann kann die mit einem Abnehmer der Leistung vereinbarte Geldleistung als Ertrag angesetzt werden? Ferner gehören Bestimmungen über die Abgrenzung der Sache und der Zeit in die Abgrenzungsgrundsätze sowie das *Imparitätsprinzip*.

Im Imparitätsprinzip ist geregelt, daß nichtrealisierte Gewinne nicht ausgewiesen werden dürfen, nichtrealisierte Verluste jedoch ausgewiesen werden.

Der *Grundsatz der Vorsicht* ist wesentlicher Bestandteil der GOB. Er findet sich in allen Prinzipien als Aspekt wieder.

Ferner ist der *Grundsatz der Bilanzkontinuität* wichtiges Prinzip der GOB. Hier ist die Übereinstimmung der Schlußbilanz mit der Eröffnungsbilanz des nachfolgenden Geschäftsjahres wesentlich.

Verstöße gegen die GOB sowie die handels- und steuerrechtlichen Vorschriften können eine Schätzung der Besteuerungsgrundlagen (Umsatz, Gewinn) durch die Finanzbehörden zur Folge haben (§ 162 AO). Zudem drohen Freiheits- und Geldstrafen bei unrichtiger oder verschleierter Wiedergabe von Jahresabschlüssen. Nach dem Strafgesetzbuch können im Konkursfall Verstöße gegen die GOB eine Strafverfolgung nach sich ziehen.

---

3 Unzulässigkeit der Saldierung von Jahresabschlußpositionen (z. B. Forderungen und Verbindlichkeiten, Umsatzerlöse und Stoffaufwendungen, Zinserträge und Zinsaufwendungen)

6.2.2 Bilanzierungsgebote und -verbote

Es werden Bilanzierungsgebote, -verbote sowie -wahlrechte unterschieden. Diese geltenden Bestimmungen sind in der folgenden Übersicht dargestellt.

Darstellung von Bilanzierungsgebot, -verbot und -wahlrecht		
Bilanzierungsgebot	Bilanzierungsverbot	Bilanzierungswahlrecht
▪ Nach § 246 [1] HGB für alle Vermögensgegenstände, Rechnungsabgrenzungsposten, Schulden (einschl. Rückstellungen nach § 249 [1] HGB) ▪ Ungewisse Verbindlichkeiten ▪ Drohende Verluste aus schwebenden Geschäften ▪ Gewährleistungen ohne rechtl. Verpflichtungen ▪ Unterlassene Instandhaltungen, die innerhalb von drei Monaten nachgeholt werden ▪ Abraumbeseitigung ▪ Passivische latente Steuern (§ 274 [1] HGB)	▪ Aufwendungen für Gründung und Eigenkapitalbeschaffung (§ 248 [1] HGB) ▪ Immaterielle Vermögensgegenstände des Anlagevermögens, die nicht entgeltlich erworben worden sind (§ 248 [2] HGB) ▪ Selbstgeschaffener Firmenwert ▪ Für andere als genannte Rückstellungen (§ 249 [3] HGB)	▪ Aufwendungen für Ingangsetzung und Erweiterung (§ 269 HGB) ▪ Aktivistische latente Steuern (§ 274 [2] HGB) ▪ Entgeltlich erworbener Geschäftswert (§ 255 [4] HGB) ▪ Damnum/Disagio (§ 250 [3] HGB) ▪ Unterlassene Instandhaltungen, die nach drei Monaten aber innerhalb eines Jahres nachgeholt werden (§ 249 [1] HGB) ▪ Besondere Aufwandsrückstellungen (§ 249 [2] HGB) ▪ Pensions-Altzusagen (Art. 28 BiRi-LiG) ▪ Sonderposten mit Rücklagenanteil (§ 247 [3] HGB)

Abb. 16 b: Darstellung von Bilanzierungsgebot, -verbot und -wahlrecht

Vermögensgegenstände sind grundsätzlich zu aktivieren. Im Handelsrecht ist der Begriff des Vermögensgegenstandes jedoch nicht definiert, daher wird hier eine Auslegung durch die GOB gemacht. Der Begriff des Vermögensgegenstandes umfaßt nach herrschender Meinung nicht nur Sachen und Rechte im bürgerlich-rechtlichen Sinn, sondern auch ganz allgemein wirtschaftliche Werte, die selbständig verkehrsfähig und selbständig bewertbar sind. Verkehrsfähigkeit bedeutet Eignung eines wirtschaftlichen Gutes, selbständiges Objekt des Rechtsverkehrs zu sein. Zudem müssen die Vermögensgegenstände zum Betriebsvermögen und zum wirtschaftlichen Eigentum gehören.

Die grundsätzliche Bilanzierungspflicht für die Vermögensgegenstände besteht nur dann nicht, wenn dem ausdrückliche Aktivierungsverbote entgegenstehen oder wenn Bilanzierungswahlrechte qua Gesetz möglich sind (vgl. auch Abb. 17).

Bilanzierungsverbote bestehen z. B. für immaterielle Vermögensgegenstände des Anlagevermögens, die nicht entgeltlich erworben sind (z. B. Patente, Software). Entgeltlich erworbene immaterielle Vermögensgegenstände hingegen können aktiviert werden, da für sie ein Marktpreis bezahlt worden ist.

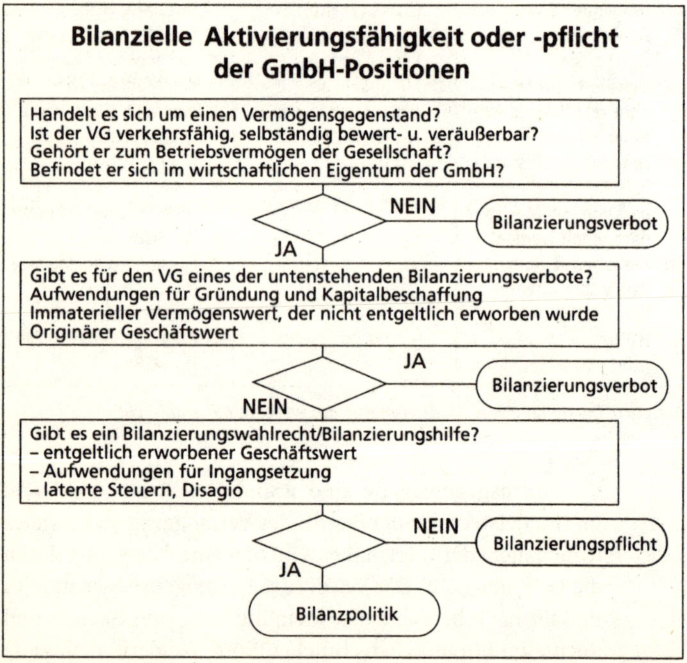

Abb. 17: Ablaufschema

Der selbstgeschaffene Geschäfts- oder Firmenwert (§ 255 Abs. 4 HGB) ist ebenfalls nicht bilanzierungsfähig. Auch die Aufwendungen für die Gründung der GmbH und die Eigenkapitalbeschaffung sind nicht bilanzierungsfähig, da es sich weder um Rechnungsabgrenzungsposten noch um Vermögensgegenstände handelt. Hierunter sind auch sämtliche entstandene Gebühren zu verstehen (HR-Eintragungskosten, Anwaltskosten, Notarkosten etc.)

Bilanzierungswahlrechte gelten für Aufwendungen für Ingangsetzung und Erweiterung, für den entgeltlich erworbenen Geschäftswert, für Damnum bzw. Disagio, für Sonderposten mit Rücklagenanteil etc.

6.3 Gliederung

Im GmbHG ist keine bestimmte Gliederung der Bilanz vorgeschrieben. Jedoch wurden üblicherweise die allgemeinen Bilanzierungsgrundsätze nach dem HGB sowie ein Teil der AktG-Bestimmungen angewendet. Im BiRiLiG sind jedoch Regelungen getroffen. Die allgemeinen Bilanzierungsgrundsätze sind in §§ 238 bis 263 HGB beschrieben, und §§ 264 bis 283 HGB regeln die Vorschriften für die Kapitalgesellschaften.

Die Gliederung der GmbH-Bilanz ist durch § 266 HGB festgeschrieben, richtet sich jedoch nach den Größenklassen der GmbH. Für mittelgroße und große GmbH gilt folgende Gliederung (Auszug aus HGB):

Aktiva	Passiva
Ausstehende Einlagen auf das gezeichnete Kapital[1] *davon* *eingefordert* **Aufwendungen für die Ingangsetzung und Erweiterung des Geschäftsbetriebs**[2] A. Anlagevermögen I. Immaterielle Vermögensgegenstände: 1. Konzessionen, gewerbliche Schutzrechte und ähnliche Rechte und Werte sowie Lizenzen an solchen Rechten und Werten 2. Geschäfts- oder Firmenwert 3. geleistete Anzahlungen II. Sachanlagen: 1. Grundstücke, grundstücksgleiche Rechte auf Bauten einschließlich der Bauten auf fremden Grundstücken 2. technische Anlagen und Maschinen 3. andere Anlagen, Betriebs- und Geschäftsausstattung 4. geleistete Anzahlungen und Anlagen im Bau III. Finanzanlagen: 1. Anteile an verbundenen Unternehmen 2. Ausleihungen an verbundene Unternehmen 3. Beteiligungen 4. Ausleihungen an Unternehmen, mit denen ein Beteiligungsverhältnis besteht 5. Wertpapiere des Anlagevermögens 6. sonstige Ausleihungen	A. Eigenkapital I. Gezeichnetes Kapital II. Kapitalrücklage III. Gewinnrücklagen: 1. gesetzliche Rücklage 2. Rücklage für eigene Anteile 3. satzungsmäßige Rücklagen 4. andere Gewinnrücklagen IIIa. Unterschiedsbetrag aus der Kapitalkonsolidierung[3] IV. Gewinnvortrag/Verlustvortrag V. Jahresüberschuß/Jahresfehlbetrag VI. Ausgleichsposten für Anteile anderer Gesellschaften[4] B. Rückstellungen 1. Rückstellungen für Pensionen und ähnliche Verpflichtungen 2. Steuerrückstellungen 3. sonstige Rückstellungen
B. Umlaufvermögen I. Vorräte: 1. Roh-, Hilfs- und Betriebsstoffe 2. unfertige Erzeugnisse, unfertige Leistungen 3. fertige Erzeugnisse 4. geleistete Anzahlungen II. Forderungen und sonst. Vermögensgegenstände: 1. Forderungen aus Lieferungen und Leistungen 2. Forderungen gegen verbundene Unternehmen 3. Forderungen gegen Unternehmen, mit denen ein Beteiligungsverhältnis besteht 4. sonstige Vermögensgegenstände III. Wertpapiere: 1. Anteile an verbundenen Unternehmen 2. eigene Anteile 3. sonstige Wertpapiere IV. Schecks, Kassenbestand, Bundesbank- und Postgiroguthaben, Guthaben bei Kreditinstituten	C. Verbindlichkeiten 1. Anleihen *davon* konvertibel 2. Verbindlichkeiten gegenüber Kreditinstituten 3. erhaltene Anzahlungen auf Bestellungen 4. Verbindlichkeiten aus Lieferungen und Leistungen 5. Verbindlichkeiten aus der Annahme gezogener Wechsel und der Ausstellung eigener Wechsel 6. Verbindlichkeiten gegenüber verbundenen Unternehmen 7. Verbindlichkeiten gegenüber Unternehmen 8. sonstige Verbindlichkeiten *davon* aus Steuern *davon* im Rahmen der sozialen Sicherheit
C. Rechnungsabgrenzungsposten	D. Rechnungsabgrenzungsposten

1 gem. § 272 Abs. 1 HGB
2 gem. § 269 HGB
3 nur in der Konzernbilanz, gem. § 301 Abs. 3 HGB
4 nur in der Konzernbilanz, gem. § 301 Abs. 1 HGB

Für kleine GmbH reicht die folgende Gliederung der Bilanz:

Aktiva	Passiva
A. Anlagevermögen I. Immaterielle Vermögensgegenstände II. Sachanlagen III. Finanzanlagen B. Umlaufvermögen I. Vorräte II. Forderungen und sonstige Vermögensgegenstände III. Wertpapiere IV. Schecks, Kassenbestand, Bundesbank- und Postgiroguthaben, Guthaben bei Kreditinstituten C. Rechnungsabgrenzungsposten	A. Eigenkapital I. Gezeichnetes Kapital II. Kapitalrücklage III. Gewinnrücklage IV. Gewinnvortrag/Verlustvortrag V. Jahresüberschuß/Jahresfehlbetrag B. Rückstellungen C. Verbindlichkeiten D. Rechnungsabgrenzungsposten

6.4 Bilanzierung und Bewertung des Anlage- und Umlaufvermögens

Alle Vermögensgegenstände und Schulden sind zum Bilanzstichtag einzeln und vorsichtig zu bewerten. Dies heißt, daß bei jedem einzelnen Vermögens- und Schuldposten ein mögliches Risiko und eventuelle Verluste zu berücksichtigen sind (§ 252 HGB).

Die *Anschaffungs- oder Herstellungskosten* sind eine wichtige Grundlage der Bewertung des Anlagevermögens. Sie bilden die absolute Obergrenze für den bilanziellen Ansatz der Vermögenswerte, da Vermögensgegenstände höchstens mit den Anschaffungs- oder Herstellungskosten, vermindert um Abschreibungen anzusetzen sind (§ 253 Abs. 1 HGB). Es gilt somit das Niederstwertprinzip.

Bei der Bewertung von Schulden gilt das sog. Höchstwertprinzip, d. h., Schulden sind jeweils mit ihrem höchsten Wert anzusetzen.

Bei dem Anlagevermögen gibt es zwei mögliche Formen, die in der folgenden Übersicht verdeutlicht sind:

Formen des Anlagevermögens	
Abnutzbare Anlagegüter	Zum Bilanzstichtag mit den fortgeführten Anschaffungskosten (Herstellungskosten) zu bewerten. Die Anschaffungs- bzw. Herstellungskosten werden um die planmäßige Abschreibung vermindert. Außerplanmäßige Abschreibungen sind im Falle einer dauernden Wertminderung zusätzlich vorzunehmen (z. B. Schadensfall, Wertverfall durch techn. Fortschritt). Es besteht Abschreibungspflicht (§ 253 Abs. 2 HGB).
Nichtabnutzbare Anlagegüter	Grundstücke, Finanzanlagen, die als Daueranlage angeschafft worden sind, sind zum Jahresabschluß höchstens zu den Anschaffungskosten anzusetzen. Bei dauernder Wertminderung muß auch hier eine außerplanmäßige Abschreibung auf den niedrigeren Tageswert erfolgen.

Die Bilanzposition A.I.2. (§ 266 HGB) weist den Geschäfts- oder Firmenwert aus. Auch hier darf nur bei einem entgeltlichen Erwerb bilanziert werden. Aktiviert werden darf jedoch der Unterschiedsbetrag zwischen dem gezahlten Kaufpreis oder anderen Gegenleistungen bei Übernahme des Unternehmens und dem Wert der einzelnen Vermögensgegenstände abzüglich der Schulden des übernommenen Unternehmens zu dem Zeitpunkt der Übernahme.

§ 266 HGB weist unter A.I.3 geleistete Anzahlungen aus. Hier werden Anzahlungen aktiviert, die zum Erwerb von Werten oder Rechten notwendig wurden.

In der Position A.II Sachanlagen (§ 266 HGB) sind unter Punkt 1 Grundstücke, grundstücksgleiche Rechte auf Bauten einschließlich der Bauten auf fremden Grundstücken genannt. Hierzu zählen unbebaute Grundstücke und Grundstücke mit Bauten. Maschinen und maschinelle Anlagen dürfen hier nicht ausgewiesen werden, auch wenn sie fest mit dem Gebäude verbunden sind.

Unter Position A.II.2 sind technische Anlagen und Maschinen auszuweisen. Entscheidend für die Klassifizierung von technischen Anlagen und Maschinen ist deren wirtschaftliche Selbständigkeit. Spezialersatzteile für Maschinen oder maschinelle Anlagen können auch hier ausgewiesen werden.

Als andere Anlagen, Betriebs- und Geschäftsausstattung (§ 266 Pos. A.II.3) werden Arbeitsgeräte und Werkzeuge, Transportbehälter, Verteilungsanlagen, Fernsprechanlagen, Kraftwagen, Werkstatt- und Büroeinrichtung etc. verstanden. Auch geringwertige Wirtschaftsgüter gehören hierzu, es sei denn, sie werden in einer besonderen Position mit entsprechender Bezeichnung ausgewiesen.

Position A.II.4 weist geleistete Anzahlungen und Anlagen im Bau aus. Hierin sind alle zu aktivierenden Auszahlungen und Aufwendungen enthalten, die für alle bis zum Bilanzstichtag noch nicht fertiggestellten Sachanlagen gemacht wurden.

Als Anteile an verbundenen Unternehmen (§ 266 Pos. A.III.1) werden Kapitalanteile von Unternehmen verstanden, die gemäß § 271 Abs. 2 als Mutter- oder Tochterunternehmen in einem Konzernabschluß einzubeziehen sind.

Position A.III.2 des § 266 HGB zeigt die Ausleihungen an verbundene Unternehmen. Hierunter werden langfristige Ausleihungen an verbundene Unternehmen verstanden, wie langfristige Darlehen. Waren- oder Leistungsforderungen gehören nicht in diese Position.

Beteiligungen (§ 266 HGB Pos. A.III.3) sind Anteile an anderen Unternehmen, die bestimmt sind, dem eigenen Geschäftsbetrieb durch Herstellung einer dauernden Bindung zu jenen Unternehmen zu dienen. Es ist hierbei unerheblich, ob die Anteile in Wertpapieren verbrieft sind oder nicht (§ 271 Abs. 1 HGB). Wichtig ist lediglich, daß ein wirtschaftliches Miteigentum an einem anderen Unternehmen gegeben ist. Das bedeutet die dauernde Anlage und die Mög-

lichkeit, unternehmerischen Einfluß im Interesse des eigenen Unternehmens auszuüben. Liegt ein Besitz von mehr als 20 % der Nennbeträge des Nennkapitals der Beteiligungsgesellschaft vor, wird eine Beteiligung vermutet, die jedoch widerlegt werden kann. Langfristige Ausleihungen an diese Unternehmen sind unter Pos. III.4 auszuweisen.
Position III.5 weist die Wertpapiere des Anlagevermögens aus. Hierunter sind festverzinsliche Wertpapiere (Obligationen, Pfandbriefe, Bundesanleihen, Aktien, Genußrechte etc.) zu verstehen. Voraussetzung hierfür ist, daß diese Wertpapiere keine Beteiligung darstellen und die Voraussetzungskriterien für das Vorliegen von Anlagevermögen erfüllen. Sind es Wertpapiere, die einen Anteil an verbundenen Unternehmen darstellen, so sind diese unter Position III.1 auszuweisen.
Als sonstige Ausleihungen (§ 266 Pos. III.6 HGB) sind langfristige Ausleihungen auszuweisen, die Finanz- oder Kapitalforderungen darstellen und dazu bestimmt sind, dauernd dem Geschäftsbereich zu dienen. Sind diese durch Hypotheken, Grund- und Rentenschulden gesichert, so ist dies gesondert auszuweisen.
Bei der Bewertung des Umlaufvermögens gilt das strenge Niederstwertprinzip. Dies bedeutet, die Gegenstände des Umlaufvermögens dürfen höchstens mit ihren Anschaffungs- bzw. Herstellungskosten bewertet werden. Wenn jedoch am Bilanzstichtag der Tageswert niedriger ist, ist es zwingend erforderlich, diesen niedrigen Tageswert in der Bilanz anzusetzen (§ 253 Abs. 3 HGB). Es ist also von den Werten Tageswert und Anschaffungs- bzw. Herstellungskosten immer der jeweils niedrigere anzusetzen.
Für die Bewertung des Umlaufvermögens der GmbH gelten folgende Regeln:

- Das Vorratsvermögen umfaßt die Roh-, Hilfs- und Betriebsstoffe, Vorprodukte und Fremdbauteile, unfertige und fertige Erzeugnisse sowie die Handelswaren. Zum Jahresabschluß sind alle diese Gegenstände einer Inventur (mengenmäßig) aufzunehmen und nach dem strengen Niederstwertprinzip zu bewerten. Sind gleichartige Gegenstände im

Umlaufvermögen vorhanden, die zu unterschiedlichen Preisen angeschafft worden sind, so ist hierfür ein Durchschnittswert (§ 240 Abs. 4 HGB) zu ermitteln und unter Beachtung des Niederstwertprinzips anzusetzen.

- Forderungen sind mit dem hierfür wahrscheinlichen Wert anzusetzen. Sind Forderungen uneinbringlich, so sind diese abzuschreiben.
- Wertpapiere, die zu einer kurzfristigen Anlage angeschafft worden sind, zählen zum Umlaufvermögen und müssen nach dem strengen Niederstwertprinzip auch bei vorübergehender Wertminderung mit dem niedrigen Wert angesetzt werden.
- Liquide Mittel (Kasse, Bank, Postgiro, Schecks, Bargeld) sind jeweils zum Nennwert zu bewerten.

Schulden sind nach dem Höchstwertprinzip zu behandeln (§ 253 Abs. 1 HGB). Zum Abschlußstichtag muß von zwei möglichen Werten jeweils der höhere Rückzahlungsbetrag in die Bilanz gesetzt werden.
Höchst- und Niederstwertprinzip führen so zum Ausweis eines nicht realisierten Verlustes. Sie finden sich im Imparitätsprinzip (vgl. S. 129) wieder.

6.4.1 Anschaffungskosten

Die Anschaffungskosten werden bei fremdbezogenen Vermögensgegenständen angesetzt, Herstellungskosten bei der Bilanzierung von eigengefertigten Gegenständen. Der Begriff der Anschaffungskosten hat hier jedoch eine andere Bedeutung als in der Kostenrechnung. Während in der Kostenrechnung auch nichtpagatorische Elemente enthalten sein können (z. B. Eigenkapitalzinsen, Unternehmerlohn), so ist bei der Bilanzlehre eigentlich der Begriff Anschaffungsausgaben richtiger. Die Anschaffungskosten setzen sich aus folgenden Elementen zusammen:

- **Anschaffungspreis**
  (ohne Umsatzsteuer, wenn vorsteuerabzugsberechtigt)

- **Anschaffungsnebenkosten**
  Alle Ausgaben, die über den Anschaffungspreis für das zu erwerbende Wirtschaftsgut hinaus gemacht werden müssen: z. B. Maklergebühren, Reisespesen bei Ortsbesichtigungen, Honorare für Gutachter, Aufwendung für notarielle Beurkundung, Grundbucheintragung. Ferner gehören hierzu die Kosten für die Verfügbarmachung des Wirtschaftsguts im Betrieb (z. B. Aufwand für Transport und Versicherung, Aufstellung, Montage). Auch die an den Anschaffungsvorgang geknüpften öffentlichen Abgaben gehören hierzu (z. B. Grunderwerbsteuer, ggf. Umsatzsteuer, Zölle).
  Finanzierungsaufwendungen sind keine Anschaffungsnebenkosten, da der Wertansatz der Bilanz von den Finanzierungsstrukturen der GmbH freigehalten werden soll. Einen Ausnahmefall stellen Zinsen und Kredite dar, die von der anschaffenden GmbH aufgenommen werden, um die Anschaffung von Neuanlagen mit längerer Bauzeit durch zinslose Anzahlungen beim Lieferer vorzufinanzieren. Hier wird angenommen, daß der Anschaffungspreis von vornherein niedriger ist als bei unterbliebener Vorfinanzierung.

- **Anschaffungskostenminderungen**
  Preisnachlässe (Rabatte, Skonti, Minderungen aufgrund von Mängelrügen) sind von den Anschaffungskosten abzusetzen. Zuschüsse aus öffentlichen oder privaten Mitteln zur Anschaffung (oder Herstellung) von Anlagegütern können grundsätzlich als Anschaffungskostenminderungen oder als Erträge (Betriebseinnahmen) verbucht werden.

6.4.2 Herstellungskosten

Bei Herstellungskosten handelt es sich um Aufwendungen, die durch den Verbrauch von Gütern und die Inanspruchnahme von Diensten für die Herstellung eines Erzeugnisses entstehen (§ 255 Abs. 2 HGB). Die eingehenden Güter- und Dienstleistungsverzehre sind pagatorisch.[4] Insofern sind sie

4 Bewertet mit den durch sie bedingten Ausgaben (Kostenaufwand)

streng von den kalkulatorischen Herstellungskosten (Kostenrechnung) zu trennen, denen u. a. auch ausgabelose Verzehre zugrunde liegen können.

Mit Herstellungskosten sind die Bestände der fertigen und unfertigen Erzeugnisse am Bilanzstichtag sowie die selbsterstellten Anlagen zu bewerten. Die Bestimmung ihrer Höhe ist erheblich schwieriger als die Bestimmung der Anschaffungskosten, da sie aus der Kostenrechnung ermittelt werden.

Nach § 255 Abs. 2 HGB gehören zu den Herstellungskosten Materialkosten, die Fertigungskosten und die Sonderkosten der Fertigung. Hierin sind auch angemessene Teile der notwendigen Material- und Fertigungsgemeinkosten und die Abschreibung auf das Anlagevermögen sowie Kosten der allgemeinen Verwaltung und der Aufwendungen für soziale Einrichtungen und freiwillige soziale Leistungen enthalten. Die bilanziellen Herstellungskosten enthalten nur Kosten mit Ausgabecharakter, nur Kosten der Abrechnungsperiode und nur den Bereichen sachlich zugehörige Kostenteile. Für die Herstellungskostenermittlung gilt:

- In der Handelsbilanz der GmbH sind nur die Materialeinzelkosten, die Fertigungseinzelkosten und die Sondereinzelkosten der Fertigung aktivierungspflichtig.
- Gemeinkosten brauchen handelsrechtlich nicht einbezogen zu werden. Sie können jedoch in Anteilen berücksichtigt werden. (Bei der steuerrechtlichen Gewinnermittlung sind jedoch sowohl die fixen als auch die variablen Gemeinkosten zu aktivieren.)
- Vertriebskosten dürfen nicht in die Herstellungskosten einbezogen werden.
- Fremdkapitalzinsen dürfen dann einbezogen werden, wenn ein Kredit zur Finanzierung der Herstellung eines Vermögensgegenstandes verwendet worden ist.

6.4.3 Abschreibungen

Die Abschreibungen (AfA = Absetzung für Abnutzung) haben die Aufgabe, Wertminderungen der abnutzbaren Anlagegüter zu erfassen, um die Ertragslage der GmbH darzustellen. Sie sind eine Aufwandsposition in der Gewinn- und Verlustrechnung. Durch die Abschreibung werden die Anschaffungskosten eines Anlagengutes auf seine Nutzungsdauer (in Jahren) verteilt. Dadurch vermindern die Abschreibungen in der Jahreserfolgsrechnung den Gewinn der GmbH und damit auch die gewinnabhängigen Steuern (Körperschaftssteuer). Abschreibungen finanzieren so die Investition in Sachanlagen. Nach den handelsrechtlichen (§ 253 HGB) und den steuerrechtlichen Vorschriften (§§ 6, 7 EKStG) sind alle abnutzbaren Anlagegüter am Ende des Geschäftsjahres jeweils mit ihren fortgeführten Anschaffungs- bzw.

Abschreibungen auf Sachanlagen – Beispiel

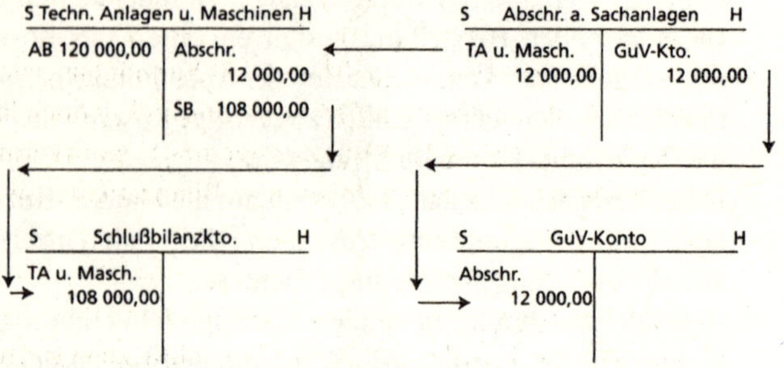

Die Abschreibung in Höhe von DM 12 000,00 stellt betrieblichen Aufwand dar und schmälert den Gewinn der GmbH. Das Aufwandkonto »Abschreibungen« wird daher über das GuV-Kto. abgeschlossen.

Buchungen:
1. *Abschr. a. Sachanlagen an TA u. Maschinen 12 000,00*
2. *GuV-Kto. an Abschr. a. Sachanlagen 12 000,00*
3. *Schlußbilanzkonto an TA u. Maschinen 108 000,00*

Abb. 18 a: Beispiel der Verbuchung von Abschreibung

Herstellungskosten in das Inventar und die Schlußbilanz zu übernehmen, d. h., sie sind mit ihren Anschaffungs- bzw. Herstellungskosten abzüglich der Abschreibungen zu bilanzieren.

Die Wertansätze für abnutzbare Anlagegüter der GmbH ermitteln sich für die Jahresbilanz wie folgt:

Anschaffungskosten
– Abschreibungen
= fortgeführte Anschaffungskosten
oder
Herstellungskosten
– Abschreibungen
= fortgeführte Herstellungskosten

In Abhängigkeit von der Ursache der Wertminderung wird zwischen
- planmäßigen,
- außerplanmäßigen und
- steuerlichen Sonderabschreibungen

unterschieden. Fallen die Abschreibungsgründe eines früheren Geschäftsjahres in den folgenden Jahren weg, so sind die Abschreibungen durch eine Zuschreibung rückgängig zu machen.
Planmäßige Abschreibungen werden angesetzt, wenn ein normaler, nutzungsbedingter, technischer Verschleiß, eine Substanzverringerung oder ein ruhender Verschleiß im Zeitablauf zum Tragen kommt. Die Anlagengüter werden entsprechend ihrer betriebsgewöhnlichen Nutzungsdauer entweder linear, degressiv oder auch nach Leistungseinheiten abgeschrieben.
Eine außerplanmäßige Abschreibung wird vorgenommen, wenn sich versteckte Mängel zeigen, eine Katastrophe zum Verschleiß geführt hat oder durch eine erhöhte Inanspruchnahme ein Verschleiß gegeben ist. Ferner kann es zur außerplanmäßigen Abschreibung kommen, wenn die Instandhaltung unterlassen wurde, der Gegenstand durch technischen Fortschritt überholt ist, bei sinkender Rentabilität oder Fallen der Wiederbeschaffungskosten.
Steuerliche Sonderabschreibungen sind durch die entsprechenden Steuergesetze geregelt (z. B. § 7d EStG, § 82 EStDV, § 3 ZRDG).
Möchte die GmbH ein Anlagengut planmäßig abschreiben, so kann sie dies in gleichbleibenden Abschreibungsbeträgen tun (lineare AfA). Hierbei erfolgt die Abschreibung immer in

einem gleichbleibenden Prozentsatz von den Anschaffungs- bzw. Herstellungskosten des Anlagegegenstandes. Damit werden die Anschaffungs- bzw. Herstellungskosten gleichmäßig auf die Nutzungsjahre verteilt. Das Anlagegut ist bei linearer Abschreibung am Ende der Nutzungsdauer voll abgeschrieben.

Betragen beispielsweise die Anschaffungskosten einer Maschine DM 20 000,– und die Nutzungsdauer 10 Jahre, so ist der jährliche Abschreibungsbetrag DM 2000,–, und der AfA-Satz beträgt 10 %;

$$\textit{Jährl. linearer Abschreibungsbetrag} = \frac{\textit{Anschaffungskosten}}{\textit{Nutzungsdauer}}$$

$$\textit{Jährlicher Abschreibungsbetrag} = \frac{20\,000}{10} = 2000$$

$$\textit{Abschreibungssatz \%} = \frac{100}{\textit{Nutzungsdauer}}$$

$$\textit{Abschreibungssatz \%} = \frac{100}{10} = 10$$

Bei der degressiven Abschreibung wird die Abschreibung nur im ersten Jahr von den Anschaffungs- bzw. Herstellungskosten des Anlagegutes berechnet. In den darauffolgenden Jahren wird dann mit einem gleichbleibenden Prozentsatz vom jeweiligen Buchwert die Abschreibung berechnet. Es ergeben sich durch den geringer werdenden Buchwert fallende Abschreibungsbeträge. Bei dieser Abschreibungsmethode bleibt ein Restwert stehen, der dann im letzten Nutzungsjahr abgeschrieben werden muß. Diese Methode ist aus betriebswirtschaftlichen Aspekten insbesondere bei Anlagegütern vorteilhaft, die in ihrer Anfangszeit einen außerordentlich hohen Verschleiß haben. Steuerrechtlich hingegen darf die degressive Abschreibung bei beweglichen Anlagegütern gemäß § 7 Abs. 2 EStG nur das Dreifache des linearen Abschreibungssatzes, höchstens jedoch 30 % betragen. Die Abschreibungsbeträge liegen dann in den ersten Nutzungsjahren über, dann jedoch unter den Beträgen der linearen Abschreibungsmethode.

Der Übergang von der degressiven zur linearen Methode ist gestattet; der umgekehrte Fall jedoch nicht.
Wenn der Anschaffungswert einer Maschine der GmbH DM 60 000,00 beträgt und die Nutzungsdauer 10 Jahre, so kann die Maschine linear mit 10 %, degressiv mit dem steuerlichen Höchstsatz von 30 % abgeschrieben werden. Dies berechnet sich wie folgt:

	Lineare AfA = 10 %	Degressive AfA = 30 %
Anschaffungskosten	60 000,00	60 000,00
1. Jahr	6 000,00	18 000,00
Buchwert	54 000,00	42 000,00
2. Jahr	6 000,00	12 600,00
Buchwert	48 000,00	29 400,00
3. Jahr	6 000,00	8 820,00
Buchwert	42 000,00	2 646,00
4. Jahr	6 000,00	793,80
Buchwert	36 000,00	1 852,00
5. Jahr	6 000,00	555,66
Buchwert	30 000,00	1 296,54
6. Jahr	6 000,00	388,96
Buchwert	24 000,00	907,58
7. Jahr	6 000,00	272,27
Buchwert	18 000,00	635,31
8. Jahr	6 000,00	190,59
Buchwert	12 000,00	444,72
9. Jahr	6 000,00	133,42
Buchwert	6 000,00	311,30
10. Jahr	6 000,00	93,39
Restwert	0,00	217,91

Soll zu einem günstigen Zeitpunkt der Übergang von degressiver Abschreibung auf lineare Abschreibung vorgenommen werden, so errechnet sich das Jahr des Übergangs nach der Formel (i = Übergangsjahr, n = Nutzungsdauer, p = AfA-Satz):

$$i = n - \frac{100}{p} + 1$$

$$i = 10 - \frac{100}{30} + 1$$

Das Übergangsjahr von der degressiven auf die lineare AfA ist somit das 8. Nutzungsjahr. Hier ist der Restbuchwert DM 635,31 : 3 = DM 211,77, während der degressive Abschreibungssatz lediglich DM 190,59 beträgt.
Die Abschreibung nach Leistungseinheiten ist steuerlich ebenfalls zulässig. Ein typisches Beispiel hierfür ist die Abschreibung der Firmen-PKW. Hierbei wird von der zu erwartenden Gesamtkilometerleistung eines PKW ausgegangen, um daraus den Abschreibungsbetrag pro Kilometer zu ermitteln. Hierbei ist die jährliche Leistung jedoch nachzuweisen (Fahrtenbuch, Fahrtenschreiber).
Die geringwertigen Wirtschaftsgüter der GmbH (GWG) können nach § 6 EStG – sofern es sich um bewegliche Anlagengüter handelt – im Jahr der Anschaffung voll abgeschrieben werden. Hier gilt eine Höchstgrenze bei den Anschaffungskosten in Höhe von DM 800,00. Die GWGs müssen jedoch auch selbständig nutzbar sein. So ist beispielsweise der Monitor eines Computers kein GWG, da mit ihm alleine keine Nutzung erzielt werden kann. GWGs bis DM 100,00 können zum Erwerbszeitpunkt sofort als Aufwand verbucht werden.

6.4.4 Wertberichtigungen

Abschreibungen werden direkt auf den Anlagekonten des Anlagevermögens vorgenommen. Die Anlagekonten und die Schlußbilanz der GmbH weisen dann nur den Restbuchwert des Anlagegutes aus. Diese Form der Abschreibung wird daher auch als direkte Abschreibung bezeichnet.

Bleibt der Anschaffungswert einer Anlage auf dem Anlagekonto unverändert, so wird eine indirekte Abschreibung vorgenommen. Das heißt, die Abschreibung wird auf der Passivseite der Bilanz als Wertberichtigung ausgewiesen. Sie stellt einen Korrekturposten zu den auf der Aktivseite der Bilanz ausgewiesenen Anschaffungs- oder Herstellungskosten eines Anlagegutes dar. Wertberichtigungen dürfen deshalb weder zum Eigen- noch zum Fremdkapital gerechnet werden. Um die Aussagefähigkeit der Bilanz zu erhöhen, sollte darauf geachtet werden, daß für jede Anlagegruppe entsprechende Wertberichtigungen gebildet werden. Bei einer Veräußerung muß eine Wertberichtigung aufgelöst werden.

Die GmbH darf in einer veröffentlichten Bilanz grundsätzlich keine Wertberichtigungen auf der Passivseite ausweisen. Hierbei handelt es sich jedoch um eine reine Publizitätsvorschrift (§ 266 HGB). Buchhalterisch dürfen indirekte Abschreibungen vorgenommen werden. Durch indirekte Abschreibungen kann die Aufstellung eines Anlagenspiegels erleichtert werden.

6.4.5 Anlagenspiegel

Die Positionen des Anlagevermögens sowie die Posten für Ingangsetzung und Erweiterung des Geschäftsbetriebes sind in Form eines sog. *Anlagenspiegels (Anlagegitter)* (§ 268 Abs. 2 HGB) in der Bilanz oder im Anhang darzustellen.

Ein Anlagenspiegel ist unabhängig von der Betriebsgröße einer GmbH darzustellen. Für den Anlagenspiegel ist die Anwendung der direkten Bruttomethode gefordert, d. h., die Anschaffungs- und Herstellungskosten sind in ihrer ursprünglichen Höhe auszuweisen, solange sie in der GmbH verbleiben. Die Abschreibungen müssen aktivisch vorgenommen werden. Passivische Wertkorrekturen sind damit nicht mehr zulässig.

Der Anlagenspiegel richtet sich nach dem Bilanzgliederungsschema der entsprechenden Größenklasse einer GmbH (§ 266 Abs. 2 HGB). Für die horizontale Gliederung ist recht-

Werte in TDM Bilanzposition	Anschaffungs-/Herstellungskosten (Anfangsbestand)	Zugänge (+)	Abgänge (–)	Umbuchungen (+/x)	Zuschreibungen im Geschäftsjahr (+)	Abschreibungen (kumuliert) (x)	Buchwert des Geschäftsjahres	Buchwert des Vorjahres	Abschreibungen des Geschäftsjahres
A I Immaterielle Vermögensgegenstände									
Σ									
A II Sachanlagen									
Σ									
A III Finanzanlagen									
Σ									
Gesamtes Anlagevermögen									
Bemerkungen:									

Abb. 18 b: Anlagenspiegel

lich keine zwingende Reihenfolge vorgegeben; jedoch ist ein Mindestinhalt gefordert (§ 268 Abs. 2 HGB).

Als Zugänge werden alle im Geschäftsjahr getätigten Ausweitungen des Anlagevermögens (Bruttoinvestitionen) verzeichnet, wobei eine Verrechnung mit einer Abschreibung nicht zulässig ist. Auch wenn aufgrund steuerlicher Vorschriften offene oder stille Reserven auf neu angeschaffte Vermögensgegenstände übertragen werden können (§ 6b EStG; Abschn. 35 EStR), sind Zugänge zu vollen Anschaffungs- und Herstellungskosten auszuweisen. Die offenen oder stillen Reserven werden in solchen Fällen dann direkt als außerplanmäßige Abschreibung erfaßt und in der Spalte Abschreibungen kumuliert erfaßt oder im Sonderposten mit Rücklageanteil ausgewiesen und entsprechend der Nutzungsdauer des Vermögensgegenstandes abgeschrieben. Auch die Nachaktivierung von Vermögensgegenständen wird als Zugang erfaßt. Im Folgejahr werden die Zugänge des Geschäftsjahres in die Spalte Anfangsbestand übernommen.

Scheiden Vermögensgegenstände aus dem Betriebsvermögen der GmbH aus, so handelt es sich um einen »Abgang«. Abgänge sind in der Höhe auszuweisen, in der der Gegenstand insgesamt zu Anschaffungs- und Herstellungskosten aktiviert wird. Hierdurch wird die Position »Abschreibung kumuliert« beeinflußt, in der auf den abgegangenen Gegenstand bisher Abschreibungen aufgenommen wurden. In der Abgangsspalte ist folgender Wert einzusetzen:

	Restbuchwert des ausgeschiedenen Anlagegegenstandes
+	*die auf das ausgeschiedene Anlagegut entfallende Abschreibung*
=	*Abgang*

Als »Umbuchungen« werden lediglich Änderungen eines Ausweises bezeichnet. Sie beinhalten somit weder eine Mengen- noch eine Wertänderung im Anlagevermögen.

Als »Zuschreibungen« werden alle Korrekturen der außerplanmäßigen Abschreibungen früherer Jahre bezeichnet,

wobei nur die im Geschäftsjahr erfolgten Zuschreibungen zu erfassen sind. Im folgenden Geschäftsjahr sind die Zuschreibungen mit den kumulierten Aufwendungen zu saldieren.
Die kumulierten Abschreibungen werden wie folgt ermittelt:

	Kumulierte Abschreibungen des Vorjahres
+	*Abschreibungen des Geschäftsjahres*
–	*Zuschreibungen des Vorjahres*
–	*kumulierte Abschreibungen auf Abgänge*
–/+	*kumulierte Abschreibungen auf Umbuchungen*
=	*kumulierte Abschreibungen*

6.5 Rechnungsabgrenzungsposten

Als Posten der *aktiven* Rechnungsabgrenzung werden Ausgaben vor dem Abschlußstichtag bezeichnet, soweit sie Aufwand für eine bestimmte Zeit nach diesem Tag darstellen (§ 250 Abs. 1 HGB).
Posten der *passiven* Rechnungsabgrenzung sind als Einnahmen vor dem Abschlußstichtag auszuweisen, soweit sie Ertrag für eine bestimmte Zeit nach diesem Tag darstellen (§ 250 Abs. 2 HGB).
Ist ein Rückzahlungsbetrag einer Verbindlichkeit höher als der Ausgabebetrag, so darf der Unterschiedsbetrag in den Rechnungsabgrenzungsposten auf der Aktivseite aufgenommen werden. Der Unterschiedsbetrag ist durch planmäßige jährliche Abschreibungen zu tilgen, die auf die gesamte Laufzeit der Verbindlichkeit verteilt werden können (§ 250 Abs. 3 HGB). Ein auf der Aktivseite aufgenommener Unterschiedsbetrag ist in der Bilanz gesondert auszuweisen oder im Anhang anzugeben (§ 268 Abs. 6 HGB).
Beispiel: *Das Unternehmen Batta Batterie GmbH, das von der Cäsar Aluminium AG eine Lagerhalle für die Zeit vom 1. 10. 1998 bis zum 31. 3. 1999 gemietet hat, entrichtet die Miete von 12 000 DM im voraus am 1. 10. 1998:*

Buchungen bei Batta Batterie GmbH

	Soll	Haben
Buchung zum 1. 10. 1998		
Sonstige Aufwendungen (Mietaufwand)	12 000,-	
Flüssige Mittel (Bank)		12 000,-
Buchung zum 31. 12. 1998 (Abschlußstichtag)		
Aktive Rechnungsabgrenzung	6 000,-	
Sonstige Aufwendungen (Mietaufwand)		6 000,-
Buchung zum 2. 1. 1999		
Sonstige Aufwendungen (Mietaufwand)	6 000,-	
Aktive Rechnungsabgrenzung		6 000,-

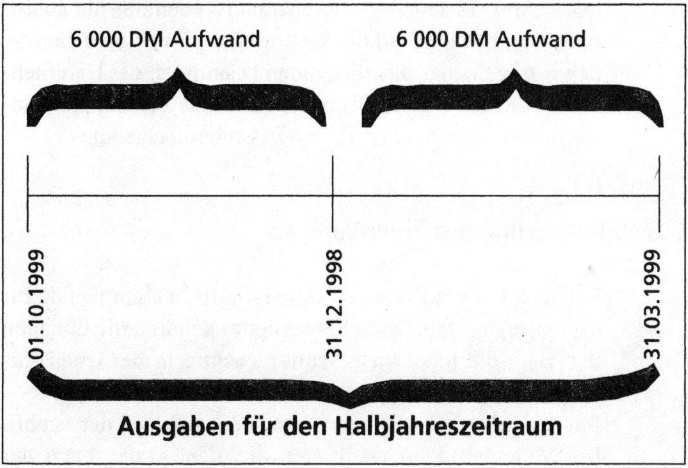

Abb. 19: Aufteilung der Ausgaben im Zeitablauf

Durch den aktiven Rechnungsabgrenzungsposten wurde die bis zum Abschlußstichtag reichende Rechnungsperiode mit dem betreffenden Aufwand belastet. Dies wird damit auch für die nach dem 31. 12. beginnende Rechnungsperiode erreicht.

Bei der Bildung von aktiven Rechnungsabgrenzungsposten ist zu beachten, daß die hierin festgehaltenen Ausgaben vor dem Abschlußstichtag Aufwand für eine bestimmte Zeit nach diesem Tag sind. Dies bedeutet, das Ende des Zeitraumes muß kalendermäßig bestimmt sein, was i. d. R. nur dann der Fall ist, wenn der Bildung von Rechnungsabgrenzungsposten Verträge zugrunde liegen (z. B. Miete, Pacht, Versicherungsprämien, Zinsen).

Für aktive Rechnungsabgrenzungsposten besteht ein Aktivierungsgebot, was sich aus den GOB (Abgrenzungsgrundsatz) ableitet; hieran besteht auch steuerrechtlich kein Zweifel.

Posten der passiven Rechnungsabgrenzung erfüllen i. d. R. alle Merkmale von Schulden, und zwar von Leistungsschulden, deren Höhe eindeutig bestimmbar ist. Hier liegt meistens ein Dauerschuldverhältnis zugrunde (Miete, Pacht). Zweck der passiven Rechnungsabgrenzung ist ebenfalls die Zuordnung von Erträgen auf die Rechnungsperioden, in denen die den Erträgen zugrunde liegenden Leistungen des Unternehmens erbracht wurden. Auch hier muß die Zeit kalendermäßig bestimmbar sein. Es gilt ein Passivierungsgebot.

6.6 Bilanzierung des Eigenkapitals

Eigenkapital wird von den Gesellschaftern einer GmbH zur Verfügung gestellt. Zum Eigenkapital gehören die Einlagen wie auch die nicht ausgeschütteten und in der GmbH als Rücklagen verbliebenen Gewinne.

Das Eigenkapital verändert sich im Zeitablauf der GmbH. Die Veränderungen resultieren aus den Änderungen der Vermögens- und Schuldensituation sowie der Rechnungsabgrenzung der GmbH.

In § 272 HGB ist das Eigenkapital wie folgt definiert:

- gezeichnetes Kapital (Stammkapital),
- Kapitalrücklage,

- Gewinnrücklage,
- Gewinnvortrag/Verlustvortrag sowie
- Jahresüberschuß/-fehlbetrag.

§ 283 HGB schreibt vor, daß das Stammkapital zum Nennbetrag anzusetzen ist. Ausstehende Einlagen auf das Stammkapital sowie davon eingeforderte Beträge sind gesondert auszuweisen.

Als Kapitalrücklage ist u. a. der Betrag von anderen Zuzahlungen auszuweisen, die die Gesellschafter auf das Eigenkapital leisten. Zudem sind Zuzählungen auszuweisen, die die Gesellschafter gegen Gewährung eines Vorzuges für ihre Anteile leisten, d. h., das Agio bei Ausgabe von Anteilen, Zuzahlungen für Vorzüge, andere Zuzahlungen sowie eingeforderte Nachschüsse sind nach § 272 Abs. 2 HGB auszuweisen.

In der Gewinnrücklage werden Beträge ausgewiesen, die im Geschäftsjahr oder in früheren Geschäftsjahren aus dem Ergebnis gebildet worden sind. Hierzu gehören aus dem Ergebnis zu bildende gesetzliche oder auf Gesellschaftsvertrag oder auf der Satzung beruhende Rücklagen und andere Gewinnrücklagen. Nicht besonders ausgewiesen, jedoch enthalten ist der Eigenkapital-Anteil aus Wertaufholung, der Eigenkapital-Anteil aus Preissteigerungsrücklagen.

Der Gewinnvortrag enthält den nicht ausgeschütteten Teil des Bilanzgewinns der GmbH, der nicht den Rücklagen zugeführt und auch nicht anderweitig verwendet worden ist. Die Gesellschafter haben beschlossen, diesen als Gewinn vorzutragen. Hierbei handelt es sich somit immer um den Gewinn- oder Verlustvortrag des Vorjahres.

Der Jahresüberschuß oder -fehlbetrag wird in der Gewinn- und Verlustrechnung (GuV) ermittelt.

Alle Bestandteile des Eigenkapitals sind auf der Passivseite der Bilanz gesondert auszuweisen. Gemäß § 266 HGB gilt für kleine Kapitalgesellschaften jedoch, daß sie die Gewinnrücklagen in einer Summe ausweisen können und nicht in ihre Bestandteile unterteilen müssen.

6.7 Bilanzierung der Verbindlichkeiten

Verbindlichkeiten sind grundsätzlich nach § 246 HGB zu bilanzieren, sofern sie betrieblich veranlaßt wurden. Eine Schuld ist eine bestehende oder sicher erwartete finanzielle Belastung, die auf einer rechtlichen oder wirtschaftlichen Leistungsverpflichtung beruht. Ferner muß sie selbständig bewertbar und damit auch abgrenzbar sein. Die Schulden umfassen die Bilanzpositionen »Verbindlichkeiten« und »Rückstellungen«.

Verbindlichkeiten sind Schulden, die zum Bilanzstichtag eindeutig quantifizierbar sind. Sie können also betragsmäßig fixiert werden. Es ist nicht erforderlich, daß Verbindlichkeiten am Bilanzstichtag fällig sind oder der Fälligkeitszeitpunkt feststeht.

Verbindlichkeiten dürfen nicht mit Forderungen verrechnet werden (§ 246 Abs. 2 HGB), auch wenn sie gegenüber dem gleichen Geschäftspartner bestehen. Im Jahresabschluß müssen sämtliche Schulden enthalten sein, die am Bilanzstichtag rechtskräftig sind.

Bei allen Verbindlichkeiten müssen die Beträge mit einer Restlaufzeit bis zu einem Jahr gesondert ausgewiesen werden (§ 268 Abs. 5 HGB). Bei Berechnung der Laufzeiten von kündbaren Verbindlichkeiten, bei denen ein Fälligkeitstermin noch nicht bekannt oder vereinbart worden ist, ist der Zeitpunkt von Bedeutung, zu dem der Gläubiger sie frühestens fällig stellen kann, bzw. der Zeitpunkt, für den die GmbH die Rückzahlung plant.

Verbindlichkeiten mit einer Restlaufzeit von mehr als fünf Jahren sind einzeln positioniert in der Bilanz oder im Anhang gesondert anzugeben. Durch Pfandrecht und ähnliche Rechte gesicherte Verbindlichkeiten sind unter Angabe von Art und Form der Sicherheit zu kennzeichnen. Dies gilt nicht für kleine GmbH (§ 288 HGB), mittelgroße GmbH müssen dies zwar tun, brauchen es aber nicht zu veröffentlichen (§ 327 Abs. 2 HGB). Kleine GmbH können die gesamten Verbindlichkeiten in einem Betrag ausweisen, müssen daneben jedoch den Gesamtbetrag mit einer Restlaufzeit bis zu einem

Jahr mit einer Restlaufzeit von über fünf Jahren angeben. Für die Darstellung der Verbindlichkeiten im Anhang kann auf das Muster auf S. 169 zurückgegriffen werden.
Verbindlichkeiten sind nach § 266 HGB wie folgt zu gliedern:

C. Verbindlichkeiten
1. Anleihen, davon konvertibel;
2. Verbindlichkeiten gegenüber Kreditinstituten;
3. Erhaltene Anzahlungen auf Bestellungen;
4. Verbindlichkeiten aus Lieferungen und Leistungen;
5. Verbindlichkeiten aus der Annahme gezogener Wechsel und der Ausstellung eigener Wechsel;
6. Verbindlichkeiten gegenüber verbundenen Unternehmen;
7. Verbindlichkeiten gegenüber Unternehmen, mit denen ein Beteiligungsverhältnis besteht;
8. Sonstige Verbindlichkeiten,
   davon Steuern,
   davon im Rahmen der sozialen Sicherheit.

Anleihen sind die durch Inanspruchnahme des organisierten Kapitalmarktes beschafften langfristigen Darlehen, wie beispielsweise Industrieobligationen. Langfristige Darlehen, die auf dem sog. nichtorganisierten Kapitalmarkt aufgenommen wurden (z. B. Schuldscheine), gehören zu den sonstigen Verbindlichkeiten oder zu den Verbindlichkeiten gegenüber Kreditinstituten. Wenn eine GmbH eigene Anleihen erworben hat, sind diese vom passivierten Betrag erst abzusetzen, wenn die Stücke vernichtet wurden. Ansonsten sind sie als Wertpapiere dem Anlage- oder Umlaufvermögen zuzuweisen und aktivisch auszuweisen. Die Bewertung der Anleihen geschieht in Höhe des Rückzahlungsbetrages.
Als *Verbindlichkeiten gegenüber Kreditinstituten* werden Kredite von Kreditinstituten bezeichnet, unabhängig von ihrer Laufzeit und der Besicherungsart. Basis der Bewertung ist der Rückzahlungsbetrag.
Erhaltene Anzahlungen auf Bestellungen sind Kundenanzahlungen für noch zu erbringende Leistungen oder Liefe-

rungen der GmbH. Erhaltene Anzahlungen können auch (bei Lieferungen) von der Position Vorräte abgesetzt werden, was dann allerdings offen dargelegt werden muß (§ 268 Abs. 5 HGB). Basis der Bewertung zur Bilanzeinstellung ist der erhaltene Betrag für Anzahlungen.

Verbindlichkeiten aus Lieferungen und Leistungen sind alle nichterfüllten Zahlungsverpflichtungen der GmbH für alle Arten von bereits erhaltenen Lieferungen und Leistungen, Ausnahme bilden hier die Verbindlichkeiten aus Lieferungen und Leistungen gegenüber verbundenen Unternehmen oder gegen Unternehmen, mit denen ein Beteiligungsverhältnis besteht. Basis der Bilanzbewertung ist der zu zahlende Betrag.

In die Position *Verbindlichkeiten aus der Annahme gezogener Wechsel und der Ausstellung eigener Wechsel* gehören Schuldwechsel, die entweder gezogene Wechsel (Tratten) oder eigene Wechsel (Solawechsel) sind, unabhängig davon, ob es sich um Gefälligkeitswechsel oder um Wechsel handelt, die einem Schuldverhältnis zugrunde liegen. Die Kautions- oder Sicherungswechsel gehören nur dann in diese Position, wenn die GmbH der eingegangenen Verpflichtung nicht nachgekommen ist und der Wechsel vom Wechselinhaber in Umlauf gebracht wird. Bewertungsbasis ist die Wechselsumme; hierzu gehört auch der Diskontbetrag.

Unter die Positionen *Verbindlichkeiten gegenüber verbundenen Unternehmen* sowie *Verbindlichkeiten gegen Unternehmen, mit denen ein Beteiligungsverhältnis besteht* fallen alle Verbindlichkeiten gegenüber verbundenen Unternehmen und beteiligten Unternehmen. Sie sind hier gesondert auszuweisen (z. B. aus Darlehen, aus Gewinnabführungsvertrag).

Die Sammelposition *sonstige Verbindlichkeiten, davon aus Steuern, davon im Rahmen der sozialen Sicherheit* beinhaltet alle die Positionen, die nicht unter Position C 1 bis C 7 fallen. Hierzu gehören beispielsweise Miet- und Pachtzinsen, Provisionen, Aufsichtsratsgebühren, Verpflichtungen aus einbehaltenen und selbst zu tragenden Sozialabgaben, Verbindlichkeiten aus Zusagen im Rahmen der betrieblichen Altersversorgung, Verbindlichkeiten aus gesetzlichen Pflichtabgaben (Angestellten-, Arbeitslosen-, Kranken- und Invalidenversicherung, Berufsgenossenschafts- und Knappschaftsbeiträge, Beiträge zur Insolvenzversicherung), Verbindlichkeiten zu Unterstützungszwecken u. v. a. m. Bewertungsbasis für diese Verbindlichkeiten sind die zu zahlenden Beträge.

6.8 Gewinn- und Verlustrechnung

Die Gewinn- und Verlustrechnung (GuV) bildet neben der Bilanz den zweiten Teil des Jahresabschlusses einer GmbH. Im Unterschied zu der Bilanz, die den Jahreserfolg in Form eines Gewinns oder Verlustes nur in einem Betrag ausweist, gibt die GuV Auskunft darüber, wie der Erfolg zustande gekommen ist. Die GuV erklärt somit die Erfolgsbildung nach Art, Höhe und Quelle. Sie wird daher auch oftmals als Erfolgsrechnung bezeichnet.
Die GuV bildet gewissermaßen die Basis für eine Bilanzierung; sie ist das Vorkonto zum Kapitalkonto. Aufwendungen führen, sofern sie nicht als Ertragsgüter zu aktivieren sind, zu einer Eigenkapitalminderung. Erträge hingegen erhöhen das Eigenkapital, wenn sie den zu ihrer Erzielung erforderlichen Aufwand übersteigen.
Alle in einem Geschäftsjahr anfallenden Aufwendungen und Erträge werden auf dem GuV-Konto gesammelt, wobei der Saldo als Periodenerfolg zum Jahresabschluß auf das Kapitalkonto übernommen wird.
Die GuV ist nach § 275 Abs. 1 HGB in Staffelform nach dem Gesamtkostenverfahren oder dem Umsatzkostenverfahren aufzustellen. Das Gesamtkostenverfahren erfaßt die Kosten an der Quelle der Entstehung (z. B. Materialkosten, Personalkosten). Das Umsatzkostenverfahren hingegen erfordert eine Aufschlüsselung der Kosten in Herstellungskosten der zur Erzielung der Umsatzerlöse erbrachten Leistungen, Vertriebskosten und allgemeine Verwaltungskosten. Das Umsatzkostenverfahren ist aufwendiger und schwerer nachvollziehbar als das Gesamtkostenverfahren.
Grundsätzlich gilt das sog. Bruttoprinzip. Die einzelnen

Aufwands- und Ertragsarten werden vollständig und nicht saldiert ausgewiesen (§ 246 Abs. 2 HGB).

Das Betriebsergebnis wird mit dem *Gesamtkostenverfahren* mittels folgender Aufstellung ermittelt:

	Nettoumsatzerlöse
+/–	*Bestandsveränderungen der Unfertig- und Fertigerzeugnisse*
+	*Aktivierte Eigenleistungen*
=	*Gesamtleistung*
–	*Gesamtkosten (nach Kostenarten gegliedert)*
=	*Betriebsergebnis*

Dieses Verfahren ist abrechnungstechnisch sehr einfach durchzuführen, da die Gesamtkosten sich aus der Kostenartenrechnung entnehmen lassen und die Erlöse von den Erlöskonten. Durch Zusammenfassung der zwölf Monatsergebnisse mit den zwölf Abgrenzungssalden der Finanzbuchhaltung kann die GuV-Rechnung am Geschäftsjahresende entsprechend der aktienrechtlichen Gliederung abgeleitet werden.

Eine Kostenstellen- und Kostenträgerrechnung ist dennoch erforderlich, um die Bestandsveränderungen und aktivierbaren Eigenleistungen mit Herstellungskosten bewerten zu können.

Das Gesamtkostenverfahren stellt Erfolgskomponenten zusammen, die nach unterschiedlichen Kriterien gegliedert sind. Dadurch läßt sich zwar der Gesamterfolg ermitteln, es läßt jedoch keinerlei Schlußfolgerungen auf Teilerfolge der einzelnen Kostenträger zu. Dies ist ein eklatanter Nachteil des Verfahrens.

Bei Anwendung des *Gesamtkostenverfahrens* ist die GuV einer GmbH wie folgt zu gliedern:

1. Umsatzerlöse
2. Erhöhung oder Verminderung des Bestands an fertigen und unfertigen Erzeugnissen
3. Andere aktivierte Eigenleistungen
4. Sonstige betriebliche Erträge
5. Materialaufwand:

   a) Aufwendungen für Roh-, Hilfs- und Betriebsstoffe und für bezogene Waren
   b) Aufwendungen für bezogene Leistungen
6. Personalaufwand:
   a) Löhne und Gehälter
   b) Soziale Abgaben und Aufwendungen für Altersversorgung und für Unterstützung, davon für Altersversorgung
7. Abschreibungen:
   a) auf immaterielle Vermögensgegenstände des Anlagevermögens und Sachanlagen sowie auf aktivierte Aufwendungen für die Ingangsetzung und Erweiterung des Geschäftsbetriebs
   b) auf Vermögensgegenstände des Umlaufvermögens, soweit dies die in der Kapitalgesellschaft üblichen Abschreibungen überschreiten
8. Sonstige betriebliche Aufwendungen
9. Erträge aus Beteiligungen, davon aus verbundenen Unternehmen
10. Erträge aus anderen Wertpapieren und Ausleihungen des Finanzanlagevermögens, davon aus verbundenen Unternehmen
11. Sonstige Zinsen und ähnliche Erträge, davon aus verbundenen Unternehmen
12. Abschreibungen auf Finanzanlagen und auf Wertpapiere des Umlaufvermögens
13. Zinsen und ähnliche Aufwendungen, davon aus verbundenen Unternehmen
14. Ergebnis der gewöhnlichen Geschäftstätigkeit
15. Außerordentliche Erträge
16. Außerordentliche Aufwendungen
17. Außerordentliches Ergebnis
18. Steuern vom Einkommen und vom Ertrag
19. Sonstige Steuern
20. Jahresüberschuß/Jahresfehlbetrag

Der Staffelform der GuV liegt das Bereichsprinzip zugrunde. Hier werden zunächst die Komponenten des Betriebsergebnisses dargestellt und dann um die Komponenten des betriebsfremden bzw. Finanzbereiches ergänzt und zu Position 14 »Ergebnis der gewöhnlichen Geschäftstätigkeit« saldiert und um die außerordentlichen Erfolgsbeiträge ergänzt.

Die Reihenfolge der Positionen ist zwingend einzuhalten, jedoch dürfen kleine und mittelgroße GmbH nach § 276 HGB die Positionen Nr. 1 bis 5 unter der Bezeichnung »Rohergebnis« zusammenfassen.

Bei dem Umsatzkostenverfahren auf Vollkostenbasis wird das Betriebsergebnis statistisch nach folgendem Schema ermittelt:

Umsatzerlöse
– *Selbstkosten der abgesetzten Erzeugnisse*
= *Betriebsergebnis*

Bei der Anwendung des *Umsatzkostenverfahrens* (§ 275 Abs. 3 HGB) sind auszuweisen:

1. Umsatzerlöse
2. Herstellungskosten der zur Erzielung der Umsatzerlöse erbrachten Leistungen
3. Bruttoergebnis vom Umsatz
4. Vertriebskosten
5. Allgemeine Verwaltungskosten
6. Sonstige betriebliche Erträge
7. Sonstige betriebliche Aufwendungen
8. Erträge aus Beteiligungen, davon aus verbundenen Unternehmen
9. Erträge aus anderen Wertpapieren und Ausleihungen des Finanzanlagevermögens, davon aus verbundenen Unternehmen
10. Sonstige Zinsen und ähnliche Erträge, davon aus verbundenen Unternehmen
11. Abschreibungen auf Finanzanlagen und auf Wertpapiere des Umlaufvermögens
12. Zinsen und ähnliche Aufwendungen, davon an verbundene Unternehmen
13. Ergebnis der gewöhnlichen Geschäftstätigkeit
14. Außergewöhnliche Erträge

15. Außerordentliche Aufwendungen
16. Außerordentliches Ergebnis
17. Steuern vom Einkommen und vom Ertrag
18. Sonstige Steuern
19. Jahresüberschuß/Jahresfehlbetrag

Das Gesamtkostenverfahren und das Umsatzkostenverfahren führen zu dem gleichen Betriebsergebnis, wenn Lagerbestandsveränderungen (Unfertig- und Fertigerzeugnisse) und die zu aktivierenden Eigenleistungen mit Herstellungskosten bewertet und die nicht aktivierungsfähigen Verwaltungs- und Vertriebskosten allen abgesetzten Erzeugnissen zugerechnet werden.
Dem Umsatzkostenverfahren liegen meist Selbstkosten zugrunde, die i.d.R. auf Normalkostenbasis ermittelt werden. Bei diesem Vorgehen entstehen Kostenabweichungen. Es kann zu Über- und Unterdeckungen in der Kostenstellenrechnung und zu Preisabweichungen bei Verwendung von Verrechnungspreisen kommen. Einzelmaterialverbrauchsabweichungen entstehen, wenn für das Fertigungsmaterial normalisierte oder geplante Verbrauchsmengen angesetzt werden.
Die Abweichungen werden auf die Kostenträger verteilt. Bestandsveränderungen werden nicht abgegrenzt. So werden alle Anteile der Kostenabweichungen der Abrechnungsperiode erfolgswirksam, wenn sie in das Betriebsergebnis übernommen werden.
Innerhalb des Umsatzkostenverfahrens auf Vollkostenbasis werden zwei organisatorische Grundformen unterschieden: die geschlossene Kostenträgererfolgsrechnung und die Artikelerfolgsrechnung.
Eine *geschlossene Kostenträgererfolgsrechnung* stellt die Kostenträgerzeitrechnung unter Einbeziehung der Erlösseite und der Bestandsveränderungen dar. Es werden hierbei die Daten des Kostenträgerblattes[5] verarbeitet. Durch die

5 Im Kostenträgerblatt sind folgende Informationen enthalten: Kostenträgerzeitrechnung, Nettoerlöse aus der Finanzbuchhaltung, Kostenabweichungen der Abrechnungsperiode, Umsatzergebnisse und das Betriebsergebnis.

geschlossene Kostenträgererfolgsrechnung wird eine Abstimmung mit den übrigen Teilbereichen der Kostenrechnung gewährleistet. Zudem liefert sie Informationen über den rechnerischen Bestand der Unfertig- und Fertigerzeugnisse.

Die *Artikelerfolgsrechnung* leitet unabhängig von der laufenden Kostenrechnung den Erfolg retrograd aus den Absatzmengen der Abrechnungsperiode ab. Die Absatzmengen werden mit den Stückselbstkosten bewertet (aus der Normalkalkulation). Das Umsatzergebnis wird dann aus der Gegenüberstellung der ermittelten Selbstkosten und der Erlöse der einzelnen Kostenträger ermittelt.

Beim Umsatzkostenverfahren auf Grenzkostenbasis werden vom Betriebsergebnis vorerst nur die Grenzselbstkosten der abgesetzten Erzeugnisse subtrahiert (d. h. Einzelkosten und verrechnete Anteile der variablen Gemeinkosten). Die Selbstkosten und die Erlöse werden hierbei nach Kostenträgern oder Kostengruppen aufgeteilt. Ihre Differenz wird als Bruttogewinn oder Deckungsbeitrag je Kostenträger bezeichnet. Anschließend wird die Summe der Deckungsbeiträge (Deckungsbeitragsvolumen) dem Fixkostenblock gegenübergestellt; der Saldo ist das Umsatzergebnis der Abrechnungsperiode. Wenn keine Kostenabweichungen anfallen, stimmt es mit dem Betriebsergebnis überein, andernfalls muß es um die Verrechnungsdifferenzen zum Ist-Betriebsergebnis korrigiert werden.

Auch dieses Verfahren kann entweder als Kostenträgererfolgsrechnung oder in Form einer Artikelerfolgsrechnung durchgeführt werden.

Das Umsatzkostenverfahren auf Vollkostenbasis hat gegenüber dem Gesamtkostenverfahren den Vorteil einer größeren Aussagekraft, da es Erlöse und Selbstkosten nach Kostenträgerarten oder Kostenträgerartengruppen gliedert. So weist dieses Verfahren den Erfolgsbeitrag jedes/r einzelnen Kostenträgers bzw. -gruppe gesondert aus.

Für eine Erfolgsanalyse ist das Umsatzkostenverfahren auf Vollkostenbasis weniger geeignet, da es die fixen Kosten auf die Kostenträger verrechnet und damit den Eindruck vermittelt, daß sich Fixkosten beschäftigungsabhängig verhalten.

Der Vorteil des Umsatzkostenverfahrens auf Grenzkostenbasis besteht darin, daß es die Deckungsbeiträge von einzelnen Produkten zeigt. In Form der Grenzselbstkosten zeigt dieses Verfahren zudem die absolute Preisuntergrenze bei freier Kapazität auf. Es macht die Erfolgsstruktur der GmbH transparent, da es die Beziehungen zwischen Kosten, abgesetzter Menge und Erfolg aufzeigt. Dieses Verfahren ist daher als Grundlage für Erfolgsanalysen geeignet.

6.9 Anhang

Der Jahresabschluß einer GmbH hat unter Beachtung der GOB ein den tatsächlichen Verhältnissen entsprechendes Bild der Vermögens-, Finanz- und Ertragslage der GmbH zu vermitteln (§ 264 Abs. 2 HGB). Wenn hierzu die Angaben in der Bilanz und in der Gewinn- und Verlustrechnung (GuV) nicht ausreichen, sind im sog. Anhang hierzu ergänzende Angaben zu machen.

Im Anhang müssen

1. die auf die Posten der Bilanz und der GuV angewandten Bilanzierungs- und Bewertungsmethoden angegeben werden;
2. die Grundlagen für die Umrechnung in Deutsche Mark angegeben werden, soweit der Jahresabschluß Posten enthält, denen Beträge zugrunde liegen, die auf fremde Währung lauten oder ursprünglich auf fremde Währung lauteten;
3. Abweichungen von Bilanzierungs- und Bewertungsmethoden angegeben und begründet werden; deren Einfluß auf die Vermögens-, Finanz- und Ertragslage ist gesondert darzustellen;
4. bei Anwendung einer Bewertungsmethode nach § 240 Abs. 4, § 256 Satz 1 HGB die Unterschiedsbeträge pauschal für die jeweilige Gruppe ausgewiesen werden, wenn die Bewertung im Vergleich zu einer Bewertung auf der Grundlage des letzten vor dem Abschlußstichtag

bekannten Börsenkurses oder Marktpreises einen erheblichen Unterschied aufweist;

5. Angaben über die Einbeziehung von Zinsen für Fremdkapital in die Herstellungskosten gemacht werden.

Ferner sind nach § 285 HGB im Anhang anzugeben:

1. zu den in der Bilanz ausgewiesenen Verbindlichkeiten
   a) der Gesamtbetrag der Verbindlichkeiten mit einer Restlaufzeit von mehr als fünf Jahren,
   b) der Gesamtbetrag der Verbindlichkeiten, die durch Pfandrechte oder ähnliche Rechte gesichert sind, unter Angabe von Art und Form der Sicherheiten;
2. die Aufgliederung der in Nummer 1 verlangten Angaben für jeden Posten der Verbindlichkeiten nach dem vorgeschriebenen Gliederungsschema, sofern sich diese Angaben nicht aus der Bilanz ergeben;
3. der Gesamtbetrag der sonstigen finanziellen Verpflichtungen, die nicht in der Bilanz erscheinen und auch nicht nach § 251 HGB anzugeben sind, sofern diese Angabe für die Beurteilung der Finanzlage von Bedeutung ist; davon sind Verpflichtungen gegenüber verbundenen Unternehmen gesondert anzugeben;
4. die Aufgliederung der Umsatzerlöse nach Tätigkeitsbereichen sowie nach geografisch bestimmten Märkten, soweit sich, unter Berücksichtigung der Organisation des Verkaufs von für die gewöhnliche Geschäftstätigkeit der Kapitalgesellschaft typischen Dienstleistungen, die Tätigkeitsbereiche und geografisch bestimmten Märkte untereinander erheblich unterscheiden;
5. das Ausmaß, in dem das Jahresergebnis dadurch beeinflußt wurde, daß bei Vermögensgegenständen im Geschäftsjahr oder in früheren Geschäftsjahren Abschreibungen nach § 254, § 280 Abs. 2 HGB auf steuerrechtlichen Vorschriften vorgenommen oder beibehalten wurden oder ein Sonderposten nach § 273 HGB gebildet wurde; ferner das Ausmaß erheblicher künftiger Belastungen, die sich aus einer solchen Bewertung ergeben;
6. in welchem Umfang die Steuern vom Einkommen und

vom Ertrag das Ergebnis der gewöhnlichen Geschäftstätigkeit und das außerordentliche Ergebnis belasten;

7. die durchschnittliche Zahl der während des Geschäftsjahres beschäftigten Arbeitnehmer, getrennt nach Gruppen;
8. bei Anwendung des Umsatzkostenverfahrens:
   a) der Materialaufwand des Geschäftsjahres, gegliedert nach
      - Aufwendungen für Roh-, Hilfs- und Betriebsstoffe und für bezogene Waren und
      - Aufwendungen für bezogene Leistungen;
   b) der Personalaufwand des Geschäftsjahres, gegliedert nach
      - Löhnen und Gehältern
      - sozialen Abgaben und Aufwendungen für Altersversorgung und für Unterstützung, davon Altersversorgung;
9. für die Mitglieder des Geschäftsführungsorgans, eines Aufsichtsrats, eines Beirats oder einer ähnlichen Einrichtung jeweils für jede Personengruppe
   a) die für die Tätigkeit im Geschäftsjahr gewährten Gesamtbezüge (Gehälter, Gewinnbeteiligungen, Aufwandsentschädigungen, Versicherungsentgelte, Provisionen und Nebenleistungen jeder Art). In die Gesamtbezüge sind auch Bezüge einzurechnen, die nicht ausgezahlt, sondern in Ansprüche anderer Art umgewandelt oder zur Erhöhung anderer Ansprüche verwendet werden. Außer den Bezügen für das Geschäftsjahr sind die weiteren Bezüge anzugeben, die im Geschäftsjahr gewährt, bisher aber in keinem Jahresabschluß angegeben worden sind;
   b) die Gesamtbezüge (Abfindungen, Ruhegehälter, Hinterbliebenenbezüge und Leistungen verwandter Art) der früheren Mitglieder der bezeichneten Organe und ihrer Hinterbliebenen. Buchstabe a Satz 2 und 3 ist entsprechend anzuwenden. Ferner ist der Betrag der für diese Personengruppe gebildeten Rückstellungen für laufende Pensionen und Anwartschaften auf Pen-

sionen und der Betrag der für diese Verpflichtungen nicht gebildeten Rückstellungen anzugeben;

c) die gewährten Vorschüsse und Kredite unter Angabe der Zinssätze, der wesentlichen Bedingungen und der ggf. im Geschäftsjahr zurückgezahlten Beträge sowie die zugunsten dieser Personen eingegangenen Haftungsverhältnisse;

10. alle Mitglieder des Geschäftsführungsorgans und eines Aufsichtsrates, auch wenn sie im Geschäftsjahr oder später ausgeschieden sind, mit dem Familiennamen und mindestens einem ausgeschriebenen Vornamen. Der Vorsitzende eines Aufsichtsrats, seine Stellvertreter und ein etwaiger Vorsitzender des Geschäftsführungsorgans sind als solche zu bezeichnen;
11. Name und Sitz anderer Unternehmen, von denen die Kapitalgesellschaft oder eine für Rechnung der Kapitalgesellschaft handelnde Person mindestens den fünften Teil der Anteile besitzt; außerdem sind die Höhe des Anteils am Kapital, das Eigenkapital und das Ergebnis des letzten Geschäftsjahrs dieser Unternehmen anzugeben, für das ein Jahresabschluß vorliegt; auf die Berechnung der Anteile ist § 16 Abs. 2 und 4 des AktG entsprechend anzuwenden;
12. Rückstellungen, die in der Bilanz unter dem Posten »sonstige Rückstellungen« nicht gesondert ausgewiesen werden, sind zu erläutern, wenn sie einen nicht unerheblichen Umfang haben;
13. bei Anwendung des § 255 Abs. 4 Satz 3 HGB die Gründe für die planmäßigen Abschreibungen des Geschäfts- oder Firmenwertes;
14. Name und Sitz des Mutterunternehmens der Kapitalgesellschaft, das den Konzernabschluß für den größten Kreis von Unternehmen aufstellt, und ihres Mutterunternehmens, das den Konzernabschluß für den kleinsten Kreis von Unternehmen aufstellt, sowie im Falle der Offenlegung der von diesen Mutterunternehmen aufgestellten Konzernabschlüsse der Ort, wo diese erhältlich sind.

Mittelgroße und große GmbH müssen zudem noch die folgenden Angaben machen:

1. Nach § 281 Abs. 2 HGB die Entwicklung der einzelnen Positionen des Anlagevermögens mit Anschaffungs- bzw. Herstellungskosten, Zu- und Abgängen, Umbuchungen, Abschreibungen und ggf. Zuschreibungen. Die steuerlichen Abschreibungen sind gesondert anzugeben und zu begründen (vgl. Kapitel 6.4.5).
2. Sonstige Vermögensgegenstände und Verbindlichkeiten größeren Umfanges, die nach dem Stichtag rechtlich entstanden sind (§ 268 Abs. 4 und 5 HGB).

Übersicht Verbindlichkeiten

Verbindlichkeit	Betrag (gesamt)	Restlaufzeit		Gesichert durch:
		1. J.	5 J.	
Kreditinstitute				
Erhaltene Anzahlungen				
– aus Lieferungen u. Leistungen				
– aus Wechseln				
Gegenüber verbundenen Unternehmen				
Gegenüber beteiligten Unternehmen				
Sonstige Verbindlichkeiten				
– davon aus Steuern				
– davon aus soz. Sicher.				
Summe				

3. Aktivierte Disagiobeträge (§ 268 Abs. 6 HGB).
4. Haftungsverhältnisse (§ 269 HGB).
5. Aktivierte Aufwendungen für die Ingangsetzung und Erweiterung des Geschäftsbetriebs (§ 269 HGB).
6. Sonderposten mit Rücklageanteil, wenn die steuerliche Anerkennung vom Ansatz in der Handelsbilanz abhängt (§ 273 HGB).
7. Nach § 274 HGB aktive oder passive Abgrenzung latenter Steuerbelastungen und -entlastungen.
8. Außerplanmäßige Abschreibungen nach § 277 Abs. 3 HGB.
9. Außerordentliche Erträge und Aufwendungen, soweit diese nicht von geringfügiger Bedeutung sind (§ 277 Abs. 4 HGB).
10. Unterlassene Wertaufholungen nach § 280 Abs. 2 HGB (§ 280 Abs. 3 HGB).

Verbindlichkeiten können nach dem auf S. 169 aufgeführten nebenstehendem Schema im Anhang dargestellt werden.

6.10 Lagebericht

Nach § 264 Abs. 1 HGB hat eine GmbH auch einen sog. Lagebericht aufzustellen. Der Lagebericht soll damit das durch Bilanz, GuV sowie Anhang gezeichnete Bild einer GmbH vervollständigen.

Die Erläuterungen im Lagebericht müssen auf jeden Fall unternehmensbezogen sein. Zwar gehören auch die allgemeinen wirtschaftlichen Entwicklungen in einen Lagebericht, aber es sind auch deutliche Rückschlüsse auf das Unternehmen darzustellen. Damit eröffnet der Lagebericht die Möglichkeit, eine Art Selbstdarstellung der GmbH zu veröffentlichen. Da der Lagebericht zwingend vorgeschrieben ist, unterliegt er bei Prüfungspflicht der GmbH auch der Abschlußprüfung durch die Prüfer.

Der Lagebericht ist den Gesellschaftern einer GmbH unverzüglich nach Aufstellung vorzulegen (§ 42 a GmbHG). Ist die GmbH publizitätspflichtig, liefert er auch externen Stellen

Inhalt des Lageberichtes der GmbH

§ 289 Abs. 1 HGB	§ 289 Abs. 2 HGB
Im Lagebericht sind zumindest der Geschäftsverlauf und die Lage der Kapitalgesellschaft so darzustellen, daß ein den tatsächlichen Verhältnissen entsprechendes Bild vermittelt wird.	Der Lagebericht soll auch eingehen auf: 1. Vorgänge von besonderer Bedeutung, die nach dem Schluß des Geschäftsjahres eingetreten sind; 2. die voraussichtliche Entwicklung der Kapitalgesellschaft; 3. den Bereich Forschung und Entwicklung; 4. bestehende Zweigniederlassungen der Gesellschaft.

(Lieferanten, Kunden etc.) Informationen zur Beurteilung der Unternehmung. Große Gesellschaften müssen den Lagebericht im Bundesanzeiger, mittlere Gesellschaften im Handelsregister anzeigen. Kleine Gesellschaften müssen einen Lagebericht erstellen, unterliegen aber nach § 326 HGB nicht der Veröffentlichungspflicht.

6.11 Prüfung und Publizität des Jahresabschlusses

Nach § 316 Abs. 1 HGB sind große und mittelgroße GmbH verpflichtet, ihren Jahresabschluß und den Lagebericht durch einen Abschlußprüfer prüfen zu lassen. Erst nach erfolgter Prüfung kann der Jahresabschluß festgestellt werden.

Einer Prüfung unterliegen die Buchführung, die Einhaltung von gesetzlichen Bestimmungen sowie die ergänzenden Bestimmungen von Gesellschaftsvertrag und Satzung.

Abschlußprüfer sind Wirtschaftsprüfer oder Wirtschaftsprüfungsgesellschaften. Bei mittelgroßen GmbH können auch vereidigte Buchprüfer und Buchprüfungsgesellschaften bestimmt werden. Ausgeschlossen sind jedoch Abschlußprüfer, deren Unbefangenheit nicht gewährleistet ist (z. B. Anteilsbesitzer an der zu prüfenden Gesellschaft).

Ein Abschlußprüfer wird nach § 318 HGB von den Gesellschaftern der GmbH gewählt, vorausgesetzt, der Gesellschaftsvertrag enthält keine andere Regelung. Wurde ein Abschlußprüfer bis zum Geschäftsjahresablauf nicht gewählt oder steht der gewählte Abschlußprüfer nicht zur Verfügung, so haben die Geschäftsführer die Bestellung eines Abschlußprüfers durch das Gericht zu beantragen.

Der Abschlußprüfer muß nach Beendigung der Prüfung einen schriftlichen Bericht über deren Ergebnis verfassen und den Jahresabschluß mit seinem Bestätigungsvermerk (Testat) versehen bzw. bei Einwendungen den Vermerk versagen oder einschränken.

Die Geschäftsführer der GmbH müssen nach Prüfung den Jahresabschluß (ggf. mit Vermerk des Abschlußprüfers), den Lagebericht und den Beschluß über die Ergebnisverwendung unverzüglich nach Vorlage an die Gesellschafter, spätestens jedoch vor Ablauf von neun Monaten nach dem Abschlußstichtag zum Handelsregister einreichen. Die Einreichung muß im Bundesanzeiger bekanntgemacht werden.

Kleine GmbH können auf die Einreichung von GuV sowie des Lageberichtes verzichten. Ihre Abgabefrist zur Einreichung ist zudem auf zwölf Monate verlängert (§ 326 HGB). Mittelgroße GmbH haben ebenfalls Erleichterungen (§ 327 HGB).

7 Steuerliche Aspekte der GmbH

Die GmbH als juristische Person ist ein eigenes Steuersubjekt, d. h., sie muß bestimmte steuerliche Pflichten erfüllen, wie z. B. eine Buchführung einrichten, die die Grundlage für den zu versteuernden Gewinn bildet. Sie muß Steuererklärungen ausfertigen und die daraus resultierenden Steuern zahlen. Die wichtigsten Steuern sind

- die Körperschaftsteuer,
- die Gewerbesteuer,
- die Umsatzsteuer.

Daneben muß die GmbH als Arbeitgeber die Lohnsteuer für ihre Arbeitnehmer berechnen, einbehalten und an das Finanzamt abführen. Ähnliches gilt auch für die Sozialversicherungsbeiträge.

7.1 Körperschaftsteuer

7.1.1 Gesetzliche Grundlagen

Als GmbH-Gesellschafter oder als angestellter Geschäftsführer unterliegen Sie mit Ihren Einkünften der Einkommensteuer. Das Einkommensteuergesetz (EStG) erfaßt die Summe aller Einkünfte von natürlichen Personen (§ 1 EStG), die ihren Wohnsitz oder gewöhnlichen Aufenthalt im Inland haben.

Die GmbH ist keine natürliche, sondern eine juristische Person. Ihre Einkünfte werden nicht nach dem Einkommensteuergesetz, sondern nach dem Körperschaftsteuergesetz

(KStG) besteuert. Bemessungsgrundlage ist das Einkommen, das wiederum auf dem nach einkommensteuerlichen Vorschriften ermittelten Gewinn basiert.

Da im allgemeinen der Gewinn einer GmbH zumindest zum Teil an die Gesellschafter ausgeschüttet wird und bei diesen als Einkünfte aus Kapitalvermögen zu versteuern sind, käme es zu einer Zweifachbelastung des Gewinns mit Ertragsteuern, nämlich einmal bei der Gesellschaft mit Körperschaftsteuer und einmal beim Gesellschafter mit Einkommensteuer.

Um diese Zweifachbelastung zu vermeiden, wird die gezahlte Körperschaftsteuer auf die vom Gesellschafter zu zahlende Einkommensteuer angerechnet. Dieses sog. Anrechnungsverfahren wird weiter unten noch näher erläutert.

Das Körperschaftsteuergesetz enthält keine eigenen Gewinnermittlungsvorschriften für die GmbH. Vielmehr wird der Gewinn nach den Vorschriften des Einkommensteuergesetzes ermittelt (§§ 4 bis 7 EStG).

Die Finanzverwaltung richtet sich bei der Besteuerung nach den amtlich verfaßten »Körperschaftsteuerrichtlinien«. Diese Richtlinien binden zwar die Finanzverwaltung, nicht jedoch den Steuerpflichtigen und seinen Berater. Unterschiedliche Auffassungen zwischen Finanzamt und Steuerpflichtigem werden durch die Finanzgerichte in einem Zweiinstanzenweg (Finanzgericht und Bundesfinanzhof) entschieden.

Um die Höhe der Körperschaftsteuer zu berechnen, sind folgende Problemkreise zu klären:

- Steuerpflicht der GmbH im Inland,
- Gewinn nach einkommensteuerrechtlichen Vorschriften,
- Einkommensermittlung nach körperschaftsteuerrechtlichen Vorschriften,
- Körperschaftsteuertarif und Anrechnungsverfahren,
- daraus folgende Ausschüttungspolitik.

Nach diesem Schema wird die Besteuerung der GmbH im folgenden erläutert.

7.1.2 Steuerpflicht

7.1.2.1 *GmbH als Kapitalgesellschaft*

Unter das Körperschaftsteuergesetz fallen nach § 1 KStG insbesondere Kapitalgesellschaften. Dies sind z. B. die Aktiengesellschaft, die Kommanditgesellschaft auf Aktien und eben die hier allein interessierende GmbH.

Nicht unter das Körperschaftsteuergesetz fällt die GmbH & Co. KG. Sie ist keine Kapitalgesellschaft. Hinter diesem Kürzel verbirgt sich vielmehr eine Personengesellschaft, nämlich die Kommanditgesellschaft. Diese Gesellschaft besteht aus einem vollhaftenden Gesellschafter – dem Komplementär – und einem oder mehreren beschränkt haftenden Gesellschaftern – den Kommanditisten. Um das Haftungsrisiko bei dem Vollhafter auszuschließen, wird vielfach als Komplementär eine GmbH eingesetzt, die lediglich mit ihrem Stammkapital haftet. Diese Gesellschaftsform als solche – GmbH & Co. KG – gilt nicht als Kapitalgesellschaft und fällt dementsprechend nicht unter das Körperschaftsteuergesetz. Gleichwohl ist die vollhaftende GmbH für sich genommen eine Kapitalgesellschaft und wird nach dem Körperschaftsteuergesetz besteuert.

7.1.2.2 *Unbeschränkte und beschränkte Steuerpflicht*

Zu unterscheiden ist die unbeschränkte von der beschränkten Steuerpflicht. Die GmbH ist im Inland unbeschränkt steuerpflichtig, wenn sie ihre Geschäftsleitung oder ihren Sitz im Inland hat.

Die Geschäftsleitung ist nach § 10 AO der Mittelpunkt der geschäftlichen Oberleitung. Dies ist in der Regel der Ort, wo der für die Geschäftsführung und Betriebsleitung maßgebliche Wille tatsächlich gebildet wird und die für das Unternehmen wichtigen Beschlüsse gefaßt werden (RFH, RStBl 1938 S. 949).

Ihren Sitz hat eine GmbH an dem Ort, der durch das Gesetz und/oder den Gesellschaftsvertrag bestimmt ist (§ 11 AO).

GmbH, die weder ihre Geschäftsleitung noch ihren Sitz im Inland haben, sich gleichwohl im Inland wirtschaftlich betätigen, sind beschränkt steuerpflichtig. Die Steuerpflicht erstreckt sich auf die inländischen Einkünfte. In diesen Fällen ist zu prüfen, ob mit dem Staat der Geschäftsleitung ein Doppelbesteuerungsabkommen geschlossen worden ist und, wenn ja, welchem Staat die Besteuerung der Einkünfte zusteht.

7.1.2.3 *Anmeldepflicht*

Wie jede gewerbliche oder freiberufliche Tätigkeit muß der Eintritt einer GmbH in das Geschäftsleben bei der Gemeinde und dem Finanzamt angemeldet werden. Ist die Meldung bei der Gemeinde erfolgt, so macht diese dem zuständigen Finanzamt Mitteilung davon. Die GmbH erhält dann von Amts wegen einen Meldebogen, der innerhalb einer festgesetzten Frist dem Finanzamt ausgefüllt zuzusenden ist. Neben den persönlichen Angaben zur Firma und zum Gründungsdatum sind insbesondere folgende Fragen zu beantworten:

- erwarteter Umsatz,
- erwarteter Gewinn,
- Angaben zur Umsatzbesteuerung,
- Angaben zum Lohnsteueranmeldungsverfahren.

Je nach Höhe des erwarteten Gewinns werden Körperschaftsteuer-Vorauszahlungen für das laufende Jahr festgesetzt.

Liegt die GmbH mit dem Jahresumsatz einschließlich der darauf entfallenden Steuer im vorangegangenen Jahr nicht über 32 500 DM und im laufenden Jahr voraussichtlich nicht über 100 000 DM, so hat sie das Wahlrecht, ob sie auf die Umsatzbesteuerung verzichten oder sich freiwillig der Umsatzbesteuerung unterwerfen soll. Welche Bewandtnis es damit hat, wird noch im einzelnen dargestellt (vgl. Kapitel 7.3, »Umsatzsteuer«). Der Voranmeldungszeitraum ist das Kalendervierteljahr. Beträgt die Steuer für das vorangegangene Kalenderjahr mehr als 12 000 DM, so ist der Kalendermonat Voranmeldungszeitraum. Beträgt die Steuerschuld im vorangegangenen Kalenderjahr nicht mehr als 1 000 DM, so kann das Finanzamt den Unternehmer von der Verpflichtung zur Abgabe der Voranmeldung und von Vorauszahlungen befreien. Die Steuerschuld wird in diesem Fall in der Jahresumsatzsteuererklärung festgestellt.

Beschäftigt die GmbH Arbeitnehmer – zumindest ein Geschäftsführer muß die Geschicke der juristischen Person lenken –, so sind besondere Pflichten im Zusammenhang mit der Lohnsteuer einzuhalten (vgl. Kapitel 7.5.2, »Arbeitgeberpflichten«).

7.1.2.4 *Beginn der Steuerpflicht*

Die Gründung einer GmbH kann in drei Phasen eingeteilt werden:

- erstmaliger Zusammentritt der Gesellschaftsgründer,
- Abschluß des Gesellschaftsvertrages bzw. Feststellung der Satzung,
- Eintragung ins Handelsregister.

Dementsprechend sind zu unterscheiden

- die Vorgründungsgesellschaft,
- die Vorgesellschaft,
- die Kapitalgesellschaft.

Die *Vorgründungsgesellschaft* ist eine BGB-Gesellschaft, deren gemeinsamer Zweck die Vorbereitung der GmbH-Gründung ist. Sie bezieht sich auf die Zeit vor Abschluß des notariellen Gesellschaftsvertrages bzw. Feststellung der Satzung und ist weder mit der *Vorgesellschaft* noch mit der später entstehenden *Kapitalgesellschaft* identisch. Daher wirkt die Körperschaftsteuerpflicht der Kapitalgesellschaft nicht auf die Vorgründungsgesellschaft zurück. Die Vorgründungsgesellschaft ist in der Regel kein körperschaftsteuerpflichtiges Gebilde. Die Einkünfte – auch etwa eingetretene Verluste – sind unmittelbar bei den Gründungsgesellschaftern zu erfassen.[1] Die Vorgründungsgesellschaft kann jedoch ihrerseits als nichtrechtsfähiger Verein steuerpflichtig sein, wenn ein größerer Personenkreis, eine Verfassung oder besondere Organe vorhanden sind.[2]

---

1 BFH vom 8. 11. 1989, BStBl 1990 II S. 91
2 BFH vom 6. 5. 1952, BStBl III S. 172

Die Steuerpflicht beginnt bei Kapitalgesellschaften nicht erst mit der Rechtsfähigkeit durch die Eintragung ins Handelsregister. Sie erstreckt sich vielmehr auch auf die mit Abschluß des Gesellschaftsvertrages oder Feststellung der Satzung entstehende Vorgesellschaft, also auf die Kapitalgesellschaft im Gründungsstadium.[3] Voraussetzung ist, daß

- die Vorgesellschaft Vermögen besitzt,
- nach außen geschäftlich in Erscheinung tritt (z. B. das Eröffnen eines Bankkontos) und
- der Eintragung ins Handelsregister keine ernsten Hindernisse entgegenstehen und diese tatsächlich erfolgt.

Beispiel: Die Gesellschafter Spartax und Nixtax treffen sich am 10. 3. 1998, um die Gründung einer GmbH zu beschließen. Gegenstand der Gesellschaft soll ein Weingroßhandel sein.

Am 1. 4. 2000 werden geeignete Räume angemietet, und am gleichen Tag wird mit dem Verkauf des Weins begonnen.

Der Gesellschaftsvertrag der GmbH wird am 10. 4. 2000 notariell beurkundet. Die Eintragung ins Handelsregister erfolgt erst am 1. 8. 2000.

Steuerliche Folge: Die Körperschaftsteuerpflicht beginnt am 10. 4. 2000 mit Beurkundung des Gesellschaftsvertrages. Der Gewinnermittlungszeitraum erstreckt sich vom 1. 4. bis 31. 12. 2000. Etwa anfallende Kosten vor dem 1. 4. werden den Gesellschaftern, nicht der GmbH zugerechnet.

Folgt auf die Vorgesellschaft keine Vorgründungsgesellschaft bzw. wird die Kapitalgesellschaft nicht errichtet, so ist die Vorgründungsgesellschaft wie die Vorgesellschaft zu behandeln. Die Folge: Die Einkünfte sind unmittelbar bei den Gesellschaftern zu erfassen.

3 BFH vom 11. 4. 1973, BStBl II S. 568; vom 13. 3. 1981, BStBl II S. 600; vom 20. 10. 1982, BStBl 1983 II S. 247; vom 8. 11. 1989, BStBl 1990 II S. 91; vom 13. 12. 1989, BStBl 1990 II S. 468

7.1.3 Einkommensermittlung

Die Körperschaftsteuer ist eine Jahressteuer, d. h., die Besteuerungsgrundlagen sind für ein Kalenderjahr zu ermitteln. Der Veranlagungszeitraum ist ebenfalls das Kalenderjahr.

Die Bemessungsgrundlage ist das zu versteuernde Einkommen, das bei einer GmbH mit dem Einkommen (§ 8 Abs. 1 KStG) identisch ist.

Zunächst gilt es, zum besseren Verständnis einige Begriffe zu erläutern.

Einkommen: Eine GmbH ist als Kapitalgesellschaft nach den Vorschriften des HGB (§ 38) und des GmbHG (§ 13) verpflichtet, Bücher zu führen. Alle Einkünfte werden als Einkünfte aus Gewerbebetrieb behandelt.

Beispiel: Es wird eine GmbH errichtet, deren alleiniger Zweck es ist, ihr Grundvermögen zu vermieten. Darüber hinaus erwirbt sie aus den Erträgen Wertpapiere, aus denen Dividenden zufließen.

Steuerliche Folge: Die Einkünfte sind nicht etwa als Einkünfte aus Vermietung und Verpachtung oder aus Kapitalvermögen einzuordnen, sondern als Einkünfte aus Gewerbebetrieb.

Die Einordnung der Einkünfte hat insbesondere Bedeutung für die Belastung mit Gewerbesteuer. Während Einkünfte aus Vermietung oder Verpachtung oder auch Einkünfte aus Kapitalerträgen nicht mit Gewerbesteuer belastet werden, fällt bei Einkünften aus Gewerbebetrieb nach Berücksichtigung eines bestimmten Freibetrages Gewerbeertragsteuer an.

Das zu versteuernde Einkommen einer GmbH läßt sich wie folgt ermitteln:

	Gewinn/Verlust lt. Handelsbilanz
–	Gewinnvortrag
+	Verlustvortrag
–	Entnahmen aus Rücklagen
+	Zuführung zu Rücklagen
=	Jahresüberschuß/Jahresfehlbetrag
+/–	Anpassungskorrekturen an Steuerbilanz
=	Gewinn/Verlust lt. Steuerbilanz

+	Verdeckte Gewinnausschüttungen
+	nichtabziehbare Ausgaben
+	Spenden
–	Erstattung nichtabziehbarer Ausgaben
–	steuerfreie Erträge
–	Verdeckte Einlagen
+/–	organschaftliche Gewinnabführung/Verlustübernahme
–	nach § 9 Nr. 3 KStG abziehbare Spenden
=	steuerlicher Gewinn/Verlust aus Gewerbebetrieb
–	ausländische Steuern vom Einkommen
=	Gesamtbetrag der Einkünfte
+/–	zuzurechnende Einkommen von Organgesellschaften (§§ 14, 17 KStG)
–	Verlustabzug nach § 10 d EstG
=	Einkommen/zu versteuerndes Einkommen

7.1.4 Steuerrechtliche Gewinnermittlung

7.1.4.1 Betriebsvermögensvergleich

Als Einkünfte aus Gewerbebetrieb gilt der Gewinn oder Verlust einer GmbH. Der Gewinn/Verlust wird auf der Grundlage der Buchführung unter Beachtung der handelsrechtlichen Vorschriften ermittelt. Für Zwecke der Besteuerung wird aus der Handelsbilanz unter Beachtung der steuerlichen Vorschriften eine Steuerbilanz entwickelt.

Der Gewinn/Verlust ermittelt sich als Betriebsvermögensvergleich (§ 5 EStG). Dabei wird das Betriebsvermögen zum Schluß des Wirtschaftsjahres mit dem zum Schluß des vorangegangenen Wirtschaftsjahres verglichen. Ist das Betriebsvermögen am Schluß des Wirtschaftsjahres gegenüber dem Betriebsvermögen am Schluß des vorangegangenen Wirtschaftsjahres größer geworden, hat die GmbH einen Gewinn erwirtschaftet, ist es kleiner geworden, hat die GmbH einen Verlust erlitten.

Ausgewiesen wird das Betriebsergebnis im Jahresabschluß, der aus einer Bilanz und einer Gewinn- und Verlustrechnung besteht.

Als Gewinnermittlungszeitraum ist grundsätzlich das Wirtschaftsjahr anzusehen, das vom Kalenderjahr abweichen kann. Soll das Wirtschaftsjahr, das bisher mit dem Kalenderjahr übereingestimmt hat, zukünftig davon abweichen, muß das Finanzamt seine Zustimmung geben.

7.1.4.2 *Betriebseinnahmen*

Was unter Betriebseinnahmen zu verstehen ist, wird im Einkommensteuergesetz nicht gesagt. Die Rechtsprechung bezeichnet als Betriebseinnahmen alle Zugänge von Wirtschaftsgütern in Form von Geld oder Geldeswert, die durch den Betrieb veranlaßt sind.[4] Wertzugänge für betriebliche Leistungen sind u. a.

- Geldzuwendungen,
- Sachzuwendungen,
- Leistungszuwendungen Dritter.

Ersparte Aufwendungen sind in der Regel keine Betriebseinnahmen. Auch fiktive Einnahmen ohne Zufluß sind grundsätzlich keine Einnahmen. Auch der Verzicht auf Einnahmen führt regelmäßig nicht zu Betriebseinnahmen.

7.1.4.3 *Abziehbare und nichtabziehbare Betriebsausgaben*

Betriebsausgaben sind Aufwendungen, die durch den Betrieb veranlaßt sind. Sie können bereits vor Betriebseröffnung anfallen. Auch müssen sie nicht unmittelbar zu Betriebseinnahmen führen.

Aber nicht alle Betriebsausgaben sind steuermindernd abzugsfähig. Durch § 4 Abs. 5 EStG wird der Abzug von betrieblich veranlaßten Aufwendungen, die die Lebensführung des Steuerpflichtigen oder anderer Personen berühren, eingeschränkt.

Geschenke: Nach § 4 Abs. 5 Nr. 1 EStG dürfen Aufwendungen für betrieblich veranlaßte Geschenke an natürliche Personen, die nicht Arbeitnehmer des Steuerpflichtigen sind, oder an juristische Personen grundsätzlich nicht abgezogen werden. Personen, die zu dem Steuerpflichtigen auf Grund

---

4 BFH vom 7. 8. 1979, BStBl II 1980 S. 633

eines Werksvertrages oder eines Handelsvertretervertrages in ständiger Geschäftsbeziehung stehen, sind den Arbeitnehmern des Steuerpflichtigen nicht gleichgestellt. Das Abzugsverbot gilt nicht, wenn die Anschaffungs- oder Herstellungskosten aller einem Empfänger in einem Wirtschaftsjahr zugewendeten Geschenke insgesamt 75 DM nicht übersteigen oder wenn die zugewendeten Wirtschaftsgüter vom Empfänger ausschließlich betrieblich genutzt werden können. Zu den Anschaffungs- oder Herstellungskosten rechnen auch die Kosten einer Kennzeichnung der Geschenke als Werbeträger sowie die Umsatzsteuer, soweit der Abzug als Vorsteuer ausgeschlossen ist.

Ein Geschenk setzt eine unentgeltliche Zuwendung an einen Dritten voraus. Die Unentgeltlichkeit ist nicht gegeben, wenn die Zuwendung als Entgelt für eine bestimmte Gegenleistung des Empfängers anzusehen ist. Sie wird jedoch nicht schon dadurch ausgeschlossen, daß mit der Zuwendung der Zweck verfolgt wird, Geschäftsbeziehungen zu sichern oder zu verbessern oder für ein Erzeugnis zu werben. Ein Geschenk im Sinne des § 4 Abs. 5 Nr. 1 EStG ist danach regelmäßig anzunehmen, wenn ein Steuerpflichtiger einem Geschäftsfreund oder dessen Beauftragten ohne rechtliche Verpflichtung und ohne zeitlichen oder sonstigen unmittelbaren Zusammenhang mit einer Leistung des Empfängers eine Bar- oder Sachzuwendung gibt.

Keine Geschenke sind beispielsweise:

- Kränze und Blumen bei Beerdigungen,
- Sparkassengutscheine der Kreditinstitute und darauf beruhende Gutschriften auf dem Sparkonto anläßlich der Eröffnung des Sparkontos oder der Leistung weiterer Einzahlungen,
- Preise anläßlich eines Preisausschreibens oder einer Auslosung.

Zu den Geschenken im Sinne des § 4 Abs. 5 Nr. 1 EStG rechnen ebenfalls nicht die Bewirtung, die damit verbundene Unterhaltung und die Beherbergung von Personen aus geschäftlichem Anlaß.

Übersteigen die Anschaffungs- oder Herstellungskosten eines Geschenks an einen Empfänger oder, wenn an einen Empfänger im Wirtschaftsjahr mehrere Geschenke gegeben werden, die Anschaffungs- oder Herstellungskosten aller Geschenke den Betrag von 75 DM, so entfällt der Abzug in vollem Umfang.

Aufwendungen für die Bewirtung von Personen aus geschäftlichem Anlaß: Betrieblich veranlaßte Aufwendungen für die Bewirtung von Personen können geschäftlich oder nichtgeschäftlich veranlaßt sein. Ein geschäftlicher Anlaß besteht insbesondere bei der Bewirtung von Personen, zu denen schon Geschäftsbeziehungen bestehen oder zu denen sie erst angebahnt werden sollen. Auch Bewirtung von Besuchern des Betriebs im Rahmen der Öffentlichkeitsarbeit, die dem Ziel dient, Geschäftsabschlüsse allgemein zu fördern, ist geschäftlich veranlaßt.

Bei geschäftlichem Anlaß sind die Bewirtungsaufwendungen nicht zum Abzug zugelassen, soweit sie 80 % der angemessenen und nachgewiesenen Aufwendungen übersteigen. Hierbei sind zunächst die Teile der Bewirtungsaufwendungen auszuscheiden, die nach der allgemeinen Verkehrsauffassung jeweils als unangemessen anzusehen sind, sowie die Bewirtungsaufwendungen, deren Höhe und betriebliche Veranlassung nicht nachgewiesen ist; von den verbleibenden Aufwendungen dürfen nur 80 % den Gewinn mindern.

Demgegenüber dürfen Aufwendungen für die ausschließliche Bewirtung von Arbeitnehmern, z. B. bei Betriebsfesten, voll abgezogen werden, da eine Bewirtung nicht geschäftlich, sondern allgemein betrieblich veranlaßt ist. Dabei ist die Bewirtung z. B. von Angehörigen oder Personen, die zur Gestaltung eines Betriebsfestes beitragen, unschädlich. Bei Bewirtung in einer betriebseigenen Kantine wird aus Vereinfachungsgründen zugelassen, daß die Aufwendungen nur aus den Sachkosten der verarbeiteten Speisen und Getränke sowie den Personalkosten ermittelt werden; es ist nicht zu beanstanden, wenn – im Wirtschaftsjahr einheitlich – je Bewirtung ein Betrag von 20 DM angesetzt wird.

Der Nachweis der Höhe und der betrieblichen Veranlassung

der Aufwendungen ist durch schriftliche Angabe zu Ort, Tag und Teilnehmer und Anlaß der Bewirtung sowie Höhe der Aufwendungen zu führen.
Bei Bewirtung in einer Gaststätte genügen neben der beizufügenden Rechnung Angaben zu dem Anlaß und den Teilnehmern der Bewirtung. Aus der Rechnung müssen sich Name und Anschrift der Gaststätte sowie der Tag der Bewirtung ergeben. Die Rechnung muß auch den Namen der bewirtenden Steuerpflichtigen enthalten; dies gilt nicht, wenn der Gesamtbetrag der Rechnung 200 DM nicht übersteigt.
Die schriftlichen Angaben können auf der Rechnung oder getrennt gemacht werden. Erfolgt die Angabe getrennt von der Rechnung, müssen das Schriftstück über die Angaben und die Rechnung grundsätzlich zusammengefügt werden. Sind die Angaben lückenhaft, so können die Aufwendungen auch dann nicht abgezogen werden, wenn der Steuerpflichtige ihre Höhe und betriebliche Veranlassung in anderer Weise nachweist oder glaubhaft macht.[5]
Die zum Nachweis von Bewirtungsaufwendungen erforderlichen schriftlichen Angaben müssen zeitnah gemacht werden.[6] Das Schriftstück über die Angaben ist sechs Jahre aufzubewahren.[7]
Zur Bezeichnung der Teilnehmer der Bewirtung ist grundsätzlich die Angabe ihres Namens erforderlich. Werden mehrere Personen bewirtet, so müssen grundsätzlich die Namen aller Teilnehmer der Bewirtung, gegebenenfalls auch der Steuerpflichtige und sein Arbeitnehmer, angegeben werden.[8] Auf die Angabe der Namen kann jedoch verzichtet werden, wenn ihre Feststellung dem Steuerpflichtigen nicht zugemutet werden kann. Das ist z. B. bei Bewirtungen anläßlich von Betriebsbesichtigungen durch eine größere Personenzahl und bei vergleichbaren Anlässen der Fall. In diesen Fällen sind die Zahl der Teilnehmer der Bewirtung

5 BFH vom 30. 1. 1986, BStBl II S. 488
6 BFH vom 25. 3. 1988, BStBl II S. 655
7 § 147 Abs. 1 Nr. 5 und Abs. 3 AO
8 BFH vom 25. 2. 1988, BStBl II S. 581

sowie eine die Personengruppe kennzeichnende Sammelbezeichnung anzugeben.

Die Angaben über den Anlaß der Bewirtung müssen den Zusammenhang mit einem geschäftlichen Vorgang oder einer Geschäftsbeziehung erkennen lassen.

Gasthäuser: Aufwendungen für Einrichtungen, die der Bewirtung oder Beherbergung von Geschäftsfreunden dienen (Gasthäuser) und sich außerhalb des Orts des Betriebs des Steuerpflichtigen befinden, sind nicht abzugsfähig. Dagegen können Aufwendungen für Gasthäuser am Ort des Betriebs oder für die Unterbringung von Geschäftsfreunden in fremden Beherbergungsbetrieben, soweit sie ihrer Höhe nach angemessen sind,[9] als Betriebsausgaben abgezogen werden. Als »Betrieb« in diesem Sinne gelten auch Zweigniederlassungen und Betriebsstätten mit einer gewissen Selbständigkeit, die üblicherweise von Geschäftsfreunden besucht werden.

Zu den nichtabzugsfähigen Aufwendungen für Gästehäuser gehören sämtliche mit dem Gästehaus in Zusammenhang stehenden Ausgaben einschließlich der Absetzung. Wird die Beherbergung und Bewirtung von Geschäftsfreunden in einem Gasthaus außerhalb des Orts des Betriebs gegen Entgelt vorgenommen und erfordert das Gästehaus einen ständigen Zuschuß, so ist dieser Zuschuß nicht abzugsfähig.

Besondere Aufzeichnung: Die Aufwendungen für Geschenke, die Bewirtung von Personen aus geschäftlichem Anlaß, Gästehäuser, Jagd, die die Lebensführung des Steuerpflichtigen oder andere Personen berühren, sind einzeln und getrennt von den sonstigen Betriebsausgaben aufzuzeichnen. Es ist nicht zu beanstanden, wenn eine besondere Aufzeichnung nur für die folgenden Aufwendungen vorgenommen wird:

- Aufwendungen für Geschenke an Personen, die nicht Arbeitnehmer des Steuerpflichtigen sind,
- Aufwendungen für die Bewirtung von Personen aus geschäftlichem Anlaß, hierunter ist auch der Teil der Auf-

---

9 Siehe Absätze 15, 16 und 17

wendungen zu erfassen, der anläßlich einer solchen Bewirtung anteilig auf den Steuerpflichtigen entfällt,

- Aufwendungen für Gästehäuser,
- Aufwendungen für Jagd, Fischerei, Segel- oder Motorjachten und ähnliches,
- Aufwendungen für die Unterhaltung und Beherbergung von Geschäftsfreunden.

Die Pflicht zur besonderen Aufzeichnung ist erfüllt, wenn diese Aufwendungen fortlaufend, zeitnah und bei Gewinnermittlung durch Betriebsvermögensvergleich auf besonderen Konten im Rahmen der Buchführung gebucht werden.[10]
Statistische Zusammenstellungen oder die geordnete Sammlung von Belegen genügen nur dann, wenn zusätzlich die Summe der Aufwendungen periodisch und zeitnah auf einem besonderen Konto eingetragen wird oder vergleichbare andere Aufzeichnungen geführt werden.[11]
Bei den Aufwendungen für Geschenke muß der Name des Empfängers aus der Buchung oder dem Buchungsbeleg zu ersehen sein. Aufwendungen für Geschenke gleicher Art können in einer Buchung zusammengefaßt werden (Sammelbuchung), wenn

- die Namen der Empfänger der Geschenke aus einem Buchungsbeleg ersichtlich sind oder
- im Hinblick auf die Art des zugewendeten Gegenstandes, z. B. Taschenkalender, Kugelschreiber und dgl., und wegen des geringen Werts des einzelnen Geschenks die Vermutung besteht, daß die Freigrenze von 75 DM bei dem einzelnen Empfänger nicht überschritten wird; eine Angabe der Namen der Empfänger ist in diesem Fall nicht erforderlich.

Ein Verstoß gegen die besondere Aufzeichnungspflicht hat zur Folge, daß die nicht besonders aufgezeichneten Aufwendungen nicht abzugsfähig sind.[12]

---

10 BFH vom 22. 1. 1988, BStBl II S. 535
11 BFH vom 25. 2. 1988, BStBl II S. 613
12 BFH vom 22. 1. 1988, BStBl II S. 535

7.1.4.4 Abschreibungsvorschriften

Übersteigen die Anschaffungs- oder Herstellungskosten von Wirtschaftsgütern 800 DM, so dürfen sie im Jahr der Verausgabung nicht in voller Höhe als Betriebsausgaben gewinnmindernd abgezogen werden. Vielmehr sind sie über die betriebsgewöhnliche Nutzungsdauer zu verteilen.

Die Verteilung kann in gleichmäßigen Jahresraten vorgenommen werden (lineare Abschreibung) oder mit anfänglich hohen und dann fallenden Jahresraten (degressive Abschreibung). Der degressive Abschreibungssatz beträgt das Dreifache des linearen Satzes, höchstens jedoch 30 % des Buchwertes.

Das Einkommensteuergesetz kennt eine Fülle von Sondervorschriften, die von diesen Grundregeln abweichen. Es gibt:

- Sonderabschreibungen, die neben den normalen Abschreibungen vorgenommen werden dürfen, oder
- erhöhte Absetzungen, die statt der normalen Abschreibung vorgenommen werden.

Je höher der Abschreibungsbetrag, um so niedriger ist der steuerliche Gewinn. Deshalb trachten die meisten Steuerpflichtigen danach, vorgenommene Investitionen möglichst schnell abzuschreiben, also mit hohen Abschreibungsbeträgen den Gewinn – und damit die Steuer – niedrig zu halten. Aber Achtung: Hohe Abschreibungen im Jahr der Investition haben zur Folge, daß in späteren Jahren nur noch wenig Abschreibungsmöglichkeiten übrigbleiben. Der Gewinn steigt dann auf Grund mangelnder Abschreibungsmöglichkeiten stark an, wodurch auch eine höhere Steuer fällig wird. Dies erzeugt den Zwang zu permanenter Investition oder aber zu hohen Steuernachzahlungen. Beides muß mit der vorhandenen Liquidität in Einklang gebracht werden.

Im einzelnen sollen die Möglichkeiten der unterschiedlichen Abschreibungsmöglichkeiten hier nicht erläutert werden. Die Abschreibungspolitik sollte mit dem Steuerberater der GmbH durchgesprochen werden. Hier nur der Hinweis: Es kann durchaus empfehlenswert sein, gerade bei einer neugegründeten GmbH nicht alle Möglichkeiten der Absetzung auszureizen. Meist fällt in den ersten Jahren ohnehin ein Verlust an, so daß hohe Abschreibungsbeträge diesen Verlust künstlich aufblähen. Zwar gehen die Abschreibungen wegen eines möglichen, zeitlich unbegrenzten Verlustvortrags in spätere Wirtschaftsjahre für steuermindernde Zwecke nicht verloren. Aber erstens kann es gerade in den Gründungsjahren nicht erwünscht sein, hohe Verluste auszuweisen – schon wegen der doch sehr mißtrauischen Fremdkapitalgeber –, und zweitens ist der Verlustvortrag nur ein sehr grobes Werkzeug zur Steuerung des Gewinns. Abschreibungen lassen eine Feinabstimmung eher zu, zumal wenn es bei Sonderabschreibungen und erhöhten Absetzungen Wahlmöglichkeiten gibt, die es gestatten, Abschreibungsbeträge nach eigenen Vorstellungen auf bis zu 5 Jahre zu verteilen.

7.1.4.5 *Höhe der Körperschaftsteuer*

Der allgemeine Körperschaftsteuersatz für einbehaltene Gewinne beträgt 40 %, der Körperschaftsteuersatz für ausgeschüttete Gewinne 30 %. Das derzeit in der Beratung stehende Steuersenkungsgesetz sieht einen Körperschaftsteuersatz von 25 % ab 2001 vor. In der Bearbeitung dieses Vorhabens durch den Bundestag kann sich aber bis dahin noch einiges ändern, so daß hier keine verläßlichen Angaben gemacht werden können.

7.2 Gewerbesteuer

Die Gewerbesteuer ist nach wie vor eines der größten Ärgernisse in der deutschen Steuerlandschaft. Während der geplagte Steuerbürger noch leidlich einsieht, daß sein Einkommen oder der Gewinn einer GmbH einmal besteuert werden, so kann er es nicht verstehen, warum der gleiche Gewinn, den er bereits der Einkommensteuer oder Körperschaftsteuer unterworfen hat, nochmals mit Gewerbesteuer belastet wird.

Bemessungsgrundlage für die Gewerbeertragsteuer ist der nach einkommensteuerrechtlichen Gesichtspunkten ermittelte Gewinn. Aber damit gibt sich der Fiskus noch nicht zufrieden. Während bei der Gewinnermittlung z. B. langfristige Schuldzinsen selbstverständlich als Betriebsausgaben den Gewinn mindern, werden diese Zinsen zur Hälfte bei der Ermittlung des Gewerbeertrags dem Gewinn wieder hinzugerechnet. Es wird also vollständig ignoriert, daß dem Betrieb ein Aufwand entstanden ist. In letzter Konsequenz bedeutet dies, daß Betriebsausgaben mit Gewerbesteuer belastet werden, ein kaum zu verstehendes Phänomen.

Nach diesen fiskalischen Manipulationen, die einem betriebswirtschaftlich ausgebildeten Geschäftsmann als reine Willkür erscheinen müssen,[13] wird ein sog. Steuermeßbetrag auf Gewerbeertrag angewendet. Ein Freibetrag – wie bei natürlichen Personen und Personengesellschaften – gibt es für die GmbH grundsätzlich nicht.

Der Steuermeßbetrag nach dem Gewerbeertrag beträgt einheitlich 5 %.

Das Gewerbesteueraufkommen steht grundsätzlich den Gemeinden zu. Diese haben das Recht, den sog. Hebesatz in eigener Regie festzusetzen. Dieser Hebesatz ist eine Prozentzahl, die von Gemeinde zu Gemeinde stark differiert. Großstädte haben im allgemeinen weitaus höhere Hebesätze als Landgemeinden. So kommt es, daß der gleiche betriebliche Gewinn nicht nur durch die Struktur der Finanzierung bei der Gewerbesteuer unterschiedlich behandelt wird (denken Sie an die Hinzurechnung von Dauerschulden und Dauerschuldzinsen), sondern auch durch den Standort.

Beispiel: Zwei Betriebe haben im ersten Jahr nach der Gründung bereits einen ansehnlichen Gewinn von 200 000 DM erwirtschaftet.

Betrieb 1 hat seinen Sitz in Köln und sein Betriebsvermögen

---

13 Selbstverständlich gibt es eine finanzwissenschaftliche Rechtfertigung für die Gewerbesteuer; deren Stichhaltigkeit muß allerdings stark angezweifelt werden. Vgl. dazu die vielfachen Veröffentlichungen des Instituts »Finanzen und Steuern« aus Bonn besonders in den siebziger und achtziger Jahren

fremdfinanziert. Dementsprechend mußte er 80 000 DM an Zinsen aufwenden.
Betrieb 2 hat seinen Sitz in Sankt Augustin (bei Bonn) und hat sein Betriebsvermögen eigenfinanziert.

	Betrieb 1	Betrieb 2
Gewinn	200 000 DM	200 000 DM
Hinzurechnung		
Hälfte Dauerschuldzinsen	40 000 DM	–
Gewerbeertrag	240 000 DM	200 000 DM
Steuermeßzahl 5 %	12 000 DM	10 000 DM
Hebesatz Köln 450 %	54 000 DM	
Hebesatz		
St. Augustin 380 %		38 000 DM
Steuermehrbelastung		
Betrieb 1	16 000 DM	

Sie sehen: Die Standortfrage und die Finanzierungsart werden durch steuerliche Belastungen in erheblichem Maße mitgeprägt. Bei allen Unternehmen, die nicht aus betriebswirtschaftlichen Gründen an einen ganz bestimmten Standort gebunden sind, kann die gewerbesteuerliche Mehrbelastung durchaus ausschlaggebend für die Standortwahl sein.
Zum Schluß ein Trostpflaster: Die Gewerbesteuer ist eine Unternehmenssteuer und als solche als Betriebsausgabe abziehbar. Sie mindert also den zu versteuernden Gewinn und damit gleichzeitig die Bemessungsgrundlage für die Gewerbesteuer selbst. Dennoch: Die Tatsache, daß gewerbliche Einkünfte mehrfach belastet werden, bleibt bestehen.

7.3 Umsatzsteuer

7.3.1 Charakteristik

Die Umsatzsteuer ist eine sog. Objektsteuer, d. h., die Höhe der Steuer bemißt sich nach bestimmten Merkmalen des Steuerobjekts. Auf persönliche Verhältnisse des Steuerpflichtigen – wie es bei der Einkommensteuer durch die Abzugsfähigkeit von Sonderausgaben, außergewöhnlichen Belastungen oder auch Tarifermäßigungen der Fall ist – wird dabei keine Rücksicht genommen.

Weiterhin gehört die Umsatzsteuer – wie die Einkommensteuer – zu den Veranlagungssteuern. Der Unternehmer wird nach Ablauf des Kalenderjahres zur Umsatzsteuer veranlagt. Er errechnet die abzuführende Umsatzsteuer in der Umsatzsteuerjahreserklärung bzw. in der Umsatzsteuervoranmeldung selbst. Es gilt also das Prinzip der Selbstveranlagung.

Die Rechtsgrundlagen für die Umsatzbesteuerung ergeben sich aus dem Umsatzsteuergesetz, der Umsatzsteuerdurchführungsverordnung sowie einigen Nebengesetzen. Die Finanzverwaltung hat in den Umsatzsteuerrichtlinien die Gesetze in ihrem Sinne erläutert. Weder die Steuerpflichtigen noch die Finanzgerichte werden durch die Verwaltungsrichtlinien gebunden.

7.3.2 System der Umsatzsteuer

Nach dem Umsatzsteuergesetz sind bestimmte Umsätze – der Begriff wird noch zu erläutern sein – der Besteuerung zu unterwerfen. Der allgemeine Steuersatz beträgt gegenwärtig 16 %, während sich der ermäßigte Steuersatz auf 7 % beläuft. Bemessen wird der Umsatz grundsätzlich nach dem Entgelt. Die Umsatzsteuer selbst gehört nicht zu diesem Entgelt.

Beispiel: Sie schreiben eine Rechnung in Höhe von 2 500 DM. Der Rechnungsendbetrag ist das Entgelt, das als Bemessungsgrundlage für die Umsatzsteuer gilt. Ihre Rechnung muß also folgendermaßen aussehen:

Entgelt:	2 500 DM
zzgl. 16 % Ust	+ 400 DM
Honorar:	2 900 DM

Von der so berechneten Umsatzsteuer – also Entgelt multipliziert mit dem Steuersatz gleich Umsatzsteuer – kann die GmbH die Vorsteuer abziehen. Vorsteuern sind i. d. R. diejenigen Umsatzsteuern, die der GmbH selbst von anderen Unternehmen in Rechnung gestellt worden sind.

Beispiele:

1) Eine GmbH hat für ihren Betrieb einen Computer angeschafft, mit dessen Hilfe sie die Praxisorganisation verbessern will. Ihr wurden in Rechnung gestellt:

Ein Computer	14 000 DM
zzgl. 16 % USt	+ 2 240 DM
Insgesamt:	16 240 DM

Diese der GmbH in Rechnung gestellte Umsatzsteuer kann sie bei ihrer Umsatzsteuererklärung bzw. Umsatzsteuervoranmeldung als Vorsteuer von der Steuerschuld abziehen.

2) Für den Voranmeldungszeitraum Juni 2000 hat eine GmbH Entgelte in Höhe von 17 000 DM in Rechnung gestellt. Daraus ergibt sich nach Anwendung des Umsatzsteuersatzes von 16 % eine Steuerschuld von 2 720 DM. Die Vorsteuer beträgt 1 500 DM. Ihre Umsatzsteuerzahlungspflicht für den Voranmeldezeitraum berechnet sie also wie folgt:

Umsatzsteuer:	2 720 DM
abzgl. Vorsteuer:	– 1 500 DM
Zahllast:	1 220 DM

Durch die Abzugsfähigkeit der Vorsteuer von der Umsatzsteuerschuld wird gewährleistet, daß nur der vom Steuerpflichtigen selbst geschaffene Mehrwert der Besteuerung unterliegt. Das System der deutschen Umsatzsteuer wird deshalb auch Mehrwertsteuersystem genannt.

Die Begriffe *Umsatzsteuer* und *Mehrwertsteuer* sind identisch. Obwohl meist nur von der Mehrwertsteuer geredet wird, gibt es kein Mehrwertsteuergesetz. Vielmehr sind die Vorschriften der Umsatzbesteuerung im Umsatzsteuergesetz geregelt. Der Begriff »Mehrwertsteuer« kommt im gesamten Gesetzestext nicht vor. Der Begriff stammt aus der Finanzwissenschaft und kennzeichnet lediglich das System der Umsatzbesteuerung.

Also: Vergessen Sie den Begriff »Mehrwertsteuer«, und folgen Sie der Terminologie des Gesetzes. Im folgenden wird immer nur von der Umsatzsteuer die Rede sein.

7.3.3 Unternehmerbegriff: Wer ist steuerpflichtig?

Nach § 2 UStG ist Unternehmer, wer eine gewerbliche oder berufliche Tätigkeit selbständig ausübt. Gewerblich oder beruflich ist jede nachhaltige Tätigkeit zur Erzielung von Einnahmen, auch wenn die Absicht, Gewinn zu erzielen, fehlt oder eine Personenvereinigung nur gegenüber ihren Mitgliedern tätig wird. Nach dieser Definition ist auch die GmbH Unternehmer im Sinne des Umsatzsteuerrechts.

Ferner muß die Tätigkeit nachhaltig sein. Dabei kommt es nicht darauf an, wie oft und in welchen Zeitabständen sich die Handlungen wiederholen. Auch eine einmalige Handlung kann nachhaltig sein, wenn die Absicht der Wiederholung bestand oder wenn durch sie ein auf die Erzielung fortlaufender Einnahmen gerichteter Dauerzustand geschaffen wird.

Ein weiteres Merkmal der Umsatzsteuerbarkeit ist, daß die Tätigkeit auf die Erzielung von Einnahmen gerichtet ist. Gewinnerzielungsabsicht ist nicht erforderlich.

Auch Leistungen zu Selbstkosten oder Leistungen, bei denen sich Verluste ergeben, führen zu Einnahmen. So können auch Einnahmen aus Liebhaberei, bei denen eine Gewinnerzielungsabsicht nicht besteht, mit Umsatzsteuer belastet werden.

7.3.4 Beginn der unternehmerischen Tätigkeit

Die Unternehmereigenschaft beginnt nicht erst mit dem Zeitpunkt der erstmaligen Einnahmenerzielung, sondern bereits mit der Aufnahme der auf die Erzielung von Einnahmen gerichteten Tätigkeit. Die gewerbliche oder berufliche Tätigkeit ist somit dann eröffnet, wenn aus Handlungen der GmbH erkennbar ist, daß sie die Tätigkeit beginnen wollte. Dieser Zeitpunkt entspricht dem Geschäftsbeginn im Sinne des Handelsrechts.

7.3.5 Berechnung der Steuerschuld

Nicht alle Umsätze, die denkbar sind, müssen der Umsatzsteuer unterworfen werden. Vielmehr unterscheidet das Gesetz zwischen steuerbaren und nicht steuerbaren Umsätzen. Nicht steuerbare Umsätze sind all jene Umsätze, die den gesetzlichen Tatbestand des Umsatzsteuergesetzes nicht erfüllen.

Beispiel: Eine GmbH hat für einen Kunden zwar eine Leistung erbracht, das Honorar ist jedoch uneinbringlich.

Folge: Da für die Leistung kein Entgelt geflossen ist, ist sie auch nicht abziehbar.

Hier ein Hinweis: Bevor Sie mit der Errechnung Ihrer Umsatzsteuerschuld beginnen, prüfen Sie genau, ob es sich um steuerbare oder nicht steuerbare handelt. Kommen Sie zu dem Ergebnis, daß die Umsätze nicht steuerbar sind, scheiden Sie sie aus dem weiteren Ermittlungsprozeß aus.

Die steuerbaren Umsätze sind zu unterteilen in

- Lieferungen und sonstige Leistungen,
- Eigenverbrauch,
- Einfuhr sowie
- innergemeinschaftlichen Erwerb.

Eine GmbH kann sowohl den Tatbestand der Lieferung (z.B. Produktions- oder Handelsunternehmen) als auch den der sonstigen Leistung (Dienstleistungsunternehmen) erfüllen.

Den Tatbestand des Eigenverbrauchs kann die GmbH nicht erfüllen, da sie keine private Sphäre hat, in die der Eigenverbrauch fließen könnte. Allerdings kann sie den Gesellschaftern Lieferungen oder Leistungen überlassen, die dann bei diesen zu versteuern sind.

7.3.6 Steuersatz und Berechnung der Steuerschuld

Der normale Steuersatz beträgt derzeit (2000) 16 %. Der ermäßigte Steuersatz beträgt 7 %. Im folgenden wird mit einem Satz von 16 % gerechnet.

Der Steuersatz wird auf das Entgelt angewendet: Dabei ist zu berücksichtigen, daß auch Nebenleistungen – wie z. B. Auslagenersatz – gleichfalls zum Entgelt gehören.

Beispiel: Eine GmbH stellt folgende Gebührenrechnung auf:

Gebühr für eine Vertragsberatung:	2 500 DM
Reisekostenersatz	350 DM
Auslagenersatz	40 DM
Insgesamt:	2 890 DM

Der Insgesamt-Betrag ist für Zwecke der Umsatzsteuer das Entgelt. Die Umsatzsteuerschuld beträgt also:

	2 890,00 DM
zzgl. 16 % USt	+ 462,40 DM
Summe:	3 352,40 DM

Oft ist es nötig, die Umsatzsteuer aus Bruttobeträgen herauszurechnen. Dafür gibt es zwei Methoden:

Multiplikatormethode: Hierbei wird ein Multiplikator nach folgender Formel errechnet:

Bruttosteuersatz = (Steuersatz × 100) : (Steuersatz + 100)

Der Multiplikator lautet:

Bruttosteuersatz = (16 × 100) : (16 + 100)

= 1600 : 116

= 13,79 v. H.

Divisionsmethode: Bei dieser Methode wird ein Divisor gebildet, der zu dem gleichen Ergebnis führt wie die Multiplikatormethode. Die Formel lautet:

Divisor = (100 + Steuersatz) : Steuersatz

Der Divisor für den normalen Steuersatz von zugrunde gelegten 16 % beträgt 7,25 %.

7.3.7 Vorsteuerabzugsberechtigung

Das System der deutschen Umsatzsteuer will auf jeder einzelnen Besteuerungsstufe lediglich den vom Steuerpflichtigen geschaffenen Mehrwert der Besteuerung unterwerfen.

Deshalb ist ein Unternehmer im umsatzsteuerrechtlichen Sinne unter bestimmten Voraussetzungen berechtigt, diejenige Umsatzsteuer, die ihm von einem anderen Unternehmer in Rechnung gestellt worden ist, als Vorsteuer von seiner Umsatzsteuerschuld abzuziehen. Unter Vorsteuern versteht das Umsatzsteuergesetz diejenigen Umsatzsteuern, die Sie z. B. als Rechtsanwalt/Notar im Rahmen Ihrer Praxis an andere Unternehmer zahlen müssen.

Beispiel:

- Die GmbH kauft eine neue Büroeinrichtung. In dem Kaufpreis ist Umsatzsteuer enthalten.
- Die GmbH kauft einen neuen PKW. In dem Kaufpreis ist ebenfalls Umsatzsteuer enthalten.
- Ein Firmenwagen wird betankt; er wird zur Inspektion gebracht: Sowohl im Benzinpreis als auch in der Reparaturrechnung sind Umsatzsteuern enthalten.

Diese Umsatzsteuern, die der GmbH in Rechnung gestellt werden, sind in der Terminologie des Umsatzsteuergesetzes »Vorsteuern«, die die GmbH von ihrer Umsatzsteuerschuld abziehen kann. Denn: Durch das System der »Mehrwertsteuer« soll lediglich der von der GmbH geschaffene Mehrwert besteuert werden. Jeder Unternehmer versteuert nur den Wert, den er selbst geschaffen hat. Dies wird dadurch bewerkstelligt, daß zwar das Gesamtentgelt besteuert wird, die Steuer auf die Vorleistung – eben die sog. Vorsteuer – jedoch gegengerechnet wird.

7.3.7.1 *Gesonderter Steuerausweis*

Die Steuer für eine Lieferung und Leistung muß gesondert in Rechnung gestellt sein. Es genügt nicht, daß die Steuer in einem Gesamtbetrag enthalten und der Steuersatz angegeben ist. Zu einem solchen Steuerausweis sind nur Unternehmer berechtigt. Privatpersonen können Ihnen grundsätzlich keinen Vorsteuerabzug verschaffen.

Kleinbeträge: Von dem soeben geschilderten Grundsatz des gesonderten Steuerausweises gibt es eine praxisorientierte Ausnahme. Bei Rechnungen, deren Betrag 200 DM nicht übersteigt, kann auf den gesonderten Umsatzsteuerausweis verzichtet werden. Für den Vorsteuerabzug ist es jedoch wichtig, daß der Steuersatz auf der Rechnung vermerkt ist. Der Vermerk »Der Betrag enthält die gesetzliche Umsatzsteuer« reicht nicht aus.[14]

Beispiel: Die GmbH kauft einen Taschenrechner. Kaufpreis: 120 DM. Es reicht aus, wenn sie sich eine Rechnung über den gesamten Betrag erstellen läßt. Angegeben sein muß jedoch der Steuersatz, so daß sie den Vorsteuerbetrag selbst errechnen kann.

Folge: Bei einem Steuersatz von 16 % berechnet sich der Steuerbetrag wie folgt:

120 DM x 13,79 % = 16,55 DM.

Der Nettobetrag, den die GmbH als Betriebsausgaben bei der Ermittlung des steuerlichen Gewinns für Zwecke der Körperschaftsteuer zugrunde legt, beträgt also 103,45 DM.

Wichtig ist auch, daß aus der Rechnung hervorgeht, an wen sie gerichtet ist. Es muß also der Empfänger genannt sein.

Name des Unternehmers: Die Rechnung muß auf den Namen des Unternehmers lauten. Zumindest muß aus der Rechnung klar hervorgehen, wer vorsteuerabzugsberechtigt ist. Wenn also der Geschäftsführer oder ein Angestellter für die GmbH einkaufen, so hat die Rechnung auf die GmbH zu lauten. Ansonsten wird der Vorsteuerabzug versagt.

Vorsteuerabzug bei Fahrausweisen: Auch bei Fahrtkosten, die im Personen- und Gepäckbeförderungsverkehr (Bahn-, Flugzeug-, Busreisen) anfallen, können Vorsteuern zum Abzug gebracht werden.

Fahrausweise im Personenbeförderungsverkehr gelten als Rechnung im Sinne des Umsatzsteuergesetzes, wenn sie mindestens folgende Angaben enthalten:

- den Namen und die Anschrift des Unternehmers, der die Beförderung durchführt,
- das Entgelt und den Steuerbetrag in einer Summe, soweit die Entfernung 50 km nicht übersteigt,
- den Steuersatz, wenn die Beförderungsleistung nicht dem ermäßigten Steuersatz unterliegt, also die Reiseentfernung 50 km übersteigt.

---

14 So zumindest die OFD Koblenz vom 9. 3. 1983, BB 1983, S. 1911

Eine Besonderheit gilt bei Fahrausweisen der Deutschen Bundesbahn. Hier genügt es, wenn an Stelle des Steuersatzes die Tarifentfernung angegeben ist.
Noch ein wichtiger Hinweis: Nur der inländische Teil der Beförderung unterliegt der Umsatzsteuer. Vorsteuer kann bei Reisen ins Ausland nur dann abgezogen werden, wenn aus einer Bescheinigung des Beförderungsunternehmens hervorgeht, welcher Teil des Gesamtfahrpreises auf die inländische Strecke entfällt.

7.3.8 Umsatzsteuer auf Anzahlungen

Mindest-Ist-Versteuerung: Die Umsatzsteuer wird in der Regel nach vereinbarten Entgelten berechnet (sog. Soll-Versteuerung, § 16 Abs. 1 UStG). Die Steuer entsteht in diesem Fall für Lieferungen und sonstige Leistungen mit Ablauf des Voranmeldezeitraums, in dem die Leistung ausgeführt worden ist.
Eine Ausnahme von diesem Grundsatz der Soll-Versteuerung ist die sog. Mindest-Ist-Versteuerung. In Fällen, in denen das Entgelt oder ein Teil des Entgelts vor Ausführung der gesamten Leistung gezahlt wird – wenn also eine Anzahlung oder Vorauszahlung vorliegt –, kann die Steuer bereits mit dem Voranmeldezeitraum entstehen, in dem das Entgelt vereinnahmt worden ist.
Die Mindest-Ist-Versteuerung wird in § 13 Abs. 1 Nr. 1a UStG geregelt. Sie bedeutet eine Vorverlagerung der Umsatzbesteuerung. Eine Steuermehrbelastung ergibt sich dadurch nicht.

7.3.9 Besteuerungsverfahren

Vereinnahmte und vereinbarte Entgelte: Die Umsatzsteuer wird grundsätzlich nach den vereinbarten Entgelten erhoben (§ 16 Abs. 1 UStG), d. h., die Steuer muß bereits angemeldet und entrichtet werden, wenn die GmbH eine Rechnung mit gesondertem Steuerausweis seinem Kunden zugeleitet hat. Es kommt also grundsätzlich nicht auf den Zeitpunkt der Zahlung des Rechnungsbetrages an.

Besteuerungszeitraum und Voranmeldungszeitraum: Besteuerungszeitraum ist grundsätzlich das Kalenderjahr. Ein abweichendes Wirtschaftsjahr kennt das Umsatzsteuergesetz nicht. Die Steuer wird jedoch nicht nur einmal im Jahr erhoben. Vielmehr ist die Steuer bereits unterjährig für einen gesetzlich festgelegten Voranmeldungszeitraum anzumelden und abzuführen. Der Voranmeldungszeitraum ist grundsätzlich das Kalendervierteljahr. Angemeldet werden muß die Umsatzsteuer bis zum 10. Tag nach Ablauf des Voranmeldungszeitraums.

Beispiel: Der Voranmeldungszeitraum ist das Kalendervierteljahr. Nach Ablauf des 1. Vierteljahres muß die Voranmeldung bis zum 10. April erfolgt sein.

Beträgt die Steuer für das vorangegangene Kalenderjahr mehr als 12 000 DM, so ist der Kalendermonat Voranmeldungszeitraum. Beträgt die Steuerschuld im vorangegangenen Kalenderjahr nicht mehr als 1 000 DM, so kann das Finanzamt den Unternehmer von der Verpflichtung zur Abgabe der Voranmeldung und von Vorauszahlungen befreien. Die Steuerschuld wird in diesem Fall in der Jahresumsatzsteuererklärung festgestellt.

Die Frist von 10 Tagen nach Ablauf des Voranmeldungszeitraums ist sehr kurz. Deshalb hat das Gesetz die Möglichkeit der Dauerfristverlängerung vorgesehen. Die Frist für die Abgabe verlängert sich damit um einen Monat. Allerdings läßt sich der Fiskus diese Großzügigkeit bezahlen. Monatszahler müssen ein Elftel der Summe der Vorauszahlungen des vorangegangenen Jahres als Sondervorauszahlung entrichten. Bei Quartalszahlern entfällt diese Verpflichtung.

Beispiel: Sie wollen Ihre Umsatzsteuervoranmeldung selbst erstellen, benötigen aber etwas mehr Zeit, als es das Gesetz vorsieht. Deshalb beantragen Sie Dauerfristverlängerung. Ihre Vorauszahlungen im vorangegangenen Jahr betrugen 15 000 DM. Die Dauerfristverlängerung ist daran geknüpft, daß Sie 1 363,64 DM als Sondervorauszahlung entrichten.

Umsatzsteuererklärung: Mit der Abgabe der Voranmeldungen und der Entrichtung der darin berechneten Steuer hat die GmbH ihre Pflichten als Umsatzsteuerzahler jedoch noch nicht erfüllt. Vielmehr muß sie auch eine Umsatzsteuerjahreserklärung abgeben, und zwar bis zum 31. Mai des Folgejahres. Fristverlängerung ist möglich. Steuerberater haben eine generelle Fristverlängerungsmöglichkeit bis zum 30. September und darüber hinaus in begründeten Einzelfällen die Möglichkeit, bis spätestens 28. Februar des dem Veranlagungsjahr zweitfolgenden Kalenderjahres Fristverlängerung zu erhalten.

Die in der Umsatzsteuererklärung berechnete Umsatzsteuer ist einen Monat nach Abgabe der Erklärung beim Finanzamt fällig. Ein gesonderter Umsatzsteuerbescheid ergeht nur, wenn das Finanzamt von der erklärten Steuer abweicht. In der Praxis ist es üblich, statt eines Umsatzsteuerbescheides eine Abrechnung zuzusenden.

Werden die Umsatzsteuervoranmeldungen oder die Umsatzsteuerjahreserklärung nicht fristgerecht angegeben, droht das Gesetz mit einem Verspätungszuschlag. Wird die Steuer nicht fristgerecht entrichtet, so entstehen automatisch Säumniszuschläge.

7.4 Lohnsteuer und Sozialversicherung

Bedient sich die GmbH der Mithilfe von Arbeitnehmern, so erlegt ihr das Gesetz bestimmte Arbeitgeberverpflichtungen auf, u. a. ist sie dazu verpflichtet, vom Arbeitslohn Lohnsteuer zu berechnen. Darüber hinaus gibt es bestimmte sozialversicherungsrechtliche Pflichten, nämlich die Anmeldung des Arbeitnehmers bei der Krankenkasse und die Errechnung, Einbehaltung und Abführung von Sozialversicherungsbeiträgen, also von Krankenkassen-, Rentenversicherungs- und Arbeitslosenversicherungsbeiträgen.

7.4.1 Arbeitslohn

Die Lohnsteuer wird nach dem Arbeitslohn bemessen, unabhängig davon, ob es sich tarifrechtlich um Stundenlohn oder um monatliche Gehälter oder etwa um Einmalzahlungen handelt. Zum Arbeitslohn zählen alle Einnahmen, die dem Arbeitnehmer aus einem bestehenden Dienstverhältnis zufließen. Einnahmen sind dabei alle Güter, die in Geld oder Geldeswert bestehen.

Zur Berechnung der Lohnsteuer ist es gleichgültig,

- ob es sich um einmalige oder laufende Einnahmen handelt,
- ob ein Rechtsanspruch auf sie besteht,
- unter welcher Form oder Bezeichnung sie gewährt werden.

Es folgt eine Aufzählung der gängigen Arbeitslöhne, die unter den verschiedensten Bezeichnungen in der Praxis vorkommen (in alphabetischer Reihenfolge).

- *Entlohnungen* für Dienste, die über die regelmäßige Arbeitszeit hinausgehen (z. B. Entlohnungen für Überstunden, Überschichten, Sonntagsarbeit);
- *Entschädigungen* als Ersatz für entgangenen oder entgehenden Arbeitslohn (wichtig bei vorzeitiger Kündigung des Arbeitsverhältnisses);
- *Entschädigungen* für Nebenbeschäftigungen im Rahmen eines Dienstverhältnisses;
- *Entschädigungen*, die als Abgeltung für nichtgewährten Urlaub gezahlt werden;
- *Entschädigungen*, die privaten Arbeitnehmern zur Bestreitung des Dienstaufwandes gezahlt werden;
- *Erschwerniszuschläge*;
- *Gehälter*;
- *Geldgeschenke* sind regelmäßig als steuerpflichtiger Arbeitslohn und nicht als Gelegenheitsgeschenke zu behandeln;[15]
- *Gratifikationen*;
- *Löhne*;
- *Lohnsteuerbeträge* (nachgeforderte), die der Arbeitgeber anläßlich eines Haftungsbescheides oder einer Lohnsteueraußenprüfung für den Arbeitnehmer übernimmt. Es handelt

15 BFH vom 17. 7. 1981, BStBl II S. 773

sich um Arbeitslohn des Kalenderjahres, in dem der Verzicht des Arbeitgebers auf den Ausgleichsanspruch gegen den Arbeitnehmer erkennbar wird.[16] Entsprechendes gilt für nachgeforderte Kirchensteuer und Arbeitnehmeranteile an den Sozialversicherungsbeiträgen;

- *Lohnzuschläge*, die wegen der Besonderheit der Arbeit gewährt werden;
- *Provisionen*;
- *Sachbezüge*, also Güter, die in Geldeswert bestehen: Dazu gehören insbesondere der Bezug von
  - Beleuchtung,
  - Heizung,
  - Kleidung (freier),
  - Kost,
  - Wohnung (freier).

  Für die Bewertung der Sachbezüge sind die üblichen Mittelpreise des Verbrauchsortes maßgebend. Die für die Finanzverwaltung zuständigen obersten Landesbehörden können den Wert von bestimmten Sachbezügen unter Berücksichtigung von Durchschnittswerten festsetzen und bekanntgeben. Eine Ausnahme besteht für Arbeitnehmer, für deren Sachbezüge durch Rechtsverordnung nach § 17 Nr. 3 Viertes Buch Sozialgesetzbuch besondere Werte bestimmt worden sind;
- *Sozialversicherungsbeiträge*, die aufgrund einer gesetzlichen Verpflichtung durch den Arbeitgeber übernommen werden;
- *Studienbeihilfen*, die mit Rücksicht auf ein künftiges Dienstverhältnis gezahlt werden, sowie Studienbeihilfen, die nach Beendigung des Studiums gezahlt werden;
- *Tantiemen*;
- *Telefonkosten*: der private Anteil der vom Arbeitgeber übernommenen festen und laufenden Kosten eines Telefonanschlusses in der Wohnung des Arbeitnehmers;
- *Trinkgelder*;

---

16 BFH vom 10. 2. 1961, BStBl III S. 139; vom 24. 4. 1961 BStBl 1961 III S. 285

- *Zinsen* für Arbeitgeberdarlehen;
- *Zuwendungen* (besondere), die auf Grund des Dienstverhältnisses gewährt werden (z. B. Zuschüsse im Krankheitsfall).

7.4.2 Arbeitgeberpflichten

7.4.2.1 Aufbewahren der Lohnsteuerkarte

Das Einkommensteuergesetz verpflichtet den Arbeitgeber, die Lohnsteuerkarte des Arbeitnehmers entgegenzunehmen und aufzubewahren. Die amtlichen Eintragungen – beispielsweise bestimmte Freibeträge – sind bei der Berechnung der Lohnsteuer zu beachten. Die der GmbH als Arbeitgeber bekanntgewordenen persönlichen Daten der Arbeitnehmer sind geheimzuhalten.

Verlangt der Arbeitnehmer während des Jahres seine Lohnsteuerkarte zurück, so ist sie ihm auszuhändigen, wenn Eintragungen beim Finanzamt oder der Gemeinde beantragt werden. Dies ist regelmäßig der Fall bei

- Geburt eines Kindes (Berichtigung der Kinderzahl); der bei der Berechnung der Lohnsteuer zu berücksichtigende Kinderfreibetrag bewirkt eine niedrigere Lohnsteuer;
- Heirat; die Lohnsteuer wird ab sofort nach dem Splittingtarif abgerechnet; der höher verdienende Ehepartner wird in der Regel in Steuerklasse III eingestuft, der andere in Steuerklasse IV;
- höheren Werbungskosten (z. B. Umzug in eine weiter von der Arbeitsstätte entfernte Wohnung).

Legt der Arbeitnehmer eine neue Lohnsteuerkarte vor, so ist ab sofort nach dieser Karte abzurechnen. Die alte Karte ist so auszufüllen, als wechselte der Arbeitnehmer den Arbeitgeber.

7.4.2.2 Lohnzahlungszeitraum

Unter Lohnzahlungszeitraum ist der Zeitraum zu verstehen, für den jeweils der laufende Arbeitslohn gezahlt wird.

Werden Nachzahlungen geleistet für frühere Lohnzahlungszeiträume, so sind sie den Lohnzahlungszeiträumen zuzurechnen, für die sie geleistet worden sind.

7.4.2.3 Berechnen der Lohnsteuer

Anmelden und Abführen der Lohnsteuer: Der Arbeitgeber hat die Verpflichtung, spätestens am 10. Tag nach Ablauf eines jeden Lohnsteueranmeldungszeitraumes

- dem Finanzamt, das für die Besteuerung der GmbH zuständig ist, eine Steuererklärung einzureichen, in der die Summe der im Lohnsteueranmeldungszeitraum einzubehaltenden und zu übernehmenden Lohnsteuer angegeben ist (Lohnsteueranmeldung);
- die im Lohnsteueranmeldungszeitraum insgesamt einbehaltene und übernommene Lohnsteuer an das für die GmbH zuständige Betriebsstättenfinanzamt abzuführen.

Die Lohnsteueranmeldung ist nach amtlich vorgeschriebenem Vordruck abzugeben und vom Arbeitgeber oder von einer zu seiner Vertretung berechtigten Person zu unterschreiben. Diese zur Vertretung berechtigte Person kann im Lohnsteueranmeldungsverfahren z. B. auch der Steuerberater der GmbH sein oder die Buchhalterin, die mit der Lohnabrechnung betraut worden ist. Befreit ist die GmbH von der Verpflichtung zur Abgabe weiterer Lohnsteueranmeldungen erst, wenn die Arbeitnehmer, für die ein Lohnkonto zu führen ist, nicht mehr beschäftigt werden.

Wichtig in diesem Zusammenhang: Dies muß dem Finanzamt mitgeteilt werden. Es reicht eine kurze, formlose Erklärung, daß keine Arbeitnehmer mehr beschäftigt werden.

Der Lohnsteueranmeldungszeitraum ist grundsätzlich der Kalendermonat. Es gibt allerdings Ausnahmen. So z. B. braucht die Lohnsteuer nur im Kalendervierteljahr angemeldet zu werden, wenn diese für das vorangegangene Kalenderjahr mehr als 1 600 DM, aber nicht mehr als 6 000 DM betragen hat.

Hat die abzuführende Lohnsteuer für das vorangegangene Kalenderjahr nicht mehr als 1 600 DM betragen, so reicht eine jährliche Anmeldung.

Hat die GmbH nicht während des ganzen vorangegangenen Kalenderjahres bestanden, so ist die für das vorangegangene Kalenderjahr abzuführende Lohnsteuer für die Feststellung des Lohnsteueranmeldungszeitraums auf ein Jahr umzurechnen.

7.4.2.4 *Nettolohnvereinbarung*

Hat der Arbeitgeber mit einem Arbeitnehmer eine Nettolohnvereinbarung getroffen, so erhöht sich der Bruttoarbeitslohn um die übernommene Lohnsteuer. Denn: Die vom Arbeitgeber übernommenen Abzugsbeträge sind Teil des Arbeitslohns. Die Berechnung der Lohnsteuer ist in diesen Fällen recht kompliziert. Sie sollten – schon um sich die Rechenarbeit zu ersparen – nur Bruttolöhne und -gehälter aushandeln.

7.4.2.5 *Lohnsteuerabzug ohne Lohnsteuerkarte*

Hat der Arbeitnehmer Ihnen eine Lohnsteuerkarte schuldhaft nicht vorgelegt oder die Rückgabe der ihm ausgehändigten Lohnsteuerkarte schuldhaft verzögert, so müssen Sie die Lohnsteuer nach der Steuerklasse VI ermitteln. Weist allerdings der Arbeitnehmer nach, daß er die Nichtvorlage oder verzögerte Rückgabe der Lohnsteuerkarte nicht zu vertreten hat, so können Sie die Lohnsteuerberechnung nach den Ihnen bekannten Familienverhältnissen des Arbeitnehmers vornehmen. Eine Besonderheit besteht im Monat Januar eines jeden Jahres. In diesem Lohnabrechnungszeitraum können Sie den Lohn nach den Merkmalen der Lohnsteuerkarte für das vorangegangene Kalenderjahr ermitteln, solange keine neue Lohnsteuerkarte vorliegt. Ihr Arbeitnehmer hat Ihnen allerdings bis zum 31. März die Lohnsteuerkarte auszuhändigen. Tut er das nicht, sind Sie verpflichtet, bei Schuldhaftigkeit die Lohnsteuer nach Steuerklasse VI zu berechnen. Haben sich die Eintragungen gegenüber dem vorangegangenen Jahr geändert, so ist nachträglich die Steuer für den Monat Januar neu zu berechnen.

7.4.3 Aufzeichnungspflichten beim Lohnsteuerabzug: das Lohnkonto

Der Arbeitgeber hat für jeden Arbeitnehmer und für jedes Kalenderjahr ein sog. Lohnkonto zu führen. In dieses Lohnkonto sind die für den Lohnsteuerabzug erforderlichen

Merkmale aus der Lohnsteuerkarte oder aus einer entsprechenden Bescheinigung zu übernehmen. Bei jeder Lohnzahlung für das Kalenderjahr, für welches das Lohnkonto gilt, sind im Lohnkonto die Art und die Höhe des gezahlten Arbeitslohnes einschließlich der steuerfreien Bezüge sowie die einbehaltene und übernommene Lohnsteuer einzutragen. Entsprechendes gilt für evtl. gezahltes Kurzarbeitergeld.

In das Lohnkonto sind folgende persönliche Merkmale des Arbeitnehmers aufzunehmen:

- Angaben zur Person des Arbeitnehmers,
- Steuerklasse,
- Zahl der Kinderfreibeträge,
- Zahl der Kinder,
- Religion.

Den Lohn bzw. das Gehalt betreffend, sind die folgenden Angaben anzugeben:

- Bruttolohn oder -gehalt je Lohnzahlungszeitraum,
- vermögenswirksam gezahlte Leistungen,
- Arbeitnehmersparzulage,
- Lohnsteuer,
- Kirchensteuer,
- Sozialversicherungsbeiträge,
- Nettoauszahlung,
- Arbeitgeberbeiträge zur Sozialversicherung.

Lohn- bzw. Gehaltskontokarten können Sie im Bürofachhandel beziehen. Wenn Sie über eine EDV-Anlage bzw. einen Personalcomputer verfügen, empfiehlt es sich, ein neutrales Lohnkonto zu entwickeln und abzuspeichern. Sie brauchen dann nur noch die persönlichen Daten Ihrer Arbeitnehmer über den Bildschirm in das Formblatt einzusetzen und abzuspeichern. Zum Ende des Lohnzahlungszeitraums füllen Sie – sofern sich gegenüber dem Vormonat nichts geändert hat – mit Hilfe der Kopierfunktion den jeweils abzurechnenden Monat aus, indem Sie die Daten des vorigen Monats in den abzurechnenden Monat übernehmen.

Mittlerweile werden eine ganze Reihe brauchbarer Software-Programme zur Unterstützung der EDV-Lohnbuchführung angeboten. Wenn Sie die Lohnbuchführung selbst durchführen wollen, kann sich ein gutes Programm durchaus lohnen. Denken Sie jedoch daran, daß Sie auch über eine Kraft verfügen müssen, die mit dem Programm umgehen kann und der Sie die Lohnbuchführung anvertrauen wollen.
Zur Sicherung der elektronisch erstellten Daten ist es sinnvoll, mindestens jeden Monat eine Sicherungskopie anzulegen und am Jahresende das Lohnkonto auszudrucken. Die Lohnbuchführung lediglich auf Diskette oder Festplatte wird derzeit von den Finanzämtern noch nicht als ordnungsmäßige Buchführung anerkannt.

7.4.4 Abschluß des Lohnkontos

Am Ende des Kalenderjahres oder bei Beendigung eines Dienstverhältnisses müssen Sie das Lohnkonto des Arbeitnehmers abschließen. Auf Grund der Eintragungen im Lohnkonto ist dem Arbeitnehmer auf der Lohnsteuerkarte folgendes zu bescheinigen:

- Dauer des Dienstverhältnisses während des Kalenderjahres,
- Art und Höhe des gezahlten Arbeitslohns,
- einbehaltene Lohnsteuer,
- ausgezahltes Kurzarbeitergeld.

Wenn Sie die Lohnbuchführung mit EDV selbst erstellen, hilft Ihnen ein gutes Software-Programm beim Abschluß des Lohnkontos. Insbesondere erspart es Ihnen die lästige Rechnerei.
Liegt Ihnen eine Lohnsteuerkarte nicht vor, ist eine Lohnsteuerbescheinigung nach einem entsprechenden amtlich vorgeschriebenen Muster zu erteilen. Die Lohnsteuerbescheinigung ist dem Arbeitnehmer auszuhändigen, wenn das Dienstverhältnis im Ablauf des Kalenderjahres beendet wird, der Arbeitnehmer zur Einkommensteuer veranlagt

wird oder beim Finanzamt den Lohnsteuerjahresausgleich beantragt. In den übrigen Fällen hat der Arbeitgeber die Lohnsteuerbescheinigung dem Finanzamt einzureichen.

Noch ein Wort zur elektronischen Lohnbuchführung: Selbst wenn Sie Ihre steuerlichen Angelegenheiten weitgehend selbst regeln, sollten Sie doch in Erwägung ziehen, die Lohnbuchführung einem Steuerberater zu übergeben. Nach der Gebührenordnung wird er für die reine Lohnabrechnung höchstens 30 DM pro Lohnabrechnungszeitraum und Arbeitnehmer nehmen. Die Abwicklung der sozialversicherungsrechtlichen Seite wird er möglicherweise nochmals mit 10 DM berechnen. Aber bedenken Sie: Für ca. 40 DM pro Monat und Arbeitnehmer können Sie sich von der doch recht lästigen Pflicht der Lohnbuchhaltung befreien. Der weitere Vorteil: Der Berater übernimmt – wenn er sein Fach versteht – im allgemeinen auch die Überwachung der Tariferhöhungen. Darüber hinaus brauchen Sie sich mit Steuerrechtsänderungen im Lohnsteuerbereich nicht zu belasten.

7.4.5 Ermittlung der Lohnsteuer

Die Ermittlung der Lohnsteuer wird Ihnen dadurch erleichtert, daß es Tabellen gibt, die die richtige Lohnsteuerhöhe je nach Steuerklasse und Kinderzahl ausweisen. Diese Lohnsteuertabellen berücksichtigen bereits bestimmte Abzugsbeträge, wie z. B. den Werbungskostenfreibetrag, den Arbeitnehmerfreibetrag oder die Sonderausgabenpauschalen.

Mittlerweile gibt es auch Lohnsteuerberechnungssoftware, die Ihnen die mühselige Arbeit der Steuerberechnung abnehmen.

7.4.6 Sozialversicherungsrechtliche Vorschriften

Obwohl nicht im Einkommensteuergesetz geregelt, sind Sie nach anderen Vorschriften verpflichtet, die Sozialversicherungsbeiträge Ihrer Arbeitnehmer abzuführen. Deshalb hier ein kurzer Hinweis zum Verfahren. Jeder Arbeitnehmer muß innerhalb von 10 Tagen nach Einstellung bei der Krankenkasse, bei der Ihr Arbeitnehmer Mitglied ist, gemeldet werden. Die Meldung erfolgt auf Grund einer Bescheinigung aus dem Sozialversicherungsheft, das jedem Arbeitnehmer auf Antrag von der zuständigen Rentenversicherungsanstalt – bei Angestellten ist dies die Bundesversicherungsanstalt für Angestellte in Berlin – ausgehändigt wird. Sollte ein Arbeitnehmer noch kein Sozialversicherungsheft besitzen, so ist bei der Krankenkasse ein Ersatzformular zu beziehen. Die Anmeldung muß enthalten:

- Name und Adresse des Arbeitnehmers,
- Sozialversicherungsmitgliedsnummer,
- Einstellungsdatum,
- einen Versicherungsschlüssel mit Angaben zur Tätigkeit,
- eine Betriebsnummer.

Die entsprechenden Unterlagen zur Ermittlung des Sozialversicherungsschlüssels erhalten Sie bei der Krankenkasse. Sie finden sie auch auf der Rückseite der Formulare zur Anmeldung, Abmeldung und Jahresmeldung. Die Betriebsnummer müssen Sie bei dem für Ihren Bezirk zuständigen Arbeitsamt beantragen.

Noch ein Hinweis: Den bei der Anmeldung – und auch bei der Jahresmeldung und der Abmeldung – Ihrer Arbeitnehmer notwendigen Versicherungsschlüssel zur Tätigkeit können Sie einer Broschüre entnehmen, die von der Bundesanstalt für Arbeit kostenlos abgegeben wird. Zu beziehen ist die Broschüre über jedes Arbeitsamt. Der Titel: »Schlüsselverzeichnis für die Angaben zur Tätigkeit in den Versicherungsnachweisen«.

Die Sozialversicherungsbeiträge müssen – wie die Lohnsteuer – spätestens 10 Tage nach Ablauf des Lohnzahlungszeitraums an die Krankenkasse abgeführt werden. Diese verteilt die Beiträge auf die Rentenversicherungs- und Arbeitslosenversicherungsträger. Die Höhe der Krankenversicherung ist unterschiedlich. Sie muß beim einzelnen Mitglied erfragt werden. Die Höhe der Arbeitslosenversicherung beträgt 2000 6,5 % des Arbeitslohns, die Höhe der Rentenversicherungsbeiträge beträgt 2000 19,3 % des Arbeitslohns. Dazu kommt der Beitrag zur gesetzlichen Pflegeversicherung in Höhe von 1,7 % des Lohns. Jeweils die Hälfte der gesetzlichen Sozialversicherung ist vom Arbeitgeber zu tragen.

Ein weiterer Hinweis in diesem Zusammenhang: Es gibt Beitragsbemessungsgrenzen sowohl bei der Krankenversicherung als auch bei der Sozialversicherung. Dies bedeutet, daß Arbeitslohn, der über dieser Beitragsbemessungsgrenze liegt, nicht mehr versicherungspflichtig ist.

Die Sozialversicherungspflichtgrenzen werden jedes Jahr neu bestimmt. Es erfolgt in aller Regel eine Anpassung nach oben. Für Ihre Hilfskräfte werden Sie im allgemeinen Löhne und Gehälter zahlen, die unter der Beitragsbemessungsgrenze liegen. Falls Sie jedoch Berufskollegen angestellt haben, sollten Sie sich bei der zuständigen Krankenkasse erkundigen, wie die Grenzen für das laufende Jahr gezogen sind.

Eine weitere Pflicht des Arbeitgebers am Jahresende: Bis zum 10. Januar müssen Sie die am 31. 12. bei Ihnen beschäftigten Arbeitnehmer bei der für sie zuständigen Krankenkasse melden. Dazu benutzen Sie wiederum ein Formular aus dem Sozialversicherungsheft des Arbeitnehmers.

Auch wenn der Arbeitnehmer aus dem Arbeitsverhältnis ausscheidet, ist eine Meldung an die Krankenkasse fällig. Das Formular im Sozialversicherungsheft ist das gleiche, wie Sie es bei der Jahresmeldung benutzen. Die Schlüssel, die Sie zur Abmeldung benutzen müssen, finden Sie auf der Rückseite der Formulare.

8 Steuerliche Aspekte für den Gesellschafter-Geschäftsführer

8.1 Rechtsbeziehungen zwischen Gesellschaft und Gesellschafter

Die Gesellschafter stehen zu ihrer GmbH in erster Linie in einem gesellschaftsrechtlichen Verhältnis, d. h., die Gesellschafter und die GmbH haben gegenseitige Rechte und Pflichten, die sich aus dem Gesellschaftsvertrag oder dem GmbHG ableiten. Zu den Rechten der Gesellschafter gehört beispielsweise das Recht auf den Bilanzgewinn (§ 29 Abs. 1 GmbHG).

Die Gesellschafter können aber auch in eine schuldrechtliche Beziehung zu ihrer GmbH treten. Dies bedeutet, daß sie beispielsweise Verträge miteinander abschließen können. Der häufigste Vertrag dürfte der Geschäftsführervertrag zwischen einem Gesellschafter und der GmbH sein. Meist werden auch Darlehensverträge oder Mietverträge geschlossen. Dies ist grundsätzlich aus gesellschafts-, vertrags- oder steuerrechtlicher Sicht nicht zu beanstanden.

Die finanziellen Vereinbarungen (Gehalt, Mietzahlungen, Zinsen für überlassene Darlehen) dieser Verträge können beim Schuldner Betriebsausgaben und beim Gläubiger steuerpflichtige Einnahmen sein.

Beispiel: Nixtax ist alleiniger Gesellschafter seiner GmbH und auch deren Geschäftsführer. Er bezieht ein Geschäftsführergehalt in Höhe von 500 000 DM pro Jahr. Daneben steht ihm ein Dienstwagen der gehobenen Klasse mit allen Sonderausstattungen zur Verfügung.

Steuerliche Folge: Der Arbeitsvertrag ist grundsätzlich anzuerkennen. Das gezahlte Gehalt sowie die Kosten für den Dienstwagen können für die GmbH Betriebsausgaben sein.

Nixtax muß das Gehalt und den geldwerten Vorteil für den Dienstwagen der Lohnsteuer unterwerfen.

Sind die Verträge zwischen Gesellschaft und Gesellschafter steuerlich anzuerkennen, so werden die Folgen aus den Verträgen behandelt wie unter fremden Dritten. Dies bedeutet: Aufwendungen, die die GmbH dem Gesellschafter auf Grund einer erbrachten Leistung zuwendet, können Betriebsausgaben sein und damit den steuerlichen Gewinn mindern. Dies kann insbesondere dann von Vorteil sein, wenn die Aufwendungen beim Gesellschafter nicht in gleichem Maße der Besteuerung unterliegen wie bei der Gesellschaft (etwa weil der Gesellschafter einem geringeren Steuersatz unterliegt).

Immer mindert die steuerlich nicht zu beanstandende Betriebsausgabe den Gewerbeertrag. Es fällt also weniger Gewerbesteuer an. Beim Gesellschafter unterliegen die Einkünfte jedoch meist nicht der Gewerbesteuer (Einkünfte aus Vermietung und Verpachtung, aus Kapitalvermögen). Deshalb kann es durchaus interessant sein, wenn Gesellschaft und Gesellschafter in vertragliche Beziehungen miteinander treten. Dies weiß natürlich auch der Fiskus, und er beobachtet die Vertragsbeziehungen besonders argwöhnisch.

8.2 Geschäftsführerbezüge

Grundsätzlich wird der Geschäftsführer der GmbH gegen Entgelt tätig. Die Höhe hängt von dem Umfang der Tätigkeit ab, von den Ertragsaussichten des eingesetzten Kapitals und auch von der Unternehmensgröße. Es kann sich zusammensetzen aus

- Festbezügen,
- Tantiemen,
- Versorgungszusagen,
- Nebenleistungen.

In der Regel besteht das Gehalt aus mehreren Komponenten, z. B. einem Festgehalt, einer Tantieme, beispielsweise einem

Firmenwagen als Nebenleistung und einer Versorgungszusage.

8.2.1 Tantieme

Unter Tantieme ist die vertraglich fest zugesagte Erfolgsbeteiligung zu verstehen. Es besteht ein Rechtsanspruch darauf (im Unterschied zu Prämien). Die Tantiemen machen durchaus einen beachtlichen Teil der Jahresbezüge aus. Je nach Ertragssituation können es ca. 30 % bis zu 40 % sein.
Wichtig ist, daß

- die Tantieme im voraus vertraglich vereinbart worden ist,
- die Berechnungsgrundlage feststeht, z. B. der Handelsbilanzgewinn, der Steuerbilanzgewinn usw.

Üblich sind auch Begrenzungen der Tantieme durch bestimmte Mindest- oder Höchstgrenzen.
Umsatzbezogene Tantiemen sind in der Praxis unüblich. Insbesondere bei Gesellschafter-Geschäftsführern kann dies zu steuerlich ungünstigen Ergebnissen führen (vgl. Kapitel 8.3).

8.2.2 Versorgungszusagen

Da GmbH-Geschäftsführer nicht der gesetzlichen Sozialversicherung unterliegen – sie können sich befreien lassen –, ist der Aufbau einer angemessenen Altersversorgung besonders wichtig. Versorgungszusagen helfen hier, den Lebensstandard im Alter zu sichern. Folgende Formen kommen in Betracht:
Pensionszusagen: Aus ihnen kann ein Rechtsanspruch abgeleitet werden. Wichtig hier bei Gesellschafter-Geschäftsführern: Die Zusage muß von vornherein vereinbart werden. Sie kann nicht für eine zurückliegende Zeit gegeben werden. Sind die Pensionszusagen nicht insolvenzgesichert, sollte eine Rückdeckungsversicherung abgeschlossen werden.
Die Pensionszusagen sind beim Nutznießer nicht Lohnsteu-

erpflichtig, Erst wenn die Zahlungen einsetzen, unterliegen diese der Einkommensteuer. Die GmbH kann die Zusagen als Pensionsrückstellungen gewinnmindernd behandeln.

Direktversicherung: Die GmbH als Versicherungsnehmer schließt zugunsten des Geschäftsführers eine Kapitallebensversicherung oder eine Rentenversicherung ab und zahlt die Beiträge. Nach dem Gesetz über betriebliche Altersversorgung (BetrAVG) sind die Ansprüche aus der Direktversicherung unverfallbar, wenn der Geschäftsführer das 35. Lebensjahr vollendet und die Direktversicherung zehn Jahre oder bei zwölf Dienstjahren drei Jahre bestanden hat.

Die gezahlten Prämien sind bei der GmbH Betriebsausgaben, auch wenn es sich um einen Einmalbetrag handelt. Für den Geschäftsführer fällt allerdings Lohnsteuer an. Dafür ist die Ablaufsumme bei Fälligkeit der Versicherung steuerfrei, wenn es sich um eine Kapitallebensversicherung handelt. Bei einer Rentenversicherung ist ein sog. Ertragsanteil zu versteuern. Seine Höhe richtet sich nach dem Alter des Rentenempfängers im Zeitpunkt der ersten Zahlung. Normale Lebensarbeitszeit unterstellt, beträgt er meist zwischen 25 und 35 % der jährlichen Rente.

8.2.3 Nebenleistungen

8.2.3.1 Abfindungen

Abfindungen wegen einer von der GmbH veranlaßten oder gerichtlich ausgesprochenen Auflösung des Dienstverhältnisses sind bis zu einer bestimmten Höhe einkommensteuerfrei. Sie sind Entschädigungen, die der Geschäftsführer als Ausgleich für die mit der Auflösung des Dienstverhältnisses verbundenen Nachteile, insbesondere den Verlust des Arbeitsplatzes, erhält. Sie können in einer Summe, in Teilbeträgen oder in fortlaufenden Beträgen bestehen.[1] Nicht zu den Abfindungen gehören andere Bezüge, die lediglich aus Anlaß der Auflösung eines Dienstverhältnisses gezahlt werden. Wird bei Ablauf eines befristeten Dienstverhältnisses

---

1 BFH vom 11. 1. 1980, BStBl II S. 205

eine Gratifikation oder eine besondere Zuwendung geleistet, so ist dies keine Abfindung. Keine Abfindung sind Zahlungen zur Abgeltung vertraglicher Ansprüche, die der Geschäftsführer aus dem Dienstverhältnis bis zum Zeitpunkt der Auflösung erlangt hat.[2] Zahlungen, mit denen entgangene Verdienstmöglichkeiten für die Zeit nach Beendigung des Dienstverhältnisses abgegolten werden, sind in der Regel Abfindungen.[3]

Es ist unerheblich, auf welcher Rechtsgrundlage die Zahlung der Abfindung beruht. Auch Abfindungen, auf die der Geschäftsführer keinen Anspruch hat, sind unter bestimmten Voraussetzungen steuerfrei. Dies gilt zumindest für Fremdgeschäftsführer. Bei Gesellschafter-Geschäftsführern droht die Umdeutung in eine verdeckte Gewinnausschüttung. Bei diesem ist zu empfehlen, die Abfindungsklausel in den Geschäftsführervertrag mit aufzunehmen.

Ob und zu welchem Zeitpunkt das Dienstverhältnis aufgelöst worden ist, ist nach bürgerlichem Recht bzw. nach dem Arbeitsrecht zu beurteilen. Die Auflösung ist von der GmbH veranlaßt, wenn diese die entscheidende Ursache für die Auflösung gesetzt hat. Eine gerichtlich ausgesprochene Auflösung braucht hingegen nicht von der GmbH veranlaßt zu sein. Eine gerichtliche Auflösung liegt allerdings noch nicht vor, wenn durch gerichtliches Urteil oder gerichtlichen Vergleich eine von einer Vertragspartei ausgesprochene Kündigung lediglich bestätigt wird.

Eine Änderungskündigung bewirkt nur dann eine Auflösung des Dienstverhältnisses, wenn sie zu einem Ausscheiden aus dem Dienstverhältnis führt.[4]

Wird der Geschäftsführer auf Grund eines nach Beendigung des Dienstverhältnisses abgeschlossenen neuen Dienstvertrages bei derselben GmbH zu wesentlich anderen Bedingungen weiterbeschäftigt, so wird hierdurch die Steuerfrei-

---

2 BFH vom 17. 5. 1977, BStBl II S. 735; vom 13. 10. 1978, BStBl II S. 155

3 BFH vom 13. 10. 1978, BStBl II S. 155

4 Dies gilt auch bei Übergang eines Betriebs oder Teilbetriebs auf einen anderen Inhaber mit den Rechtsgrundlagen des § 613 a BGB.

heit einer Abfindung nicht beeinträchtigt. Auch hier besteht wieder die Einschränkung, die beherrschenden Einfluß auf die Gestaltung des Vertragswerks hat, daß dies nicht für Gesellschafter-Geschäftsführer gilt.

Der Freibetrag richtet sich nach dem Lebensalter und der Dauer der Betriebszugehörigkeit des Geschäftsführers in dem Zeitpunkt, zu dem das Dienstverhältnis aufgelöst worden ist. Steuerfrei sind Abfindungen

- grundsätzlich bis zu 24 000 DM
- bis zu 30 000 DM, wenn das Arbeitsverhältnis 15 Jahre bestanden und der Geschäftsführer das 50. Lebensjahr vollendet hat
- bis zu 36 000 DM, wenn das Arbeitsverhältnis 20 Jahre bestanden und der Geschäftsführer das 55. Lebensjahr vollendet hat.

Der Freibetrag steht jedem Geschäftsführer aus demselben Dienstverhältnis insgesamt nur einmal zu. Wird die Abfindung in Teilbeträgen oder in fortlaufenden Beträgen ausgezahlt,[5] so sind die einzelnen Raten so lange steuerfrei, bis der für den Geschäftsführer maßgebende Freibetrag ausgeschöpft ist. Eine Verteilung des Freibetrags entsprechend der Laufzeit der Abfindungszahlungen ist nicht zulässig; vielmehr ist der Freibetrag bei den zuerst bezogenen Raten zu berücksichtigen.

Ist der Abzug des Freibetrags teilweise unterblieben, obwohl die Höhe der Abfindungsrate den Abzug zugelassen hätte, kann der Freibetrag insoweit nicht mehr bei Raten der Folgejahre berücksichtigt werden. Allerdings wird die im Lohnsteuerabzugsverfahren unterlassene Berücksichtigung des Freibetrags in der Einkommensteuerveranlagung nachgeholt.

Überschreitet die Abfindung den Freibetrag, so unterliegt sie insoweit dem Lohnsteuerabzug.

5 BFH vom 11. 1. 1980, BStBl II S. 205

8.2.3.2 *Darlehen*

Die GmbH gewährt ihrem Geschäftsführer ein Darlehen. Einer vertraglichen Vereinbarung bedarf es nicht. Soweit es marktüblich verzinst wird, gibt es keine Probleme. Ist das Darlehen hingegen zinslos, so wird der Zinsvorteil lohnversteuert, wenn der Darlehensbetrag 5 000 DM übersteigt. Bei Gesellschafter-Geschäftsführern ist ein Darlehen nicht zu empfehlen.

8.2.3.3 *Firmenwagen*

Die GmbH stellt dem Geschäftsführer einen Firmenwagen zur privaten Mitbenutzung zur Verfügung. Die private Mitbenutzung ist unter steuerlichen Gesichtspunkten als geldwerter Vorteil zu sehen, der der Lohnsteuer unterliegt. Üblich ist es, 1 % des Gesamtkaufpreises (Listenpreis) monatlich als geldwerten Vorteil zu versteuern, sofern Sie nicht durch das exakte Führen eines Fahrtenbuches geringere, privat veranlaßte Kosten nachweisen können.

Beispiel: Nixtax fährt als Geschäftsführer seiner GmbH ein Mercedes-Cabrio, viersitzig. Der Listenpreis einschließlich aller Nebenkosten für Sonderausstattung liegt bei 120 000 DM. Davon sind 1 % = 1 200 DM pro Monat der Lohnsteuer zu unterwerfen.

8.2.3.4 *Sonntags-, Feiertags- und Nachtarbeit*

Die Arbeit am Sonntag, Feiertag oder in der Nacht ist unter bestimmten Voraussetzungen bei Arbeitnehmern – also auch bei GmbH-Geschäftsführern – begünstigt. Steuerfrei sind Zuschläge, die für tatsächlich geleistete Sonntags-, Feiertags- oder Nachtarbeit neben dem Grundlohn gezahlt werden, soweit sie für

– Nachtarbeit	25 %
– Sonntagsarbeit	50 %
– Arbeit an gesetzlichen Feiertagen	125 %
– Arbeiten am 24. 12. ab 14.00 Uhr 25. 12. 26. 12. 1. 5.	150 %

des Grundlohns nicht übersteigen. Voraussetzung ist, daß die Zuschläge tatsächlich gezahlt werden. Sie können in einem Geschäftsführer-Vertrag vereinbart werden.

8.2.3.5 *Sozialversicherungszuschuß*

Der Arbeitgeberanteil zur Sozialversicherung ist bei Fremdgeschäftsführern steuerfrei.

8.2.3.6 *Telefonanschluß im Wohnhaus*

Übernimmt die GmbH einen Telefonanschluß im Privathaus des Geschäftsführers, so ist der betriebliche Anteil im Wege der Schätzung zu ermitteln.[6] Der privat veranlaßte Teil ist als geldwerter Vorteil der Lohnsteuer zu unterwerfen.

8.2.3.7 *Urlaubsgeld*

Die Länge des Urlaubs bei Gehaltsfortzahlung sollte vertraglich vereinbart werden, da das Bundesurlaubsgesetz für GmbH-Geschäftsführer keine Gültigkeit hat. Die Gehaltsfortzahlung ist selbstverständlich Lohn im lohnsteuerrechtlichen Sinn. Wird der Urlaub durch Geld abgegolten, so ist auch diese Zahlung der Lohnsteuer zu unterwerfen.

8.3 Verdeckte Gewinnausschüttung

Auf Grund des Einflusses, den ein Gesellschafter auf die Gesellschaft hat, ist es nicht ausgeschlossen, daß die GmbH dem Gesellschafter höhere Vergütungen oder andere Annehmlichkeiten zahlt, als sie es einem fremden Dritten gegenüber tun würde. Dies könnte zu ungerechtfertigten Steuervorteilen der Beteiligten führen.
Aus diesem Grund prüft das Finanzamt vor Anerkennung solcher schuldrechtlichen Beziehungen zwischen Gesellschafter und Gesellschaft, ob die Vertragsvereinbarungen einem sog. Fremdvergleich standhalten, d. h., ob die Vereinbarungen auch zwischen fremden Dritten getroffen worden

6 BMF-Schreiben vom 11. 6. 1990, BStBl I S. 290

wären. Aus der Sicht der Finanzverwaltung ist es besonders problematisch, wenn ein Gesellschafter gleichzeitig Geschäftsführer der GmbH ist.
Ist er auch noch beherrschender Gesellschafter, ist der Fiskus besonders kritisch.
Wendet eine GmbH einem Gesellschafter oder einer ihm nahestehenden Person außerhalb der gesellschaftsrechtlichen Gewinnverteilung einen Vermögensvorteil zu und hat diese Zuwendung ihre Ursache im Gesellschaftsverhältnis, so handelt es sich um eine verdeckte Gewinnausschüttung im Sinne des § 8 Abs. 2 KStG.

Beispiele:

1. Ein Gesellschafter führt Vorstandsgeschäfte und bezieht dafür ein *unangemessen hohes Gehalt.*[7] Die Angemessenheit des Gehalts eines Gesellschafter-Geschäftsführers einer neu gegründeten GmbH ist nach dem Maßstab des Handels eines ordentlichen und gewissenhaften Geschäftsleiters zu beurteilen. Feste Regeln gibt es nicht. Die obere Grenze ist im Einzelfall durch Schätzung zu ermitteln.[8]
2. Eine Gesellschaft zahlt an einen Gesellschafter *besondere Umsatzvergütung* neben einem angemessenen Gehalt. Umsatzabhängige Tantiemen werden dem Geschäftsführer einer GmbH nur ausnahmsweise versprochen. Entsprechend können sie bei Gesellschafter-Geschäftsführern steuerrechtlich nur in Ausnahmefällen anerkannt werden. Die Voraussetzungen des Ausnahmefalles sind von demjenigen darzulegen, der die steuerrechtliche Anerkennung begehrt.[9]
3. Ein Gesellschafter erhält ein Darlehen von der Gesellschaft zinslos oder zu einem außergewöhnlich geringen Zins.[10]
4. Ein Gesellschafter erhält von der Gesellschaft ein Darle-

7 BFH vom 25. 2. 1958, BStBl III S. 229
8 BFH vom 28. 6. 1989, BStBl II S. 854
9 BFH vom 28. 6. 1989, BStBl II S. 854
10 RFH vom 28. 5. 1929, RStBl 1929, S. 389; BFH vom 25. 11. 1964, BStBl 1965 III S. 176

hen, obwohl schon bei der Darlehenshingabe mit der Uneinbringlichkeit gerechnet werden muß.[11]

5. Ein Gesellschafter gibt seiner Gesellschaft ein Darlehen zu einem außergewöhnlich hohen Zinsfuß.[12]
6. Ein Gesellschafter liefert an die Gesellschaft Waren oder erwirbt von der Gesellschaft Waren und sonstige Wirtschaftsgüter zu ungewöhnlichen Preisen oder erhält besondere Nachlässe oder Rabatte.[13]
7. Eine Gesellschaft übernimmt zum Vorteil eines Gesellschafters eine Schuld oder Verpflichtung, wie z.B. Bürgschaften.[14]
8. Eine Gesellschaft verzichtet auf Rechte, die ihr einem Gesellschafter gegenüber zustehen.[15]
9. Ein Dritter, der nicht nur für die Gesellschaft, sondern auch für einen Gesellschafter persönlich tätig wird, erhält dafür eine Gesamtvergütung, welche die Gesellschaft unter Kosten verbucht.
10. Ein Gesellschafter beteiligt sich an der Gesellschaft als stiller Gesellschafter und erhält dafür einen unangemessen hohen Gewinnanteil.[16]
11. Die an einer Personengesellschaft beteiligte Kapitalgesellschaft stimmt einer rückwirkenden Neuverteilung des Gewinns zu, die ihre Gewinnbeteiligung zugunsten ihres gleichfalls an der Personengesellschaft beteiligten Gesellschafters einschränkt.[17]

Es kommt nicht darauf an, daß die GmbH die Absicht hatte, den Gewinn verdeckt auszuschütten oder daß zwischen den Beteiligten Einigkeit darüber besteht, daß die Zuwen-

---

11 RFH vom 26.3.1935, RStBl 1935, S. 1064; BFH vom 16.9.1958, BStBl 1965, S. 451

12 BFH vom 28.10.1964, BStBl III 1965, S. 119; vom 25.11.1964, BStBl III 1965, S. 176

13 BFH vom 12.7.1972, BStBl II S. 802; vom 21.12.1972, BStBl II 1973, S. 449; vom 16.4.1980, BStBl II 1981, S. 492

14 BFH vom 19.3.1975, BStBl II S. 614

15 BFH vom 3.11.1971, BStBl II 1972, S. 227

16 BFH vom 6.2.1980, BStBl II S. 477

17 BFH vom 12.6.1980, BStBl II S. 723

dung mit Rücksicht auf das Gesellschaftsverhältnis erfolgt.[18]

Bei Rechtsgeschäften im Rahmen einer Erstausstattung der GmbH kann nach Auffassung des Bundesfinanzhofs nicht auf das Handeln eines ordentlichen und gewissenhaften Geschäftsleiters abgestellt werden. Hier liegt verdeckte Gewinnausschüttung vor, wenn die Vereinbarungen darauf abzielen, den Gewinn der GmbH nicht über eine angemessene Verzinsung des eingezahlten Nennkapitals und eine Vergütung für das Risiko des nicht eingezahlten Nennkapitals hinaus zu steigern.[19]

Die steuerlichen Folgen der verdeckten Gewinnausschüttung sind unangenehm: Der verdeckt ausgeschüttete Betrag darf den Gewinn der GmbH nicht mindern. Beim Gesellschafter wird er gleichwohl versteuert.

Wichtig: Die Rückzahlung einer verdeckten Gewinnausschüttung beseitigt die eingetretenen Rechtsfolgen in der Regel nicht.[20]

Und noch ein Hinweis: Eine verdeckte Gewinnausschüttung liegt nicht vor, wenn die Kapitalgesellschaft bei Anwendung der Sorgfalt eines ordentlichen und gewissenhaften Geschäftsleiters den Vermögensvorteil unter sonst gleichen Umständen auch einem Nichtgesellschafter zugewendet hätte. Dies kann z. B. der Fall sein, wenn der gewährte Vermögensvorteil durch die Gegenleistung des begünstigten Gesellschafters aufgewogen wird.[21]

Verdeckte Gewinnausschüttung nehmen Finanzverwaltung und Rechtsprechung nicht nur dann an, wenn unüblich hohe Zuwendungen auf Grund von Vereinbarungen zwischen Gesellschafter und GmbH bestehen, sondern auch dann, wenn nahe Angehörige begünstigt werden und der Gesellschafter

18 BFH vom 10. 1. 1973, BStBl II S. 322; vom 11. 10. 1977, BStBl II 1978, S. 109

19 BFH vom 23. 5. 1984, BStBl II S. 673

20 BFH vom 10. 4. 1962, BStBl III S. 225; vom 18. 2. 1966, BStBl III S. 250

21 BFH vom 10. 4. 1962, BStBl II S. 704; vom 1. 8. 1984, BStBl II 1985, S. 18

selbst einen Vorteil daraus zieht.[22] Zum Kreis der dem Gesellschafter nahestehenden Personen zählen sowohl natürliche als auch juristische Personen. Dies sind insbesondere

- Eheleute,[23] auch der geschiedene Ehepartner,
- Kinder, auch wenn sie volljährig sind,
- nahe Verwandte,
- Konzerngesellschaften,
- eine andere GmbH, an der der Angehörige eines Gesellschafters beteiligt ist.

Steuerlich wird im Falle der Begünstigung eines nahen Angehörigen der Wert der verdeckten Gewinnausschüttung dem Gesellschafter zugerechnet. Er muß sie als Kapitalertrag versteuern.

Zur Vermeidung verdeckter Gewinnausschüttungen bei Gesellschafter-Geschäftsführern sind folgende Empfehlungen zu beachten:

- schriftlicher Anstellungsvertrag mit dem ausdrücklichen Hinweis, daß der Geschäftsführer nicht auf Grund seines Gesellschafterverhältnisses tätig wird.
- Vereinbarungen über die Höhe des Entgelts und der vereinbarten Nebenleistungen sind in jedem Fall in den Anstellungsvertrag mit aufzunehmen; nachträgliche Vereinbarungen für die Vergangenheit führen zur verdeckten Gewinnausschüttung.
- Das Entgelt muß der Höhe nach einen Vergleich mit einem fremden Geschäftsführer standhalten.

8.4 Anrechnungsverfahren und Besteuerung beim Gesellschafter

Wie bereits gesagt, unterliegt der nicht ausgeschüttete Gewinn der GmbH einem Körperschaftsteuertarif in Höhe von 45 %. Wird der Gewinn allerdings an die Gesellschafter

---

22 BFH vom 27. 1. 1972, BStBl II S. 320
23 BFH vom 2. 3. 1988, BStBl II S. 786

ausgeschüttet, so ermäßigt sich der Tarif auf 30 %. Letztendlich sollen ausgeschüttete Gewinne ganz von der Körperschaftsteuer befreit und lediglich mit dem persönlichen Einkommensteuersatz des Gesellschafters belastet werden. Um dies technisch zu erreichen, schreibt das Gesetz das sog. Anrechnungsverfahren vor. Dies bedeutet, daß

- zum einen bei der GmbH die ursprüngliche Körperschaftsteuer von 40 % auf Gewinnanteile bei Ausschüttung auf 30 % gemindert und
- zum anderen diese 30 %ige Körperschaftsteuer auf die Einkommensteuer des Gesellschafters angerechnet wird.

Beispiel einer Körperschaftsteuerminderung:

Gewinn vor Besteuerung		100 000 DM
abzgl. KSt-Tarif	40 %	– 40 000 DM
verbleiben		= 60 000 DM
Körperschaftsteuerminderung (40 % – 10 % = 30 %)	10 %	+ 10 000 DM
ausschüttbarer Betrag		70 000 DM

Die von der GmbH zur Ausschüttung vorgesehenen Gewinnanteile erreichen den Gesellschafter also nicht in voller Höhe. Vielmehr wird erst einmal die sog. Ausschüttungsbelastung in Höhe von 30 % Körperschaftsteuer einbehalten und an das Finanzamt abgeführt, Darüber hinaus ist eine Kapitalertragsteuer in Höhe von 25 % einzubehalten.

Zu den Einkünften aus Kapitalvermögen gehören auch die anzurechnende Körperschaftsteuer. Damit ist sichergestellt, daß der Anteilseigner die Bruttodividende versteuert.

Wie sich das Anrechnungsverfahren beim Gesellschafter auswirkt, zeigt ein Beispiel.

Beispiel:

Zur Ausschüttung vorgesehener Gewinn	100 000 DM
abzgl. 30 % KSt	– 30 000 DM
ausschüttbarer Betrag	= 70 000 DM
abzgl. 25 % Kapitalertragsteuer, bezogen auf die Ausschüttung	– 17 500 DM
an Gesellschafter auszahlbar	= 52 500 DM

Einkunftsermittlung des Gesellschafters:

ausgezahlter Betrag	52 500 DM
zzgl. Kapitalertragsteuer	+ 17 500 DM
zzgl. Körperschaftsteueranrechnungsbetrag	+ 30 000 DM
Bruttoeinnahmen	= 100 000 DM
abzgl. Werbungskosten, z. B.	– 1 500 DM
abzgl. Sparerfreibetrag	– 6 000 DM
Einkünfte aus Kapitalvermögen	= 92 500 DM
darauf Einkommensteuer (beispielsweise)	23 125 DM
anzurechnende Körperschaftsteuer	– 30 000 DM
ESt-Erstattung	= 6 875 DM

Würde die Einkommensteuer – beispielsweise wegen anderer Einkünfte – über 30 000 DM betragen, so käme statt einer Erstattung eine Nachzahlung zustande.
Das hier mit wenigen Worten beschriebene Verfahren ist in der Anwendung recht kompliziert. Da das für die Ausschüttung verwendbare Eigenkapital mit unterschiedlicher Körperschaftsteuer belastet oder auch vollkommen steuerfrei sein kann, ist eine sog. Eigenkapitalgliederung zu erstellen, in der die unterschiedlichen Belastungen des Eigenkapitals mit Körperschaftsteuer auszuweisen sind.
Diese kurzen Hinweise sollen als Überblick genügen. Es empfiehlt sich dringend, die Körperschaftsteuererklärung von einem Steuerfachmann erstellen zu lassen. Der Laie dürfte hoffnungslos überfordert sein, auch wenn er beispielsweise bisher als Angestellter seine Einkommensteuererklärung selbst hat erstellen können.

8.5 Steuerrechtliche Haftung des Geschäftsführers

Im Zivilrecht haftet ein GmbH-Geschäftsführer grundsätzlich nicht für die Schulden der GmbH. Im Steuerrecht ist dies anders: Der Geschäftsführer haftet als gesetzlicher Vertreter der GmbH für Ansprüche aus einem Steuerschuldverhältnis, wenn die ihm auferlegten Pflichten vorsätzlich oder grob fahrlässig verletzt werden (§ 69 AO).

Haftungsrisiken bestehen insbesondere bei den folgenden Steuerarten:

Lohnsteuer: Das Lohnsteueraufkommen ist eine maßgebliche Stütze der öffentlichen Haushalte. Die Finanzverwaltung achtet deshalb ganz besonders streng auf die Arbeitgeberpflichten der GmbH, die Lohnsteuer zu berechnen, einzubehalten und abzuführen. Dies gilt auch für die eigene Lohnsteuer des Geschäftsführers. Erfüllt der Geschäftsführer als Organ der GmbH die Arbeitgeberpflichten hinsichtlich der Fälligkeitstermine nicht, so handelt er mindestens leichtfertig. Führt er die angemeldeten Lohnsteuern überhaupt nicht ab, so tritt der Haftungsfall ein.

Stehen liquide Mittel nicht in dem Umfang zur Verfügung, daß die Nettolöhne und die Lohnsteuer gezahlt werden können, so ist der zur Verfügung stehende Betrag auf Löhne und Lohnsteuer aufzuteilen.

Hat der Geschäftsführer einen Antrag auf Verrechnung mit einem Umsatzsteuerguthaben beantragt und hat das Finanzamt in der Vergangenheit bereits solchen Anträgen zugestimmt, so schließt dies eine Haftung aus.

Umsatzsteuer: Auch die Umsatzsteuer ist eine anmeldepflichtige Steuer. Hier kann der Haftungsfall für den Geschäftsführer eintreten, wenn die Umsatzsteuervoranmeldungen nicht oder nicht in der vorgesehenen Frist abgegeben werden. Allerdings ist die Umsatzsteuerschuld nicht vorrangig vor anderen Schulden zu tilgen, sondern sie wird gleichberechtigt behandelt.

9 Altersversorgung des GmbH-Geschäftsführers

Die Versorgung eines GmbH-Geschäftsführers ist durch die gesellschaftsrechtlichen Beziehungen zu einer Gesellschaft geprägt. Für ihn besteht keine Sozialversicherungspflicht, wenn er die Geschicke der Gesellschaft maßgeblich beeinflussen kann.

Beteiligung	Beschluß/ Mehrheit	Einfluß	Versicherungspflicht
≥ 50 %	einfach	durch die Höhe der Beteiligung am Stammkapital gesichert	nein
< 50 %	qualifiziert	Sperrminorität	nein
	einfach	Weisungsfreiheit	nein
		Weisungsabhängigkeit	ja
keine	ohne Bedeutung	ohne Bedeutung	ja

Abb. 20: Versicherungspflicht des GmbH-Geschäftsführers

Damit entfällt für einen Gesellschafter-Geschäftsführer i. d. R. die Grundversorgung über die gesetzliche Rentenversicherung. Auch für den nicht beherrschenden Gesellschafter deckt die Sozialversicherung nur einen kleinen Teil des Versorgungsbedarfs.

Ein Gesellschafter-Geschäftsführer mit einer Beteiligung unter 50 % ist versicherungsfrei, wenn er nach den tatsächlichen Verhältnissen keinen Weisungen hinsichtlich Gestaltung und Ausführung der Arbeit, der Arbeitszeit, des Urlaubs usw. unterliegt. Ferner wird vorausgesetzt, daß er die GmbH auf Grund seiner Branchenkenntnisse unternehmerisch leitet, ohne dem Weisungsrecht der anderen Gesellschafter unterworfen zu sein. Zudem wird vorausgesetzt, daß er seine Tätigkeit entsprechend den Belangen der GmbH, die im Ergebnis mit seinen eigenen Belangen identisch sind, frei bestimmen kann.

Für die Feststellung der Versicherungspflicht ist der jeweilige Träger der gesetzlichen Krankenversicherung als gleichzeitige Einzugsstelle für die Beiträge der gesetzlichen Rentenversicherung zuständig.

Aus den genannten Gründen kommen den anderen Säulen der Altersversorgung, der betrieblichen Altersversorgung und der privaten Eigenvorsorge, für den Gesellschafter-Geschäftsführer eine besondere Bedeutung zu.

Steuerlich ist der Gesellschafter-Geschäftsführer einer GmbH Arbeitnehmer. Daher kann ihm, wie auch seinen Mitarbeitern, eine betriebliche Altersversorgung mit allen sich daraus ergebenden Vorteilen gewährt werden. Das Steuerrecht erhebt aber wegen der besonderen Stellung des Gesellschafter-Geschäftsführers an die steuerliche Anerkennung der Aufwendungen für dessen betriebliche Altersversorgung besondere Anforderungen.

9.1 Gesetzliche Rentenversicherung

Ist ein Gesellschafter-Geschäftsführer nicht versicherungspflichtig (vgl. Abb. 20) und übt er eine selbständige Erwerbstätigkeit aus, so kann dieser auf Antrag wieder der Pflichtversicherung der Angestellten beitreten. Dies muß innerhalb von zwei Jahren nach Aufnahme der selbständigen Erwerbstätigkeit beantragt werden. Die Frist kann jedoch auf Antrag bis auf fünf Jahre verlängert werden.

Ein einmal gestellter Antrag auf Pflichtversicherung kann nicht widerrufen werden. Die Antragpflichtversicherung endet dann erst mit der Aufgabe der selbständigen Tätigkeit.

Als Monatsbeitrag sind 19,3 % von einem Zwölftel des Jahresbruttoeinkommens, beschränkt auf die Beitragsbemessungsgrenze von monatlich DM 8 600 DM in den alten Bundesländern und DM 7 100 in den neuen Bundesländern in 2000 zu zahlen.

Wenn ein Arbeitsvertrag eines Gesellschafter-Geschäftsführers bestimmt, daß die GmbH ihm einen Zuschuß in Höhe des Arbeitgeberbeitrags zur gesetzlichen Rentenversicherung bezahlt, so ist dieser Anteil nicht steuerfrei (§ 3 Nr. 62 EStG). Eine Steuerbefreiung gilt nur für Beiträge, deren Zahlung auf einer gesetzlichen Verpflichtung beruht, nicht jedoch für freiwillige Beiträge.

Ist in einem Anstellungsvertrag eines Gesellschafter-Geschäftsführers keine Vereinbarung über Zuschüsse einer Rentenversicherung enthalten und zahlt die GmbH dennoch einen Zuschuß für die Sozialversicherung, so liegt eine verdeckte Gewinnausschüttung (zum Begriff vgl. Kapitel 8.3) vor, die natürlich zu einer steuerlichen Mehrbelastung führt.

Für Gesellschafter-Geschäftsführer gibt es auch die Möglichkeit, sich freiwillig zu versichern. Hierbei müssen die für ein Kalenderjahr bestimmten freiwilligen Beiträge bis zum Ablauf des betreffenden Jahres an den zuständigen Versicherungsträger abgeführt und der Zahlungseingang registriert sein.

9.2 Private Lebensversicherung

Eine private Lebensversicherung ist ein Versicherungsabschluß, bei dem das Leben des Gesellschafter-Geschäftsführers versichert oder ein fester Zeitablauf zur Fälligkeit vereinbart wird.

Lebensversicherungen werden oftmals als Ergänzung oder als Ersatz für eine gesetzliche oder betriebliche Altersversorgung abgeschlossen. Lebensversicherungen können auch als Sicherheit für Hypotheken dienen. Möglich sind:

- Kapitallebensversicherung auf den Todes- und Erlebensfall,
- Risikolebensversicherung.

Private Lebensversicherungen bieten Steuereffekte bei der Tilgung von Darlehen und Hypotheken. Ferner fallen die Leistungen aus einer Kapitalversicherung einschließlich Gewinnbeteiligung einkommensteuerfrei an, wenn die Voraussetzungen des § 10 EStG erfüllt sind. Dafür muß die Versicherungsdauer mindestens 12 Jahre betragen. Wenn die Prämien im Rahmen der Grenzwerte für Vorsorgeaufwendungen als Sonderausgaben geltend gemacht wurden, so führt die steuerfreie Auszahlung der Versicherungsleistung zuzüglich Gewinnbeteiligung zu einer erheblichen Rendite dieser Kapitalanlageform.

9.3 Betriebliche Altersversorgung

Grundsätzlich stehen für betriebliche Versorgungsmaßnahmen vier Möglichkeiten offen: die Pensionszusage, die Unterstützungskasse, die Pensionskasse und die Direktversicherung.

Die Pensionszusage ist wohl eine der gängigsten Formen der betrieblichen Altersversorgung. Hierbei hat der Gesellschafter-Geschäftsführer der GmbH einen unmittelbaren Rechtsanspruch gegen die GmbH auf Zahlung einer zugesagten Versorgungsleistung. Die GmbH muß Pensionszusagen in Form von Pensionsrückstellungen in der Bilanz berücksichtigen. Handelsrechtlich ist jedoch der Verzicht auf Pensionsrückstellungen erlaubt. Verzichtet die GmbH auf Pensionsrückstellungen, so mindern erst die Pensionszahlungen den Periodenerfolg der GmbH. Dieses Passivierungswahlrecht gilt jedoch nur noch für Pensionszusagen, die bis Ende 1986 erteilt wurden. Seit 1987 besteht durch das BiRiLiG eine handelsrechtliche Passivierungspflicht. Durch den Maßgeblichkeitsgrundsatz (§ 5 Absatz 1 EStG) ergibt sich dadurch auch die steuerliche Passivierungspflicht für Zusagen ab 1987.

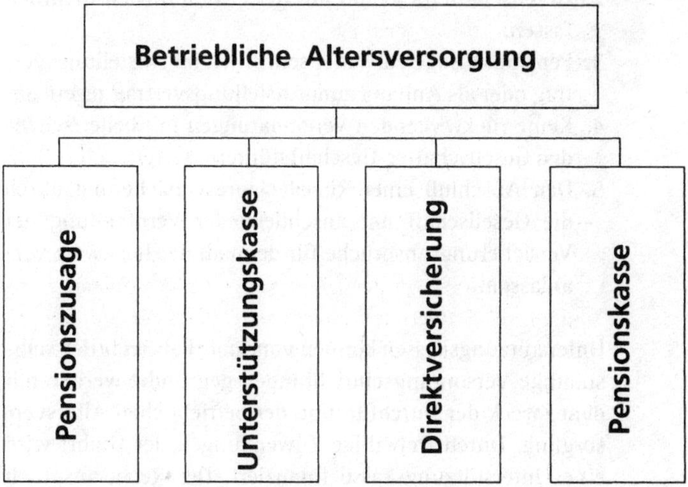

Abb. 21: Formen der betrieblichen Altersversorgung

Achtung: Die Pensionszusage ist Bestandteil des Geschäftsführerdienstvertrages und fällt deshalb in die Beschlußkompetenz der Gesellschafterversammlung, soweit nach der Satzung keine anderweitige Zuständigkeit bestimmt ist.

Voraussetzung für die steuerliche Anerkennung einer Pensionszusage an den Gesellschafter-Geschäftsführer sind deren Angemessenheit, Ernsthaftigkeit und Erdienbarkeit.

Insgesamt darf die zu zahlende Rente nicht mehr als 75 % der letzten Aktivbezüge (Festgehalt ohne Tantieme) betragen. Zwischen Zusage und Beginn der Pensionszahlung muß für den beherrschenden Gesellschafter-Geschäftsführer ein Zeitraum von mindestens zehn Jahren liegen. Für den beherrschenden Gesellschafter-Geschäftsführer verkürzt sich diese Erdienenszeit auf bis zu drei Jahre, wenn er im Zeitpunkt der Zahlung dem Betrieb mindestens zwölf Jahre angehört hatte.

Checkliste Pensionszusagen

1. Bei Überschreiten des 60. Lebensjahres oder kurz nach Gründung der GmbH keine Pensionszusage erteilen.
2. Gesellschafterbeschluß mit der erforderlichen Mehrheit fassen.
3. Pensionszusage entweder schriftlich im Anstellungsvertrag oder als Anhang zum Anstellungsvertrag regeln.
4. Keine rückwirkenden Vereinbarungen mit beherrschenden Gesellschafter-Geschäftsführern treffen.
5. Den Abschluß einer Rückdeckungsversicherung durch die Gesellschaft mit anschließender Verpfändung der Versicherungsansprüche für den Fall der Insolvenz veranlassen.

Unterstützungskassen können von GmbH als rechtlich selbständige Versorgungseinrichtungen gegründet werden mit dem Zweck der Durchführung der betrieblichen Altersversorgung. Durch freiwillige Zuwendungen der GmbH wird eine Unterstützungskasse finanziert. Der Rechtsanspruch auf die Versorgungsleistungen muß den Arbeitnehmern jedoch versagt werden, damit eine Unterstützungskasse der Versicherungsaufsicht und der Steuerpflicht entgehen kann. Unterstützungskassen haben heute keine große Bedeutung mehr.

Pensionskassen werden meist in der Rechtsform des Versicherungsvereins auf Gegenseitigkeit gegründet. Durch den Mitgliedschaftserwerb erlangt dann der Arbeitnehmer einen Rechtsanspruch auf Leistungen dieser Versorgungseinrichtung. Voraussetzung zur Gründung einer Pensionskasse ist u. a., daß eine Risikogemeinschaft von mindestens 200 versicherten Personen entsteht. Finanziert werden Pensionskassen aus Beiträgen der versorgungsberechtigten Arbeitnehmer und Beiträgen des Trägerunternehmens. Die Pensionskassen unterliegen der Aufsicht des Bundesaufsichtsamtes für das Versicherungswesen.

Zuwendungen der GmbH an Pensionskassen, die einen Rechtsanspruch auf die Versorgungsleistungen gewähren, sind bei der GmbH Betriebsausgaben und beim Geschäfts-

führer steuerpflichtiger Arbeitslohn. Die Lohnsteuer kann pauschaliert werden.
Schließt eine GmbH eine Direktversicherung (Form einer Lebensversicherung) bei einer Lebensversicherung zugunsten eines Arbeitnehmers ab, so erwerben die Begünstigten (Versicherter/Erben) Leistungsansprüche direkt gegen die Versicherungsgesellschaft.
Bei der Direktversicherung entfällt eines der größten Probleme der betrieblichen Altersversorgung: die Anpassungsprüfungspflicht laufender Renten, da Kapitalleistungen von dieser Regel nicht betroffen sind.
Aus den besonderen Anforderungen des Steuerrechts an die betriebliche Altersversorgung eines Gesellschafter-Geschäftsführers ergeben sich wichtige Punkte, die zu beachten sind. Voraussetzung ist die zivilrechtliche Wirksamkeit der Versorgungszusage. Die Zusage erlangt nur dann ihre Gültigkeit, wenn der Gesellschafter-Geschäftsführer von dem Verbot des Selbstkontrahierens (§ 181 BGB) durch den Gesellschaftsvertrag befreit ist.
Bei einem Beteiligungsgrad von i. d. R. 25 % müssen die Gesamtbezüge des Gesellschafter-Geschäftsführers angemessen sein. Maßstab für diese Angemessenheit ist das steuerlich anerkannte Gehalt eines Gesellschafter-Geschäftsführers.
Sofern eine Angemessenheit des Gehaltes gegeben ist und die Gesamtzusage nicht die üblichen Versorgungsbezüge von 75 % des letzten Gehaltes übersteigt, dürfte die Altersversorgung auch angemessen sein. Jedoch wird im Zweifel der Einzelfall geprüft, wobei die Pensionszusage mit der »fiktiven Jahresnettoprämie« bewertet und mit diesem Wert den sonstigen Bezügen zugerechnet wird.
Mit einer Pensionszusage verpflichtet sich die Gesellschaft in einem Versorgungsfall (z. B. Berufsunfähigkeit, Tod, Erleben), die versprochenen Leistungen zu erbringen. Diese müssen deshalb in der Handelsbilanz als Pensionsrückstellungen berücksichtigt werden, die in die Steuerbilanz übernommen werden und den zu versteuernden Gewinn somit mindern.

Da Rückstellungen jedoch lediglich Buchposten sind, stehen im Versorgungsfall liquide Mittel zur Finanzierung der Rentenleistung i. d. R. nicht zur Verfügung.

Mit der auf die Versorgungsleistungen im Verhältnis 1:1 abgestellte Rückdeckungsversicherung befreit sich eine Gesellschaft von diesem betriebsfremden Risiko. Gleichzeitig wird die Finanzierung durch den tätigen Gesellschafter selbst bewirkt und nicht auf spätere Generationen verschoben.

Bei einer Erhöhung der Pensionszusage aufgrund von Gehaltssteigerungen des Gesellschafter-Geschäftsführers bleibt eine kongruente Rückdeckung erhalten, wenn eine gehaltsabhängige Dynamik berücksichtigt wird.

An die steuerliche Anerkennung von Pensionsrückstellungen für beherrschende Gesellschafter-Geschäftsführer stellt das Steuerrecht im wesentlichen die gleichen Anforderungen wie bei nichtbeteiligten Arbeitnehmern. Es gelten auch für beherrschende Gesellschafter-Geschäftsführer die Regelungen nach § 6 a EStG, der eine Rückstellungsbildung nach Maßgabe der Versorgungszusage vorsieht, mit der Ausnahme jedoch, daß die Zusage einer Altersrente vor Vollendung des 65. Lebensjahres nur unter besonderen Umständen steuerlich anerkannt wird.

Die steuerlichen Grundsätze der GmbH gestalten sich wie folgt: Nach § 6 a EStG kann die Gesellschaft für die rechtsverbindliche, schriftlich erteilte Zusage Pensionsrückstellungen bilden. Die Höhe der Pensionsrückstellung wird nach versicherungsmathematischen Grundsätzen mit einem Rechnungszinsfuß von 6 % ermittelt. Dabei werden Rückstellungen grundsätzlich ab Diensteintritt – frühestens jedoch ab einem Alter von 30 Jahren – berücksichtigt. Dies führt dazu, daß bei einer Zusage nach dem Diensteintritt für die zurückliegende Zeit bis zum Diensteintritt eine Einmalrückstellung gebildet wird. Die so gebildete Rückstellung erhöht sich dann planmäßig Jahr für Jahr, bis im Pensionsalter der Barwert der künftigen Pensionsleistungen erreicht ist.

Fällige Versorgungsleistungen sind dann als Betriebsausga-

ben abziehbar. Die Pensionsrückstellung hingegen ist nach versicherungsmathematischen Grundsätzen gewinnerhöhend aufzulösen.
Pensionsrückstellungen werden auf der Passivseite einer Bilanz ausgewiesen. Daher ergeben Zuführungen zu Rückstellungen Gewinnminderungen und Auflösungen von Rückstellungen Gewinnerhöhungen. Während der Anwartschaft (Aufbau des Rückstellungskontos) tritt somit bei der Gesellschaft ein Steueraufschub ein, ohne daß tatsächlich schon Rentenleistungen zu erbringen sind (Vorfinanzierungseffekt).
Der Gesellschafter-Geschäftsführer hat ebenfalls steuerliche Aspekte während einer Anwartschaft zu berücksichtigen. So erhält er einen Rechtsanspruch auf in Zukunft fällig werdende Versorgungsleistungen, was nicht zu steuerpflichtigen Einkünften führt. Auch Zuführungen zum Rückstellungskonto berühren ihn nicht.
Bei Fälligkeit der Pension ist diese Versorgungsleistung des Unternehmens wie Arbeitslohn zu versteuern. Von Versorgungsbezügen bleibt jedoch (§ 19 Abs. 2 EStG) ein Betrag in Höhe von 40 % dieser Bezüge, höchstens jedoch 6 000 DM im Kalenderjahr, steuerfrei. Renten sind vermögensteuerfrei, Kapitalleistungen unterliegen nach Abzug von Freibeträgen der Vermögensteuer.
Eine Versorgung von 75 % der letzten Bruttobezüge ist im Staatsdienst und bei Führungskräften in der Wirtschaft üblich. Diese Gesamtversorgung wird angestrebt über

- die Sozialversicherung,
- die betriebliche Altersversorgung und
- die private Vorsorge.

Um die Versorgungslücke festzustellen, ist individuell die Sozialversicherungsrente zu ermitteln. Die verbleibende Versorgungslücke kann beispielsweise durch eine Kombination von Direktversicherung und Pensionszusage geschlossen werden. Dies zeigt nachstehendes Beispiel:

Ermittlung der Versorgungslücke

Beispiel: 35jähriger Gesellschafter-Geschäftsführer,
Diensteintritt mit 30 Jahren, versorgungsfähiges Monatsgehalt 8 000,– DM
75 % Versorgungsgrad

= Gesamtversorgung	6 000,00 DM
abzüglich individuell ermitteltem Sozialversicherungsanspruch	800,00 DM
verbleibende Versorgungslücke	5 200,00 DM

Direktversicherung

Kapitalversicherung auf den Todes- und Erlebensfall mit Beitragsfreiheit bei Berufsunfähigkeit. Jahresbeitrag: 3 000,00 DM
Versicherungssumme: 105 757,00 DM* (verrentet mit Barwert im Alter 65 = 13 130,00 DM für 100,00 DM Monatsrente)

Rentenwert	805,00 DM
restliche Versorgungslücke	4 395,00 DM

Pensionszusage an den Gesellschafter-Geschäftsführer

– Altersrente ab 65. Lebensjahr	4 395,00 DM
– Berufsunfähigkeitsrente	5 200,00 DM
– Witwenrente 60 % der Altersrente	2 637,00 DM

Alle Leistungen werden in dem Verhältnis (%) angepaßt, wie sich das versorgungsfähige Gehalt ändert.
Die Pensionszusage wird durch eine Rückdeckungsversicherung kongruent abgesichert. Diese Versicherung beinhaltet – wie die Pensionszusage – eine gehaltsabhängige Dynamik-Vereinbarung. Damit bleibt die vollständige Absicherung auf Dauer erhalten.

Versorgungslücke geschlossen.	0,00 DM

* Direktversicherungen erwirtschaften Überschüsse. Diese betragen bei Ablauf 151 187,00 DM (System der verzinslichen Ansammlung).
Gesamtablaufleistung also 256 944,00 DM.
Die angegebenen Leistungen aus der Überschußbeteiligung werden nicht garantiert. Sie gelten nur dann, wenn die für 1990 festgesetzten Überschußanteile während der gesamten Versicherungsdauer unverändert bleiben.
Die Gutschriften aus der Überschußbeteiligung sind in den ersten Jahren deutlich geringer als in den letzten Jahren der Vertragslaufzeit.
Barwert der Versorgungszusage im Alter 65

$$= \frac{4\,395 \cdot 13\,139}{100} = 577\,064{,}00 \text{ DM}$$

Abb. 22: Ermittlung einer Versorgungslücke. Abdruck mit freundlicher Genehmigung der Nordstern Versicherungen.

Versorgungszusage

Herrn/Frau

Sehr geehrte(r) Frau/Herr ...
in Ergänzung Ihres Anstellungsvertrages vom ... gewähren wir Ihnen eine Alters-, Invaliditäts- und Hinterbliebenenversorgung nach Maßgabe der folgenden Bestimmungen:

1. Sie erhalten nach vollendetem 65. Lebensjahr ein lebenslängliches Ruhegeld in Höhe von monatlich ... DM bzw. eine monatliche Invaliditätsrente von ... DM, wenn eine Berufsunfähigkeit im Sinne von § 23 AVG vorliegt. Das Ruhegeld bzw. die Invaliditätsrente ändert sich während der Anwartschaft im gleichen Verhältnis wie Ihr Bruttogehalt.
   Das Ruhegeld verändert sich nach Eintritt des Versorgungsfalles im gleichen Verhältnis, wie sich das Grundgehalt eines verheirateten Bundesbeamten der Besoldungsgruppe A 16 in der höchsten Dienstaltersstufe verändert. Beziehen Sie vor Vollendung des 65. Lebensjahres Altersruhegeld aus der gesetzlichen Rentenversicherung, so können Sie die betriebliche Altersrente bereits vor diesem Zeitpunkt an verlangen. Aufgrund der vorzeitigen Inanspruchnahme ermäßigt sich in diesem Fall die Altersrente einschließlich der Anwartschaft auf Hinterbliebenenversorgung um 0,5 % pro Monat der vorzeitigen Inanspruchnahme.
   Die Invaliditätsrente wird nicht gezahlt, wenn die Berufsunfähigkeit verursacht ist durch:
   a) unmittelbare oder mittelbare Kriegsereignisse oder innere Unruhen, sofern Sie auf der Seite der Unruhestifter teilgenommen haben;
   b) vorsätzliche Ausführung oder den strafbaren Versuch eines Verbrechens oder Vergehens durch Sie;
   c) absichtliche Herbeiführung von Krankheit oder Kräfteverfall, absichtliche Selbstverletzung oder versuchte Selbsttötung. Wenn uns jedoch nachgewiesen wird, daß diese Handlungen in einem die freie Willensbestimmung ausschließenden Zustand krankhafter Störung der Geistestätigkeit begangen worden sind, werden wir leisten;
   d) eine widerrechtliche Handlung, mit der Sie vorsätzlich die Berufsunfähigkeit herbeigeführt haben;
   e) Beteiligung an Fahrtveranstaltungen mit Kraftfahrzeugen, bei denen es auf die Erzielung einer Höchstgeschwindigkeit ankommt, und den dazugehörenden Übungsfahrten;
   f) durch energiereiche Strahlen mit einer Härte von mindestens 100 Elektronen-Volt, durch Neutronen jeder Energie, durch Laser- oder Maserstrahlen und durch künstlich erzeugte ultraviolette Strahlen. Wenn eine Bestrahlung für Heilzwecke durch einen Arzt oder unter ärztlicher Aufsicht erfolgt, werden wir leisten.

   Bei Luftfahrten leisten wir nur, wenn die Berufsunfähigkeit bei Reise- oder Rundflügen als Fluggast in einem Propeller- oder Strahlflugzeug oder in einem Hubschrauber verursacht wird. Fluggäste sind, mit Ausnahme der Besatzungsmitglieder, die Insassen, denen das Luftfahrzeug ausschließlich zur Beförderung dient.

2. Ihr Ehepartner, mit dem Sie zum Zeitpunkt Ihres Ablebens verheiratet sind, erhält nach Ihrem Ableben eine lebenslängliche Hinterbliebenenrente in Höhe von 60 % des Ruhegeldes, das Sie bezogen haben oder ab Ihrem 65. Lebensjahr bezogen hätten. Die Verpflichtung zur Zahlung einer Hinterbliebenenrente besteht nur, sofern der Tod nicht in unmittelbarem oder mittelbarem Zusammenhang mit kriegerischen Ereignissen eintritt.
Bei Selbsttötung vor Ablauf von 3 Jahren nach Zusageerteilung besteht die Verpflichtung zur Zahlung von Hinterbliebenenrenten nur dann, wenn nachgewiesen wird, daß die Tat in einem die freie Willensbestimmung ausschließenden Zustand krankhafter Störung der Geistestätigkeit begangen worden ist.
3. Scheiden Sie aus unseren Diensten aus, dann bleiben die erdienten Ruhegeldansprüche erhalten. Als erdient gelten die Versorgungsleistungen, die dem Verhältnis der Dauer Ihrer Betriebszugehörigkeit zu der Zeit vom Eintritt in die Firma bis zum Erreichen der vorgesehenen Altersgrenze, also der Vollendung des 65. Lebensjahres entsprechen.
4. Die Ruhegelder werden am Letzten eines Monats gezahlt, und zwar erstmalig für den Monat, der auf das die Ruhegeldzahlung auslösende Ereignis folgt, letztmalig für den Monat, in dem die Ruhegeldvoraussetzungen weggefallen sind.
5. Ruhegeldansprüche dürfen weder abgetreten noch verpfändet werden. Dennoch erfolgte Abtretungen und Verpfändungen sind uns gegenüber unwirksam.
6. Zur Sicherung Ihrer Versorgungsansprüche haben wir bei der ... Lebensversicherung auf Ihr Leben eine Rückdeckungsversicherung in Form einer Kapitalversicherung abgeschlossen. Spätestens mit Ihrer Unterschrift auf dieser Versorgungszusage erteilen Sie Ihr Einverständnis mit dieser Versicherungsnahme.
7. Die Gesellschaft behält sich vor, die Leistungen zu kürzen oder einzustellen, wenn die bei Erteilung der Pensionszusage maßgebenden Verhältnisse sich nachhaltig so wesentlich geändert haben, daß ihr die Aufrechterhaltung der zugesagten Leistungen auch unter objektiver Betrachtung der Belange des Versorgungsberechtigten nicht mehr zugemutet werden kann.

Datum

Unterschrift des
Versorgungsberechtigten | Stempel und Firmenunterschrift

Abb. 23: Beispiel einer Versorgungszusage

In der folgenden Abbildung 24 (S. 239 bis 240) ist ein Beispiel aufgeführt, das die Auswirkungen auf die Erfolgsrechnung der GmbH für eine kombinierte Gesellschafter-Geschäftsführer-Versorgung mit Schließung der Versorgungslücke über Direktversicherung und Pensionszusage (mit Rückdeckung) zeigt.

Auswirkungen auf die Erfolgsrechnung

Beispiel: 35jähriger männlicher Gesellschafter-Geschäftsführer, versorgungsfähiges Monatsgehalt DM 8 000,–, Versorgungslücke nach Abzug der Sozialversicherungsrente DM 6 200,–, Diensteintritt 1985. Vorgesehenes Pensionsalter 65 Jahre. Pensionszusage und Versicherungsabschluß in 1990.

	Direktversicherung	Rückdeckungsversicherung	Pensionszusage zur Schließung der Versorgungslücke
Vers.-Beginn	1. 1. 90	1. 1. 90	1/12 jährl. Altersrente: 4 395 DM
Beitrittsalter	35 Jahre	35 Jahre	1/12 jährl. BU-Rente: 5 200,– DM
Endalter	65 Jahre	65 Jahre	1/12 jährl. Witwenrente: 2 637,– DM
Tarif	K1–2	K1–2–3	
Jahresbeitrag	3 000 DM	10 067, 60 DM	
Todesfalleistung	105 757,00 DM	502 380,00 DM	(Witwenrentenbarwert = 502 380,– DM)
Jährl. BU-Rente einschließl. Bonusrente	–,–	62 400,00 DM	
BU-Rente	–,–	45 057,00 DM	
Erlebensfalleistung	105 757,00 DM	578 239,00 DM	fiktive Jahresnettoprämie: 12 153,00 DM (für individuelle Angemessenheitsprüfung)
im Alter 65	(zuzügl. Übersch.)	(einschl. Übersch.)	
Steuerliche Auswirkungen im Jahre	1990	1991	1992
1) Beitrag Direktversicherung	3 000,00 DM	3 000,00 DM	3 000,00 DM
2) + pausch. Lohnsteuer (16,5 %)	482,00 DM	482,00 DM	482,00 DM
3) + Beitrag Rückdeck. Vers.	10 068,00 DM	10 068,00 DM	10 068,00 DM
4) + Zuführung zur Rückstellung***	56 118,00 DM	11 011,00 DM	11 559,00 DM
5) – Zuwachs Aktivwert**	3 968,00 DM	3 968,00 DM	4 453,00 DM
gewinnmindernd	65 700,00 DM	20 593,00 DM	20 655,00 DM

Auswirkungen auf die Erfolgsrechnung

Steuerliche Auswirkungen im Jahre	1990	1991	1992
Steuerersparnis 60 % (angen.)	39 420,00 DM	12 356,00 DM	12 393,00 DM
./. Liquiditätsabfluß (1+2+3)	13 550,00 DM	13 550,00 DM	13 550,00 DM
Liquiditätsveränderung	+ 12 870,00 DM	– 1 194,00 DM	– 1 157,00 DM

* Kongruente Rückendeckung nach Tarif K 1–2–3 Kapitalversicherung auf den Todes- und Erlebensfall mit Einschluß der Berufsunfähigkeits-Zusatzversicherung; die Versicherungssumme nach Tarif K1 wird so festgesetzt, daß sie zusammen mit der Überschußbeteiligung (nach heutigen Überschußanteilsätzen) im Pensionsalter den Barwert der Versorgungsleistungen erreicht. Die Lücke zwischen Versicherungssumme und Barwert der sofort beginnenden Witwenrente wird durch die Kapitalabfindung (einschl. Todesfallbonus) aus der Zusatzversicherung nach Tarif 3 geschlossen. Die zugesagte Invalidenrente ist durch eine Berufsunfähigkeitsbarrente incl. Bonusrente nach Zusatztarif 2 abgesichert. Eine Rückdeckungsversicherung dieser Art bewirkt nur den vollen Insolvenzschutz nach Eintritt des Leistungsfalles. Während der aktiven Zeit des Gesellschafter-Geschäftsführers ist nur ein eingeschränkter Insolvenzschutz gegeben. Wird von Anfang an ein optimaler Insolvenzschutz auch für die aktive Zeit des Gesellschafter-Geschäftsführers gewünscht, ist folgende Variante sinnvoll: Die kongruente Rückdeckungsversicherung nach Tarif K 1–2. Die Versicherungssumme entspricht dem Barwert der Versicherungsleistungen im Alter 65. Damit ist das Witwenrenten-Risiko und durch die Berufsunfähigkeits-Zusatzversicherung die zugesagte Invalidenrente abgesichert. Die laufend anfallenden Überschußanteile können zur Aufwandsminderung mit den Beiträgen verrechnet werden.

* Der erste Jahresbetrag für diese Variante beträgt bei dem Beispiel 18 821 DM. Im letzten Versicherungsjahr ergibt sich eine Erstattung von 4 971 DM.
Bei Abschluß eines Vertrages ist damit abzuwägen, ob der verminderten Beitragszahlung bei entsprechend eingeschränktem Insolvenzschutz oder der vollen Vorsorge der Vorzug gegeben werden soll.

** Externe Kapitalansammlung zur Finanzierung der Versorgungsleistungen.

*** Falls die Erstzuführung nicht in voller Höhe vorgenommen werden soll, kann dieser Betrag gemäß § 68 a, Absatz 4 EStG gleichmäßig auf drei Jahre verteilt werden, ohne daß dadurch ein steuerlicher Fehlbetrag entsteht.

Abb. 24: Beispiel einer Direktversicherung mit Pensionszusage (mit Rückdeckung). Abdruck mit freundlicher Genehmigung der Nordstern Versicherungen

9.4 Steuerliche Behandlung von Pensionsrückstellungen

Nach § 249 HGB müssen für unmittelbare Pensionszusagen Rückstellungen in der Handelsbilanz gebildet werden. Entsprechend dem Grundsatz der Maßgeblichkeit der Handelsbilanz, hat die handelsrechtliche Passivierungspflicht die Passivierungspflicht für Pensionszusagen in der Steuerbilanz zur Folge, wenn die Voraussetzungen des § 6 a Abs. 1 Nr. 1 bis 3 EStG vorliegen. Für laufende Pensionen und Anwartschaften auf Pensionen, die vor dem 1. 1. 1987 rechtsverbindlich zugesagt worden sind (Altzusage), gilt weiterhin das handels- und steuerrechtliche Passivierungswahlrecht.[1] Für die Frage, wann eine Pension oder eine Anwartschaft auf eine Pension rechtsverbindlich zugesagt worden ist, ist die erstmalige, zu einem Rechtsanspruch führende arbeitsrechtliche Verpflichtungserklärung maßgebend. Für Pensionsverpflichtungen, für die der Berechtigte einen Rechtsanspruch auf Grund einer unmittelbaren Zusage nach dem 31. 12. 1986 erworben hat, gilt folgendes:
Die *Bildung einer Pensionsrückstellung* setzt voraus, daß eine rechtsverbindliche Pensionsverpflichtung vorliegt (§ 6 a Abs. 12 Nr. 1 EStG). Diese ist z. B. gegeben, wenn sie auf

- Einzelvertrag,
- Gesamtzusage (Pensionsordnung),
- Betriebsvereinbarung oder
- Tarifvertrag

beruht. Bei Pensionsverpflichtungen, die nicht auf Einzelvertrag beruhen, ist eine besondere Verpflichtungserklärung gegenüber dem Geschäftsführer der GmbH nicht erforderlich. Ob eine rechtsverbindliche Pensionsverpflichtung vorliegt, ist nach arbeitsrechtlichen Grundsätzen zu beurteilen. Für die Zulässigkeit einer Pensionsrückstellung ist es unerheblich, ob die Pensionsanwartschaft des Berechtigten arbeitsrechtlich bereits unverfallbar ist. Auch kommt es nicht auf die Staatsangehörigkeit an.

1 Insoweit sind die Anweisungen in Abschnitt 41 EStR 1984 mit Ausnahme des Absatzes 24 Sätze 5 und 6 weiter anzuwenden.

Ein steuerschädlicher Vorbehalt liegt vor, wenn die GmbH die Pensionszusage nach freiem Belieben, d. h. nach ihren eigenen Interessen ohne Berücksichtigung der Interessen des Pensionsberechtigten widerrufen kann. Ein Widerruf nach freiem Belieben ist nach dem Urteil des BFH[2] gegenüber einem noch aktiven Arbeitnehmer im allgemeinen zulässig, wenn die Pensionszusage eine der folgenden Formeln
»freiwillig und ohne Rechtsanspruch«,
»jederzeitiger Widerruf vorbehalten«,
»die Leistungen sind unverbindlich«
oder ähnliche Formulierungen enthält, sofern nicht besondere Umstände eine andere Auslegung rechtfertigen. Solche besonderen Umstände liegen nicht schon dann vor, wenn das Unternehmen in der Vergangenheit tatsächliche Pensionszahlungen geleistet oder eine Rückdeckungsversicherung abgeschlossen hat oder Dritten gegenüber eine Verpflichtung zur Zahlung von Pensionen eingegangen ist oder wenn die unter den oben bezeichneten Vorbehalten gegebene Pensionszusage die weitere Bestimmung enthält, daß der Widerruf nur nach »billigem Ermessen« ausgeübt werden darf oder daß im Fall eines Widerrufs die gebildeten Rückstellungen dem Versorgungszweck zu erhalten sind. Vorbehalte der oben bezeichneten Art in der Pensionszusage schließen danach die Bildung von Rückstellungen für Pensionsanwartschaften aus. Befindet sich der Arbeitnehmer bereits im Ruhestand oder steht er unmittelbar davor, so ist der Widerruf von Pensionszusagen, die unter den oben bezeichneten Vorbehalten erteilt worden sind, nach dem BAG-Urteil[3] nicht mehr nach freiem Belieben, sondern nur noch nach billigem Ermessen zulässig.

Enthält eine Pensionszusage die oben bezeichneten allgemeinen Wiederrufsvorbehalte, so ist die Rückstellungsbildung vorzunehmen, sobald der Geschäftsführer in den Ruhestand tritt. Dies gilt auch hinsichtlich einer etwa zuge-

2 Vom 14. 12. 1956, BStBl 1959 I S. 258
3 Vom 14. 12. 1956

sagten Hinterbliebenenversorgung. Eine Rückstellung ist nicht zulässig, wenn das Unternehmen nach der Pensionszusage berechtigt ist, die Pensionsverpflichtung vor Eintritt des Versorgungsfalls auf eine außerbetriebliche Versorgungseinrichtung ohne Rechtsanspruch zu übertragen.
Ein *unschädlicher Vorbehalt* liegt vor, wenn die GmbH den Widerruf der Pensionszusage bei geänderten Verhältnissen nur nach billigem Ermessen (§ 315 BGB), d. h. unter verständigem Abwägen der berechtigten Interessen des Pensionsberechtigten einerseits und des Unternehmens andererseits aussprechen kann. Das gilt in der Regel für die Vorbehalte, die eine Anpassung der zugesagten Pensionen an nicht voraussehbare künftige Entwicklungen oder Ereignisse, insbesondere bei einer wesentlichen Verschlechterung der wirtschaftlichen Lage des Unternehmens, einer wesentlichen Änderung der Sozialversicherungsverhältnisse oder der Vorschriften über die steuerliche Behandlung der Pensionsverpflichtungen oder bei einer Steuerpflichtverletzung des Arbeitnehmers, vorsehen. Danach sind z. B. die folgenden Vorbehalte als unschädlich anzusehen:

1. als allgemeiner Vorbehalt: »Die Firma behält sich vor, die Leistungen zu kürzen oder einzustellen, wenn die bei Erteilung der Pensionszusage maßgebenden Verhältnisse sich nachhaltig so wesentlich geändert haben, daß der Firma die Aufrechterhaltung der zugesagten Leistungen auch unter objektiver Beachtung der Belange des Pensionsberechtigten nicht mehr zugemutet werden kann.«;
2. als spezielle Vorbehalte: »Die Firma behält sich vor, die zugesagten Leistungen zu kürzen oder einzustellen, wenn
   a) die wirtschaftliche Lage des Unternehmens sich nachhaltig so wesentlich verschlechtert hat, daß ihm eine Aufrechterhaltung der zugesagten Leistungen nicht mehr zugemutet werden kann, oder
   b) der Personenkreis, die Beiträge, die Leistungen oder das Pensionierungsalter bei der gesetzlichen Sozialversicherung oder anderen Versorgungseinrichtungen mit Rechtsanspruch sich wesentlich ändern, oder

c) die rechtliche, insbesondere die steuerrechtliche Behandlung der Aufwendungen, die zur planmäßigen Finanzierung der Versorgungsleistungen von der Firma gemacht werden oder gemacht worden sind, sich so wesentlich ändern, daß der Firma die Aufrechterhaltung der zugesagten Leistungen nicht mehr zugemutet werden kann, oder
d) der Pensionsberechtigte Handlungen begeht, die in grober Weise gegen Treu und Glauben verstoßen oder zu einer fristlosen Entlassung berechtigen würden.«;

oder inhaltlich ähnliche Formulierungen.

In *besonderen Vorbehalten* werden oft bestimmte wirtschaftliche Tatbestände bezeichnet, bei deren Eintritt die zugesagten Pensionsleistungen gekürzt oder eingestellt werden können. Es wird z. B. vereinbart, daß die Pensionen gekürzt oder eingestellt werden können, wenn der Umsatz, der Gewinn oder das Kapital eine bestimmte Grenze unterschreiten oder wenn mehrere Verlustjahre vorliegen oder wenn die Pensionsleistungen einen bestimmten Vomhundertsatz der Lohn- und Gehaltssumme überschreiten. Diese Vorbehalte sind nur dann als unschädlich anzusehen, wenn sie in dem Sinn ergänzt werden, daß bei den bezeichneten Tatbeständen eine so erhebliche und nachhaltige Beeinträchtigung der Wirtschaftslage des Unternehmens vorliegen müsse, daß dem Unternehmen nicht mehr zumutbar ist, die Pensionszusage aufrechtzuerhalten, oder daß es aus unternehmerischer Verantwortung geboten erscheint, die Versorgungsleistungen einzuschränken oder einzustellen.

Der Vorbehalt, daß der Pensionsanspruch erlischt, wenn das Unternehmen veräußert wird oder aus anderen Gründen ein Wechsel des Unternehmens eintritt (sog. *Inhaberklausel*), ist steuerlich schädlich. Entsprechendes gilt für Vorbehalte oder Vereinbarungen, nach denen die Haftung aus einer Pensionszusage auf das Betriebsvermögen beschränkt wird, es sei denn, es gilt eine gesetzliche Haftungsbeschränkung für alle Verpflichtungen gleichermaßen, wie z. B. bei Kapitalgesellschaften.

Für die Pensionszusage ist *Schriftform* vorgeschrieben (§ 6 a Abs. 1 Nr. 3 EStG). Hierfür kommt jede schriftliche Festlegung in Betracht, aus der sich der Pensionsanspruch nach Art und Höhe ergibt, z. B. Einzelvertrag, Gesamtzusage (Pensionsordnung), Betriebsvereinbarung, Tarifvertrag, Gerichtsurteil. Bei Gesamtzusagen - sie kommen in der Regel bei GmbH-Geschäftsführern nicht zum Tragen - ist eine schriftliche Bekanntmachung in geeigneter Form nachzuweisen, z. B. durch ein Protokoll über den Aushang im Betrieb. Die Schriftform muß am Bilanzstichtag vorliegen.

Für die Bildung von Pensionsrückstellungen für beherrschende *Gesellschafter-Geschäftsführer* von GmbH gelten die Grundsätze des KStG und die Rechtsprechung des BFH.[4] Somit ist zu unterstellen, daß die Jahresbeträge vom Beginn des Dienstverhältnisses, frühestens vom vollendeten 30. Lebensjahr an, bis zur vertraglich vorgesehenen Altersgrenze, mindestens jedoch bis zum vollendeten 60. Lebensjahr, aufzubringen sind. Als Beginn des Dienstverhältnisses gilt der Eintritt in das Unternehmen als Arbeitnehmer. Das gilt auch dann, wenn der Geschäftsführer die Pensionszusage erst nach Erlangung der beherrschenden Stellung erhalten hat. Eine *vertraglich vorgesehene Altersgrenze* von weniger als 65 Jahren kann für die Berechnung der Pensionsrückstellung nur dann zugrunde gelegt werden, wenn besondere Umstände nachgewiesen werden, die ein niedrigeres Pensionsalter rechtfertigen.[5] Für anerkannte Schwerbehinderte kann eine vertragliche Altersgrenze von mindestens 60 Jahren zugrunde gelegt werden.

Pensionszusagen zwischen Ehegatten, die im Rahmen von steuerlich anzuerkennenden Arbeitsverhältnissen[6] erteilt werden, sind auch steuerlich zu beachten und berechtigen zur Bildung von Pensionsrückstellungen.[7] Die Frage kann jedoch bei einer GmbH nicht auftreten, da die Ehefrau eines

4 Vgl. BFH vom 28. 4. 1982, BStBl II S. 612

5 Vgl. BFH vom 8. 5. 1963, BStBl III S. 339; vom 25. 9. 1968, BStBl II S. 810

6 Vgl. Abschnitt 23

7 Beschluß des BVerfG vom 22. 7. 1970, BStBl II S. 652

Geschäftsführers nicht bei ihm selbst, sondern bei der GmbH angestellt ist. Für die Ehefrau gelten bei Pensionszusagen die gleichen Voraussetzungen wie für den Geschäftsführer selbst.

Nach dem EStG[8] ist die Pensionsrückstellung so zu bemessen, als ob die Pensionszusage bereits zu Beginn des Wirtschaftsjahres gegeben worden wäre, in dem das Dienstverhältnis begonnen hat, frühestens mit dem versicherungstechnischen Alter 30 des Berechtigten. Das Dienstverhältnis wird nicht unterbrochen, wenn der Steuerpflichtige auf Grund gesetzlicher Vorschriften in die Pflichten des Dienstverhältnisses eintritt (z. B. § 613 a BGB). Als Beginn des Dienstverhältnisses ist ein früherer Zeitpunkt als der tatsächliche Dienstantritt zugrunde zu legen (sog. Vordienstzeiten), wenn Zeiten in einem früheren Dienstverhältnis bei demselben Arbeitgeber zurückgelegt worden sind.

Übernimmt eine GmbH in einem Wirtschaftsjahr eine Pensionsverpflichtung gegenüber einem Geschäftsführer, der bisher in einem anderen Unternehmen tätig gewesen ist, unter gleichzeitiger Übernahme von Vermögenswerten, so ist bei der Ermittlung des Teilwerts der Verpflichtung der Jahresbetrag so zu bemessen, daß zu Beginn des Wirtschaftsjahres der Übernahme der Barwert der Jahresbeträge zusammen mit den übernommenen Vermögenswerten gleich dem Barwert der künftigen Pensionsleistungen ist.

Sieht die Pensionszusage vor, daß die Höhe der betrieblichen Renten in bestimmter Weise von der *Höhe der Sozialversicherungsrente* abhängt, so darf die Pensionsrückstellung in diesen Fällen nur auf der Grundlage der von dem Unternehmen nach Berücksichtigung der Sozialversicherungsrente tatsächlich noch selbst zu zahlenden Beträge berechnet werden.

Zuwendungen an Pensions- und Unterstützungskassen und die Bildung von Pensionsrückstellungen schließen sich gegenseitig aus.[9] Dieser gegenseitige Ausschluß gilt jedoch

---

8 § 6 a Abs. 3

9 BFH vom 22. 1. 1958, BStBl III S. 186

nur für den Fall, daß die gleichen Versorgungsleistungen an denselben Empfängerkreis sowohl über eine Pensions- und Unterstützungskasse als auch über Pensionsrückstellungen finanziert werden sollen. Eine schädliche Überschneidung liegt dagegen nicht vor, wenn es sich um verschiedene Versorgungsleistungen handelt, z. B. bei der Finanzierung der Invaliditätsrenten über Pensions- oder Unterstützungskassen und der Altersrente über Pensionsrückstellungen oder der Finanzierung rechtsverbindlich zugesagter Leistungen über Rückstellungen und darüber hinausgehender freiwilliger Leistungen über eine Unterstützungskasse.

Für die Bildung der Pensionsrückstellung sind die Verhältnisse am *Bilanzstichtag* maßgebend. Änderungen der Bemessungsgrundlage, die erst nach dem Bilanzstichtag wirksam werden, sind zu berücksichtigen, wenn sie am Bilanzstichtag bereits feststehen. Danach sind Erhöhungen von Anwartschaften und laufenden Renten, die nach dem Bilanzstichtag eintreten, in die Rückstellungsberechnung zum Bilanzstichtag einzubeziehen, wenn sowohl ihr Ausmaß als auch der Zeitpunkt ihres Eintritts am Bilanzstichtag feststehen.

Beispiel: Ein Arbeitnehmer hat eine Pensionszusage in Höhe von 10 % des letzten vor Eintritt des Versorgungsfalls bezogenen Gehalts. Am 10. 12. 1992 wird rechtsverbindlich vereinbart, daß sich das derzeitige Gehalt von 3 000 DM mit Wirkung vom 1. 4. 1993 auf 3 150 DM und mit Wirkung vom 1. 2. 1994 auf 3 250 DM erhöht. Die dadurch vereinbarten Erhöhungen des Pensionsanspruchs um 15 DM monatlich zum 1. 4. 1993 und um 10 DM monatlich zum 1. 2. 1994 sind bereits bei der Rückstellungsberechnung zum 31. 12. 1992 zu berücksichtigen.

Die *Rückstellung für Pensionsverpflichtungen* gegenüber einer Person, die mit einer unverfallbaren Versorgungsanwartschaft ausgeschieden ist, ist beizubehalten, solange das Unternehmen mit einer späteren Inanspruchnahme zu rechnen hat. Sofern dem Unternehmen nicht bereits vorher bekannt ist, daß Leistungen nicht zu gewähren sind, braucht die Frage, ob mit einer Inanspruchnahme zu rechnen ist, erst nach Errechnen der vertraglich vereinbarten Altersgrenze geprüft zu werden. Steht bis zum Ende des Wirtschaftsjahres, das auf das Wirtschaftsjahr des Erreichens der Altersgrenze folgt, die spätere Inanspruchnahme nicht fest, so ist die Rückstellung zu diesem Zeitpunkt aufzulösen.

Anhang

Vertragsmuster

Im folgenden werden Muster

- eines Gesellschaftsvertrages mit Bargründung in einfacher Fassung,
- eines Gesellschaftsvertrages einer Einmann-GmbH,
- eines Gesellschaftsvertrages mit Bar- und Sachgründung in erweiterter Fassung,
- eines Gesellschaftsvertrages einer Komplementär-GmbH,
- eines Geschäftsführervertrages mit einem Gesellschafter der GmbH,
- eines Geschäftsführervertrages mit einem Nichtgesellschafter-Geschäftsführer sowie
- einer Anmeldung der GmbH-Gründung zum Handelsregister

dargestellt.

Bei den vorgenannten Vertragstexten handelt es sich nur um *Grundmuster.* Eine nähere Ausgestaltung des jeweiligen Vertrages ist auf die individuellen Bedürfnisse der Vertragsparteien zuzuschneiden. Welche Gesichtspunkte gesellschaftsvertraglich zusätzlich geregelt werden können, ergibt sich aus den vorstehenden Kapiteln.
Der Gesellschaftsvertrag ist notariell zu beurkunden.

Gesellschaftsvertrag einer GmbH mit Bargründung in einfacher Fassung

§ 1

Firma und Sitz

(1) Die Gesellschaft ist eine Gesellschaft mit beschränkter Haftung. Sie trägt die Firmenbezeichnung: Firma X-GmbH.

(2) Die Gesellschaft hat ihren Sitz in XY-Stadt.

§ 2

Gegenstand

Gegenstand des Unternehmens ist die Vermittlung von Grundstücken und Wohnungen.

§ 3

Stammkapital und Stammeinlagen

(1) Das Stammkapital beträgt 60 000 Euro (i.W.: sechzigtausend Euro)

(2) Davon übernehmen als Stammeinlagen

1. Herr A 25 000 Euro (i.W.: fünfundzwanzigtausend Euro),
2. Frau B 25 000 Euro (i.W.: fünfundzwanzigtausend Euro),
3. Herr C 10 000 Euro (i.W.: zehntausend Euro).

Die Stammeinlagen sind in bar zu leisten.

§ 4

Geschäftsführung

(1) Der Gesellschafter Herr A wird zum alleinvertretungsberechtigten Geschäftsführer der Gesellschaft bestellt.

(2) Die Gesellschaft hat mit dem Geschäftsführer einen schriftlichen Anstellungsvertrag abzuschließen.

(3) Der Geschäftsführer ist verpflichtet, die ihm durch den Geschäftsführervertrag oder durch spätere Gesellschafterbeschlüsse auferlegten Beschränkungen einzuhalten.

(4) Der Geschäftsführer ist von den Beschränkungen des § 181 BGB befreit.

§ 5

Gewinnverwendung

(1) Die Beteiligung der Gesellschafter am Gewinn der Gesellschaft erfolgt im Verhältnis zu ihren Geschäftsanteilen.

(2) Der Geschäftsführer hat den Gesellschaftern einen Vor-

schlag über die Gewinnverwendung zu unterbreiten; dies erfolgt bei Vorlage des Jahresabschlusses.

(3) Über die Gewinnverwendung beschließt die Gesellschafterversammlung.

(4) Im Falle eines Verlustvortrages sind künftige Gewinne zunächst zum Ausgleich des Verlustvortrages zu verwenden.

§ 6

Sämtliche im Rahmen des Gesellschaftsverhältnisses abzuschließende Vereinbarungen zwischen den Gesellschaftern oder zwischen der Gesellschaft und den Gesellschaftern bedürfen zu ihrer Wirksamkeit der Schriftform, soweit nicht nach dem Gesetz eine notarielle Beurkundung vorgeschrieben ist.

§ 7

Gründungsaufwand

Die mit ihrer Gründung verbundenen Gründungskosten trägt die Gesellschaft.

Ort, Datum	Ort, Datum
....	....
(Unterschriften der Gesellschafter)	(Unterschrift des Notars)

Gesellschaftsvertrag einer Einmann-GmbH

§ 1

Firma und Sitz

(1) Die Firma der Gesellschaft lautet: X-GmbH

(2) Die Gesellschaft hat ihren Sitz in XY-Stadt.

§ 2

Gegenstand des Unternehmens

Gegenstand des Unternehmens ist die Vermittlung von Grundstücken und Wohnungen.

§ 3

Stammkapital und Stammeinlage

Das Stammkapital beträgt 25 000 Euro (i.W.: fünfundzwanzigtausend Euro). Es wird von Herrn A in Höhe von 25 000 Euro (i.W.: fünfundzwanzigtausend Euro) übernommen. Die Stammeinlage ist in bar zu leisten.

§ 4

Geschäftsführung und Vertretung

(1) Zum alleinigen Geschäftsführer wird Herr A bestellt.

(2) Herr A wird von den Beschränkungen des § 181 BGB befreit.

§ 5

Gründungskosten

Die Gründungskosten werden von der Gesellschaft getragen.

Ort, Datum	Ort, Datum
…………………	…………………
(Unterschrift des Gesellschafters)	(Unterschrift des Notars)

Gesellschaftsvertrag mit Bar- und Sachgründung in ausführlicherer Fassung

§ 1

Firma und Sitz

(1) Die Firma der Gesellschaft lautet X-GmbH.

(2) Die Gesellschaft hat ihren Sitz in XY-Stadt.

§ 2

Gegenstand

Gegenstand des Unternehmens ist die Vermittlung von Grundstücken und Wohnungen.

§ 3

Stammkapital und Stammeinlagen

Das Stammkapital beträgt 70 000 Euro (i.W.: siebzigtausend Euro).

Als Stammeinlagen übernehmen hiervon:

1. Herr A 35 000 Euro
(i.W.: fünfunddreißigtausend Euro),
2. Frau B 25 000 Euro
(i.W.: fünfundzwanzigtausend Euro),
3. Herr C 10 000 Euro
(i.W.: zehntausend Euro)

Gesamt 70 000 Euro.

Hiervon erbringen die Gesellschafter ihre Stammeinlage wie folgt ganz oder teilweise in bar:

1. Herr A 35 000 Euro,
2. Frau B 15 000 Euro,
3. Herr C 10 000 Euro.

Der Gesellschafter B erbringt neben seiner Bareinlage eine Sacheinlage. Es handelt sich um einen PKW der Marke Mercedes 190 D mit der Fahrgestellnummer E123456789 zum Schätzwert von 10 000 Euro laut Gutachten des Sachverständigen Y.

Frau B erklärt, daß die von ihm übernommene Sacheinlage frei von Rechten Dritter ist und der Gesellschaft zur freien Verfügung steht.

Die Bareinlagen sind bis spätestens zum ... zu einem Viertel zu erbringen. Der Rest der Stammeinlage ist in drei gleichen Raten jeweils zum 1. 9. 20..., 1. 4. 20..., 1. 7. 20... zu erbringen.

§ 4

Geschäftsjahr

Das Geschäftsjahr ist das Kalenderjahr. Bis zum 31. 12. 20... wird ein Rumpfgeschäftsjahr gebildet.

§ 5

Geschäftsführung und Vertretung

(1) Die Gesellschaft hat einen oder mehrere Geschäftsführer. Ist nur ein Geschäftsführer bestellt, so vertritt dieser die Gesellschaft allein. Sind mehrere Geschäftsführer bestellt, so wird die Gesellschaft durch zwei Geschäftsführer gemeinschaftlich vertreten. Einzelnen Geschäftsführern kann die Gesellschafterversammlung Alleinvertretungsbefugnis erteilen. Sie kann auch einzelne Geschäftsführer von den Beschränkungen des § 181 BGB befreien.

(2) Die Gesellschaft wird durch den oder die Geschäftsführer gerichtlich und außergerichtlich vertreten.

(3) Die Rechte und Pflichten der Geschäftsführer ergeben sich aus dem Gesetz, diesem Vertrag sowie den Anstellungsverträgen.

(4) Zu nachstehenden Rechtsgeschäften haben die Geschäftsführer die Genehmigung der Gesellschafterversammlung einzuholen:

a) teilweise oder vollständige Veräußerung oder Verpachtung des Unternehmens;
b) Erwerb anderer Unternehmen oder Beteiligung an solchen;
c) Errichtung und Aufhebung von Zweigniederlassungen;
d) Erwerb, Veräußerung und Belastung von Grundstükken und grundstücksgleichen Rechten;
e) Eingehen von Wechselverbindlichkeiten und Abschluß von Darlehensverträgen;
f) Abschluß von Miet- und Pachtverträgen auf die Dauer von mehr als einem Jahr.

§ 6

Gesellschafterversammlung

(1) Die Gesellschafterversammlung wird durch die Geschäftsführung mindestens einmal jährlich, spätestens 4 Wochen nach Erstellung des Jahresabschlusses einberufen, ferner, wenn das Interesse der Gesellschaft dies erfordert oder die Einberufung von einem Gesellschafter verlangt wird.

(2) Die Gesellschafterversammlung ist beschlußfähig, wenn mehr als die Hälfte der Gesellschafter anwesend und mindestens drei Viertel des Stammkapitals repräsentiert sind.

(3) Die Gesellschafterversammlung faßt ihre Beschlüsse mit einfacher Mehrheit der abgegebenen Stimmen, soweit nicht nach dem Gesetz eine qualifizierte Mehrheit verlangt wird. Auf jede 1 000 Euro entfällt eine Stimme.

§ 7

Jahresabschluß und Gewinnverwendung

(1) Die Geschäftsführer haben nach Maßgabe der gesetzlichen Vorschriften einen Jahresabschluß der Gesellschaft, bestehend aus Bilanz und Gewinn- und Verlustrechnung nebst Anhang, sowie einen Lagebericht aufzustellen.

(2) Die Geschäftsführer haben den Gesellschaftern einen Vorschlag über die Gewinnverwendung bei Vorlage des Jahresabschlusses zu unterbreiten.

(3) Die Beteiligung der Gesellschafter am Gewinn erfolgt im Verhältnis ihrer Geschäftsanteile.

(4) Im Falle eines Verlustvortrages sind künftige Gewinne zunächst zum Ausgleich des Verlustvortrages zu verwenden.

(5) Über die Gewinnverwendung beschließt im übrigen die Gesellschafterversammlung.

§ 8

Übertragung von Geschäftsanteilen

(1) Die Abtretung eines Geschäftsanteils oder von dessen Teilen an einen Nichtgesellschafter bedarf der Zustimmung aller Mitgesellschafter.

(2) Die Teilung von Geschäftsanteilen ist nur mit Genehmigung der Gesellschafter zulässig; für den Beschluß ist einfache Stimmenmehrheit ausreichend.

§ 9

Einziehung von Geschäftsanteilen

(1) Die Gesellschafter können die Einziehung von Geschäftsanteilen mit einfacher Mehrheit der abgegebenen Stimmen beschließen, wenn

a) über das Vermögen eines Gesellschafters das Konkursverfahren eröffnet oder die Eröffnung mangels Masse abgelehnt oder das Vergleichsverfahren zur Abwendung des Konkurses gerichtlich angeordnet oder die Eröffnung des Vergleichsverfahrens gerichtlich abgelehnt ist;

b) der Geschäftsanteil von einem Gläubiger eines Gesellschafters gepfändet wird;

c) in der Person eines Gesellschafters ein wichtiger Grund vorliegt.

(2) Im Falle der Einziehung ist der betroffene Gesellschafter in Höhe des Wertes des eingezogenen Geschäftsanteils abzufinden. Die Gesellschaft ist berechtigt, die Entschädigung in bis zu 3 gleichen Jahresraten auszukehren.

§ 10

Dauer der Gesellschaft; Liquidation

(1) Die Gesellschaft wird auf unbestimmte Dauer errichtet. Für die Auflösung der Gesellschaft ist ein einstimmi-

ger Beschluß der Gesellschafter erforderlich. Im übrigen gelten die gesetzlichen Bestimmungen zur Auflösung.

(2) Die Liquidation der Gesellschaft erfolgt durch die Geschäftsführer. Ein sich ergebender Liquidationserlös wird den Gesellschaftern nach dem Verhältnis ihrer Geschäftsanteile ausgezahlt.

§ 11

Öffentliche Bekanntmachungen

Die Entscheidungen der Gesellschaft, die zu veröffentlichen sind, werden im Bundesanzeiger bekanntgemacht.

§ 12

Allgemeine Bestimmungen

Soweit in diesem Vertrag nichts anderes bestimmt ist, gelten ergänzend die gesetzlichen Bestimmungen, insbesondere die Vorschriften des GmbH-Gesetzes.

§ 13

Gründungskosten

Die Gründungskosten trägt die Gesellschaft.

Ort, Datum	Ort, Datum
....	....
(Unterschriften der Gesellschafter)	(Unterschrift des Notars)

Gesellschaftsvertrag einer Komplementär-GmbH

§ 1

Firma und Sitz

(1) Die Firma der Gesellschaft lautet: X-Grundstücksverwaltungs-GmbH.

(2) Sitz der Gesellschaft ist XY-Stadt.

§ 2

Gegenstand des Unternehmens

Gegenstand des Unternehmens ist die Beteiligung an der X-Grundstücksverwaltungs-GmbH & Co. Kommanditgesellschaft als persönlich haftende Gesellschafterin. Die Gesellschaft ist darüber hinaus zur Beteiligung an weiteren Gesellschaften berechtigt, die Grundstücksverwaltung betreiben.

§ 3

Stammeinlagen und Stammkapital

(1) Das Stammkapital der Gesellschaft beträgt 25 000 Euro (i.W.: fünfundzwanzigtausend Euro)

(2) Als Stammeinlagen übernehmen

1. Herr A 12 500 Euro (i.W.: zwölftausendfünfhundert Euro)
2. Frau B 12 500 Euro (i.W.: zwölftausendfünfhundert Euro)

Die Stammeinlagen sind in bar zu leisten.

Ort, Datum	Ort, Datum
....	....
(Unterschriften der Gesellschafter)	(Unterschrift des Notars)

Geschäftsführervertrag mit einem Gesellschafter-Geschäftsführer

Zwischen der

X-GmbH in XY-Stadt,

vertreten durch die Gesellschafter

– im folgenden GmbH genannt –,

und

Herrn Y

– im folgenden Geschäftsführer genannt –

wird der nachfolgende Vertrag geschlossen:

§ 1

Vertragsdauer, Kündigung

Herr Y ist durch Gesellschaftsvertrag vom... zum Geschäftsführer der X-GmbH in XY-Stadt bestellt worden. Seine Tätigkeit für die GmbH beginnt am...

Dieser Vertrag wird auf die Dauer von zwei Jahren abgeschlossen. Er verlängert sich um jeweils ein weiteres Jahr, wenn er nicht durch eine der Vertragsparteien mit einer Frist von 6 Monaten vor Ablauf des Vertrages gekündigt wird. Die Kündigung hat per Einschreiben/Rückschein zu erfolgen.

Das Recht der Vertragsparteien auf fristlose Kündigung aus wichtigem Grund bleibt unberührt. Ein wichtiger Grund zur Kündigung durch die GmbH liegt insbesondere vor, wenn

– der Geschäftsführer aus der Gesellschaft ausscheidet,

- er gegen das Konkurrenz- und Nebentätigkeitsverbot verstößt,
- er gegen die ihm im Innenverhältnis durch die GmbH auferlegten Beschränkungen hinsichtlich der Geschäftsführung verstößt,
- er durch in seiner Person liegende Umstände für einen längeren Zeitraum als 3 Monate an einer ordnungsgemäßen Ausübung der Geschäftsführung, etwa durch Krankheit, gehindert ist.

§ 2

Aufgabenbereich

(1) Der Geschäftsführer vertritt die Gesellschaft gerichtlich und außergerichtlich. Die Rechte und Pflichten des Geschäftsführers ergeben sich aus dem Gesellschaftervertrag vom ... dem Gesetz sowie aus diesem Anstellungsvertrag.

(2) Der Geschäftsführer hat seine Tätigkeit mit der Sorgfalt eines ordentlichen Kaufmanns zu führen. Er hat Gesellschafterbeschlüsse zu befolgen und Einschränkungen in der Geschäftsführung, die sich aus dem Gesellschaftsvertrag, dem Gesetz sowie aus diesem Vertrag ergeben, zu beachten.

(3) Innerhalb von 3 Monaten nach Ende des Geschäftsjahres hat der Geschäftsführer eine Bilanz, eine Gewinn- und Verlustrechnung sowie den Lagebericht aufzustellen und jedem Gesellschafter alsbald zuzusenden. Zugleich beruft der Geschäftsführer zum Zwecke der Feststellung der Bilanz und der Verwendung eines sich ergebenden Gewinns eine Gesellschafterversammlung ein.

§ 3

Zustimmungsbedürftige Geschäfte

Der Geschäftsführer bedarf vor Ausführung folgender Geschäfte der vorherigen Zustimmung durch die Gesellschafterversammlung:

- Erwerb, Belastung oder Veräußerung von Grundstücken und grundstücksgleichen Rechten,
- Inanspruchnahme von Krediten, Eingehung von Wech-

selverbindlichkeiten und Bürgschaftsverpflichtungen, soweit diese im Einzelfall ... Euro übersteigen,
- Einstellung und Entlassung von Arbeitnehmern mit einem monatlichen Bruttogehalt von mehr als ... Euro sowie Gehaltserhöhung für Arbeitnehmer, die diese Grenze überschreiten,
- Verträge mit Verwandten und Verschwägerten,
- Abschluß von Pacht- oder Mietverträgen für eine längere Dauer als ein Jahr oder mit einer monatlichen Verpflichtung von mehr als ... Euro,
- Erteilung und Widerruf von Prokura oder Handlungsvollmacht.

Im übrigen bedürfen alle Geschäfte, die über den Rahmen des gewöhnlichen Geschäftsbetriebes hinausgehen, der Zustimmung der Gesellschafterversammlung.

§ 4

Selbstkontrahieren

Der Geschäftsführer ist von den Beschränkungen des § 181 BGB befreit.

§ 5

Nebentätigkeit, Wettbewerbsverbot

(1) Der Geschäftsführer hat seine ganze Arbeitskraft in den Dienst der GmbH zu stellen. Eine Nebentätigkeit darf er nur mit vorheriger Zustimmung der Gesellschafterversammlung ausüben.

(2) Der Geschäftsführer darf für die Zeit seiner Tätigkeit für die GmbH weder für ein vergleichbares Unternehmen tätig sein noch ein vergleichbares Unternehmen errichten oder sich an einem solchen Unternehmen beteiligen.

(3) Der Geschäftsführer ist an keine bestimmte Arbeitszeit gebunden. Er hat seine Tätigkeit nach pflichtgemäßem Ermessen auszuüben.

§ 6

Vergütung

(1) Der Geschäftsführer erhält ein festes Monatsgehalt von ... Euro brutto, zahlbar am Ende des jeweiligen Kalendermonats.

(2) Ferner erhält der Geschäftsführer ein Urlaubsgeld in

Höhe eines Monatsgehaltes, zahlbar zum 1. Juli eines jeden Jahres, sowie ein 13. Monatsgehalt, zahlbar zum 1. Dezember eines jeden Jahres.

(3) Der Geschäftsführer erhält eine Tantieme in Höhe von ... % des Jahresgewinns, höchstens jedoch ... Euro. Sie wird mit Feststellung des Jahresabschlusses durch die Gesellschafterversammlung fällig.

Bemessungsgrundlage ist der körperschaftsteuerpflichtige Gewinn der Gesellschaft, welcher sich nach Verrechnung mit Verlustvorträgen und Vorabzug der Tantieme ergibt. Gewinnabhängige Rücklagen mindern die Bemessungsgrundlage nicht. Endet das Vertragsverhältnis im Laufe des Jahres, erhält der Geschäftsführer für die Dauer seiner Tätigkeit in diesem Jahr eine anteilige Tantieme. Der Anspruch des Geschäftsführers auf die Tantieme entfällt für das Jahr, in dem ihm die GmbH aus wichtigem Grund kündigt.

(4) Dem Geschäftsführer werden im Interesse der Gesellschaft getätigte Reisekosten und sonstige notwendige Aufwendungen gegen Nachweis erstattet.

(5) Die GmbH stellt dem Geschäftsführer für die Zeit seiner Tätigkeit für die GmbH einen Dienstwagen der Mittelklasse zur Verfügung. Der Geschäftsführer darf diesen Dienstwagen auch zu privaten Zwecken benutzen. Die hierauf entfallenden Steuern trägt der Geschäftsführer.

§ 7

Versicherungen

Die GmbH versichert den Geschäftsführer auf ihre Kosten gegen Betriebsunfälle. Die Versicherungssumme beträgt für den Todesfall ... Euro, für den Fall der Invalidität ... Euro.

§ 8

Urlaub

Der Geschäftsführer erhält einen jährlichen bezahlten Urlaub von ... Werktagen. Der Geschäftsführer hat seine Urlaubszeit nach pflichtgemäßem Ermessen auf die Belange der GmbH abzustimmen.

Kann der Geschäftsführer den Urlaub aus betrieblichen Gründen ganz oder teilweise nicht antreten, wird der Urlaubsanspruch entsprechend der Höhe seines Festgehaltes gem. § 6 dieses Vertrages abgegolten.

§ 9

Geheimhaltungsverpflichtung,
nachvertragliches Wettbewerbsverbot

(1) Der Geschäftsführer ist verpflichtet, über alle betrieblichen Angelegenheiten Stillschweigen zu bewahren.

(2) Er hat bei seinem Ausscheiden sämtliche Unterlagen, Urkunden, Notizen etc. sowie hiervon gefertigte Zweitschriften an die Gesellschaft herauszugeben. Ein Zurückbehaltungsrecht an diesen Unterlagen steht ihm gegenüber der Gesellschaft nicht zu.

(3) Im Falle der Beendigung dieses Vertrages verpflichtet sich der Geschäftsführer auf Verlangen der GmbH, mit dieser für den Zeitraum von einem Jahr weder unmittelbar noch mittelbar in Wettbewerb zu treten. Für die Dauer des Wettbewerbsverbots erhält er 70 % der zuletzt gezahlten Bezüge. Auf die Entschädigung ist ein eigener Verdienst des Geschäftsführers anzurechnen.

(4) Für jeden Fall des Verstoßes gegen das Wettbewerbsverbot hat der Geschäftsführer unbeschadet weitergehender Ansprüche der GmbH eine Vertragsstrafe in Höhe von … Euro zu zahlen.

§ 10

Schlußbestimmungen

Änderungen und Ergänzungen dieses Vertrages bedürfen der Schriftform sowie der ausdrücklichen Zustimmung der Gesellschafterversammlung.

Sollten einzelne Bestimmungen dieses Vertrages ungültig sein, wird hiervon die Wirksamkeit der übrigen Vertragsbestimmungen nicht berührt.

Die Vertragspartner verpflichten sich, im Falle einer ungültigen vertraglichen Regelung eine Ersatzregelung zu treffen, die dem beabsichtigten Sinn und Zweck der ungültigen Bestimmung am nächsten kommt.

Ort, Datum	Ort, Datum
…………………	…………………
(Unterschriften der Gesellschafter)	(Unterschrift des Notars)

Geschäftsführervertrag mit einem Nichtgesellschafter-Geschäftsführer (einfache Fassung)

Zwischen der
X-GmbH in XY-Stadt,
vertreten durch die Gesellschafterversammlung
– im folgenden GmbH genannt –
und
Herrn X
– im folgenden Geschäftsführer genannt –
wird folgender Anstellungsvertrag geschlossen:

§ 1
Vertragsdauer, Kündigung

(1) Das Anstellungsverhältnis beginnt am … Es wird auf unbestimmte Zeit geschlossen.

(2) Das Anstellungsverhältnis kann von jeder der Vertragsparteien mit einer Kündigungsfrist von 6 Wochen zum Quartalsende gekündigt werden.
Unabhängig davon gilt das Recht der Vertragsparteien zur Kündigung aus wichtigem Grund. Ein solcher liegt insbesondere vor, wenn
- der Geschäftsführer gegen das Wettbewerbs- und Nebentätigkeitsverbot verstößt,
- der Geschäftsführer den ihm in Innenverhältnis auferlegten Beschränkungen zuwiderhandelt,
- der Geschäftsführer aus in seiner Person liegenden Gründen länger als 3 Monate an der Ausübung seiner Tätigkeit gehindert ist,
- …

§ 2
Aufgabenbereich

Der Geschäftsführer vertritt die GmbH neben einem weiteren Geschäftsführer gerichtlich und außergerichtlich. Er ist einzelvertretungsberechtigt mit der Maßgabe, daß er im Innenverhältnis zu der GmbH für den Bereich … allein zuständig und verantwortlich ist und Einschränkungen, die sich insbesondere aus Gesellschafterbeschlüssen ergeben, einzuhalten hat.

§ 3

Zustimmungsbedürftige Geschäfte

Folgende Geschäfte bedürfen der Zustimmung durch die Gesellschafterversammlung:

- die Inanspruchnahme von Krediten, Eingehung von Wechselverbindlichkeiten und Bürgschaftsverpflichtungen in Höhe von mehr als ... Euro,
- Erwerb, Veräußerung oder Belastung von Grundstücken,
- alle übrigen Geschäfte, die über den Rahmen des gewöhnlichen Geschäftsbetriebes hinausgehen.

§ 4

Nebentätigkeit, Wettbewerbsverbot

(1) Der Geschäftsführer darf eine Nebentätigkeit nur mit vorheriger Zustimmung der Gesellschafterversammlung ausüben.

(2) Für die Dauer des Anstellungsverhältnisses ist es dem Geschäftsführer untersagt, mit der GmbH unmittelbar oder mittelbar in Wettbewerb zu treten.

§ 5

Vergütung

(1) Der Geschäftsführer erhält ein monatliches Gehalt von ... Euro brutto, zahlbar zum Ende eines jeden Monats.

(2) Ferner erhält der Geschäftsführer ein Urlaubsgeld in Höhe eines Brutto-Monatsgehalts, zahlbar zum 1. Juli eines jeden Jahres, sowie ein 13. Monatsgehalt, zahlbar zum 1. Dezember eines jeden Jahres.

(3) Ein Anspruch auf besondere Vergütung von Mehrarbeit sowie von Tätigkeit an Sonn- und Feiertagen besteht nicht.

(4) Die GmbH stellt dem Geschäftsführer einen PKW der gehobenen Mittelklasse zur Verfügung; der Geschäftsführer darf den PKW auch für private Zwecke nutzen. Die auf diesen geldwerten Vorteil entfallenden Steuern trägt der Geschäftsführer selbst.

(5) Aufgrund der Tätigkeit für die GmbH entstandene Reisekosten und andere erforderliche Aufwendungen werden dem Geschäftsführer gegen Nachweis erstattet.

§ 6

Urlaub

Der Geschäftsführer hat Anspruch auf einen Jahresurlaub von … Werktagen. Die Urlaubszeit ist mit dem weiteren Geschäftsführer sowie auf die Belange der GmbH abzustimmen.

§ 7

Geheimhaltungsverpflichtung

Der Geschäftsführer ist verpflichtet, über alle Angelegenheiten der GmbH während und nach Beendigung des Dienstverhältnisses Stillschweigen zu bewahren.

Ort, Datum	Ort, Datum
…………………	…………………
(Unterschriften der Gesellschafter)	(Unterschrift des Notars)

Anmeldung der GmbH-Gründung zum Handelsregister

An das
Amtsgericht
–Registergericht–
12345 XY-Stadt

XY-Stadt, den …

Betrifft: Anmeldung der X-GmbH, XY-Stadt

Als Geschäftsführer melden wir hiermit die unter der Firma »X-GmbH« neu errichtete Gesellschaft an. Wir fügen diesem Schreiben folgende Unterlagen bei:

1. Gesellschaftsvertrag gem. Urkunde des Notars A Nr. … vom …
2. unterschriebene Liste der Gesellschafter.

Unsere Legitimation als Geschäftsführer ergibt sich aus § 7 Abs. … des Gesellschaftsvertrages. Hinsichtlich der Vertretungsbefugnis des Geschäftsführers geben wir an: Die Gesellschaft wird durch einen Geschäftsführer allein vertreten, sofern er der einzige Geschäftsführer ist oder ihm bei Vorhandensein mehrerer Geschäftsführer von der Gesellschafterversammlung das Recht zur Alleinvertretung erteilt ist. Im übrigen wird die Gesellschaft durch zwei Geschäftsführer gemeinsam vertreten.

Wir sind jeweils allein zur Vertretung der Gesellschaft berechtigt (§ 7 Abs. ... des Gesellschaftsvertrages) und zeichnen unsere Unterschrift wie folgt:

....

Geschäftsführer A Geschäftsführer B

Wir versichern,
daß auf jede Stammeinlage ein Viertel, insgesamt der Betrag von 12 500 Euro eingezahlt ist und dieser Betrag sich endgültig in unserer freien Verfügung befindet,

2. daß keine Umstände vorliegen, die unserer Bestellung nach § 7 Abs. 2 Satz 2 und 3 GmbHG entgegenstehen, und daß wir über unsere unbeschränkte Auskunftspflicht gegenüber dem Gericht durch den unsere Unterschrift beglaubigenden Notar belehrt worden sind.

Die Geschäftsräume der Gesellschaft befinden sich in XY-Stadt, A-Straße 123.

Ort, Datum Ort, Datum

....

Geschäftsführer A Geschäftsführer B

Beglaubigt

....

(Beglaubigungsvermerk Notar)

Auszüge aus dem Handelsgesetzbuch

Handelsgesetzbuch
Vom 10. Mai 1897
(RGBl. S. 1897 219)
zuletzt geändert durch Gesetz zur Änderung des Einführungsgesetzes zur Insolvenzverordnung und anderer Gesetze
(EGInsOÄndG) vom 19. 12. 1998 (BGBl. I S. 3836)
BGBl. III/FNA 4100-1

Drittes Buch
Handelsbücher
Erster Abschnitt
Vorschriften für alle Kaufleute
Erster Unterabschnitt
Buchführung · Inventar

§ 238
Buchführungspflicht

(1) Jeder Kaufmann ist verpflichtet, Bücher zu führen und in diesen seine Handelsgeschäfte und die Lage seines Vermögens nach den Grundsätzen ordnungsmäßiger Buchführung ersichtlich zu machen. Die Buchführung muß so beschaffen sein, daß sie einem sachverständigen Dritten innerhalb angemessener Zeit einen Überblick über die Geschäftsvorfälle und über die Lage des Unternehmens vermitteln kann. Die Geschäftsvorfälle müssen sich in ihrer Entstehung und Abwicklung verfolgen lassen.
(2) Der Kaufmann ist verpflichtet, eine mit der Urschrift übereinstimmende Wiedergabe der abgesandten Handelsbriefe (Kopie, Abdruck, Abschrift oder sonstige Wiedergabe des Wortlauts auf einem Schrift-, Bild- oder anderen Datenträger) zurückzubehalten.

§ 239
Führung der Handelsbücher

(1) Bei der Führung der Handelsbücher und bei den sonst erforderlichen Aufzeichnungen hat sich der Kaufmann einer lebenden Sprache zu bedienen. Werden Abkürzungen, Ziffern, Buchstaben oder Symbole verwendet, muß im Einzelfall deren Bedeutung eindeutig festliegen.
(2) Die Eintragungen in Büchern und die sonst erforderlichen Aufzeichnungen müssen vollständig, richtig, zeitgerecht und geordnet vorgenommen werden.
(3) Eine Eintragung oder eine Aufzeichnung darf nicht in einer Weise verändert werden, daß der ursprüngliche Inhalt nicht mehr feststellbar ist. Auch solche Veränderungen dürfen nicht vorgenommen werden, deren Beschaffenheit es ungewiß läßt, ob sie ursprünglich oder erst später gemacht worden sind.
(4) Die Handelsbücher und die sonst erforderlichen Aufzeichnungen können auch in der geordneten Ablage von Belegen bestehen oder auf Datenträgern geführt werden, soweit diese Formen der Buchführung einschließ-

lich des dabei angewandten Verfahrens den Grundsätzen ordnungsmäßiger Buchführung entsprechen. Bei der Führung der Handelsbücher und der sonst erforderlichen Aufzeichnungen auf Datenträgern muß insbesondere sichergestellt sein, daß die Daten während der Dauer der Aufbewahrungsfrist verfügbar sind und jederzeit innerhalb angemessener Frist lesbar gemacht werden können. Absätze 1 bis 3 gelten sinngemäß.

§ 240
Inventar

(1) Jeder Kaufmann hat zu Beginn seines Handelsgewerbes seine Grundstükke, seine Forderungen und Schulden, den Betrag seines baren Geldes sowie seine sonstigen Vermögensgegenstände genau zu verzeichnen und dabei den Wert der einzelnen Vermögensgegenstände und Schulden anzugeben.
(2) Er hat demnächst für den Schluß eines jeden Geschäftsjahrs ein solches Inventar aufzustellen. Die Dauer des Geschäftsjahrs darf zwölf Monate nicht überschreiten. Die Aufstellung des Inventars ist innerhalb der einem ordnungsgemäßen Geschäftsgang entsprechenden Zeit zu bewirken.
(3) Vermögensgegenstände des Sachanlagevermögens sowie Roh-, Hilfs- und Betriebsstoffe können, wenn sie regelmäßig ersetzt werden und ihr Gesamtwert für das Unternehmen von nachrangiger Bedeutung ist, mit einer gleichbleibenden Menge und einem gleichbleibenden Wert angesetzt werden, sofern ihr Bestand in seiner Größe, seinem Wert und seiner Zusammensetzung nur geringen Veränderungen unterliegt. Jedoch ist in der Regel alle drei Jahre eine körperliche Bestandsaufnahme durchzuführen.
(4) Gleichartige Vermögensgegenstände des Vorratsvermögens sowie andere gleichartige oder annähernd gleichwertige bewegliche Vermögensgegenstände können jeweils zu einer Gruppe zusammengefaßt und mit dem gewogenen Durchschnittswert angesetzt werden.

§ 241
Inventurvereinfachungsverfahren

(1) Bei der Aufstellung des Inventars darf der Bestand der Vermögensgegenstände nach Art, Menge und Wert auch mit Hilfe anerkannter mathematisch-statistischer Methoden aufgrund von Stichproben ermittelt werden. Das Verfahren muß den Grundsätzen ordnungsmäßiger Buchführung entsprechen. Der Aussagewert des auf diese Weise aufgestellten Inventars muß dem Aussagewert eines aufgrund einer körperlichen Bestandsaufnahme aufgestellten Inventars gleichkommen.
(2) Bei der Aufstellung des Inventars für den Schluß eines Geschäftsjahres bedarf es einer körperlichen Bestandsaufnahme der Vermögensgegenstände für diesen Zeitpunkt nicht, soweit durch Anwendung eines den Grundsätzen ordnungsmäßiger Buchführung entsprechenden anderen Verfahrens gesichert ist, daß der Bestand der Vermögensgegenstände nach Art, Menge und Wert auch ohne die körperliche Bestandsaufnahme für diesen Zeitpunkt festgestellt werden kann.
(3) In dem Inventar für den Schluß eines Geschäftsjahrs brauchen Vermögensgegenstände nicht verzeichnet zu werden, wenn
1. der Kaufmann ihren Bestand aufgrund einer körperlichen Bestandsauf-

nahme oder aufgrund eines nach Absatz 2 zulässigen anderen Verfahrens nach Art, Menge und Wert in einem besonderen Inventar verzeichnet hat, das für einen Tag innerhalb der letzten drei Monate vor oder der ersten beiden Monate nach dem Schluß des Geschäftsjahrs aufgestellt ist, und

2. aufgrund des besonderen Inventars durch Anwendung eines den Grundsätzen ordnungsmäßiger Buchführung entsprechenden Fortschreibungs- oder Rückrechnungsverfahrens gesichert ist, daß der am Schluß des Geschäftsjahrs vorhandene Bestand der Vermögensgegenstände für diesen Zeitpunkt ordnungsgemäß bewertet werden kann.

Zweiter Unterabschnitt

Eröffnungsbilanz · Jahresabschluß

Erster Titel

Allgemeine Vorschriften

§ 242

Pflicht zur Aufstellung

(1) Der Kaufmann hat zu Beginn seines Handelsgewerbes und für den Schluß eines jeden Geschäftsjahrs einen das Verhältnis seines Vermögens und seiner Schulden darstellenden Abschluß (Eröffnungsbilanz; Bilanz) aufzustellen. Auf die Eröffnungsbilanz sind die für den Jahresabschluß geltenden Vorschriften entsprechend anzuwenden, soweit sie sich auf die Bilanz beziehen.

(2) Er hat für den Schluß eines jeden Geschäftsjahrs eine Gegenüberstellung der Aufwendungen und Erträge des Geschäftsjahrs (Gewinn- und Verlustrechnung) aufzustellen.

(3) Die Bilanz und die Gewinn- und Verlustrechnung bilden den Jahresabschluß.

§ 243

Aufstellungsgrundsatz

(1) Der Jahresabschluß ist nach den Grundsätzen ordnungsmäßiger Buchführung aufzustellen.

(2) Er muß klar und übersichtlich sein.

(3) Der Jahresabschluß ist innerhalb der einem ordnungsmäßigen Geschäftsgang entsprechenden Zeit aufzustellen.

§ 244[1]

Sprache · Währungseinheit

Der Jahresabschluß ist in deutscher Sprache und in Euro aufzustellen.

§ 245

Unterzeichnung

Der Jahresabschluß ist vom Kaufmann unter Angabe des Datums zu unterzeichnen. Sind mehrere persönlich haftende Gesellschafter vorhanden, so haben sie alle zu unterzeichnen.

---

1 § 244 eingef. durch BiRiLiG v. 19. 12. 1985 (BGBl. I S. 2355) Abs. 2 Nr. 2, geänd. durch Art. 4 § 1 EuroEG v. 9. 6. 1998 (BGBl. I S. 1242)

Zweiter Titel
Ansatzvorschriften

§ 246
Vollständigkeit · Verrechnungsverbot

(1) Der Jahresabschluß hat sämtliche Vermögensgegenstände, Schulden, Rechnungsabgrenzungsposten, Aufwendungen und Erträge zu enthalten, soweit gesetzlich nichts anderes bestimmt ist.
Vermögensgegenstände, die unter Eigentumsvorbehalt erworben oder an Dritte für eigene oder fremde Verbindlichkeiten verpfändet oder in anderer Weise als Sicherheit übertragen worden sind, sind in die Bilanz des Sicherungsgebers aufzunehmen. In die Bilanz des Sicherungsnehmers sind sie nur aufzunehmen, wenn es sich um Bareinlagen handelt.
(2) Posten der Aktivseite dürfen nicht mit Posten der Passivseite, Aufwendungen nicht mit Erträgen, Grundstücksrechte nicht mit Grundstückslasten verrechnet werden.

§ 247
Inhalt der Bilanz

(1) In der Bilanz sind das Anlage- und das Umlaufvermögen, das Eigenkapital, die Schulden sowie die Rechnungsabgrenzungsposten gesondert auszuweisen und hinreichend aufzugliedern.
(2) Beim Anlagevermögen sind nur die Gegenstände auszuweisen, die bestimmt sind, dauernd dem Geschäftsbetrieb zu dienen.
(3) Passivposten, die für Zwecke der Steuern vom Einkommen und vom Ertrag zulässig sind, dürfen in der Bilanz gebildet werden. Sie sind als Sonderposten mit Rücklageanteil auszuweisen und nach Maßgabe des Steuerrechts aufzulösen. Einer Rückstellung bedarf es insoweit nicht.

§ 248
Bilanzierungsverbote

(1) Aufwendungen für die Gründung des Unternehmens und für die Beschaffung des Eigenkapitals dürfen in die Bilanz nicht als Aktivposten aufgenommen werden.
(2) Für immaterielle Vermögensgegenstände des Anlagevermögens, die nicht entgeltlich erworben wurden, darf ein Aktivposten nicht angesetzt werden.
(3) Aufwendungen für den Abschluß von Versicherungsverträgen dürfen nicht aktiviert werden.

§ 249
Rückstellungen

(1) Rückstellungen sind für ungewisse Verbindlichkeiten und für drohende Verluste aus schwebenden Geschäften zu bilden. Ferner sind Rückstellungen zu bilden für

1. im Geschäftsjahr unterlassene Aufwendungen für Instandhaltung, die im folgenden Geschäftsjahr innerhalb von drei Monaten, oder für Abraumbeseitigung, die im folgenden Geschäftsjahr nachgeholt werden.

2. Gewährleistungen, die ohne rechtliche Verpflichtung erbracht werden.

Rückstellungen dürfen für unterlassene Aufwendungen für Instandhaltung auch gebildet werden, wenn die Instandhaltung nach Ablauf der Frist nach Satz 2 Nr. 1 innerhalb des Geschäftsjahrs nachgeholt wird.

(2) Rückstellungen dürfen außerdem für ihrer Eigenart nach genau umschriebene, dem Geschäftsjahr oder einem früheren Geschäftsjahr zuzuordnende Aufwendungen gebildet werden, die am Abschlußstichtag wahrscheinlich oder sicher, aber hinsichtlich ihrer Höhe oder des Zeitpunkts ihres Eintritts unbestimmt sind.

(3) Für andere als die in den Absätzen 1 und 2 bezeichneten Zwecke dürfen Rückstellungen nicht gebildet werden. Rückstellungen dürfen nur aufgelöst werden, soweit der Grund hierfür entfallen ist.

§ 250
Rechnungsabgrenzungsposten

(1) Als Rechnungsabgrenzungsposten sind auf der Aktivseite Ausgaben vor dem Abschlußstichtag auszuweisen, soweit sie Aufwand für eine bestimmte Zeit nach diesem Tag darstellen. Ferner dürfen ausgewiesen werden

1. als Aufwand berücksichtigte Zölle und Verbrauchsteuern, soweit sie auf am Abschlußstichtag auszuweisende Vermögensgegenstände des Vorratsvermögens entfallen,
2. als Aufwand berücksichtigte Umsatzsteuer auf am Abschlußstichtag auszuweisende oder von den Vorräten offen abgesetzte Anzahlungen.

(2) Auf der Passivseite sind als Rechnungsabgrenzungsposten Einnahmen vor dem Abschlußstichtag auszuweisen, soweit sie Ertrag für eine bestimmte Zeit nach diesem Tag darstellen.

(3) Ist der Rückzahlungsbetrag einer Verbindlichkeit höher als der Ausgabebetrag, so darf der Unterschiedsbetrag in den Rechnungsabgrenzungsposten auf der Aktivseite aufgenommen werden. Der Unterschiedsbetrag ist durch planmäßige jährliche Abschreibungen zu tilgen, die auf die gesamte Laufzeit der Verbindlichkeit verteilt werden können.

§ 251
Haftungsverhältnisse

Unter der Bilanz sind, sofern sie nicht auf der Passivseite auszuweisen sind, Verbindlichkeiten aus der Begebung und Übertragung von Wechseln, aus Bürgschaften, Wechsel- und Scheckbürgschaften und aus Gewährleistungsverträgen sowie Haftungsverhältnisse aus der Bestellung von Sicherheiten für fremde Verbindlichkeiten zu vermerken; sie dürfen in einem Betrag angegeben werden. Haftungsverhältnisse sind auch anzugeben, wenn ihnen gleichwertige Rückgriffsforderungen gegenüberstehen.

Dritter Titel
Bewertungsvorschriften[1]

§ 252
Allgemeine Bewertungsgrundsätze

(1) Bei der Bewertung der im Jahresabschluß ausgewiesenen Vermögensgegenstände und Schulden gilt insbesondere folgendes:

1. Die Wertansätze in der Eröffnungsbilanz des Geschäftsjahrs müssen mit denen der Schlußbilanz des vorhergehenden Geschäftsjahrs übereinstimmen;
2. bei der Bewertung ist von der Fortführung der Unternehmenstätigkeit auszugehen, sofern dem nicht tatsächliche oder rechtliche Gegebenheiten entgegenstehen;
3. die Vermögensgegenstände und Schulden sind zum Abschlußtag einzeln zu bewerten;
4. es ist vorsichtig zu bewerten, namentlich sind alle vorhersehbaren Risiken und Verluste, die bis zum Abschlußstichtag entstanden sind, zu berücksichtigen, selbst wenn diese erst zwischen dem Abschlußstichtag und dem Tag der Aufstellung des Jahresabschlusses bekanntgeworden sind; Gewinne sind nur zu berücksichtigen, wenn sie am Abschlußstichtag realisiert sind;
5. Aufwendungen und Erträge des Geschäftsjahrs sind unabhängig von den Zeitpunkten der entsprechenden Zahlungen im Jahresabschluß zu berücksichtigen;
6. die auf den vorhergehenden Jahresabschluß angewandten Bewertungsmethoden sollen beibehalten werden.

(2) Von den Grundsätzen des Absatzes 1 darf nur in begründeten Ausnahmefällen abgewichen werden.

§ 253
Wertansätze der Vermögensgegenstände und Schulden

(1) Vermögensgegenstände sind höchstens mit den Anschaffungs- oder Herstellungskosten, vermindert um Abschreibungen nach den Absätzen 2 und 3, anzusetzen. Verbindlichkeiten sind zu ihrem Rückzahlungsbetrag, Rentenverpflichtungen, für die eine Gegenleistung nicht mehr zu erwarten ist, zu ihrem Barwert und Rückstellungen nur in der Höhe des Betrags anzusetzen, der nach vernünftiger kaufmännischer Beurteilung notwendig ist; Rückstellungen dürfen nur abgezinst werden, soweit die ihnen zugrundeliegenden Verbindlichkeiten einen Zinsanteil enthalten.

(2) Bei Vermögensgegenständen des Anlagevermögens, deren Nutzung zeitlich begrenzt ist, sind die Anschaffungs- oder Herstellungskosten um planmäßige Abschreibungen zu vermindern. Der Plan muß die Anschaffungs- oder Herstellungskosten auf die Geschäftsjahre verteilen, in denen der Vermögensgegenstand voraussichtlich genutzt werden kann. Ohne Rücksicht darauf, ob ihre Nutzung zeitlich begrenzt ist, können bei Vermögensgegenständen des Anlagevermögens außerplanmäßige Abschreibun-

---
1 Hierzu die Übergangsvorschriften in Art. 24 EGHGB

gen vorgenommen werden, um die Vermögensgegenstände mit dem niedrigeren Wert anzusetzen, der ihnen am Abschlußstichtag beizulegen ist; sie sind vorzunehmen bei einer voraussichtlich dauernden Wertminderung.

(3) Bei Vermögensgegenständen des Umlaufvermögens sind Abschreibungen vorzunehmen, um diese mit einem niedrigeren Wert anzusetzen, der sich aus einem Börsen- oder Marktpreis am Abschlußstichtag ergibt. Ist ein Börsen- oder Marktpreis nicht festzustellen und übersteigen die Anschaffungs- oder Herstellungskosten den Wert, der den Vermögensgegenständen am Abschlußstichtag beizulegen ist, so ist auf diesen Wert abzuschreiben. Außerdem dürfen Abschreibungen vorgenommen werden, soweit diese nach vernünftiger kaufmännischer Beurteilung notwendig sind, um zu verhindern, daß in der nächsten Zukunft der Wertansatz dieser Vermögensgegenstände aufgrund von Wertschwankungen geändert werden muß.

(4) Abschreibungen sind außerdem im Rahmen vernünftiger kaufmännischer Beurteilung zulässig.

(5) Ein niedrigerer Wertansatz nach Absatz 2 Satz 3, Absatz 3 oder 4 darf beibehalten werden, auch wenn die Gründe dafür nicht mehr bestehen.

§ 254
Steuerrechtliche Abschreibungen

Abschreibungen können auch vorgenommen werden, um Vermögensgegenstände des Anlage- oder Umlaufvermögens mit dem niedrigeren Wert anzusetzen, der auf einer nur steuerrechtlich zulässigen Abschreibung beruht. § 253 Abs. 5 ist entsprechend anzuwenden.

§ 255
Anschaffungs- und Herstellungskosten

(1) Anschaffungskosten sind die Aufwendungen, die geleistet werden, um einen Vermögensgegenstand zu erwerben und ihn in einen betriebsbereiten Zustand zu versetzen, soweit sie dem Vermögensgegenstand einzeln zugeordnet werden können. Zu den Anschaffungskosten gehören auch die Nebenkosten sowie die nachträglichen Anschaffungskosten. Anschaffungspreisminderungen sind abzusetzen.

(2) Herstellungskosten sind die Aufwendungen, die durch den Verbrauch von Gütern und die Inanspruchnahme von Diensten für die Herstellung eines Vermögensgegenstands, seine Erweiterung oder für eine über seinen ursprünglichen Zustand hinausgehende wesentliche Verbesserung entstehen. Dazu gehören die Materialkosten, die Fertigungskosten und die Sonderkosten der Fertigung. Bei der Berechnung der Herstellungskosten dürfen auch angemessene Teile der notwendigen Materialgemeinkosten, der notwendigen Fertigungsgemeinkosten und des Wertverzehrs des Anlagevermögens, soweit er durch die Fertigung veranlaßt ist, eingerechnet werden. Kosten der allgemeinen Verwaltung sowie Aufwendungen für soziale Einrichtungen des Betriebs, für freiwillige soziale Leistungen und für betriebliche Altersversorgung brauchen nicht eingerechnet zu werden. Aufwendungen im Sinne der Sätze 3 und 4 dürfen nur insoweit berücksichtigt werden, als sie auf den Zeitraum der Herstellung entfallen. Vertriebskosten dürfen nicht in die Herstellungskosten einbezogen werden.

(3) Zinsen für Fremdkapital gehören nicht zu den Herstellungskosten. Zinsen für Fremdkapital, das zur Finanzierung der Herstellung eines Vermögensgegenstands verwendet wird, dürfen angesetzt werden, soweit sie auf den Zeitraum der Herstellung entfallen; in diesem Falle gelten sie als Herstellungskosten des Vermögensgegenstands.

(4) Als Geschäfts- oder Firmenwert darf der Unterschiedsbetrag angesetzt werden, um den die für die Übernahme eines Unternehmens bewirkte Gegenleistung den Wert der einzelnen Vermögensgegenstände des Unternehmens abzüglich der Schulden im Zeitpunkt der Übernahme übersteigt. Der Betrag ist in jedem folgenden Geschäftsjahr zu mindestens einem Viertel durch Abschreibungen zu tilgen. Die Abschreibung des Geschäfts- oder Firmenwerts kann aber auch planmäßig auf die Geschäftsjahre verteilt werden, in denen er voraussichtlich genutzt wird.

§ 256
Bewertungsvereinfachungsverfahren

Soweit es den Grundsätzen ordnungsmäßiger Buchführung entspricht, kann für den Wertansatz gleichartiger Vermögensgegenstände des Vorratsvermögens unterstellt werden, daß die zuerst oder daß die zuletzt angeschafften oder hergestellten Vermögensgegenstände zuerst oder in einer sonstigen bestimmten Folge verbraucht oder veräußert worden sind. § 240 Abs. 3 und 4 ist auch auf den Jahresabschluß anwendbar.

Dritter Unterabschnitt
Aufbewahrung und Vorlage

§ 257
Aufbewahrung von Unterlagen · Aufbewahrungsfristen

(1) Jeder Kaufmann ist verpflichtet, die folgenden Unterlagen geordnet aufzubewahren:

1. Handelsbücher, Inventare, Eröffnungsbilanzen, Jahresabschlüsse, Lageberichte, Konzernabschlüsse, Konzernlageberichte sowie die zu ihren Verständnis erforderlichen Arbeitsanweisungen und sonstigen Organisationsunterlagen;
2. die empfangenen Handelsbriefe;
3. Wiedergaben der abgesandten Handelsbriefe;
4. Belege für Buchungen in den von ihm nach § 238 Abs. 1 zu führenden Büchern (Buchungsbelege).

(2) Handelsbriefe sind nur Schriftstücke, die ein Handelsgeschäft betreffen.

(3) Mit Ausnahme der Eröffnungsbilanzen, Jahresabschlüsse und der Konzernabschlüsse können die in Absatz 1 aufgeführten Unterlagen auch als Wiedergabe auf einem Bildträger oder auf anderen Datenträgern aufbewahrt werden, wenn dies den Grundsätzen ordnungsmäßiger Buchführung entspricht und sichergestellt ist, daß die Wiedergabe oder die Daten

1. mit den empfangenen Handelsbriefen und den Buchungsbelegen bildlich und mit den anderen Unterlagen inhaltlich übereinstimmen, wenn sie lesbar gemacht werden;

2. während der Dauer der Aufbewahrungsfrist verfügbar sind und jederzeit innerhalb angemessener Frist lesbar gemacht werden können.

Sind Unterlagen aufgrund des § 239 Abs. 4 Satz 1 auf Datenträgern hergestellt worden, könnten statt des Datenträgers die Daten auch ausgedruckt aufbewahrt werden; die ausgedruckten Unterlagen können auch nach Satz 1 aufbewahrt werden.

(4) Die in Absatz 1 Nr. 1 aufgeführten Unterlagen sind zehn Jahre und die sonstigen in Absatz 1 aufgeführten Unterlagen sechs Jahre aufzubewahren.

(5) Die Aufbewahrungsfrist beginnt mit dem Schluß des Kalenderjahrs, in dem die letzte Eintragung in das Handelsbuch gemacht, das Inventar aufgestellt, die Eröffnungsbilanz oder der Jahresabschluß festgestellt, der Konzernabschluß aufgestellt, der Handelsbrief empfangen oder abgesandt worden oder der Buchungsbeleg entstanden ist.

§ 258
Vorlegung im Rechtsstreit

(1) Im Laufe eines Rechtsstreits kann das Gericht auf Antrag oder von Amts wegen die Vorlegung der Handelsbücher einer Partei anordnen.

(2) Die Vorschriften der Zivilprozeßordnung über die Verpflichtung des Prozeßgegners zur Vorlegung von Urkunden bleiben unberührt.

§ 259
Auszug bei Vorlegung im Rechtsstreit

Werden in einem Rechtsstreit Handelsbücher vorgelegt, so ist von ihrem Inhalt, soweit er den Streitpunkt betrifft, unter Zuziehung der Parteien Einsicht zu nehmen und geeignetenfalls ein Auszug zu fertigen. Der übrige Inhalt der Bücher ist dem Gericht insoweit offenzulegen, als es zur Prüfung ihrer ordnungsmäßigen Führung notwendig ist.

§ 260
Vorlegung bei Auseinandersetzungen

Bei Vermögensauseinandersetzungen, insbesondere in Erbschafts-, Gütergemeinschafts- und Gesellschaftsteilungssachen, kann das Gericht die Vorlegung der Handelsbücher zur Kenntnisnahme von ihrem ganzen Inhalt anordnen.

§ 261
Vorlegung von Unterlagen auf Bild- und Datenträgern

Wer aufzubewahrende Unterlagen nur in Form einer Wiedergabe auf einem Bildträger oder auf anderen Datenträgern vorlegen kann, ist verpflichtet, auf seine Kosten diejenigen Hilfsmittel zur Verfügung zu stellen, die erforderlich sind, um die Unterlagen lesbar zu machen; soweit erforderlich, hat er die Unterlagen auf seine Kosten auszudrucken oder ohne Hilfsmittel lesbare Reproduktionen beizubringen.

Vierter Unterabschnitt
Sollkaufleute · Landesrecht

§ 262
(aufgehoben)

§ 263
Vorbehalt landesrechtlicher Vorschriften

Unberührt bleiben bei Unternehmen ohne eigene Rechtspersönlichkeit einer Gemeinde, eines Gemeindeverbandes oder eines Zweckverbands landesrechtliche Vorschriften, die von den Vorschriften dieses Abschnitts abweichen.

Zweiter Abschnitt
Ergänzende Vorschriften für Kapitalgesellschaften (Aktiengesellschaften, Kommanditgesellschaften auf Aktien und Gesellschaften mit beschränkter Haftung)

Erster Unterabschnitt
Jahresabschluß der Kapitalgesellschaft und Lagebericht

Erster Titel
Allgemeine Vorschriften

§ 264
Pflicht zur Aufstellung

(1) Die gesetzlichen Vertreter einer Kapitalgesellschaft haben den Jahresabschluß (§ 242) um einen Anhang zu erweitern, der mit der Bilanz und der Gewinn- und Verlustrechnung eine Einheit bildet, sowie einen Lagebericht aufzustellen. Der Jahresabschluß und der Lagebericht sind von den gesetzlichen Vertretern in den ersten drei Monaten des Geschäftsjahrs für das vergangene Geschäftsjahr aufzustellen. Kleine Kapitalgesellschaften (§ 267 Abs. 1) dürfen den Jahresabschluß und den Lagebericht auch später aufstellen, wenn dies einem ordnungsmäßigen Geschäftsgang entspricht; jedoch innerhalb der ersten sechs Monate des Geschäftsjahres.

(2) Der Jahresabschluß der Kapitalgesellschaft hat unter Beachtung der Grundsätze ordnungsmäßiger Buchführung ein den tatsächlichen Verhältnissen entsprechendes Bild der Vermögens-, Finanz- und Ertragslage der Kapitalgesellschaft zu vermitteln. Führen besondere Umstände dazu, daß der Jahresabschluß ein den tatsächlichen Verhältnissen entsprechendes Bild im Sinne des Satzes 1 nicht vermittelt, so sind im Anhang zusätzliche Angaben zu machen.

(3) Eine Kapitalgesellschaft, die Tochterunternehmen eines nach § 290 zur Aufstellung eines Konzernabschlusses verpflichteten Mutterunternehmens ist, braucht die Vorschriften dieses Unterabschnitts und des Dritten und Vierten Unterabschnitts dieses Abschnitts nicht anzuwenden, wenn

1. alle Gesellschafter des Tochterunternehmens der Befreiung für das jeweilige Geschäftsjahr zugestimmt haben und der Beschluß nach § 325 offengelegt worden ist,

2. das Mutterunternehmen zur Verlustübernahme nach § 302 des Aktiengesetzes verpflichtet ist oder eine solche Verpflichtung freiwillig übernommen hat und diese Erklärung nach § 325 offengelegt worden ist,
3. das Tochterunternehmen in den Konzernabschluß nach den Vorschriften dieses Abschnitts einbezogen worden ist,
4. die Befreiung des Tochterunternehmens im Anhang des von dem Mutterunternehmen aufgestellten Konzernabschlusses angegeben wird und
5. die von dem Mutterunternehmen nach den Vorschriften über die Konzernrechnungslegung gemäß § 325 offenzulegenden Unterlagen auch zum Handelsregister des Sitzes der die Befreiung in Anspruch nehmenden Kapitalgesellschaft eingereicht worden sind.

§ 265
Allgemeine Grundsätze für die Gliederung

(1) Die Form der Darstellung, insbesondere die Gliederung der aufeinanderfolgenden Bilanzen und Gewinn- und Verlustrechnungen, ist beizubehalten, soweit nicht in Ausnahmefällen wegen besonderer Umstände Abweichungen erforderlich sind. Die Abweichungen sind im Anhang anzugeben und zu begründen.
(2) In der Bilanz sowie in der Gewinn- und Verlustrechnung ist zu jedem Posten der entsprechende Betrag des vorhergehenden Geschäftsjahrs anzugeben und zu erläutern. Sind die Beträge nicht vergleichbar, so ist dies im Anhang anzugeben und zu erläutern. Wird der Vorjahresbetrag angepaßt, so ist auch dies im Anhang anzugeben und zu erläutern.
(3) Fällt ein Vermögensgegenstand oder eine Schuld unter mehrere Posten der Bilanz, so ist die Mitzugehörigkeit zu anderen Posten bei dem Posten, unter dem der Ausweis erfolgt ist, zu vermerken oder im Anhang anzugeben, wenn dies zur Aufstellung eines klaren und übersichtlichen Jahresabschlusses erforderlich ist. Eigene Anteile dürfen unabhängig von ihrer Zweckbestimmung nur unter dem dafür vorgesehenen Posten im Umlaufvermögen ausgewiesen werden.
(4) Sind mehrere Geschäftszweige vorhanden und bedingt dies die Gliederung des Jahresabschlusses nach verschiedenen Gliederungsvorschriften, so ist der Jahresabschluß nach der für einen Geschäftszweig vorgeschriebenen Gliederung aufzustellen und nach der für die anderen Geschäftszweige vorgeschriebenen Gliederung zu ergänzen. Die Ergänzung ist im Anhang anzugeben und zu begründen.
(5) Eine weitere Untergliederung der Posten ist zulässig; dabei ist jedoch die vorgeschriebene Gliederung zu beachten. Neue Posten dürfen hinzugefügt werden, wenn ihr Inhalt nicht von einem vorgeschriebenen Posten gedeckt wird.
(6) Gliederung und Bezeichnung der mit arabischen Zahlen versehenen Posten der Bilanz und der Gewinn- und Verlustrechnung sind zu ändern, wenn dies wegen Besonderheiten der Kapitalgesellschaft zur Aufstellung eines klaren und übersichtlichen Jahresabschlusses erforderlich ist.
(7) Die mit arabischen Zahlen versehenen Posten der Bilanz und der Gewinn- und Verlustrechnung können, wenn nicht besondere Formblätter vorgeschrieben sind, zusammengefaßt ausgewiesen werden, wenn

1. sie einen Betrag enthalten, der für die Vermittlung eines den tatsächlichen Verhältnissen entsprechenden Bildes im Sinne des § 264 Abs. 2 nicht erheblich ist,
   oder
2. dadurch die Klarheit der Darstellung vergrößert wird; in diesem Fall müssen die zusammengefaßten Posten jedoch im Anhang gesondert ausgewiesen werden.

(8) Ein Posten der Bilanz oder der Gewinn- und Verlustrechnung, der keinen Betrag ausweist, braucht nicht aufgeführt zu werden, es sei denn, daß im vorhergehenden Geschäftsjahr unter diesem Posten ein Betrag ausgewiesen wurde.

Zweiter Titel
Bilanz

§ 266
Gliederung der Bilanz

(1) Die Bilanz ist in Kontoform aufzustellen. Dabei haben große und mittelgroße Kapitalgesellschaften (§ 267 Abs. 3, 2) auf der Aktivseite die in Absatz 2 und auf der Passivseite die in Absatz 3 bezeichneten Posten gesondert und in der vorgeschriebenen Reihenfolge auszuweisen. Kleine Kapitalgesellschaften (§ 267 Abs. 1) brauchen nur eine verkürzte Bilanz aufzustellen, in die nur die in den Absätzen 2 und 3 mit Buchstaben und römischen Zahlen bezeichneten Posten gesondert und in der vorgeschriebenen Reihenfolge aufgenommen werden.

(2) Aktivseite

A. Anlagevermögen:
   I. Immaterielle Vermögensgegenstände:
      1. Konzessionen, gewerbliche Schutzrechte und ähnliche Rechte und Werte sowie Lizenzen an solchen Rechten und Werten;
      2. Geschäfts- oder Firmenwert;
      3. geleistete Anzahlungen;
   II. Sachanlagen:
      1. Grundstücke, grundstücksgleiche Rechte und Bauten einschließlich der Bauten auf fremden Grundstücken;
      2. technische Anlagen und Maschinen;
      3. andere Anlagen, Betriebs- und Geschäftsausstattung;
      4. geleistete Anzahlungen und Anlagen im Bau;
   III. Finanzanlagen:
      1. Anteile an verbundenen Unternehmen;
      2. Ausleihungen an verbundene Unternehmen;
      3. Beteiligungen;
      4. Ausleihungen an Unternehmen, mit denen ein Beteiligungsverhältnis besteht;
      5. Wertpapiere des Anlagevermögens;
      6. sonstige Ausleihungen.

B. Umlaufvermögen:
   I. Vorräte:

1. Roh-, Hilfs- und Betriebsstoffe;
2. unfertige Erzeugnisse, unfertige Leistungen;
3. fertige Erzeugnisse und Waren;
4. geleistete Anzahlungen;

II. Forderungen und sonstige Vermögensgegenstände:
1. Forderungen aus Lieferungen und Leistungen;
2. Forderungen gegen verbundene Unternehmen;
3. Forderungen gegen Unternehmen, mit denen ein Beteiligungsverhältnis besteht;
4. sonstige Vermögensgegenstände;

III. Wertpapiere:
1. Anteile an verbundenen Unternehmen;
2. eigene Anteile;
3. sonstige Wertpapiere;

IV. Schecks, Kassenbestand, Bundesbank- und Postgiroguthaben, Guthaben bei Kreditinstituten.

C. Rechnungsabgrenzungsposten.

(3) Passivseite

A. Eigenkapital:

I. Gezeichnetes Kapital;

II. Kapitalrücklage;

III. Gewinnrücklagen;
1. gesetzliche Rücklagen;
2. Rücklage für eigene Anteile;
3. satzungsmäßige Rücklagen;
4. andere Gewinnrücklagen;

IV. Gewinnvortrag/Verlustvortrag;

V. Jahresüberschuß/Jahresfehlbetrag.

B. Rückstellungen:
1. Rückstellungen für Pensionen und ähnliche Verpflichtungen;
2. Steuerrückstellungen;
3. sonstige Rückstellungen.

C. Verbindlichkeiten:
1. Anleihen, davon konvertibel;
2. Verbindlichkeiten gegenüber Kreditinstituten;
3. erhaltene Anzahlungen auf Bestellungen;
4. Verbindlichkeiten aus Lieferungen und Leistungen;
5. Verbindlichkeiten aus der Annahme gezogener Wechsel und der Ausstellung eigener Wechsel;
6. Verbindlichkeiten gegenüber verbundenen Unternehmen;
7. Verbindlichkeiten gegenüber Unternehmen, mit denen ein Beteiligungsverhältnis besteht;
8. sonstige Verbindlichkeiten,
davon aus Steuern,
davon im Rahmen der sozialen Sicherheit.

D. Rechnungsabgrenzungsposten.

§ 267[1]

Umschreibung der Größenklassen

(1) Kleine Kapitalgesellschaften sind solche, die mindestens zwei der drei nachstehenden Merkmale nicht überschreiten:

1. fünf Millionen dreihundertzehntausend Deutsche Mark Bilanzsumme nach Abzug eines auf der Aktivseite ausgewiesenen Fehlbetrags (§ 268 Abs. 3);
2. zehn Millionen sechshundertzwanzigtausend Deutsche Mark Umsatzerlöse in den zwölf Monaten vor dem Abschlußstichtag;
3. im Jahresdurchschnitt fünfzig Arbeitnehmer.

(2) Mittelgroße Kapitalgesellschaften sind solche, die mindestens zwei der drei in Absatz 1 bezeichneten Merkmale überschreiten und jeweils mindestens zwei der drei nachstehenden Merkmale nicht überschreiten:

1 einundzwanzig Millionen zweihundertvierzigtausend Deutsche Mark Bilanzsumme nach Abzug eines auf der Aktivseite ausgewiesenen Fehlbetrags (§ 268 Abs. 3);
2. zweiundvierzig Millionen vierhundertachtzigtausend Deutsche Mark Umsatzerlöse in den letzten zwölf Monaten vor dem Abschlußstichtag;
3. im Jahresdurchschnitt zweihundertfünfzig Arbeitnehmer.

(3) Große Kapitalgesellschaften sind solche, die mindestens zwei der drei in Absatz 2 bezeichneten Merkmale überschreiten. Eine Kapitalgesellschaft gilt stets als große, wenn Aktien oder andere von ihr ausgegebene Wertpapiere an einer Börse in einem Mitgliedstaat der Europäischen Wirtschaftsgemeinschaft zum amtlichen Handel oder zum geregelten Markt zugelassen oder in den geregelten Freiverkehr einbezogen sind oder die Zulassung zum amtlichen Handel oder zum geregelten Markt beantragt ist.

(4) Die Rechtsfolgen der Merkmale nach den Absätzen 1 bis 3 Satz 1 treten nur ein, wenn sie an den Abschlußstichtagen von zwei aufeinanderfolgenden Geschäftsjahren über- oder unterschritten werden. Im Falle der Verschmelzung, Umwandlung oder Neugründung treten die Rechtsfolgen schon ein, wenn die Voraussetzungen des Absatzes 1, 2 oder 3 am ersten Abschlußstichtag nach der Umwandlung oder Neugründung vorliegen.

(5) Als durchschnittliche Zahl der Arbeitnehmer gilt der vierte Teil der Summe aus den Zahlen der jeweils am 31. März, 30. Juni, 30. September und 31. Dezember beschäftigten Arbeitnehmer einschließlich der im Ausland beschäftigten Arbeitnehmer, jedoch ohne die zu ihrer Berufsausbildung Beschäftigten.

(6) Informations- und Auskunftsrechte der Arbeitnehmervertretungen nach anderen Gesetzen bleiben unberührt.

§ 268

Vorschriften zu einzelnen Posten der Bilanz · Bilanzvermerke

(1) Die Bilanz darf auch unter Berücksichtigung der vollständigen oder teilweisen Verwendung des Jahresergebnisses aufgestellt werden. Wird die

---

1 Die in § 267 Abs. 1 Nrn. 1, 2, Abs. 2 Nrn. 1 und 2 mit Wirkung vom 30. 7. 1994 festgesetzten Beträge dürfen auf alle Geschäftsjahre angewendet werden, die nach dem 31. 12. 1990 beginnen.

Bilanz unter Berücksichtigung der teilweisen Verwendung des Jahresergebnisses aufgestellt, so tritt an die Stelle der Posten »Jahresüberschuß/Jahresfehlbetrag« und »Gewinnvortrag/Verlustvortrag« der Posten »Bilanzgewinn/Bilanzverlust«; ein vorhandener Gewinn- oder Verlustvortrag ist in den Posten »Bilanzgewinn/Bilanzverlust« einzubeziehen und in der Bilanz oder im Anhang gesondert anzugeben.

(2) In der Bilanz oder im Anhang ist die Entwicklung der einzelnen Posten des Anlagevermögens und des Postens »Aufwendungen für die Ingangsetzung und Erweiterung des Geschäftsbetriebs« darzustellen. Dabei sind, ausgehend von den gesamten Anschaffungs- und Herstellungskosten, die Zugänge, Abgänge, Umbuchungen und Zuschreibungen des Geschäftsjahrs sowie die Abschreibungen in ihrer gesamten Höhe gesondert aufzuführen. Die Abschreibungen des Geschäftsjahrs sind entweder in der Bilanz bei dem betreffenden Posten zu vermerken oder im Anhang in einer der Gliederung des Anlagevermögens entsprechenden Aufgliederung anzugeben.

(3) Ist das Eigenkapital durch Verluste aufgebraucht und ergibt sich ein Überschuß der Passivposten über die Aktivposten, so ist dieser Betrag am Schluß der Bilanz auf der Aktivseite gesondert unter der Bezeichnung »Nicht durch Eigenkapital gedeckter Fehlbetrag« auszuweisen.

(4) Der Betrag der Forderungen mit einer Restlaufzeit von mehr als einem Jahr ist bei jedem gesondert ausgewiesenen Posten zu vermerken. Werden unter dem Posten »sonstige Vermögensgegenstände« Beträge für Vermögensgegenstände ausgewiesen, die erst nach dem Abschlußstichtag rechtlich entstehen, so müssen Beträge, die einen größeren Umfang haben, im Anhang erläutert werden.

(5) Der Betrag der Verbindlichkeiten mit einer Restlaufzeit bis zu einem Jahr ist bei jedem gesondert ausgewiesenen Posten zu vermerken. Erhaltene Anzahlungen auf Bestellungen sind, soweit Anzahlungen auf Vorräte nicht von dem Posten »Vorräte« offen abgesetzt werden, unter den Verbindlichkeiten gesondert auszuweisen. Sind unter dem Posten »Verbindlichkeiten« Beträge für Verbindlichkeiten ausgewiesen, die erst nach dem Abschlußstichtag rechtlich entstehen, so müssen Beträge, die einen größeren Umfang haben, im Anhang erläutert werden.

(6) Ein nach § 250 Abs. 3 in den Rechnungsabgrenzungsposten auf der Aktivseite aufgenommener Unterschiedsbetrag ist in der Bilanz gesondert auszuweisen oder im Anhang anzugeben.

(7) Die in § 251 bezeichneten Haftungsverhältnisse sind jeweils gesondert unter der Bilanz oder im Anhang unter Angabe der gewährten Pfandrechte und sonstigen Sicherheiten anzugeben: Bestehen solche Verpflichtungen gegenüber verbundenen Unternehmen, so sind sie gesondert anzugeben.

§ 269

Aufwendungen für die Ingangsetzung und Erweiterung des Geschäftsbetriebs

Die Aufwendungen für die Ingangsetzung des Geschäftsbetriebs und dessen Erweiterung dürfen, soweit sie nicht bilanzierungsfähig sind, als Bilanzierungshilfe aktiviert werden; der Posten ist in der Bilanz unter der Bezeichnung »Aufwendungen für die Ingangsetzung und Erweiterung des

Geschäftsbetriebs« vor dem Anlagevermögen auszuweisen und im Anhang zu erläutern. Werden solche Aufwendungen in der Bilanz ausgewiesen, so dürfen Gewinne nur ausgeschüttet werden, wenn die nach der Ausschüttung verbleibenden jederzeit auflösbaren Gewinnrücklagen zuzüglich des Gewinnvortrags und abzüglich eines Verlustvortrags dem angesetzten Betrag mindestens entsprechen.

§ 270
Bildung bestimmter Posten

(1) Einstellungen in die Kapitalrücklage und deren Auflösung sind bereits bei der Aufstellung der Bilanz vorzunehmen. Satz 1 ist auf Einstellung in den Sonderposten mit Rücklageanteil und dessen Auflösung anzuwenden.
(2) Wird die Bilanz unter Berücksichtigung der vollständigen oder teilweisen Verwendung des Jahresergebnisses aufgestellt, so sind Entnahmen aus Gewinnrücklagen sowie Einstellungen in Gewinnrücklagen, die nach Gesetz, Gesellschaftsvertrag oder Satzung vorzunehmen sind oder aufgrund solcher Vorschriften beschlossen worden sind, bereits bei der Aufstellung der Bilanz zu berücksichtigen.

§ 271
Beteiligungen · Verbundene Unternehmen

(1) Beteiligungen sind Anteile an anderen Unternehmen, die bestimmt sind, dem eigenen Geschäftsbetrieb durch Herstellung einer dauernden Verbindung zu jenen Unternehmen zu dienen. Dabei ist es unerheblich, ob die Anteile in Wertpapieren verbrieft sind oder nicht. Als Beteiligung gelten im Zweifel Anteile an einer Kapitalgesellschaft, deren Nennbeträge insgesamt den fünften Teil des Nennkapitals dieser Gesellschaft überschreiten. Auf die Berechnung ist § 16 Abs. 2 und 4 des Aktiengesetzes entsprechend anzuwenden. Die Mitgliedschaft in einer eingetragenen Genossenschaft gilt nicht als Beteiligung im Sinne dieses Buches.
(2) Verbundene Unternehmen im Sinne dieses Buches sind solche Unternehmen, die als Mutter- oder Tochterunternehmen (§ 290) in den Konzernabschluß eines Mutterunternehmens nach den Vorschriften über die Vollkonsolidierung einzubeziehen sind, das als oberstes Mutterunternehmen den am weitesten gehenden Konzernabschluß nach dem zweiten Unterabschnitt aufzustellen hat, auch wenn die Aufstellung unterbleibt, oder das einen befreienden Konzernabschluß nach § 291 oder nach einer nach § 292 erlassenen Rechtsverordnung aufstellt oder aufstellen könnte; Tochterunternehmen, die nach § 295 oder § 296 nicht einbezogen werden, sind ebenfalls verbundene Unternehmen.

§ 272
Eigenkapital

(1) Gezeichnetes Kapital ist das Kapital, auf das die Haftung der Gesellschafter für die Verbindlichkeiten der Kapitalgesellschaft gegenüber den Gläubigern beschränkt ist. Die ausstehenden Einlagen auf das gezeichnete Kapital sind auf der Aktivseite vor dem Anlagevermögen gesondert auszuweisen und entsprechend zu bezeichnen; die davon eingeforderten Einla-

gen dürfen auch von dem Posten »Gezeichnetes Kapital« offen abgesetzt werden; in diesem Falle ist der verbleibende Betrag als Posten »Eingefordertes Kapital« in der Hauptspalte der Passivseite auszuweisen und ist außerdem der eingeforderte, aber noch nicht eingezahlte Betrag unter den Forderungen gesondert auszuweisen und entsprechend zu bezeichnen. Der Nennbetrag oder, falls ein solcher nicht vorhanden ist, der rechnerische Wert von nach § 71 Abs. 1 Nr. 6 oder 8 des Aktiengesetzes zur Einziehung erworbenen Aktien ist in der Vorspalte offen von dem Posten »Gezeichnetes Kapital« als Kapitalrückzahlung abzusetzen. Ist der Erwerb der Aktien nicht zur Einziehung erfolgt, ist Satz 4 auch anzuwenden, soweit in dem Beschluß über den Rückkauf die spätere Veräußerung von einem Beschluß der Hauptversammlung in entsprechender Anwendung des § 182 Abs. 1 Satz 1 des Aktiengesetzes abhängig gemacht worden ist. Wird der Nennbetrag oder der rechnerische Wert von Aktien nach Satz 4 abgesetzt, ist der Unterschiedsbetrag dieser Aktien zwischen ihrem Nennbetrag oder dem rechnerischen Wert und ihrem Kaufpreis mit den anderen Gewinnrücklagen (§ 266 Abs. 3 A.III.4) zu verrechnen; weitergehende Anschaffungskosten sind als Aufwand des Geschäftsjahres zu berücksichtigen.

(2) Als Kapitalrücklage sind auszuweisen:

1. der Betrag, der bei der Ausgabe von Anteilen einschließlich von Bezugsanteilen über den Nennbetrag hinaus erzielt wird;
2. der Betrag, der bei der Ausgabe von Schuldverschreibungen für Wandlungsrechte und Optionsrechte zum Erwerb von Anteilen erzielt wird;
3. der Betrag von Zusatzzahlungen, die Gesellschafter gegen Gewährung eines Vorzugs für ihre Anteile leisten;
4. der Betrag von anderen Zuzahlungen, die Gesellschafter in das Eigenkapital leisten.

(3) Als Gewinnrücklagen dürfen nur Beträge ausgewiesen werden, die im Geschäftsjahr oder in einem früheren Geschäftsjahr aus dem Ergebnis gebildet worden sind. Dazu gehören aus dem Ergebnis zu bildende gesetzliche oder auf Gesellschaftsvertrag oder Satzung beruhende Rücklagen und andere Gewinnrücklagen.

(4) In eine Rücklage für eigene Anteile ist ein Betrag einzustellen, der dem auf der Aktivseite der Bilanz für die eigenen Anteile anzusetzenden Betrag entspricht. Die Rücklage darf nur aufgelöst werden, soweit die eigenen Anteile ausgegeben, veräußert oder eingezogen werden oder soweit nach § 253 Abs. 3 auf der Aktivseite ein niedrigerer Betrag angesetzt wird. Die Rücklage, die bereits bei der Aufstellung der Bilanz vorzunehmen ist, darf aus vorhandenen Gewinnrücklagen gebildet werden, soweit diese frei verfügbar sind. Die Rücklage nach Satz 1 ist auch für Anteile eines herrschenden oder eines mit Mehrheit beteiligten Unternehmens zu bilden.

§ 273
Sonderposten mit Rücklageanteil

Der Sonderposten mit Rücklageanteil (§ 247 Abs. 3) darf nur insoweit gebildet werden, als das Steuerrecht die Anerkennung des Wertansatzes bei der steuerrechtlichen Gewinnermittlung davon abhängig macht, daß der Sonderposten in der Bilanz gebildet wird. Er ist auf der Passivseite vor den

Rückstellungen auszuweisen; die Vorschriften, nach denen er gebildet worden ist, sind in der Bilanz oder im Anhang anzugeben.

§ 274
Steuerabgrenzung

(1) Ist der dem Geschäftsjahr und früheren Geschäftsjahren zuzurechnende Steueraufwand zu niedrig, weil der nach den steuerrechtlichen Vorschriften zu versteuernde Gewinn niedriger als das handelsrechtliche Ergebnis ist, und gleicht sich der zu niedrige Steueraufwand des Geschäftsjahrs und früherer Geschäftsjahre in späteren Geschäftsjahren voraussichtlich aus, so ist in Höhe der voraussichtlichen Steuerbelastung nachfolgender Geschäftsjahre eine Rückstellung nach § 249 Abs. 1 Satz 1 zu bilden und in der Bilanz oder im Anhang gesondert anzugeben. Die Rückstellung ist aufzulösen, sobald die höhere Steuerbelastung eintritt oder mit ihr voraussichtlich nicht mehr zu rechnen ist.
(2) Ist der dem Geschäftsjahr und früheren Geschäftsjahren zuzurechnende Steueraufwand zu hoch, weil der nach den steuerrechtlichen Vorschriften zu versteuernde Gewinn höher als das handelsrechtliche Ergebnis ist, und gleicht sich der zu hohe Steueraufwand des Geschäftsjahres und früherer Geschäftsjahre in späteren Geschäftsjahren voraussichtlich aus, so darf in Höhe der voraussichtlichen Steuerentlastung nachfolgender Geschäftsjahre ein Abgrenzungsposten als Bilanzierungshilfe auf der Aktivseite der Bilanz gebildet werden. Dieser Posten ist unter entsprechender Bezeichnung gesondert auszuweisen und im Anhang zu erläutern. Wird ein solcher Posten ausgewiesen, so dürfen Gewinne nur ausgeschüttet werden, wenn die nach der Ausschüttung verbleibenden jederzeit auflösbaren Gewinnrücklagen zuzüglich eines Gewinnvortrags und abzüglich eines Verlustvortrags dem angesetzten Betrag mindestens entsprechen. Der Betrag ist aufzulösen, sobald die Steuerentlastung eintritt oder mit ihr voraussichtlich nicht mehr zu rechnen ist.

§ 274a

Größenabhängige Erleichterungen. Kleine Kapitalgesellschaften sind von der Anwendung der folgenden Vorschriften befreit:

1. § 268 Abs. 2 über die Aufstellung eines Anlagengitters,
2. § 268 Abs. 4 Satz 2 über die Pflicht zur Erläuterung bestimmter Forderungen im Anhang,
3. § 268 Abs. 5 Satz 3 über die Erläuterung bestimmter Verbindlichkeiten im Anhang,
4. § 268 Abs. 6 über den Rechnungsabgrenzungsposten nach § 250 Abs. 3,
5. § 269 Satz 1 insoweit, als die Aufwendungen für die Ingangsetzung und Erweiterung des Geschäftsbetriebs im Anhang erläutert werden müssen.

Dritter Titel
Gewinn- und Verlustrechnung

§ 275
Gliederung

(1) Die Gewinn- und Verlustrechnung ist in Staffelform nach dem Gesamtkostenverfahren oder dem Umsatzkostenverfahren aufzustellen. Dabei sind die in Absatz 2 oder 3 bezeichneten Posten in der angegebenen Reihenfolge gesondert auszuweisen.

(2) Bei Anwendung des Gesamtkostenverfahrens sind auszuweisen:

1. Umsatzerlöse
2. Erhöhung oder Verminderung des Bestands an fertigen und unfertigen Erzeugnissen
3. andere aktivierte Eigenleistungen
4. sonstige betriebliche Erträge
5. Materialaufwand:
   a) Aufwendungen für Roh-, Hilfs- und Betriebsstoffe und für bezogene Waren
   b) Aufwendungen für bezogene Leistungen
6. Personalaufwand:
   a) Löhne und Gehälter
   b) soziale Abgaben und Aufwendungen für Altersversorgung und für Unterstützung, davon für Altersversorgung
7. Abschreibungen:
   a) auf immaterielle Vermögensgegenstände des Anlagevermögens und Sachanlagen sowie auf aktivierte Aufwendungen für die Ingangsetzung und Erweiterung des Geschäftsbetriebs
   b) auf Vermögensgegenstände des Umlaufvermögens, soweit diese die in der Kapitalgesellschaft üblichen Abschreibungen überschreiten
8. sonstige betriebliche Aufwendungen
9. Erträge aus Beteiligungen, davon aus verbundenen Unternehmen
10. Erträge aus anderen Wertpapieren und Ausleihungen des Finanzanlagevermögens, davon aus verbundenen Unternehmen
11. sonstige Zinsen und ähnliche Erträge, davon aus verbundenen Unternehmen
12. Abschreibungen auf Finanzanlagen und auf Wertpapiere des Umlaufvermögens
13. Zinsen und ähnliche Aufwendungen, davon an verbundene Unternehmen
14. Ergebnis der gewöhnlichen Geschäftstätigkeit
15. außerordentliche Erträge
16. außerordentliche Aufwendungen
17. außerordentliches Ergebnis
18. Steuern vom Einkommen und vom Ertrag
19. sonstige Steuern
20. Jahresüberschuß/Jahresfehlbetrag.

(3) Bei Anwendungen des Umsatzkostenverfahrens sind auszuweisen:

1. Umsatzerlöse
2. Herstellungskosten der zur Erzielung der Umsatzerlöse erbrachten Leistungen
3. Bruttoergebnis vom Umsatz
4. Vertriebskosten
5. allgemeine Verwaltungskosten
6. sonstige betriebliche Erträge
7. sonstige betriebliche Aufwendungen
8. Erträge aus Beteiligungen, davon aus verbundenen Unternehmen
9. Erträge aus anderen Wertpapieren und Ausleihungen des Finanzanlagevermögens, davon aus verbundenen Unternehmen
10. sonstige Zinsen und ähnliche Erträge, davon aus verbundenen Unternehmen
11. Abschreibungen auf Finanzanlagen und auf Wertpapiere des Umlaufvermögens
12. Zinsen und ähnliche Aufwendungen, davon an verbundene Unternehmen
13. Ergebnis der gewöhnlichen Geschäftstätigkeit
14. außerordentliche Erträge
15. außerordentliche Aufwendungen
16. außerordentliches Ergebnis
17. Steuern vom Einkommen und vom Ertrag
18. sonstige Steuern
19. Jahresüberschuß/Jahresfehlbetrag.

(4) Veränderungen der Kapital- und Gewinnrücklagen dürfen in der Gewinn- und Verlustrechnung erst nach dem Posten »Jahresüberschuß/ Jahresfehlbetrag« ausgewiesen werden.

§ 276
Größenabhängige Erleichterungen

Kleine und mittelgroße Kapitalgesellschaften (§ 267 Abs. 1, 2) dürfen die Posten § 275 Abs. 2 Nr. 1 bis 5 oder Abs. 3 Nr. 1 bis 3 und 6 zu einem Posten unter der Bezeichnung »Rohergebnis« zusammenfassen. Kleine Kapitalgesellschaften brauchen außerdem die in § 277 Abs. 4 Satz 2 und 3 verlangten Erläuterungen zu den Positionen »außerordentliche Erträge« und »außerordentliche Aufwendungen« nicht zu machen.

§ 277
Vorschriften zu einzelnen Posten der Gewinn- und Verlustrechnung

(1) Als Umsatzerlöse sind die Erlöse aus dem Verkauf und der Vermietung oder Verpachtung von für die gewöhnliche Geschäftstätigkeit der Kapitalgesellschaft typischen Erzeugnissen und Waren sowie aus von für die gewöhnliche Geschäftstätigkeit der Kapitalgesellschaft typischen Dienstleistungen nach Abzug von Erlösschmälerungen und der Umsatzsteuer auszuweisen.

(2) Als Bestandsveränderungen sind sowohl Änderungen der Menge als auch solche des Wertes zu berücksichtigen; Abschreibungen jedoch nur, soweit diese die in der Kapitalgesellschaft sonst üblichen Abschreibungen nicht überschreiten.

(3) Außerplanmäßige Abschreibungen nach § 253 Abs. 2 Satz 3 sowie Abschreibungen nach § 253 Abs. 3 Satz 3 sind jeweils gesondert auszuweisen oder im Anhang anzugeben. Erträge und Aufwendungen aus Verlustübernahme und aufgrund einer Gewinngemeinschaft, eines Gewinnabführungs- oder eines Teilgewinnabführungsvertrags erhaltene oder abgeführte Gewinne sind jeweils gesondert unter entsprechender Bezeichnung auszuweisen.
(4) Unter den Posten »außerordentliche Erträge« und »außerordentliche Aufwendungen« sind Erträge und Aufwendungen auszuweisen, die außerhalb der gewöhnlichen Geschäftstätigkeit der Kapitalgesellschaften anfallen. Die Posten sind hinsichtlich ihres Betrags und ihrer Art im Anhang zu erläutern, soweit die ausgewiesenen Beträge für die Beurteilung der Ertragslage nicht von untergeordneter Bedeutung sind. Satz 2 gilt auch für Erträge und Aufwendungen, die einem anderen Geschäftsjahr zuzurechnen sind.

§ 278
Steuern

Die Steuern vom Einkommen und vom Ertrag sind auf der Grundlage des Beschlusses über die Verwendung des Ergebnisses zu berechnen; liegt ein solcher Beschluß im Zeitpunkt der Feststellung des Jahresabschlusses nicht vor, so ist vom Vorschlag über die Verwendung des Ergebnisses auszugehen. Weicht der Beschluß über die Verwendung des Ergebnisses vom Vorschlag ab, so braucht der Jahresabschluß nicht geändert zu werden.

Vierter Titel
Bewertungsvorschriften

§ 279
Nichtanwendung von Vorschriften · Abschreibungen

(1) § 253 Abs. 4 ist nicht anzuwenden. § 253 Abs. 2 Satz 3 darf, wenn es sich nicht um eine voraussichtlich dauernde Wertminderung handelt, nur auf Vermögensgegenstände, die Finanzanlagen sind, angewendet werden.
(2) Abschreibungen nach § 254 dürfen nur insoweit vorgenommen werden, als das Steuerrecht ihre Anerkennung bei der steuerrechtlichen Gewinnermittlung davon abhängig macht, daß sie sich aus der Bilanz ergeben.

§ 280
Wertaufholungsgebot

(1) Wird bei einem Vermögensgegenstand eine Abschreibung nach § 253 Abs. 2 Satz 3 oder Abs. 3 oder § 254 Satz 1 vorgenommen und stellt sich in einem späteren Geschäftsjahr heraus, daß die Gründe dafür nicht mehr bestehen, so ist der Betrag dieser Abschreibung im Umfang der Werterhöhung unter Berücksichtigung der Abschreibungen, die inzwischen vorzunehmen gewesen wären, zuzuschreiben. § 253 Abs. 5, § 254 Satz 2 sind insoweit nicht anzuwenden.
(2) Von der Zuschreibung nach Absatz 1 kann abgesehen werden, wenn der niedrigere Wertansatz bei der steuerrechtlichen Gewinnermittlung beibehalten werden kann und wenn Voraussetzung für die Beibehaltung ist, daß der niedrigere Wertansatz auch in der Bilanz beibehalten wird.

(3) Im Anhang ist der Betrag der im Geschäftsjahr aus steuerrechtlichen Gründen unterlassenen Zuschreibungen anzugeben und hinreichend zu begründen.

§ 281
Berücksichtigung steuerrechtlicher Vorschriften

(1) Die nach § 254 zulässigen Abschreibungen dürfen auch in der Weise vorgenommen werden, daß der Unterschiedsbetrag zwischen der nach § 253 in Verbindung mit § 279 und der nach § 254 zulässigen Bewertung in den Sonderposten mit Rücklageanteil eingestellt wird. In der Bilanz oder im Anhang sind die Vorschriften anzugeben, nach denen die Wertberichtigung gebildet worden ist. Unbeschadet steuerrechtlicher Vorschriften über die Auflösung ist die Wertberichtigung insoweit aufzulösen, als die Vermögensgegenstände, für die sie gebildet worden ist, aus dem Vermögen ausscheiden oder die steuerrechtliche Wertberichtigung durch handelsrechtliche Abschreibungen ersetzt wird.
(2) Im Anhang ist der Betrag der im Geschäftsjahr allein nach steuerrechtlichen Vorschriften vorgenommenen Abschreibungen, getrennt nach Anlage- und Umlaufvermögen, anzugeben, soweit er sich nicht aus der Bilanz oder der Gewinn- und Verlustrechnung ergibt, und hinreichend zu begründen. Erträge aus der Auflösung des Sonderpostens mit Rücklageanteil sind in dem Posten »sonstige betriebliche Erträge«, Einstellungen in den Sonderposten mit Rücklageanteil sind in dem Posten »sonstige betriebliche Aufwendungen« der Gewinn- und Verlustrechnung gesondert auszuweisen oder im Aushang anzugeben.

§ 282
Abschreibungen der Aufwendungen für die Ingangsetzung und Erweiterung des Geschäftsbetriebs

Für die Ingangsetzung und Erweiterung des Geschäftsbetriebs ausgewiesene Beträge sind in jedem folgenden Geschäftsjahr zu mindestens einem Viertel durch Abschreibungen zu tilgen.

§ 283
Wertansatz des Eigenkapitals

Das gezeichnete Kapital ist zum Nennbetrag anzusetzen.

Fünfter Titel
Anhang

§ 284[1]
Erläuterung der Bilanz und der Gewinn- und Verlustrechnung

(1) In den Anhang sind diejenigen Angaben aufzunehmen, die zu den einzelnen Posten der Bilanz oder der Gewinn- und Verlustrechnung vorgeschrieben oder die im Anhang zu machen sind, weil sie in Ausübung eines

1 § 284 eingef. durch BiRiLiG v. 19. 12. 1985 (BGBl. I S. 2355), Abs. 2 Nr. 2 geänd. durch Art. 4 § 1 EuroEG v. 9. 6. 1998 (BGBl. 1 S. 1242).

Wahlrechts nicht in die Bilanz oder in die Gewinn- und Verlustrechnung aufgenommen wurden.

(2) Im Anhang müssen

1. die auf die Posten der Bilanz und der Gewinn- und Verlustrechnung angewandten Bilanzierungs- und Bewertungsmethoden angegeben werden;
2. die Grundlagen für die Umrechnung in Euro angegeben werden, soweit der Jahresabschluß Posten enthält, denen Beträge zugrunde liegen, die auf fremde Währung lauten oder ursprünglich auf fremde Währung lauteten;
3. Abweichungen von Bilanzierungs- und Bewertungsmethoden angegeben und begründet werden; deren Einfluß auf die Vermögens-, Finanz- und Ertragslage ist gesondert darzustellen;
4. bei Anwendung einer Bewertungsmethode nach § 240 Abs. 4, § 256 Satz 1 die Unterschiedsbeträge pauschal für die jeweilige Gruppe ausgewiesen werden, wenn die Bewertung im Vergleich zu einer Bewertung auf der Grundlage des letzten vor dem Abschlußstichtag bekannten Börsenkurses oder Marktpreises einen erheblichen Unterschied aufweist;
5. Angaben über die Einbeziehung von Zinsen für Fremdkapital in die Herstellungskosten gemacht werden.

§ 285
Sonstige Pflichtangaben

Ferner sind im Anhang anzugeben:

1. zu den in der Bilanz ausgewiesenen Verbindlichkeiten:
   a) der Gesamtbetrag der Verbindlichkeiten mit einer Restlaufzeit von mehr als fünf Jahren;
   b) der Gesamtbetrag der Verbindlichkeiten, die durch Pfandrechte oder ähnliche Rechte gesichert sind, unter Angabe von Art und Form der Sicherheiten;
2. die Aufgliederung der in Nummer 1 verlangten Angaben für jeden Posten der Verbindlichkeiten nach dem vorgeschriebenen Gliederungsschema, sofern sich diese Angaben nicht aus der Bilanz ergeben;
3. der Gesamtbetrag der sonstigen finanziellen Verpflichtungen, die nicht in der Bilanz erscheinen und auch nicht nach § 251 anzugeben sind, sofern diese Angabe für die Beurteilung der Finanzlage von Bedeutung ist; davon sind Verpflichtungen gegenüber verbundenen Unternehmen gesondert anzugeben;
4. die Aufgliederung der Umsatzerlöse nach Tätigkeitsbereichen sowie nach geographisch bestimmten Märkten, soweit sich, unter Berücksichtigung der Organisation des Verkaufs von für die gewöhnliche Geschäftstätigkeit der Kapitalgesellschaft typischen Dienstleistungen, die Tätigkeitsbereiche und geographisch bestimmten Märkte untereinander erheblich unterscheiden;
5. das Ausmaß, in dem das Jahresergebnis dadurch beeinflußt wurde, daß bei Vermögensgegenständen im Geschäftsjahr oder in früheren Geschäftsjahren Abschreibungen nach §§ 254, 280 Abs. 2 aufgrund steuerrechtlicher Vorschriften vorgenommen oder beibehalten wurden oder ein

Sonderposten nach § 273 gebildet wurde; ferner das Ausmaß erheblicher künftiger Belastungen, die sich aus einer solchen Bewertung ergeben;

6. in welchem Umfang die Steuern vom Einkommen und vom Ertrag das Ergebnis der gewöhnlichen Geschäftstätigkeit und das außerordentliche Ergebnis belasten;
7. die durchschnittliche Zahl der während des Geschäftsjahrs beschäftigten Arbeitnehmer getrennt nach Gruppen;
8. bei Anwendung des Umsatzkostenverfahrens (§ 275 Abs. 3)
   a) der Materialaufwand des Geschäftsjahrs, gegliedert nach § 275 Abs. 2 Nr. 5,
   b) der Personalaufwand des Geschäftsjahrs, gegliedert nach § 275 Abs. 2 Nr. 6;
9. für die Mitglieder des Geschäftsführungsorgans, eines Aufsichtsrats, eines Beirats oder einer ähnlichen Einrichtung jeweils für jede Personengruppe
   a) die für die Tätigkeit im Geschäftsjahr gewährten Gesamtbezüge (Gehälter, Gewinnbeteiligungen, Aufwandsentschädigungen, Versicherungsentgelte, Provisionen und Nebenleistungen jeder Art). In die Gesamtbezüge sind auch Bezüge einzurechnen, die nicht ausgezahlt, sondern in Ansprüche anderer Art umgewandelt oder zur Erhöhung anderer Ansprüche verwendet werden. Außer den Bezügen für das Geschäftsjahr sind die weiteren Bezüge anzugeben, die im Geschäftsjahr gewährt, bisher aber in keinem Jahresabschluß angegeben worden sind;
   b) die Gesamtbezüge (Abfindungen, Ruhegehälter, Hinterbliebenenbezüge und Leistungen verwandter Art) der früheren Mitglieder der bezeichneten Organe und ihrer Hinterbliebenen. Buchstabe a Satz 2 und 3 ist entsprechend anzuwenden. Ferner ist der Betrag der für diese Personengruppe gebildeten Rückstellungen für laufende Pensionen und Anwartschaften auf Pensionen und der Betrag der für diese Verpflichtungen nicht gebildeten Rückstellungen anzugeben;
   c) die gewährten Vorschüsse und Kredite unter Angabe der Zinssätze, der wesentlichen Bedingungen und der gegebenenfalls im Geschäftsjahr zurückgezahlten Beträge sowie die zugunsten dieser Person eingegangenen Haftungsverhältnisse;
10. alle Mitglieder des Geschäftsführungsorgans und eines Aufsichtsrats, auch wenn sie im Geschäftsjahr oder später ausgeschieden sind, mit dem Familiennamen und mindestens einem ausgeschriebenen Vornamen. Der Vorsitzende eines Aufsichtsrats, seine Stellvertreter und ein etwaiger Vorsitzender des Geschäftsführungsorgans sind als solche zu bezeichnen;
11. Name und Sitz anderer Unternehmen, von denen die Kapitalgesellschaft oder eine für Rechnung der Kapitalgesellschaft handelnde Person mindestens den fünften Teil der Anlage besitzt; außerdem sind die Höhe des Anteils am Kapital, das Eigenkapital und das Ergebnis des letzten Geschäftsjahrs dieser Unternehmen anzugeben, für das ein Jahresabschluß vorliegt; auf die Berechnung der Anteile ist § 16 Abs. 2 und 4 des Aktiengesetzes entsprechend anzuwenden;

12. Rückstellungen, die in der Bilanz unter dem Posten »sonstige Rückstellungen« nicht gesondert ausgewiesen werden, sind zu erläutern, wenn sie einen nicht unerheblichen Umfang haben;
13. bei Anwendung des § 255 Abs. 4 Satz 3 die Gründe für die planmäßige Abschreibung des Geschäfts- oder Firmenwertes;
14. Name und Sitz des Mutterunternehmens der Kapitalgesellschaft, das den Konzernabschluß für den größten Kreis von Unternehmen aufstellt, und ihres Mutterunternehmens, das den Konzernabschluß für den kleinsten Kreis von Unternehmen aufstellt, sowie im Falle der Offenlegung der von diesen Mutterunternehmen aufgestellten Konzernabschlüsse der Ort, wo diese erhältlich sind.

§ 286
Unterlassen von Angaben

(1) Die Berichterstattung hat insoweit zu unterbleiben, als es für das Wohl der Bundesrepublik Deutschland oder eines ihrer Länder erforderlich ist.

(2) Die Aufgliederung der Umsatzerlöse nach § 285 Nr. 4 kann unterbleiben, soweit die Aufgliederung nach vernünftiger kaufmännischer Beurteilung geeignet ist, der Kapitalgesellschaft oder einem Unternehmen, von dem die Kapitalgesellschaft mindestens den fünften Teil der Anteile besitzt, einen erheblichen Nachteil zuzufügen.

(3) Die Angaben nach § 285 Nr. 11 können unterbleiben, soweit sie
1. für die Darstellung der Vermögens-, Finanz- und Ertragslage der Kapitalgesellschaft nach § 264 Abs. 2 von untergeordneter Bedeutung sind oder
2. nach vernünftiger kaufmännischer Beurteilung geeignet sind, der Kapitalgesellschaft oder dem anderen Unternehmen einen erheblichen Nachteil zuzufügen.

Die Angabe des Eigenkapitals und des Jahresergebnisses kann unterbleiben, wenn das Unternehmen, über das zu berichten ist, seinen Jahresabschluß nicht offenzulegen hat und die berichtende Kapitalgesellschaft weniger als die Hälfte der Anteile besitzt. Die Anwendung der Ausnahmeregelung nach Satz 1 Nr. 2 ist im Anhang anzugeben.

(4) Die in § 285 Nr. 9 Buchstabe a und b verlangten Angaben über die Gesamtbezüge der dort bezeichneten Personen können unterbleiben, wenn sich anhand dieser Angaben die Bezüge eines Mitglieds dieser Organe feststellen lassen.

§ 287
Aufstellung des Anteilsbesitzes

Die in § 285 Nr. 11 verlangten Angaben dürfen statt im Anhang auch in einer Aufstellung des Anteilsbesitzes gesondert gemacht werden. Die Aufstellung ist Bestandteil des Anhangs. Auf die besondere Aufstellung des Anteilsbesitzes und den Ort ihrer Hinterlegung ist im Anhang hinzuweisen.

§ 288
Größenabhängige Erleichterungen

Kleine Kapitalgesellschaften im Sinne des § 267 Abs. 1 brauchen die Angaben nach § 284 Abs. 2 Nr. 4, § 285 Nr. 2 bis 8 Buchstabe a, Nr. 9 Buchstabe a und b und Nr. 12 nicht zu machen. Mittelgroße Kapitalgesellschaften im Sinne des § 267 Abs. 2 brauchen die Angaben nach § 285 Nr. 4 nicht zu machen.

Sechster Titel
Lagebericht

§ 289

(1) Im Lagebericht sind zumindest der Geschäftsverlauf und die Lage der Kapitalgesellschaft so darzustellen, daß ein den tatsächlichen Verhältnissen entsprechendes Bild vermittelt wird.
(2) Der Lagebericht soll auch eingehen auf:
1. Vorgänge von besonderer Bedeutung, die nach dem Schluß des Geschäftsjahres eingetreten sind;
2. die voraussichtliche Entwicklung der Kapitalgesellschaft;
3. den Bereich Forschung und Entwicklung;
4. bestehende Zweigniederlassungen der Gesellschaft.

Zweiter Unterabschnitt
Konzernabschluß und Konzernlagebericht[1]
Erster Titel
Anwendungsbereich

§ 290
Pflicht zur Aufstellung

(1) Stehen in einem Konzern die Unternehmen unter der einheitlichen Leitung einer Kapitalgesellschaft (Mutterunternehmen) mit Sitz im Inland und gehört dem Mutterunternehmen eine Beteiligung nach § 271 Abs. 1 an dem oder den anderen unter der einheitlichen Leitung stehenden Unternehmen (Tochterunternehmen), so haben die gesetzlichen Vertreter des Mutterunternehmens in den ersten fünf Monaten des Konzerngeschäftsjahrs für das vergangene Konzerngeschäftsjahr einen Konzernabschluß und einen Konzernlagebericht aufzustellen.
(2) Eine Kapitalgesellschaft mit Sitz im Inland ist stets zur Aufstellung eines Konzernabschlusses und eines Konzernlageberichts verpflichtet (Mutterunternehmen), wenn ihr bei einem Unternehmen (Tochterunternehmen)
1. die Mehrheit der Stimmrechte der Gesellschaft zusteht,
2. das Recht zusteht, die Mehrheit der Mitglieder der Verwaltungs-, Leitungs- oder Aufsichtsorgane zu bestellen oder abzuberufen, und sie gleichzeitig Gesellschafter ist oder
3. das Recht zusteht, einen beherrschenden Einfluß aufgrund eines mit diesem Unternehmen geschlossenen Beherrschungsvertrags oder aufgrund einer Satzungsbestimmung dieses Unternehmens auszuüben.
(3) Als Rechte, die einem Mutterunternehmen nach Absatz 2 zustehen, gelten auch die einem Tochterunternehmen zustehenden Rechte und die den

1 Beachte hierzu die Übergangsvorschriften in Art. 23 EGHGB (abgedruckt unter Nr. 2)

für Rechnung des Mutterunternehmens oder von Tochterunternehmen handelnden Personen zustehenden Rechte. Den einem Mutterunternehmen an einem anderen Unternehmen zustehenden Rechte werden die Rechte hinzugerechnet, über die es oder ein Tochterunternehmen aufgrund einer Vereinbarung mit anderen Gesellschaftern dieses Unternehmens verfügen kann. Abzuziehen sind Rechte, die

1. mit Anteilen verbunden sind, die von dem Mutterunternehmen oder von Tochterunternehmen für Rechnung einer anderen Person gehalten werden, oder
2. mit Anteilen verbunden sind, die als Sicherheit gehalten werden, sofern diese Rechte nach Weisung des Sicherungsgebers oder, wenn ein Kreditinstitut die Anteile als Sicherheit für ein Darlehen hält, im Interesse des Sicherungsgebers ausgeübt werden.

(4) Welcher Teil der Stimmrechte einem Unternehmen zusteht, bestimmt sich für die Berechnung der Mehrheit nach Absatz 2 Nr. 1 nach dem Verhältnis der Zahl der Stimmrechte, die es aus den ihm gehörenden Anteilen ausüben kann, zur Gesamtzahl aller Stimmrechte. Von der Gesamtzahl aller Stimmrechte sind die Stimmrechte aus eigenen Anteilen abzuziehen, die dem Tochterunternehmen selbst, einem seiner Tochterunternehmen oder einer anderen Person für Rechnung dieser Unternehmen gehören.

§ 291
Befreiende Wirkung von EU/EWR-Konzernabschlüssen

(1) Ein Mutterunternehmen, das zugleich Tochterunternehmen eines Mutterunternehmens mit Sitz in einem Mitgliedstaat der Europäischen Wirtschaftsgemeinschaft ist, braucht einen Konzernabschluß und einen Konzernlagebericht nicht aufzustellen, wenn ein den Anforderungen des Absatzes 2 entsprechender Konzernabschluß und Konzernlagebericht seines Mutterunternehmens einschließlich des Bestätigungsvermerks oder des Vermerks über dessen Versagung nach den für den entfallenden Konzernabschluß und Konzernlagebericht maßgeblichen Vorschriften in deutscher Sprache offengelegt wird. Ein befreiender Konzernabschluß und ein befreiender Konzernlagebericht können von jedem Unternehmen unabhängig von seiner Rechtsform und Größe aufgestellt werden, wenn das Unternehmen als Kapitalgesellschaft mit Sitz in einem Mitgliedstaat der Europäischen Wirtschaftsgemeinschaft oder in einem anderen Vertragsstaat des Abkommens über den Europäischen Wirtschaftsraum zur Aufstellung eines Konzernabschlusses unter Einbeziehung des zu befreienden Mutterunternehmens und seiner Tochterunternehmen verpflichtet wäre.

(2) Der Konzernabschluß und Konzernlagebericht eines Mutterunternehmens mit Sitz in einem Mitgliedstaat der Europäischen Wirtschaftsgemeinschaft oder in einem anderen Vertragsstaat des Abkommens über den Europäischen Wirtschaftsraum haben befreiende Wirkung, wenn

1. das zu befreiende Mutterunternehmen und seine Tochterunternehmen in den befreienden Konzernabschluß unbeschadet der §§ 295, 296 einbezogen worden sind,
2. der befreiende Konzernabschluß und der befreiende Konzernlagebericht dem für das den befreienden Konzernabschluß aufstellende Mutterun-

ternehmen maßgeblichen und mit den Anforderungen der Richtlinie 83/349/EWG des Rates vom 13. Juni 1983 über den konsolidierten Abschluß (ABl. EG Nr. L 193 S. 1) übereinstimmenden Recht entsprechen und nach diesem Recht von einem in Übereinstimmung mit den Vorschriften der Richtlinie 84/253/EWG des Rates vom 10. April 1984 über die Zulassung der mit der Pflichtprüfung der Rechnungslegungsunterlagen beauftragten Personen (Abl. EG Nr. L 126 S. 20) zugelassenen Abschlußprüfer geprüft worden sind und

3. der Anhang des Jahresabschlusses des zu befreienden Unternehmens folgende Angaben enthält:
   a) Name und Sitz des Mutterunternehmens, das den befreienden Konzernabschluß und Konzernlagebericht aufstellt, und
   b) einen Hinweis auf die Befreiung von der Verpflichtung, einen Konzernabschluß und einen Konzernlagebericht aufzustellen, und
   c) eine Erläuterung der im befreienden Konzernabschluß vom deutschen Recht abweichend angewandten Bilanzierungs-, Bewertungs- und Konsolidierungsmethoden.

Satz 1 gilt für Kreditinstitute und Versicherungsunternehmen entsprechend; unbeschadet der übrigen Voraussetzungen in Satz 1 hat die Aufstellung des befreienden Konzernabschlusses und des befreienden Konzernlageberichts bei Kreditinstituten im Einklang mit der Richtlinie 86/635/EWG des Rates vom 8. Dezember 1986 über den Jahresabschluß und den konsolidierten Abschluß von Banken und anderen Finanzinstituten (ABl. EG Nr. L 372 S. 1) und bei Versicherungsunternehmen im Einklang mit der Richtlinie 91/674/EWG des Rates vom 19. Dezember 1991 über den Jahresabschluß und den konsolidierten Jahresabschluß von Versicherungsunternehmen (ABl. EG Nr. L 374 S. 7) zu erfolgen.

(3) Die Befreiung nach Absatz 1 kann trotz Vorliegens der Voraussetzungen nach Absatz 2 von einem Mutterunternehmen nicht in Anspruch genommen werden, wenn Gesellschafter, denen bei Aktiengesellschaften und Kommanditgesellschaften auf Aktien mindestens zehn vom Hundert und bei Gesellschaften mit beschränkter Haftung mindestens zwanzig vom Hundert der Anteile an dem zu befreienden Mutterunternehmen gehören, spätestens sechs Monate vor dem Ablauf des Konzerngeschäftsjahrs die Aufstellung eines Konzernabschlusses und eines Konzernlageberichts beantragt haben. Gehören dem Mutterunternehmen mindestens neunzig vom Hundert der Anteile an dem zu befreienden Mutterunternehmen, so kann Absatz 1 nur angewendet werden, wenn die anderen Gesellschafter der Befreiung zugestimmt haben.

§ 292
Rechtsverordnungsermächtigung für befreiende Konzernabschlüsse und Konzernlageberichte

(1) Der Bundesminister der Justiz wird ermächtigt, im Einvernehmen mit dem Bundesminister der Finanzen und dem Bundesminister für Wirtschaft durch Rechtsverordnung, die nicht der Zustimmung des Bundesrates bedarf, zu bestimmen, daß § 291 auf Konzernabschlüsse und Konzernlageberichte von Mutterunternehmen mit Sitz in einem Staat, der nicht Mitglied

der Europäischen Wirtschaftsgemeinschaft und auch nicht Vertragsstaat des Abkommens über den Europäischen Wirtschaftsraum ist, mit der Maßgabe angewendet werden darf, daß der befreiende Konzernabschluß und der befreiende Konzernlagebericht nach dem mit den Anforderungen der Richtlinie 83/349/EWG übereinstimmenden Recht eines Mitgliedstaates der Europäischen Wirtschaftsgemeinschaft oder eines anderen Vertragsstaates des Abkommens über den Europäischen Wirtschaftsraum aufgestellt worden oder einem nach diesem Recht eines Mitgliedstaates der Europäischen Wirtschaftsgemeinschaft oder eines anderen Vertragsstaates des Abkommens über den Europäischen Wirtschaftsraum aufgestellten Konzernabschluß und Konzernlagebericht gleichwertig sein müssen. Das Recht eines anderen Mitgliedstaates der Europäischen Wirtschaftsgemeinschaft oder eines anderen Vertragsstaates des Abkommens über den Europäischen Wirtschaftsraum kann einem befreienden Konzernabschluß und einem befreienden Konzernlagebericht jedoch nur zugrunde gelegt oder für die Herstellung der Gleichwertigkeit herangezogen werden, wenn diese Unterlagen in dem anderen Mitgliedstaat oder Vertragsstaat anstelle eines sonst nach dem Recht dieses Mitgliedstaates oder Vertragsstaates vorgeschriebenen Konzernabschlusses oder Konzernlageberichts offengelegt werden. Die Anwendungen dieser Vorschrift kann in der Rechtsverordnung nach Satz 1 davon abhängig gemacht werden, daß die nach diesem Unterabschnitt aufgestellten Konzernabschlüsse und Konzernlageberichte in dem Staat, in dem das Mutterunternehmen seinen Sitz hat, als gleichwertig mit den dort für Unternehmen mit entsprechender Rechtsform und entsprechendem Geschäftszweig vorgeschriebenen Konzernabschlüssen und Konzernlageberichten angesehen werden.

(2) Ist ein nach Absatz 1 zugelassener Konzernabschluß nicht von einem in Übereinstimmung mit den Vorschriften der Richtlinie 84/253/EWG zugelassenen Abschlußprüfer geprüft worden, so kommt ihm befreiende Wirkung nur zu, wenn der Abschlußprüfer eine den Anforderungen dieser Richtlinie gleichwertige Befähigung hat und der Konzernabschluß in einer den Anforderungen des Dritten Unterabschnitts entsprechenden Weise geprüft worden ist.

(3) In einer Rechtsverordnung nach Absatz 1 kann außerdem bestimmt werden, welche Voraussetzungen Konzernabschlüsse und Konzernlageberichte von Mutterunternehmen mit Sitz in einem Staat, der nicht Mitglied der Europäischen Wirtschaftsgemeinschaft und auch nicht Vertragsstaat des Abkommens über den Europäischen Wirtschaftsraum ist, im einzelnen erfüllen müssen, um nach Absatz 1 gleichwertig zu sein, und wie die Befähigung von Abschlußprüfern beschaffen sein muß, um nach Absatz 2 gleichwertig zu sein. In der Rechtsverordnung können zusätzliche Angaben und Erläuterungen zum Konzernabschluß vorgeschrieben werden, soweit diese erforderlich sind, um die Gleichwertigkeit dieser Konzernabschlüsse und Konzernlageberichte mit solchen nach diesem Unterabschnitt oder dem Recht eines anderen Mitgliedstaates der Europäischen Wirtschaftsgemeinschaft oder eines anderen Vertragsstaates des Abkommens über den Europäischen Wirtschaftsraum herzustellen.

(4) Die Rechtsverordnung ist vor Verkündigung dem Bundestag zuzulei-

ten. Sie kann durch Beschluß des Bundestages geändert oder abgelehnt werden. Der Beschluß des Bundestages wird dem Bundesminister der Justiz zugeleitet. Der Bundesminister der Justiz ist bei der Verkündigung der Rechtsverordnung an den Beschluß gebunden. Hat sich der Bundestag nach Ablauf von drei Sitzungswochen seit Eingang einer Rechtsverordnung nicht mit ihr befaßt, so wird die unveränderte Rechtsverordnung dem Bundesminister der Justiz zur Verkündigung zugeleitet. Der Bundestag befaßt sich mit der Rechtsverordnung auf Antrag von so vielen Mitgliedern des Bundestages, wie zur Bildung einer Fraktion erforderlich sind.

§ 292a[1]
Befreiung von der Aufstellungspflicht

(1) Ein börsennotiertes Unternehmen, das Mutterunternehmen eines Konzerns ist, braucht einen Konzernabschluß und einen Konzernlagebericht nach den Vorschriften dieses Unterabschnitts nicht aufzustellen, wenn es einen den Anforderungen des Absatzes 2 entsprechenden Konzernabschluß und Konzernlagebericht aufstellt und ihn in deutscher Sprache und Euro nach den §§ 325, 328 offenlegt. Bei der Offenlegung der befreienden Unterlagen ist ausdrücklich darauf hinzuweisen, daß es sich um einen nicht nach deutschem Recht aufgestellten Konzernabschluß und Konzernlagebericht handelt.

(2) Der Konzernabschluß und der Konzernlagebericht haben befreiende Wirkung, wenn

1. das Mutterunternehmen und seine Tochterunternehmen in den befreienden Konzernabschluß unbeschadet der §§ 295, 296 einbezogen worden sind,
2. der Konzernabschluß und der Konzernlagebericht
   a) nach international anerkannten Rechnungslegungsgrundsätzen aufgestellt worden sind,
   b) im Einklang mit der Richtlinie 83/349/EWG und gegebenenfalls den für Kreditinstitute und Versicherungsunternehmen in § 291 Abs. 2 Satz 2 bezeichneten Richtlinien stehen,
3. die Aussagekraft der danach aufgestellten Unterlagen der Aussagekraft eines nach den Vorschriften dieses Unterabschnitts aufgestellten Konzernabschlusses und Konzernlageberichts gleichwertig ist,
4. der Anhang oder die Erläuterung zum Konzernabschluß die folgenden Angaben enthält:
   a) die Bezeichnung der angewandten Rechnungslegungsgrundsätze,
   b) eine Erläuterung der vom deutschen Recht abweichenden Bilanzierungs-, Bewertungs- und Konsolidierungsmethoden und
5. die befreienden Unterlagen von dem nach § 318 bestellten Abschlußprüfer geprüft worden sind und von dem Abschlußprüfer außerdem bestätigt worden ist, daß die Bedingungen für die Befreiung erfüllt sind.

---

1 § 292a eingef. durch KapAEG v. 20.4.1998 (BGBl. I S.707), aufgeh. mWv. 31.12.2004 durch KapAEG v. 20.4.1998 (BGBl.I S.707); die Bestimmung ist letztmals auf das Geschäftsjahr anzuwenden, das spätestens am 31.12. 2004 endet, Abs. 1 Satz 1 geänd. durch Art. 4 § 1 EuroEG v. 9.6.1998 (BGBl.I S. 1242).

(3) Das Bundesministerium der Justiz kann im Einvernehmen mit dem Bundesministerium der Finanzen und dem Bundesministerium für Wirtschaft durch Rechtsverordnung bestimmen, welche Voraussetzungen Konzernabschlüsse und Konzernlageberichte von Mutterunternehmen im einzelnen erfüllen müssen, um nach Absatz 2 Nr. 3 gleichwertig zu sein. Dies kann auch in der Weise geschehen, daß Rechnungslegungsgrundsätze bezeichnet werden, bei deren Anwendung die Gleichwertigkeit gegeben ist.

§ 293[1]
Größenabhängige Befreiungen

(1) Ein Mutterunternehmen ist von der Pflicht, einen Konzernabschluß und einen Konzernlagebericht aufzustellen, befreit, wenn

1. am Abschlußstichtag seines Jahresabschlusses und am vorhergehenden Abschlußstichtag mindestens zwei der drei nachstehenden Merkmale zutreffen:
   a) Die Bilanzsummen in den Bilanzen des Mutterunternehmens und der Tochterunternehmen, die in den Konzernabschluß einzubeziehen wären, übersteigen insgesamt nach Abzug von in den Bilanzen auf der Aktivseite ausgewiesenen Fehlbeträgen nicht dreiundsechzig Millionen siebenhundertzwanzigtausend Deutsche Mark.
   b) Die Umsatzerlöse des Mutterunternehmens und der Tochterunternehmen, die in den Konzernabschluß einzubeziehen wären, übersteigen in den zwölf Monaten vor dem Abschlußstichtag insgesamt nicht einhundertsiebenundzwanzig Millionen vierhundertvierzigtausend Deutsche Mark.
   c) Das Mutterunternehmen und die Tochterunternehmen, die in den Konzernabschluß einzubeziehen wären, haben in den zwölf Monaten vor dem Abschlußstichtag im Jahresdurchschnitt nicht mehr als fünfhundert Arbeitnehmer beschäftigt;

oder

2. am Abschlußstichtag eines von ihm aufzustellenden Konzernabschlusses und am vorhergehenden Abschlußstichtag mindestens zwei der drei der nachstehenden Merkmale zutreffen:
   a) Die Bilanzsumme übersteigt nach Abzug eines auf der Aktivseite ausgewiesenen Fehlbetrags nicht dreiundfünfzig Millionen einhunderttausend Deutsche Mark.
   b) Die Umsatzerlöse in den zwölf Monaten vor dem Abschlußstichtag übersteigen nicht einhundertsechs Millionen zweihunderttausend Deutsche Mark.

---

1 § 293 eingef. durch BiRiLiG v. 19.12 1985 (BGBl. I S. 2355), Abs. 2 aufgeh. durch G v. 30. 11. 1990 (BGBl. I S. 2570), Abs. 5 geänd. durch Art. 40 EWR-AusführungsG v. 27. 4. 1993 (BGBl. I S. 512), Abs. 3 aufgeh., Abs. 4 und 5 geänd. durch VersRiLiG v. 24. 6. 1994 (BGBl. I S. 1377), Abs. 5 geänd. durch Art. 14 G. v. 24. 3. 1998 (BGBl. I S. 529). § 293 Abs. 1 Nr. 1 Buchst. a und b, Nr. 2 Buchst. a und b geänd. durch Art. 2 G v. 25. 7. 1994 (BGBl. I S. 1682). Diese geänderten Bestimmungen dürfen auf alle Geschäftsjahre angewendet werden, die nach dem 31. 12. 1990 beginnen; vgl. Art. 5 aaO.

c) Das Mutterunternehmen und die in den Konzernabschluß einbezogenen Tochterunternehmen haben in den zwölf Monaten vor dem Abschlußstichtag im Jahresdurchschnitt nicht mehr als fünfhundert Arbeitnehmer beschäftigt.

Auf die Ermittlung der durchschnittlichen Zahl der Arbeitnehmer ist § 267 Abs. 5 anzuwenden.

(2), (3) (aufgehoben)

(4) Außer in den Fällen des Absatzes 1 ist ein Mutterunternehmen von der Pflicht zur Aufstellung des Konzernabschlusses und des Konzernlageberichts befreit, wenn die Voraussetzungen des Absatzes 1 nur am Abschlußstichtag oder nur am vorhergehenden Abschlußstichtag erfüllt sind und das Mutterunternehmen am vorhergehenden Abschlußstichtag von der Pflicht zur Aufstellung des Konzernabschlusses und des Konzernlageberichts befreit war.

(5) Die Absätze 1 und 4 sind nicht anzuwenden, wenn am Abschlußstichtag Aktien oder andere von dem Mutterunternehmen oder einem in den Konzernabschluß des Mutterunternehmens einbezogenen Tochterunternehmen ausgegebene Wertpapiere an einer Börse in einem Mitgliedstaat der Europäischen Wirtschaftsgemeinschaft oder in einem anderen Vertragsstaat des Abkommens über den Europäischen Wirtschaftsraum zum amtlichen Handel oder zum geregelten Markt zugelassen sind oder die Zulassung zum amtlichen Handel oder zum geregelten Markt beantragt ist.

Zweiter Titel
Konsolidierungskreis

§ 294
Einzubeziehende Unternehmen. Vorlage- und Auskunftspflichten

(1) In den Konzernabschluß sind das Mutterunternehmen und alle Tochterunternehmen ohne Rücksicht auf den Sitz der Tochterunternehmen einzubeziehen, sofern die Einbeziehung nicht nach den §§ 295, 296 unterbleibt.

(2) Hat sich die Zusammensetzung der in den Konzernabschluß einbezogenen Unternehmen im Laufe des Geschäftsjahrs wesentlich geändert, so sind in den Konzernabschluß Angaben aufzunehmen, die es ermöglichen, die aufeinanderfolgenden Konzernabschlüsse sinnvoll zu vergleichen. Dieser Verpflichtung kann auch dadurch entsprochen werden, daß die entsprechenden Beträge des vorhergehenden Konzernabschlusses an die Änderung angepaßt werden.

(3) Die Tochterunternehmen haben dem Mutterunternehmen ihre Jahresabschlüsse, Lageberichte, Konzernabschlüsse, Konzernlageberichte und, wenn eine Prüfung des Jahresabschlusses oder des Konzernabschlusses stattgefunden hat, die Prüfungsberichte sowie, wenn ein Zwischenabschluß aufzustellen ist, einen auf den Stichtag des Konzernabschlusses aufgestellten Abschluß unverzüglich einzureichen. Das Mutterunternehmen kann von jedem Tochterunternehmen alle Aufklärungen und Nachweise

verlangen, welche die Aufstellung des Konzernabschlusses und des Konzernlageberichts erfordert.

§ 295
Verbot der Einbeziehung

(1) Ein Tochterunternehmen darf in den Konzernabschluß nicht einbezogen werden, wenn sich seine Tätigkeit von der Tätigkeit der anderen einbezogenen Unternehmen derart unterscheidet, daß die Einbeziehung in den Konzernabschluß mit der Verpflichtung, ein den tatsächlichen Verhältnissen entsprechendes Bild der Vermögens-, Finanz- und Ertragslage des Konzerns zu vermitteln, unvereinbar ist; § 311 über die Einbeziehung von assoziierten Unternehmen bleibt unberührt.

(2) Absatz 1 ist nicht allein deshalb anzuwenden, weil die in den Konzernabschluß einbezogenen Unternehmen teils Industrie-, teils Handels- und teils Dienstleistungsunternehmen sind oder weil diese Unternehmen unterschiedliche Erzeugnisse herstellen, mit unterschiedlichen Erzeugnissen Handel treiben oder Dienstleistungen unterschiedlicher Art erbringen.

(3) Die Anwendung des Absatzes 1 ist im Konzernanhang anzugeben und zu begründen. Wird der Jahresabschluß oder der Konzernabschluß eines nach Absatz 1 nicht einbezogenen Unternehmens im Geltungsbereich des Gesetzes nicht offengelegt, so ist er gemeinsam mit dem Konzernabschluß zum Handelsregister einzureichen.

§ 296
Verzicht auf die Einbeziehung

(1) Ein Tochterunternehmen braucht in den Konzernabschluß nicht einbezogen zu werden, wenn

1. erhebliche und andauernde Beschränkungen die Ausübung der Rechte des Mutterunternehmens in bezug auf das Vermögen oder die Geschäftsführung dieses Unternehmens nachhaltig beeinträchtigen,
2. die für die Aufstellung des Konzernabschlusses erforderlichen Angaben nicht ohne unverhältnismäßig hohe Kosten oder Verzögerungen zu erhalten sind oder
3. die Anteile des Tochterunternehmens ausschließlich zum Zwecke ihrer Weiterveräußerung gehalten werden.

(2) Ein Tochterunternehmen braucht in den Konzernabschluß nicht einbezogen zu werden, wenn es für die Verpflichtung, ein den tatsächlichen Verhältnissen entsprechendes Bild der Vermögens-, Finanz- und Ertragslage des Konzerns zu vermitteln, von untergeordneter Bedeutung ist. Entsprechen mehrere Tochterunternehmen der Voraussetzung des Satzes 1, so sind diese Unternehmen in den Konzernabschluß einzubeziehen, wenn sie zusammen nicht von untergeordneter Bedeutung sind.

(3) Die Anwendung der Absätze 1 und 2 ist im Konzernanhang zu begründen.

Dritter Titel
Inhalt und Form des Konzernabschlusses

§ 297
Inhalt

(1) Der Konzernabschluß besteht aus der Konzernbilanz, der Konzern-Gewinn- und Verlustrechnung und dem Konzernanhang, die eine Einheit bilden. Die gesetzlichen Vertreter eines börsennotierten Mutterunternehmens haben den Konzernanhang um eine Kapitalflußrechnung und eine Segmentberichterstattung zu erweitern.
(2) Der Konzernabschluß ist klar und übersichtlich aufzustellen. Er hat unter Beachtung der Grundsätze ordnungsmäßiger Buchführung ein den tatsächlichen Verhältnissen entsprechendes Bild der Vermögens-, Finanz- und Ertragslage des Konzerns zu vermitteln. Führen besondere Umstände dazu, daß der Konzernabschluß ein den tatsächlichen Verhältnissen entsprechendes Bild im Sinne des Satzes 2 nicht vermittelt, so sind im Konzernanhang zusätzliche Angaben zu machen.
(3) Im Konzernabschluß ist die Vermögens-, Finanz- und Ertragslage der einbezogenen Unternehmen so darzustellen, als ob diese Unternehmen insgesamt ein einziges Unternehmen wären. Die auf den vorhergehenden Konzernabschluß angewandten Konsolidierungsmethoden sollen beibehalten werden. Abweichungen von Satz 2 sind in Ausnahmefällen zulässig. Sie sind im Konzernanhang anzugeben und zu begründen. Ihr Einfluß auf die Vermögens-, Finanz- und Ertragslage des Konzerns ist anzugeben.

§ 298
Anzuwendende Vorschriften · Erleichterungen

(1) Auf den Konzernabschluß sind, soweit seine Eigenart keine Abweichung bedingt oder in den folgenden Vorschriften nichts anderes bestimmt ist, die §§ 244 bis 256, §§ 265, 266, 268 bis 275, §§ 277 bis 283 über den Jahresabschluß und die für die Rechtsform und den Geschäftszweig der in den Konzernabschluß einbezogenen Unternehmen mit Sitz im Geltungsbereich dieses Gesetzes geltenden Vorschriften, soweit sie für große Kapitalgesellschaften gelten, entsprechend anzuwenden.
(2) In der Gliederung der Konzernbilanz dürfen die Vorräte in einem Posten zusammengefaßt werden, wenn deren Aufgliederung wegen besonderer Umstände mit einem unverhältnismäßigen Aufwand verbunden wäre.
(3) Der Konzernanhang und der Anhang des Jahresabschlusses des Mutterunternehmens dürfen zusammengefaßt werden. In diesem Fall müssen der Konzernabschluß und der Jahresabschluß des Mutterunternehmens gemeinsam offengelegt werden. Bei Anwendung des Satzes 1 dürfen auch die Prüfungsberichte und die Bestätigungsvermerke jeweils zusammengefaßt werden.

§ 299
Stichtag für die Aufstellung

(1) Der Konzernabschluß ist auf den Stichtag des Jahresabschlusses des Mutterunternehmens oder auf den hiervon abweichenden Stichtag der Jah-

resabschlüsse der bedeutendsten oder der Mehrzahl der in den Konzernabschluß einbezogenen Unternehmen aufzustellen; die Abweichung vom Abschlußstichtag des Mutterunternehmens ist im Konzernanhang anzugeben und zu begründen.

(2) Die Jahresabschlüsse der in den Konzernabschluß einbezogenen Unternehmen sollen auf den Stichtag des Konzernabschlusses aufgestellt werden. Liegt der Abschlußstichtag eines Unternehmens um mehr als drei Monate vor dem Stichtag des Konzernabschlusses, so ist dieses Unternehmen aufgrund eines auf den Stichtag und den Zeitraum des Konzernabschlusses aufgestellten Zwischenabschlusses in den Konzernabschluß einzubeziehen.

(3) Wird bei abweichenden Abschlußstichtagen ein Unternehmen nicht auf der Grundlage eines auf den Stichtag und den Zeitraum des Konzernabschlusses aufgestellten Zwischenabschlusses in den Konzernabschluß einbezogen, so sind Vorgänge von besonderer Bedeutung für die Vermögens-, Finanz- und Ertragslage eines in den Konzernabschluß einbezogenen Unternehmens, die zwischen dem Abschlußstichtag dieses Unternehmens und dem Abschlußstichtag des Konzernabschlusses eingetreten sind, in der Konzernbilanz und der Konzern-Gewinn- und Verlustrechnung zu berücksichtigen oder im Konzernanhang anzugeben.

Vierter Titel
Vollkonsolidierung[1]

§ 300
Konsolidierungsgrundsätze · Vollständigkeitsgebot

(1) In dem Konzernabschluß ist der Jahresabschluß des Mutterunternehmens mit den Jahresabschlüssen der Tochterunternehmen zusammenzufassen. An die Stelle der dem Mutterunternehmen gehörenden Anteile an den einbezogenen Tochterunternehmen treten die Vermögensgegenstände, Schulden, Rechnungsabgrenzungsposten, Bilanzierungshilfen und Sonderposten der Tochterunternehmen, soweit sie nach dem Recht des Mutterunternehmens bilanzierungsfähig sind und die Eigenart des Konzernabschlusses keine Abweichungen bedingt oder in den folgenden Vorschriften nichts anderes bestimmt ist.

(2) Die Vermögensgegenstände, Schulden und Rechnungsabgrenzungsposten sowie die Erträge und Aufwendungen der in den Konzernabschluß einbezogenen Unternehmen sind unabhängig von ihrer Berücksichtigung in den Jahresabschlüssen dieser Unternehmen vollständig aufzunehmen, soweit nach dem Recht des Mutterunternehmens nicht ein Bilanzierungsverbot oder ein Bilanzierungswahlrecht besteht. Nach dem Recht des Mutterunternehmens zulässige Bilanzierungswahlrechte dürfen im Konzernabschluß unabhängig von ihrer Ausübung in den Jahresabschlüssen der in den Konzernabschluß einbezogenen Unternehmen ausgeübt werden. Ansätze, die auf der Anwendung von für Kreditinstitute oder Versicherungsunternehmen wegen der Besonderheiten des Geschäftszweigs gelten-

1 Beachte dazu die Übergangsvorschriften in Art. 27 EGHGB

den Vorschriften beruhen, dürfen beibehalten werden; auf die Anwendung dieser Ausnahme ist im Konzernanhang hinzuweisen.

§ 301
Kapitalkonsolidierung

(1) Der Wertansatz der dem Mutterunternehmen gehörenden Anteile an einem in den Konzernabschluß einbezogenen Tochterunternehmen wird mit dem auf diese Anteile entfallenden Betrag des Eigenkapitals des Tochterunternehmens verrechnet. Das Eigenkapital ist anzusetzen

1. entweder mit dem Betrag, der dem Buchwert der in den Konzernabschluß aufzunehmenden Vermögensgegenstände, Schulden, Rechnungsabgrenzungsposten, Bilanzierungshilfen und Sonderposten, gegebenenfalls nach Anpassung der Wertansätze nach § 308 Abs. 2 entspricht, oder
2. mit dem Betrag, der dem Wert der in den Konzenabschluß aufzunehmenden Vermögensgegenstände, Schulden, Rechnungsabgrenzungsposten, Bilanzierungshilfen und Sonderposten entspricht, der diesen an dem für die Verrechnung nach Absatz 2 gewählten Zeitpunkt beizulegen ist.

Bei Ansatz mit dem Buchwert nach Satz 2 Nr. 1 ist ein sich ergebender Unterschiedsbetrag den Wertansätzen von in der Konzernbilanz anzusetzenden Vermögensgegenständen und Schulden des jeweiligen Tochterunternehmens insoweit zuzuschreiben oder mit diesem zu verrechnen, als deren Wert höher oder niedriger ist als der bisherige Wertansatz. Bei Ansatz mit den Werten nach Satz 2 Nr. 2 darf das anteilige Eigenkapital nicht mit einem Betrag angesetzt werden, der die Anschaffungskosten des Mutterunternehmens für die Anteile an dem einbezogenen Tochterunternehmen überschreitet. Die angewandte Methode ist im Konzernanhang anzugeben.

(2) Die Verrechnung nach Absatz 1 wird auf der Grundlage der Wertansätze zum Zeitpunkt des Erwerbs der Anteile oder der erstmaligen Einbeziehung des Tochterunternehmens in den Konzernabschluß oder beim Erwerb der Anteile zu verschiedenen Zeitpunkten, zu dem Zeitpunkt, zu dem das Unternehmen Tochterunternehmen geworden ist, durchgeführt. Der gewählte Zeitpunkt ist im Konzernanhang anzugeben.

(3) Ein bei der Verrechnung nach Absatz 1 Satz 2 Nr. 2 entstehender oder ein nach Zuschreibung oder Verrechnung nach Absatz 1 Satz 3 verbleibender Unterschiedsbetrag ist in der Konzernbilanz, wenn er auf der Aktivseite entsteht, als Geschäfts- oder Firmenwert und, wenn er auf der Passivseite entsteht, als Unterschiedsbetrag aus der Kapitalkonsolidierung auszuweisen. Der Posten und wesentliche Änderungen gegenüber dem Vorjahr sind im Anhang zu erläutern. Werden Unterschiedsbeträge der Aktivseite mit solchen der Passivseite verrechnet, so sind die verrechneten Beträge im Anhang anzugeben.

(4) Absatz 1 ist nicht auf Anteile an dem Mutterunternehmen anzuwenden, die dem Mutterunternehmen oder einem in den Konzernabschluß einbezogenen Tochterunternehmen gehören. Solche Anteile sind in der Konzernbilanz als eigene Anteile im Umlaufvermögen gesondert auszuweisen.

§ 302
Kapitalkonsolidierung bei Interessenzusammenführung

(1) Ein Mutterunternehmen darf die in § 301 Abs. 1 vorgeschriebene Verrechnung der Anteile unter den folgenden Voraussetzungen auf das gezeichnete Kapital des Tochterunternehmens beschränken:

1. die zu verrechnenden Anteile betragen mindestens neunzig vom Hundert des Nennbetrags oder, falls ein Nennbetrag nicht vorhanden ist, des rechnerischen Wertes der Anteile des Tochterunternehmens, die nicht eigene Anteile sind,
2. die Anteile sind aufgrund einer Vereinbarung erworben worden, die die Ausgabe von Anteilen eines in den Konzernabschluß einbezogenen Unternehmens vorsieht, und
3. eine in der Vereinbarung vorgesehene Barzahlung übersteigt nicht zehn vom Hundert des Nennbetrags oder, falls ein Nennbetrag nicht vorhanden ist, des rechnerischen Wertes der ausgegebenen Anteile.

(2) Ein sich nach Absatz 1 ergebender Unterschiedsbetrag ist, wenn er auf der Aktivseite entsteht, mit den Rücklagen zu verrechnen oder, wenn er auf der Passivseite entsteht, den Rücklagen hinzuzurechnen.

(3) Die Anwendung der Methode nach Absatz 1 und die sich daraus ergebenden Veränderungen der Rücklagen sowie Name und Sitz des Unternehmens sind im Konzernanhang anzugeben.

§ 303
Schuldenkonsolidierung

(1) Ausleihungen und andere Forderungen, Rückstellungen und Verbindlichkeiten zwischen den in den Konzernabschluß einbezogenen Unternehmen sowie entsprechende Rechnungsabgrenzungsposten sind wegzulassen.

(2) Absatz 1 braucht nicht angewendet zu werden, wenn die wegzulassenden Beträge für die Vermittlung eines den tatsächlichen Verhältnissen entsprechenden Bildes der Vermögens-, Finanz- und Ertragslage des Konzerns nur von untergeordneter Bedeutung sind.

§ 304
Behandlung der Zwischenergebnisse

(1) In den Konzernabschluß zu übernehmende Vermögensgegenstände, die ganz oder teilweise auf Lieferungen und Leistungen zwischen in den Konzernabschluß einbezogenen Unternehmen beruhen, sind in der Konzernbilanz mit einem Betrag anzusetzen, zu dem in der auf den Stichtag des Konzernabschlusses aufgestellten Jahresbilanz dieses Unternehmens angesetzt werden könnten, wenn die in den Konzernabschluß einbezogenen Unternehmen auch rechtlich ein einziges Unternehmen bilden würden.

(2) Absatz 1 braucht nicht angewendet zu werden, wenn die Lieferung oder Leistung zu üblichen Marktbedingungen vorgenommen worden ist und die Ermittlung des nach Absatz 1 vorgeschriebenen Wertansatzes einen unverhältnismäßig hohen Aufwand erfordern würde. Die Anwendung des Satzes 1 ist im Konzernanhang anzugeben und, wenn der Einfluß auf die Vermögens-, Finanz- und Ertragslage des Konzerns wesentlich ist, zu erläutern.

(3) Absatz 1 braucht außerdem nicht angewendet zu werden, wenn die Behandlung der Zwischenergebnisse nach Absatz 1 für die Vermittlung eines den tatsächlichen Verhältnissen entsprechenden Bildes der Vermögens-, Finanz- und Ertragslage des Konzerns nur von untergeordneter Bedeutung ist.

§ 305
Aufwands- und Ertragskonsolidierung

(1) In der Konzern-Gewinn- und Verlustrechnung sind

1. bei den Umsatzerlösen die Erlöse aus Lieferungen und Leistungen zwischen den in den Konzernabschluß einbezogenen Unternehmen mit den auf sie entfallenden Aufwendungen zu verrechnen, soweit sie nicht als Erhöhung des Bestands an fertigen und unfertigen Erzeugnissen oder als andere aktivierte Eigenleistungen auszuweisen sind,
2. andere Erträge aus Lieferungen und Leistungen zwischen den in den Konzernabschluß einbezogenen Unternehmen mit den auf sie entfallenden Anwendungen zu verrechnen, soweit sie nicht als andere aktivierte Eigenleistungen auszuweisen sind.

(2) Aufwendungen und Erträge brauchen nach Absatz 1 nicht weggelassen zu werden, wenn die wegzulassenden Beträge für die Vermittlung eines des tatsächlichen Verhältnissen entsprechenden Bildes der Vermögens-, Finanz- und Ertragslage des Konzerns nur von untergeordneter Bedeutung sind.

§ 306
Steuerabgrenzung

Ist das im Konzernabschluß ausgewiesene Jahresergebnis aufgrund von Maßnahmen, die nach den Vorschriften dieses Titels durchgeführt worden sind, niedriger oder höher als die Summe der Einzelergebnisse der in den Konzernabschluß einbezogenen Unternehmen, so ist der sich für das Geschäftsjahr und frühere Geschäftsjahre ergebende Steueraufwand, wenn er im Verhältnis zum Jahresergebnis zu hoch ist, durch Bildung eines Abgrenzungspostens auf der Aktivseite oder, wenn er im Verhältnis zum Jahresergebnis zu niedrig ist, durch Bildung einer Rückstellung nach § 249 Abs. 1 Satz 1 anzupassen, soweit sich der zu hohe oder zu niedrige Steueraufwand in späteren Geschäftsjahren voraussichtlich ausgleicht. Der Posten ist in der Konzernbilanz oder im Konzernanhang gesondert anzugeben. Er darf mit den Posten nach § 274 zusammengefaßt werden.

§ 307
Anteile anderer Gesellschafter

(1) In der Konzernbilanz ist für nicht dem Mutterunternehmen gehörende Anteile an in den Konzernabschluß einbezogenen Tochterunternehmen ein Ausgleichsposten für die Anteile der anderen Gesellschafter in Höhe ihres Anteils am Eigenkapital unter entsprechender Bezeichnung innerhalb des Eigenkapitals gesondert auszuweisen. In den Ausgleichsposten sind auch die Beträge einzubeziehen, die bei Anwendung der Kapitalkonsolidierungsmethode nach § 301 Abs. 1 Satz 2 Nr. 2 dem Anteil der anderen Gesellschafter am Eigenkapital entsprechen.

(2) In der Konzern-Gewinn- und Verlustrechnung ist der im Jahresergebnis enthaltene, anderen Gesellschaftern zustehende Gewinn und der auf sie entfallende Verlust nach dem Posten »Jahresüberschuß/Jahresfehlbetrag« unter entsprechender Bezeichnung gesondert auszuweisen.

Fünfter Titel
Bewertungsvorschriften

§ 308
Einheitliche Bewertung

(1) Die in den Konzernabschluß nach § 300 Abs. 2 übernommenen Vermögensgegenstände und Schulden der in den Konzernabschluß einbezogenen Unternehmen sind nach den auf den Jahresabschluß des Mutterunternehmens anwendbaren Bewertungsmethoden einheitlich zu bewerten. Nach dem Recht des Mutterunternehmens zulässige Bewertungswahlrechte können im Konzernabschluß unabhängig von ihrer Ausübung in den Jahresabschlüssen der in den Konzernabschluß einbezogenen Unternehmen ausgeübt werden. Abweichungen von den auf den Jahresabschluß des Mutterunternehmens angewandten Bewertungsmethoden sind im Konzernanhang anzugeben und zu begründen.

(2) Sind in den Konzernabschluß aufzunehmende Vermögensgegenstände oder Schulden des Mutterunternehmens oder der Tochterunternehmen in den Jahresabschlüssen dieser Unternehmen nach Methoden bewertet worden, die sich von denen unterscheiden, die auf den Konzernabschluß anzuwenden sind oder die von den gesetzlichen Vertretern des Mutterunternehmens in Ausübung von Bewertungswahlrechten auf den Konzernabschluß angewendet werden, so sind die abweichend bewerteten Vermögensgegenstände oder Schulden nach den auf den Konzernabschluß angewandten Bewertungsmethoden neu zu bewerten und mit den neuen Wertansätzen in den Konzernabschluß zu übernehmen. Wertansätze, die auf der Anwendung von für Kreditinstitute oder Versicherungsunternehmen wegen der Besonderheiten des Geschäftszweigs geltenden Vorschriften beruhen, dürfen beibehalten werden; auf die Anwendung dieser Ausnahme ist im Konzernanhang hinzuweisen. Eine einheitliche Bewertung nach Satz 1 braucht nicht vorgenommen zu werden, wenn ihre Auswirkungen für die Vermittlung eines den tatsächlichen Verhältnissen entsprechenden Bildes der Vermögens-, Finanz- und Ertragslage des Konzens nur von untergeordneter Bedeutung sind. Darüber hinaus sind Abweichungen in Ausnahmefällen zulässig; sie sind im Konzernanhang anzugeben und zu begründen.

(3) Wurden in den Konzernabschluß zu übernehmende Vermögensgegenstände oder Schulden im Jahresabschluß eines in den Konzernabschluß einbezogenen Unternehmens mit einem nur nach Steuerrecht zulässigen Wert angesetzt, weil dieser Wertansatz sonst nicht bei der steuerlichen Gewinnermittlung berücksichtigt werden würde, oder ist aus diesem Grunde auf der Passivseite ein Sonderposten gebildet worden, so dürfen diese Wertansätze unverändert in den Konzernabschluß übernommen werden. Der Betrag der im Geschäftsjahr nach Satz 1 in den Jahresabschlüssen vorgenommenen Abschreibungen, Wertberichtigungen und Einstellungen in

Sonderposten sowie der Betrag der unterlassenen Zuschreibungen sind im Konzernanhang anzugeben; die Maßnahmen sind zu begründen.

§ 309
Behandlung des Unterschiedsbetrags

(1) Ein nach § 301 Abs. 3 auszuweisender Geschäfts- oder Firmenwert ist in jedem folgenden Geschäftsjahr zu mindestens einem Viertel durch Abschreibungen zu tilgen. Die Abschreibung des Geschäfts- oder Firmenwerts kann aber auch planmäßig auf die Geschäftsjahre verteilt werden, in denen er voraussichtlich genutzt werden kann. Der Geschäfts- oder Firmenwert darf auch offen mit den Rücklagen verrechnet werden.
(2) Ein nach § 301 Abs. 3 auf der Passivseite auszuweisender Unterschiedsbetrag darf ergebniswirksam nur ausgelöst werden, soweit
1. eine zum Zeitpunkt des Erwerbs der Anteile oder der erstmaligen Konsolidierung erwartete ungünstige Entwicklung der künftigen Ertragslage des Unternehmens eingetreten ist oder zu diesem Zeitpunkt erwartete Aufwendungen zu berücksichtigen sind oder
2. am Abschlußstichtag feststeht, daß er einem realisierten Gewinn entspricht.

Sechster Titel
Anteilmäßige Konsolidierung

§ 310

(1) Führt ein in einen Konzernabschluß einbezogenes Mutter- oder Tochterunternehmen ein anderes Unternehmen gemeinsam mit einem oder mehreren nicht in den Konzernabschluß einbezogenen Unternehmen, so darf das andere Unternehmen in den Konzernabschluß entsprechend den Anteilen am Kapital einbezogen werden, die dem Mutterunternehmen gehören.
(2) Auf die anteilsmäßige Konsolidierung sind die §§ 297 bis 301, §§ 303 bis 306, 308, 309 entsprechend anzuwenden.

Siebenter Titel
Assoziierte Unternehmen

§ 311
Definition, Befreiung

(1) Wird von einem in den Konzernabschluß einbezogenen Unternehmen ein maßgeblicher Einfluß auf die Geschäfts- und Finanzpolitik eines nicht einbezogenen Unternehmens, an dem das Unternehmen nach § 271 Abs. 1 beteiligt ist, ausgeübt (assoziiertes Unternehmen), so ist diese Beteiligung in der Konzernbilanz unter einem besonderen Posten mit entsprechender Bezeichnung auszuweisen. Ein maßgeblicher Einfluß wird vermutet, wenn ein Unternehmen bei einem anderen Unternehmen mindestens den fünften Teil der Stimmrechte der Gesellschaft innehat.
(2) Auf eine Beteiligung an einem assoziierten Unternehmen brauchen Absatz 1 und § 312 nicht angewendet zu werden, wenn die Beteiligung für

die Vermittlung eines den tatsächlichen Verhältnissen entsprechenden Bildes der Vermögens-, Finanz- und Ertragslage des Konzerns von untergeordneter Bedeutung ist.

§ 312
Wertansatz der Beteiligung und Behandlung des Unterschiedsbetrags

(1) Eine Beteiligung an einem assoziierten Unternehmen ist in der Konzernbilanz

1. entweder mit dem Buchwert oder
2. mit dem Betrag, der dem anteiligen Eigenkapital des assoziierten Unternehmens entspricht,

anzusetzen. Bei Ansatz mit dem Buchwert nach Satz 1 Nr. 1 ist der Unterschiedsbetrag zwischen diesem Wert und dem anteiligen Eigenkapital des assoziierten Unternehmens bei erstmaliger Anwendung in der Konzernbilanz zu vermerken oder im Konzernanhang anzugeben. Bei Ansatz mit dem anteiligen Eigenkapital nach Satz 1 Nr. 2 ist das Eigenkapital mit dem Betrag anzusetzen, der sich ergibt, wenn die Vermögensgegenstände, Schulden, Rechnungsabgrenzungsposten, Bilanzierungshilfen und Sonderposten des assoziierten Unternehmens mit dem Wert angesetzt werden, der ihnen an dem nach Absatz 3 gewählten Zeitpunkt beizulegen ist, jedoch darf dieser Betrag die Anschaffungskosten für die Anteile an dem assoziierten Unternehmen nicht überschreiten; der Unterschiedsbetrag zwischen diesem Wertansatz und dem Buchwert der Beteiligung ist bei erstmaliger Anwendung in der Konzernbilanz gesondert auszuweisen oder im Konzernanhang anzugeben. Die angewandte Methode ist im Konzernanhang anzugeben.

(2) Der Unterschiedsbetrag nach Absatz 1 Satz 2 ist den Wertansätzen von Vermögensgegenständen und Schulden des assoziierten Unternehmens insoweit zuzuordnen, als deren Wert höher oder niedriger ist als der bisherige Wertansatz. Der nach Satz 1 zugeordnete oder der sich nach Absatz 1 Satz 1 Nr. 2 ergebende Betrag ist entsprechend der Behandlung der Wertansätze dieser Vermögensgegenstände und Schulden im Jahresabschluß des assoziierten Unternehmens im Konzernabschluß fortzuführen, abzuschreiben oder aufzulösen. Auf einen nach Zuordnung nach Satz 1 verbleibenden Unterschiedsbetrag und einen Unterschiedsbetrag nach Absatz 1 Satz 3 zweiter Halbsatz ist § 309 entsprechend anzuwenden.

(3) Der Wertansatz der Beteiligung und die Unterschiedsbeträge werden auf der Grundlage der Wertansätze zum Zeitpunkt des Erwerbs der Anteile oder der erstmaligen Einbeziehung des assoziierten Unternehmens in den Konzernabschluß oder beim Erwerb der Anteile zu verschiedenen Zeitpunkten zu dem Zeitpunkt, zu dem das Unternehmen assoziiertes Unternehmen geworden ist, ermittelt. Der gewählte Zeitpunkt ist im Konzernanhang anzugeben.

(4) Der nach Absatz 1 ermittelte Wertansatz einer Beteiligung ist in den Folgejahren um den Betrag der Eigenkapitalveränderungen, die den dem Mutterunternehmen gehörenden Anteilen am Kapital des assoziierten Unternehmens entsprechen, zu erhöhen oder zu vermindern; auf die Beteiligung entfallende Gewinnausschüttungen sind abzusetzen. In der Kon-

zern-Gewinn- und Verlustrechnung ist das auf assoziierte Beteiligungen entfallende Ergebnis unter einem gesonderten Posten auszuweisen.

(5) Wendet das assoziierte Unternehmen in seinem Jahresabschluß vom Konzernabschluß abweichende Bewertungsmethoden an, so können abweichend bewertete Vermögensgegenstände oder Schulden für die Zwecke der Absätze 1 bis 4 nach den auf den Konzernabschluß angewandten Bewertungsmethoden bewertet werden. Wird die Bewertung nicht angepaßt, so ist dies im Konzernanhang anzugeben. § 304 über die Behandlung der Zwischenergebnisse ist entsprechend anzuwenden, soweit die für die Beurteilung maßgeblichen Sachverhalte bekannt oder zugänglich sind. Die Zwischenergebnisse dürfen auch anteilig entsprechend den dem Mutterunternehmen gehörenden Anteilen am Kapital des assoziierten Unternehmens weggelassen werden.

(6) Es ist jeweils der letzte Jahresabschluß des assoziierten Unternehmens zugrunde zu legen. Stellt das assoziierte Unternehmen einen Konzernabschluß auf, so ist von diesem und nicht vom Jahresabschluß des assoziierten Unternehmens auszugehen.

Achter Titel
Konzernanhang

§ 313
Erläuterung der Konzernbilanz und der Konzern-Gewinn- und Verlustrechnung · Angaben zum Beteiligungsbesitz

(1) In den Konzernanhang sind diejenigen Angaben aufzunehmen, die zu einzelnen Posten der Konzernbilanz oder Konzern-Gewinn- und Verlustrechnung vorgeschrieben oder die im Konzernanhang zu machen sind, weil sie in Ausübung eines Wahlrechts nicht in die Konzernbilanz oder in die Konzern-Gewinn- und Verlustrechnung aufgenommen wurden. Im Konzernanhang müssen

1. die auf die Posten der Konzernbilanz und der Konzern-Gewinn- und Verlustrechnung angewandten Bilanzierungs- und Bewertungsmethoden angegeben werden;
2. die Grundlagen für die Umrechnung in Euro angegeben werden, sofern der Konzernabschluß Posten enthält, denen Beträge zugrunde liegen, die auf fremde Währung lauten oder ursprünglich auf fremde Währung lauteten;
3. Abweichungen von Bilanzierungs-, Bewertungs- und Konsolidierungsmethoden angegeben und begründet werden; deren Einfluß auf die Vermögens-, Finanz- und Ertragslage des Konzerns ist gesondert darzustellen.

(2) Im Konzernanhang sind außerdem anzugeben:

1. Name und Sitz der in den Konzernabschluß einbezogenen Unternehmen, der Anteil am Kapital der Tochterunternehmen, der dem Mutterunternehmen und den in den Konzernabschluß einbezogenen Tochterunternehmen gehört oder von einer für Rechnung dieser Unternehmen handelnden Person gehalten wird, sowie der zur Einbeziehung in den Konzernabschluß verpflichtende Sachverhalt, sofern die Einbeziehung

nicht auf einer der Kapitalbeteiligung entsprechenden Mehrheit der Stimmrechte beruht. Diese Angaben sind auch für Tochterunternehmen zu machen, die nach den §§ 295, 296 nicht einbezogen worden sind;
2. Name und Sitz der assoziierten Unternehmen, der Anteil am Kapital der assoziierten Unternehmen, der dem Mutterunternehmen und den in den Konzernabschluß einbezogenen Tochterunternehmen gehört oder von einer für Rechnung dieser Unternehmen handelnden Person gehalten wird. Die Anwendung des § 311 Abs. 2 ist jeweils anzugeben und zu begründen;
3. Name und Sitz der Unternehmen, die nach § 310 nur anteilsmäßig in den Konzernabschluß einbezogen worden sind, der Tatbestand, aus dem sich die Anwendung dieser Vorschrift ergibt, sowie der Anteil am Kapital dieser Unternehmen, der dem Mutterunternehmen und den in den Konzernabschluß einbezogenen Tochterunternehmen gehört oder von einer für Rechnung dieser Unternehmen handelnden Person gehalten wird;
4. Name und Sitz anderer als der unter den Nummern 1 bis 3 bezeichneten Unternehmen, bei denen das Mutterunternehmen, ein Tochterunternehmen oder eine für Rechnung eines dieser Unternehmen handelnden Person mindestens den fünften Teil der Anteile besitzt, unter Angabe des Anteils am Kapital sowie der Höhe des Eigenkapitals und des Ergebnisses des letzten Geschäftsjahrs, für das ein Abschluß aufgestellt worden ist. Diese Angaben brauchen nicht gemacht zu werden, wenn sie für die Vermittlung eines den tatsächlichen Verhältnissen entsprechenden Bildes der Vermögens-, Finanz- und Ertragslage des Konzerns von untergeordneter Bedeutung sind. Das Eigenkapital und das Ergebnis brauchen nicht angegeben zu werden, wenn das in Anteilsbesitz stehende Unternehmen seinen Jahresabschluß nicht offenzulegen hat und das Mutterunternehmen, das Tochterunternehmen oder die Person weniger als die Hälfte der Anteile an diesem Unternehmen besitzt.

(3) Die in Absatz 2 verlangten Angaben brauchen insoweit nicht gemacht zu werden, als nach vernünftiger kaufmännischer Beurteilung damit gerechnet werden muß, daß durch die Angaben dem Mutterunternehmen, einem Tochterunternehmen oder einem anderen in Absatz 2 bezeichneten Unternehmen erhebliche Nachteile entstehen können. Die Anwendung der Ausnahmeregelung ist im Konzernanhang anzugeben.

(4) Die in Absatz 2 verlangten Angaben dürfen statt im Anhang auch in einer Aufstellung des Anteilsbesitzes gesondert gemacht werden. Die Aufstellung ist Bestandteil des Anhangs. Auf die besondere Aufstellung des Anteilsbesitzes und den Ort ihrer Hinterlegung ist im Anhang hinzuweisen.

§ 314
Sonstige Pflichtangaben

(1) Im Konzernanhang sind ferner anzugeben:
1. der Gesamtbetrag der in der Konzernbilanz ausgewiesenen Verbindlichkeiten mit einer Restlaufzeit von mehr als fünf Jahren sowie der Gesamtbetrag der in der Konzernbilanz ausgewiesenen Verbindlichkeiten, die von in den Konzernabschluß einbezogenen Unternehmen durch Pfand-

rechte oder ähnliche Rechte gesichert sind, unter Angabe von Art und Form der Sicherheiten;

2. der Gesamtbetrag der sonstigen finanziellen Verpflichtungen, die nicht in der Konzernbilanz erscheinen oder nicht nach § 298 Abs. 1 in Verbindung mit § 251 anzugeben sind, sofern diese Angabe für die Beurteilung der Finanzlage des Konzerns von Bedeutung ist; davon und von den Haftungsverhältnissen nach § 251 sind Verpflichtungen gegenüber Tochterunternehmen, die nicht in den Konzernabschluß einbezogen werden, jeweils gesondert anzugeben;
3. die Aufgliederung der Umsatzerlöse nach Tätigkeitsbereichen sowie nach geographisch bestimmten Märkten, soweit sich, unter Berücksichtigung der Organisation des Verkaufs von für die gewöhnliche Geschäftstätigkeit des Konzerns typischen Erzeugnissen und der für die gewöhnliche Geschäftstätigkeit des Konzerns typischen Dienstleistungen, die Tätigkeitsbereiche und geographisch bestimmte Märkte untereinander erheblich unterscheiden;
4. die durchschnittliche Zahl der Arbeitnehmer der in den Konzernabschluß einbezogenen Unternehmen während des Geschäftsjahrs, getrennt nach Gruppen, sowie der in dem Geschäftsjahr verursachte Personalaufwand, sofern er nicht gesondert in der Konzern-Gewinn- und Verlustrechnung ausgewiesen ist; die durchschnittliche Zahl der Arbeitnehmer von nach § 310 nur anteilmäßig einbezogenen Unternehmen ist gesondert anzugeben;
5. das Ausmaß, in dem das Jahresergebnis des Konzerns dadurch beeinflußt wurde, daß bei Vermögensgegenständen im Geschäftsjahr oder in früheren Geschäftsjahren Abschreibungen nach den §§ 254, 280 Abs. 2 oder in entsprechender Anwendung aufgrund steuerrechtlicher Vorschriften vorgenommen oder beibehalten wurden oder ein Sonderposten nach § 273 oder in entsprechender Anwendung gebildet wurde; ferner das Ausmaß erheblicher künftiger Belastungen, die sich für den Konzern aus einer solchen Bewertung ergeben;
6. für die Mitglieder des Geschäftsführungsorgans, eines Aufsichtsrats, eines Beirats oder einer ähnlichen Einrichtung des Mutterunternehmens, jeweils für jede Personengruppe;
   a) die für die Wahrnehmung ihrer Aufgaben im Mutterunternehmen und den Tochterunternehmen im Geschäftsjahr gewährten Gesamtbezüge (Gehälter, Gewinnbeteiligungen, Aufwandsentschädigungen, Versicherungsentgelte, Provisionen und Nebenleistungen jeder Art). In die Gesamtbezüge sind auch Bezüge einzurechnen, die nicht ausgezahlt, sondern in Ansprüche anderer Art umgewandelt oder zur Erhöhung anderer Ansprüche verwendet werden. Außer den Bezügen für das Geschäftsjahr sind die weiteren Bezüge anzugeben, die im Geschäftsjahr gewährt, bisher aber in keinem Konzernabschluß angegeben worden sind;
   b) die für die Wahrnehmung ihrer Aufgaben im Mutterunternehmen und den Tochterunternehmen gewährten Gesamtbezüge (Abfindungen, Ruhegehälter, Hinterbliebenenbezüge und Leistungen verwandter Art) der früheren Mitglieder der bezeichneten Organe und ihrer

Hinterbliebenen; Buchstabe a Satz 2 und 3 ist entsprechend anzuwenden. Ferner ist der Betrag der für diese Personengruppe gebildeten Rückstellungen für laufende Pensionen und Anwartschaften auf Pensionen und der Bezug der für die Verpflichtungen nicht gebildeten Rückstellungen anzugeben;

c) die vom Mutterunternehmen und den Tochterunternehmen gewährten Vorschüsse und Kredite unter Angabe der Zinssätze, der wesentlichen Bedingungen und der gegebenenfalls im Geschäftsjahr zurückgezahlten Beträge sowie die zugunsten dieser Personengruppen eingegangenen Haftungsverhältnisse;

7. der Bestand an Anteilen an dem Mutterunternehmen, die das Mutterunternehmen oder ein Tochterunternehmen oder ein anderer für Rechnung eines in den Konzernabschluß einbezogenen Unternehmens erworben oder als Pfand genommen hat; dabei sind die Zahl und der Nennbetrag dieser Anteile sowie deren Anteil am Kapital anzugeben.

(2) Die Umsatzerlöse brauchen nicht nach Absatz 1 Nr. 3 aufgegliedert zu werden, soweit nach vernünftiger kaufmännischer Beurteilung damit gerechnet werden muß, daß durch die Aufgliederung einem in den Konzernabschluß einbezogenen Unternehmen erhebliche Nachteile entstehen. Die Anwendung der Ausnahme ist im Konzernanhang anzugeben.

Neunter Titel
Konzernlagebericht[1]

§ 315

(1) Im Konzernlagebericht sind zumindest der Geschäftsverlauf und die Lage des Konzerns so darzustellen, daß ein den tatsächlichen Verhältnissen entsprechendes Bild vermittelt wird.

(2) Der Konzernlagebericht soll auch eingehen auf:

1. Vorgänge von besonderer Bedeutung, die nach dem Schluß des Konzerngeschäftsjahrs eingetreten sind;
2. die voraussichtliche Entwicklung des Konzerns;
3. den Bereich Forschung und Entwicklung des Konzerns.

(3) § 298 Abs. 3 über die Zusammenfassung von Konzernanhang und Anhang ist entsprechend anzuwenden.

Dritter Unterabschnitt
Prüfung

§ 316
Pflicht zur Prüfung

(1) Der Jahresabschluß und Lagebericht von Kapitalgesellschaften, die nicht kleine im Sinne des § 267 Abs. 1 sind, sind durch einen Abschlußprüfer zu prüfen. Hat keine Prüfung stattgefunden, so kann der Jahresabschluß nicht festgestellt werden.

---

1 Beachte hierzu auch die Übergangsvorschriften in Art. 23 EGHGB (abgedruckt unter Nr. 2).

(2) Der Konzernabschluß und der Konzernlagebericht von Kapitalgesellschaften sind durch einen Abschlußprüfer zu prüfen.
(3) Werden der Jahresabschluß, der Konzernabschluß, der Lagebericht oder der Konzernlagebericht nach Vorlage des Prüfungsberichts geändert, so hat der Abschlußprüfer diese Unterlagen erneut zu prüfen, soweit es die Änderung erfordert. Über das Ergebnis der Prüfung ist zu berichten; der Bestätigungsvermerk ist entsprechend zu ergänzen.

§ 317
Gegenstand und Umfang der Prüfung

(1) In die Prüfung des Jahresabschlusses ist die Buchführung einzubeziehen. Die Prüfung des Jahresabschlusses und des Konzernabschlusses hat sich darauf zu erstrecken, ob die gesetzlichen Vorschriften und sie ergänzende Bestimmungen des Gesellschaftsvertrags oder der Satzung beachtet worden sind. Die Prüfung ist so anzulegen, daß Unrichtigkeiten und Verstöße gegen die in Satz 2 aufgeführten Bestimmungen, die sich auf die Darstellung des sich nach § 264 Abs. 2 ergebenden Bildes der Vermögens-, Finanz- und Ertragslage des Unternehmens wesentlich auswirken, bei gewissenhafter Berufsausübung erkannt werden.
(2) Der Lagebericht und der Konzernlagebericht sind darauf zu prüfen, ob der Lagebericht mit dem Jahresabschluß und der Konzernlagebericht mit dem Konzernabschluß sowie mit den bei der Prüfung gewonnenen Erkenntnissen des Abschlußprüfers in Einklang stehen und ob der Lagebericht insgesamt eine zutreffende Vorstellung von der Lage des Unternehmens und der Konzernlagebericht insgesamt eine zutreffende Vorstellung von der Lage des Konzerns vermittelt. Dabei ist auch zu prüfen, ob die Risiken der künftigen Entwicklung treffend dargestellt sind.
(3) Der Abschlußprüfer des Konzernabschlusses hat auch die im Konzernabschluß zusammengefaßten Jahresabschlüsse, insbesondere die konsolidierungsbedingten Anpassungen, in entsprechender Anwendung des Absatzes 1 zu prüfen. Dies gilt nicht für Jahresabschlüsse, die aufgrund gesetzlicher Vorschriften nach den Grundsätzen dieses Unterabschnitts geprüft worden sind. Satz 2 ist entsprechend auf die Jahresabschlüsse von in den Konzernabschluß einbezogenen Tochterunternehmen mit Sitz im Ausland anzuwenden; sind diese Jahresabschlüsse nicht von einem in Übereinstimmung mit den Vorschriften der Richtlinie 84/253/EWG zugelassenen Abschlußprüfer geprüft worden, so gilt dies jedoch nur, wenn der Abschlußprüfer eine den Anforderungen dieser Richtlinie gleichwertige Befähigung hat und der Jahresabschluß in einer den Anforderungen dieses Unterabschnitts entsprechenden Weise geprüft worden ist.
(4) Bei einer Aktiengesellschaft, die Aktien mit amtlicher Notierung ausgegeben hat, ist außerdem im Rahmen der Prüfung zu beurteilen, ob der Vorstand die ihm nach § 91 Abs. 2 des Aktiengesetzes obliegenden Maßnahmen in einer geeigneten Form getroffen hat und ob das danach einzurichtende Überwachungssystem seine Aufgaben erfüllen kann.

§ 318
Bestellung und Abberufung des Abschlußprüfers

(1) Der Abschlußprüfer des Jahresabschlusses wird von den Gesellschaftern gewählt; den Abschlußprüfer des Konzernabschlusses wählen die Gesellschafter des Mutterunternehmens. Bei Gesellschaften mit beschränkter Haftung kann der Gesellschaftsvertrag etwas anderes bestimmen. Der Abschlußprüfer soll jeweils vor Ablauf des Geschäftsjahres gewählt werden, auf das sich seine Prüfungstätigkeit erstreckt. Die gesetzlichen Vertreter haben unverzüglich nach der Wahl den Prüfungsauftrag zu erteilen. Der Prüfungsauftrag kann nur widerrufen werden, wenn nach Absatz 3 ein anderer Prüfer bestellt worden ist.

(2) Als Abschlußprüfer des Konzernabschlusses gilt, wenn kein anderer Prüfer bestellt wird, der Prüfer als bestellt, der für die Prüfung des in den Konzernabschluß einbezogenen Jahresabschlusses des Mutterunternehmens bestellt worden ist. Erfolgt die Einbeziehung aufgrund eines Zwischenbeschlusses, so gilt, wenn kein anderer Prüfer bestellt wird, der Prüfer als bestellt, der für die Prüfung des letzten vor dem Konzernabschlußstichtag aufgestellten Jahresabschlusses des Mutterunternehmens bestellt worden ist.

(3) Auf Antrag der gesetzlichen Vertreter, des Aufsichtsrats oder von Gesellschaftern, bei Aktiengesellschaften und Kommanditgesellschaften auf Aktien jedoch nur, wenn die Anteile dieser Gesellschafter zusammen den zehnten Teil des Grundkapitals oder den anteiligen Betrag in Höhe von einer Million Euro erreichen, hat das Gericht nach Anhörung der Beteiligten und des gewählten Prüfers einen anderen Abschlußprüfer zu bestellen, wenn dies aus einem in der Person des gewählten Prüfers liegenden Grund geboten erscheint, insbesondere wenn Besorgnis der Befangenheit besteht. Der Antrag ist binnen zwei Wochen seit dem Tag der Wahl des Abschlußprüfers zu stellen; Aktionäre können den Antrag nur stellen, wenn sie gegen die Wahl des Abschlußprüfers bei der Beschlußfassung Widerspruch erklärt haben. Stellen Aktionäre den Antrag, so haben sie glaubhaft zu machen, daß sie seit mindestens drei Monaten vor dem Tag der Hauptversammlung Inhaber der Aktien sind. Zur Glaubhaftmachung genügt eine eidesstattliche Versicherung vor einem Notar. Unterliegt die Gesellschaft einer staatlichen Aufsicht, so kann auch die Aufsichtsbehörde den Antrag stellen. Gegen die Entscheidung ist die sofortige Beschwerde zulässig.

(4) Ist der Abschlußprüfer bis zum Ablauf des Geschäftsjahres nicht gewählt worden, so hat das Gericht auf Antrag der gesetzlichen Vertreter, des Aufsichtsrats oder eines Gesellschafters den Abschlußprüfer zu bestellen. Gleiches gilt, wenn ein gewählter Abschlußprüfer die Annahme des Prüfungsauftrags abgelehnt hat, weggefallen ist oder am rechtzeitigen Abschluß der Prüfung verhindert ist und ein anderer Abschlußprüfer nicht gewählt worden ist. Die gesetzlichen Vertreter sind verpflichtet, den Antrag zu stellen. Gegen die Entscheidung des Gerichts findet die sofortige Beschwerde statt; die Bestellung des Abschlußprüfers ist unanfechtbar.

(5) Der vom Gericht bestellte Abschlußprüfer hat Anspruch auf Ersatz angemessener barer Auslagen und auf Vergütung für seine Tätigkeit. Die Auslagen und die Vergütung setzt das Gericht fest. Gegen die Entscheidung

ist die sofortige Beschwerde zulässig. Die weitere Beschwerde ist ausgeschlossen. Aus der rechtskräftigen Entscheidung findet die Zwangsvollstreckung nach der Zivilprozeßordnung statt.

(6) Ein von dem Abschlußprüfer angenommener Prüfungsauftrag kann von dem Abschlußprüfer nur aus wichtigem Grund gekündigt werden. Als wichtiger Grund ist es nicht anzusehen, wenn Meinungsverschiedenheiten über den Inhalt des Bestätigungsvermerks, seine Einschränkung oder Versagung bestehen. Die Kündigung ist schriftlich zu begründen. Der Abschlußprüfer hat über das Ergebnis seiner bisherigen Prüfung zu berichten; § 321 ist entsprechend anzuwenden.

(7) Kündigt der Abschlußprüfer den Prüfungsauftrag nach Absatz 6, so haben die gesetzlichen Vertreter die Kündigung dem Aufsichtsrat, der nächsten Hauptversammlung oder bei Gesellschaften mit beschränkter Haftung den Gesellschaftern mitzuteilen. Den Bericht des bisherigen Abschlußprüfers haben die gesetzlichen Vertreter unverzüglich dem Aufsichtsrat vorzulegen. Jedes Aufsichtsratsmitglied hat das Recht, von dem Bericht Kenntnis zu nehmen. Der Bericht ist auch jedem Aufsichtsratsmitglied auf Verlangen auszuhändigen, soweit der Aufsichtsrat nichts anderes beschlossen hat.

§ 319[1]

Auswahl der Abschlußprüfer

(1) Abschlußprüfer können Wirtschaftsprüfer und Wirtschaftsprüfungsgesellschaften sein. Abschlußprüfer von Jahresabschlüssen und Lageberichten mittelgroßer Gesellschaften mit beschränkter Haftung (§ 267 Abs. 2) können auch vereidigte Buchprüfer und Buchprüfungsgesellschaften sein.

(2) Ein Wirtschaftsprüfer oder vereidigter Buchprüfer darf nicht Abschlußprüfer sein, wenn er oder eine Person, mit der er seinen Beruf gemeinsam ausübt,

1. Anteile an der zu prüfenden Kapitalgesellschaft besitzt;
2. gesetzlicher Vertreter oder Mitglied des Aufsichtsrats oder Arbeitnehmer der zu prüfenden Kapitalgesellschaft ist oder in den letzten drei Jahren vor seiner Bestellung war;
3. gesetzlicher Vertreter oder Mitglied des Aufsichtsrats einer juristischen Person, Gesellschafter einer Personengesellschaft oder Inhaber eines Unternehmens ist, sofern die juristische Person, die Personengesellschaft oder das Einzelunternehmen mit der zu prüfenden Kapitalgesellschaft verbunden ist oder von dieser mehr als zwanzig vom Hundert der Anteile besitzt;
4. Arbeitnehmer eines Unternehmens ist, das mit der zu prüfenden Kapitalgesellschaft verbunden ist oder an dieser zu mehr als zwanzig vom Hundert der Anteile besitzt, oder Arbeitnehmer einer natürlichen Person ist, die an der zu prüfenden Kapitalgesellschaft mehr als zwanzig vom Hundert der Anteile besitzt;

1 Beachte hierzu auch die Übergangsvorschriften in Art. 25 und 26 EGHGB (abgedruckt unter Nr. 2).

5. bei der Führung der Bücher oder der Aufstellung des zu prüfenden Jahresabschlusses der Kapitalgesellschaft über die Prüfungstätigkeit hinaus mitgewirkt hat;
6. gesetzlicher Vertreter, Arbeitnehmer, Mitglied des Aufsichtsrats oder Gesellschafter einer juristischen oder natürlichen Person oder einer Personengesellschaft oder Inhaber eines Unternehmens ist, sofern die juristische oder natürliche Person, die Personengesellschaft oder einer ihrer Gesellschafter oder das Einzelunternehmen nach Nummer 5 nicht Abschlußprüfer der zu prüfenden Kapitalgesellschaft sein darf;
7. bei der Prüfung eine Person beschäftigt, die nach den Nummern 1 bis 6 nicht Abschlußprüfer sein darf;
8. in den letzten fünf Jahren jeweils mehr als die Hälfte der Gesamteinnahmen aus seiner beruflichen Tätigkeit aus der Prüfung und Beratung der zu prüfenden Kapitalgesellschaft und von Unternehmen, an denen die zu prüfende Kapitalgesellschaft mehr als zwanzig vom Hundert der Anteile besitzt, bezogen hat und dies auch im laufenden Geschäftsjahr zu erwarten ist; zur Vermeidung von Härtefällen kann die Wirtschaftsprüfkammer befristete Ausnahmegenehmigungen erteilen.
9. Ein Wirtschaftsprüfer darf ferner nicht Abschlußprüfer sein, wenn er in entsprechender Anwendung von Absatz 3 Nr. 6 ausgeschlossen wäre.

(3) Eine Wirtschaftsprüfungsgesellschaft oder Buchprüfungsgesellschaft darf nicht Abschlußprüfer sein, wenn

1. sie Anteile an der zu prüfenden Kapitalgesellschaft besitzt oder mit dieser verbunden ist oder wenn ein mit ihr verbundenes Unternehmen an der zu prüfenden Kapitalgesellschaft mehr als zwanzig vom Hundert der Anteile besitzt oder mit dieser verbunden ist;
2. sie nach Absatz 2 Nr. 6 als Gesellschafter einer juristischen Person oder einer Personengesellschaft oder nach Absatz 2 Nr. 5, 7 oder 8 nicht Abschlußprüfer sein darf;
3. bei einer Wirtschaftsprüfungsgesellschaft oder Buchprüfungsgesellschaft, die juristische Person ist, ein gesetzlicher Vertreter oder ein Gesellschafter, der fünfzig vom Hundert oder mehr der den Gesellschaftern zustehenden Stimmrechte besitzt, oder bei anderen Wirtschaftsprüfungsgesellschaften oder Buchprüfungsgesellschaften ein Gesellschafter nach Absatz 2 Nr. 1 bis 4 nicht Abschlußprüfer sein darf;
4. einer ihrer gesetzlichen Vertreter oder einer ihrer Gesellschafter nach Absatz 2 Nr. 5 oder 6 nicht Abschlußprüfer sein darf oder
5. eines ihrer Aufsichtsratsmitglieder nach Absatz 2 Nr. 2 oder 5 nicht Abschlußprüfer sein darf.

(4) Die Absätze 2 und 3 sind auf den Abschlußprüfer des Konzernabschlusses entsprechend anzuwenden.

§ 320
Vorlagepflicht · Auskunftsrecht

(1) Die gesetzlichen Vertreter der Kapitalgesellschaft haben dem Abschlußprüfer den Jahresabschluß und den Lagebericht unverzüglich nach der Aufstellung vorzulegen. Sie haben ihm zu gestatten, die Bücher und Schriften der Kapitalgesellschaft sowie die Vermögensgegenstände und Schul-

den, namentlich die Kasse und Bestände an Wertpapieren und Waren, zu prüfen.
(2) Der Abschlußprüfer kann von den gesetzlichen Vertretern alle Aufklärungen und Nachweise verlangen, die für eine sorgfältige Prüfung notwendig sind. Soweit es die Vorbereitung der Abschlußprüfung erfordert, hat der Abschlußprüfer die Rechte nach Absatz 1 Satz 2 und nach Satz 1 auch schon vor Aufstellung des Jahresabschlusses. Soweit es für eine sorgfältige Prüfung notwendig ist, hat der Abschlußprüfer die Rechte nach den Sätzen 1 und 2 auch gegenüber Mutter- und Tochterunternehmen.
(3) Die gesetzlichen Vertreter einer Kapitalgesellschaft, die einen Konzernabschluß aufzustellen hat, haben dem Abschlußprüfer des Konzernabschlusses den Konzernabschluß, den Konzernlagebericht, die Jahresabschlüsse, Lageberichte, und, wenn eine Prüfung stattgefunden hat, die Prüfungsberichte des Mutterunternehmens und der Tochterunternehmen vorzulegen. Der Abschlußprüfer hat die Rechte nach Absatz 1 Satz 2 und nach Absatz 2 bei dem Mutterunternehmen und den Tochterunternehmen, die Rechte nach Absatz 2 auch gegenüber den Abschlußprüfern des Mutterunternehmens und der Tochterunternehmen.

§ 321
Prüfungsbericht

(1) Der Abschlußprüfer hat über Art und Umfang sowie über das Ergebnis der Prüfung schriftlich und mit der gebotenen Klarheit zu berichten. In dem Bericht ist vorweg zu der Beurteilung der Lage des Unternehmens oder Konzerns durch die gesetzlichen Vertreter Stellung zu nehmen, wobei insbesondere auf die Beurteilung des Fortbestandes und der künftigen Entwicklung des Unternehmens unter Berücksichtigung des Lageberichts und bei der Prüfung des Konzernabschlusses von Mutterunternehmen auch des Konzerns unter Berücksichtigung des Konzernlageberichts einzugehen ist, soweit die geprüften Unterlagen und der Lagebericht oder der Konzernlagebericht eine solche Beurteilung erlauben. Außerdem ist darzustellen, ob bei Durchführung der Prüfung Unrichtigkeiten oder Verstöße gegen gesetzliche Vorschriften sowie Tatsachen festgestellt worden sind, die den Bestand des geprüften Unternehmens oder des Konzerns gefährden oder seine Entwicklung wesentlich beeinträchtigen können oder die schwerwiegende Verstöße der gesetzlichen Vertreter oder von Arbeitnehmern gegen Gesetz, Gesellschaftsvertrag oder die Satzung darstellen.
(2) Im Hauptteil des Prüfungsberichts ist darzustellen, ob die Buchführung und die weiteren geprüften Unterlagen, der Jahresabschluß, der Lagebericht, der Konzernabschluß und der Konzernlagebericht den gesetzlichen Vorschriften und den ergänzenden Bestimmungen des Gesellschaftsvertrags oder der Satzung entsprechen und ob die gesetzlichen Vertreter die verlangten Aufklärungen und Nachweise erbracht haben. Es ist auch darauf einzugehen, ob der Abschluß insgesamt unter Beachtung der Grundsätze ordnungsmäßiger Buchführung ein den tatsächlichen Verhältnissen entsprechendes Bild der Vermögens-, Finanz- und Ertragslage der Kapitalgesellschaft vermittelt. Die Posten des Jahres- und des Konzernabschlusses sind aufzugliedern und ausreichend zu erläutern, soweit dadurch die Dar-

stellung der Vermögens-, Finanz- und Ertragslage wesentlich verbessert wird und diese Angaben im Anhang nicht enthalten sind.

(3) In einem besonderen Abschnitt des Prüfungsberichts sind Gegenstand, Art und Umfang der Prüfung zu erläutern.

(4) Ist im Rahmen der Prüfung eine Beurteilung nach § 317 Abs. 4 abgegeben worden, so ist deren Ergebnis in einem besonderen Teil des Prüfberichts darzustellen. Es ist darauf einzugehen, ob Maßnahmen erforderlich sind, um das interne Überwachungssystem zu verbessern.

(5) Der Abschlußprüfer hat den Bericht zu unterzeichnen und den gesetzlichen Vertretern vorzulegen. Hat der Aufsichtsrat den Auftrag erteilt, so ist der Bericht ihm vorzulegen; dem Vorstand ist vor Zuleitung Gelegenheit zur Stellungnahme zu geben.

§ 322
Bestätigungsvermerk

(1) Der Abschlußprüfer hat das Ergebnis der Prüfung in einem Bestätigungsvermerk zum Jahresabschluß und zum Konzernabschluß zusammenzufassen. Der Bestätigungsvermerk hat neben einer Beschreibung von Gegenstand, Art und Umfang der Prüfung auch eine Beurteilung des Prüfungsergebnisses zu enthalten. Sind vom Abschlußprüfer keine Einwendungen zu erheben, so hat er in seinem Bestätigungsvermerk zu erklären, daß die von ihm nach § 317 durchgeführte Prüfung zu keinen Einwendungen geführt hat und daß der von den gesetzlichen Vertretern der Gesellschaft aufgestellte Jahres- oder Konzernabschluß aufgrund der bei der Prüfung gewonnenen Erkenntnisse des Abschlußprüfers nach seiner Beurteilung unter Beachtung der Grundsätze ordnungsmäßiger Buchführung ein den tatsächlichen Verhältnissen entsprechendes Bild des Unternehmens oder des Konzerns vermittelt.

(2) Die Beurteilung des Prüfungsergebnisses soll allgemeinverständlich und problemorientiert unter Berücksichtigung des Umstandes erfolgen, daß die gesetzlichen Vertreter den Abschluß zu verantworten haben. Auf Risiken, die den Fortbestand des Unternehmens gefährden, ist gesondert einzugehen.

(3) Im Bestätigungsvermerk ist auch darauf einzugehen, ob der Lagebericht und der Konzernlagebericht insgesamt nach der Beurteilung des Abschlußprüfers eine zutreffende Vorstellung von der Lage des Unternehmens oder des Konzerns vermittelt. Dabei ist auch darauf einzugehen, ob die Risiken der künftigen Entwicklung zutreffend dargestellt worden sind.

(4) Sind Einwendungen zu erheben, so hat der Abschlußprüfer seine Erklärung nach Absatz 1 Satz 3 einzuschränken oder zu versagen. Die Versagung ist in den Vermerk, der nicht mehr als Bestätigungsvermerk zu bezeichnen ist, aufzunehmen. Die Einschränkung und die Versagung sind zu begründen. Einschränkungen sind so darzustellen, daß deren Tragweite erkennbar wird.

(5) Der Abschlußprüfer hat den Bestätigungsvermerk oder den Vermerk über seine Versagung unter Angabe von Ort und Tag zu unterzeichnen. Der Bestätigungsvermerk oder Vermerk über seine Versagung ist auch in den Prüfungsbericht aufzunehmen.

§ 323
Verantwortlichkeit des Abschlußprüfers

(1) Der Abschlußprüfer, seine Gehilfen und die bei der Prüfung mitwirkenden gesetzlichen Vertreter einer Prüfungsgesellschaft sind zur gewissenhaften und unparteiischen Prüfung und zur Verschwiegenheit verpflichtet. Sie dürfen nicht unbefugt Geschäfts- und Betriebsgeheimnisse verwerten, die sie bei ihrer Tätigkeit erfahren haben. Wer vorsätzlich oder fahrlässig seine Pflichten verletzt, ist der Kapitalgesellschaft und, wenn ein verbundenes Unternehmen geschädigt worden ist, auch diesem zum Ersatz des daraus entstehenden Schadens verpflichtet. Mehrere Personen haften als Gesamtschuldner.
(2) Die Ersatzpflicht von Personen, die fahrlässig gehandelt haben, beschränkt sich auf fünfhunderttausend Deutsche Mark für eine Prüfung. Dies gilt auch, wenn an der Prüfung mehrere Personen beteiligt gewesen oder mehrere zum Ersatz verpflichtende Handlungen begangen worden sind, und ohne Rücksicht darauf, ob andere Beteiligte vorsätzlich gehandelt haben.
(3) Die Verpflichtung zur Verschwiegenheit besteht, wenn eine Prüfungsgesellschaft Abschlußprüfer ist, auch gegenüber dem Aufsichtsrat und den Mitgliedern des Aufsichtsrats der Prüfungsgesellschaft.
(4) Die Ersatzpflicht nach diesen Vorschriften kann durch Vertrag weder ausgeschlossen noch beschränkt werden.
(5) Die Ansprüche aus diesen Vorschriften verjähren in fünf Jahren.

§ 324
Meinungsverschiedenheiten zwischen Kapitalgesellschaft und Abschlußprüfer

(1) Bei Meinungsverschiedenheiten zwischen dem Abschlußprüfer und der Kapitalgesellschaft über die Auslegung und Anwendung der gesetzlichen Vorschriften sowie die Bestimmungen des Gesellschaftsvertrags oder der Satzung über den Jahresabschluß, Lagebericht, Konzernabschluß oder Konzernlagebericht entscheidet auf Antrag des Abschlußprüfers oder der gesetzlichen Vertreter der Kapitalgesellschaft ausschließlich das Landgericht.
(2) Auf das Verfahren ist das Gesetz über die Angelegenheiten der freiwilligen Gerichtsbarkeit anzuwenden. Das Landgericht entscheidet durch einen mit Gründen versehenen Beschluß. Die Entscheidung wird erst mit der Rechtskraft wirksam. Gegen die Entscheidung findet die sofortige Beschwerde statt, wenn das Landgericht sie in der Entscheidung zugelassen hat. Es soll sie nur zulassen, wenn dadurch die Klärung einer Rechtsfrage von grundsätzlicher Bedeutung zu erwarten ist. Die Beschwerde kann nur durch Einreichung einer von einem Rechtsanwalt unterzeichneten Beschwerdeschrift eingelegt werden. Über sie entscheidet das Oberlandesgericht; § 28 Abs. 2 und 3 des Gesetzes über die Angelegenheiten der freiwilligen Gerichtsbarkeit ist entsprechend anzuwenden. Die weitere Beschwerde ist ausgeschlossen. Die Landesregierung kann durch Rechtsverordnung die Entscheidung über die Beschwerde für die Bezirke mehrerer Oberlandesgerichte einem der Oberlandesgerichte oder dem Obersten Landesgericht übertragen, wenn dies der Sicherung einer einheitlichen Rechtsprechung dient. Die Landesregierung kann die Ermächtigung durch Rechtsverordnung auf die Landesjustizverwaltung übertragen.

(3) Für die Kosten des Verfahrens gilt die Kostenordnung. Für das Verfahren des ersten Rechtszugs wird das Doppelte der vollen Gebühr erhoben. Für den zweiten Rechtszug wird die gleiche Gebühr erhoben; dies gilt auch dann, wenn die Beschwerde Erfolg hat. Wird der Antrag oder die Beschwerde zurückgenommen, bevor es zu einer Entscheidung kommt, so ermäßigt sich die Gebühr auf die Hälfte. Der Geschäftswert ist von Amts wegen festzusetzen. Er bestimmt sich nach § 30 Abs. 2 der Kostenordnung. Der Abschlußprüfer ist zur Leistung eines Kostenvorschusses nicht verpflichtet. Schuldner der Kosten ist die Kapitalgesellschaft. Die Kosten können jedoch ganz oder zum Teil dem Abschlußpartner auferlegt werden, wenn dies der Billigkeit entspricht.

Vierter Unterabschnitt
Offenlegung
(Einreichung zu einem Register, Bekanntmachung im Bundesanzeiger)
Veröffentlichung und Vervielfältigung
Prüfung durch das Registergericht

§ 325
Offenlegung

(1) Die gesetzlichen Vertreter von Kapitalgesellschaften haben den Jahresabschluß unverzüglich nach seiner Vorlage an die Gesellschafter, jedoch spätestens vor Ablauf des neunten Monats des dem Abschlußstichtag nachfolgenden Geschäftsjahrs, mit dem Bestätigungsvermerk oder dem Vermerk über dessen Versagung zum Handelsregister des Sitzes der Kapitalgesellschaft einzureichen; gleichzeitig sind der Lagebericht, der Bericht des Aufsichtsrats und, soweit sich der Vorschlag für die Verwendung des Ergebnisses und der Beschluß über seine Verwendung aus dem eingereichten Jahresabschluß nicht ergeben, der Vorschlag für die Verwendung des Ergebnisses und der Beschluß über seine Verwendung unter Angabe des Jahresüberschusses oder Jahresfehlbetrages einzureichen; Angaben über die Ergebnisverwendung brauchen von Gesellschaften mit beschränkter Haftung nicht gemacht zu werden, wenn sich anhand dieser Angaben die Gewinnanteile von natürlichen Personen feststellen lassen, die Gesellschafter sind. Die gesetzlichen Vertreter haben unverzüglich nach der Einreichung der in Satz 1 bezeichneten Unterlagen im Bundesanzeiger bekanntzumachen, bei welchem Handelsregister und unter welcher Nummer diese Unterlagen eingereicht worden sind. Werden zur Wahrung der Frist nach Satz 1 der Jahresabschluß und der Lagebericht ohne die anderen Unterlagen eingereicht, so sind der Bericht und der Vorschlag nach ihrem Vorliegen, die Beschlüsse nach der Beschlußfassung und der Vermerk nach der Erteilung unverzüglich einzureichen; wird der Jahresabschluß bei nachträglicher Prüfung oder Feststellung geändert, so ist auch die Änderung nach Satz 1 einzureichen.

(2) Absatz 1 ist auf große Kapitalgesellschaften (§ 267 Abs. 3) mit der Maßgabe anzuwenden, daß die in Absatz 1 bezeichneten Unterlagen zunächst im Bundesanzeiger bekanntzumachen sind und die Bekanntmachung unter Beifügung der bezeichneten Unterlagen zum Handelsregister des Sitzes der

Kapitalgesellschaft einzureichen ist; die Bekanntmachung nach Absatz 1 Satz 2 entfällt. Die Aufstellung des Anteilsbesitzes (§ 287) braucht nicht im Bundesanzeiger bekanntgemacht zu werden.

(3) Die gesetzlichen Vertreter einer Kapitalgesellschaft, die einen Konzernabschluß aufzustellen hat, haben den Konzernabschluß unverzüglich nach seiner Vorlage an die Gesellschafter, jedoch spätestens vor Ablauf des neunten Monats des dem Konzernabschlußstichtag nachfolgenden Geschäftsjahrs, mit dem Bestätigungsvermerk oder dem Vermerk über dessen Versagung und den Konzernlagebericht im Bundesanzeiger bekanntzumachen und die Bekanntmachung unter Beifügung der bezeichneten Unterlagen zum Handelsregister des Sitzes der Kapitalgesellschaft einzureichen. Die Aufstellung des Anteilsbesitzes (§ 313 Abs. 4) braucht nicht im Bundesanzeiger bekanntgemacht zu werden. Absatz 1 Satz 3 ist entsprechend anzuwenden.

(4) Bei Anwendung der Absätze 2 und 3 ist für die Wahrung der Fristen nach Absatz 1 Satz 1 und Absatz 3 Satz 1 der Zeitpunkt der Einreichung der Unterlagen beim Bundesanzeiger maßgebend.

(5) Auf Gesetz, Gesellschaftsvertrag oder Satzung beruhende Pflichten der Gesellschaft, den Jahresabschluß, Lagebericht, Konzernabschluß oder Konzernlagebericht in anderer Weise bekanntzumachen, einzureichen oder Personen zugänglich zu machen, bleiben unberührt.

§ 325a
Zweigniederlassungen von Kapitalgesellschaften mit Sitz im Ausland

(1) Bei inländischen Zweigniederlassungen von Kapitalgesellschaften mit Sitz in einem anderen Mitgliedstaat der Europäischen Wirtschaftsgemeinschaft oder Vertragsstaat des Abkommens über den Europäischen Wirtschaftsraum haben die in § 13e Abs. 2 Satz 4 Nr. 3 genannten Personen oder, wenn solche nicht angemeldet sind, die gesetzlichen Vertreter der Gesellschafter die Unterlagen der Rechnungslegung der Hauptniederlassung, die nach dem für die Hauptniederlassung maßgeblichen Recht erstellt, geprüft und offengelegt worden sind, nach den §§ 325, 328, 329 Abs. 1 offenzulegen. Die Unterlagen sind zu dem Handelsregister am Sitz der Zweigniederlassung einzureichen; bestehen mehrere inländische Zweigniederlassungen derselben Gesellschaft, brauchen die Unterlagen nur zu demjenigen Handelsregister eingereicht werden, zu dem gemäß § 13e Abs. 5 die Satzung oder der Gesellschaftsvertrag eingereicht wurde. Die Unterlagen sind in deutscher Sprache oder in einer von dem Register der Hauptniederlassung beglaubigten Abschrift einzureichen. Von der Beglaubigung des Registers ist eine beglaubigte Übersetzung in deutscher Sprache einzureichen.

(2) Diese Vorschrift gilt nicht für Zweigniederlassungen, die von Kreditinstituten im Sinne des § 340 oder von Versicherungsunternehmen im Sinne des § 341 errichtet werden.

§ 326
Größenabhängige Erleichterungen für kleine Kapitalgesellschaften bei der Offenlegung

Auf kleine Kapitalgesellschaften (§ 267 Abs. 1) ist § 325 Abs. 1 mit der Maßgabe anzuwenden, daß die gesetzlichen Vertreter nur die Bilanz und den

Anhang spätestens vor Ablauf des zwölften Monats des dem Bilanzstichtag nachfolgenden Geschäftsjahrs einzureichen haben. Der Anhang braucht die die Gewinn- und Verlustrechnung betreffenden Angaben nicht zu enthalten.

§ 327
Größenabhängige Erleichterung für mittelgroße Kapitalgesellschaften bei der Offenlegung

Auf mittelgroße Kapitalgesellschaften (§ 267 Abs. 2) ist der § 325 Abs. 1 mit der Maßgabe anzuwenden, daß die gesetzlichen Vertreter

1. die Bilanz nur in der für kleine Kapitalgesellschaften nach § 266 Abs. 1 Satz 3 vorgeschriebenen Form zum Handelsregister einreichen müssen. In der Bilanz oder im Anhang sind jedoch die folgenden Posten des § 266 Abs. 2 und 3 zusätzlich gesondert anzugeben:
   Auf der Aktivseite:
   A I 2 Geschäfts- oder Firmenwert;
   A II 1 Grundstücke, grundstücksgleiche Rechte und Bauten einschließlich der Bauten auf fremden Grundstücken;
   A II 2 technische Anlagen und Maschinen;
   A II 3 andere Anlagen, Betriebs- und Geschäftsausstattung;
   A II 4 geleistete Anzahlungen und Anlagen im Bau;
   A III 1 Anteile an verbundenen Unternehmen;
   A III 2 Ausleihungen an verbundene Unternehmen;
   A III 3 Beteiligungen;
   A III 4 Ausleihungen an Unternehmen, mit denen ein Beteiligungsverhältnis besteht;
   B II 2 Forderungen gegen verbundene Unternehmen;
   B II 3 Forderungen gegen Unternehmen, mit denen ein Beteiligungsverhältnis besteht;
   B III 1 Anteile an verbundenen Unternehmen;
   B III 2 eigene Anteile.
   Auf der Passivseite:
   C 1 Anleihen, davon konvertibel;
   C 2 Verbindlichkeiten gegenüber Kreditinstituten;
   C 6 Verbindlichkeiten gegenüber verbundenen Unternehmen;
   C 7 Verbindlichkeiten gegenüber Unternehmen, mit denen ein Beteiligungsverhältnis besteht;
2. den Anhang ohne die Angaben nach § 285 Nr. 2, 5 und 8 Buchstabe a, Nr. 12 zum Handelsregister einreichen dürfen.

§ 328
Form und Inhalt der Unterlagen bei der Offenlegung, Veröffentlichung und Vervielfältigung

(1) Bei der vollständigen oder teilweisen Offenlegung des Jahresabschlusses und des Konzernabschlusses und bei der Veröffentlichung oder Vervielfältigung in anderer Form aufgrund des Gesellschaftsvertrags oder der Satzung sind die folgenden Vorschriften einzuhalten:

1. Der Jahresabschluß und der Konzernabschluß sind so wiederzugeben, daß

sie den für ihre Aufstellung maßgeblichen Vorschriften entsprechen, soweit nicht Erleichterungen nach §§ 326, 327 in Anspruch genommen werden; sie haben in diesem Rahmen vollständig und richtig zu sein. Das Datum der Feststellung ist anzugeben, sofern der Jahresabschluß festgestellt worden ist. Wurde der Jahresabschluß oder der Konzernabschluß aufgrund gesetzlicher Vorschriften durch einen Abschlußprüfer geprüft, so ist jeweils der vollständige Wortlaut des Bestätigungsvermerks oder des Vermerks über dessen Versagung wiederzugeben; wird der Jahresabschluß wegen fehlender Inanspruchnahme von Erleichterungen nur teilweise offengelegt und bezieht sich der Bestätigungsvermerk auf den vollständigen Jahresabschluß, so ist hierauf hinzuweisen.

2. Werden der Jahresabschluß oder der Konzernabschluß zur Wahrung der gesetzlich vorgeschriebenen Fristen über die Offenlegung vor der Prüfung oder Feststellung, sofern diese gesetzlich vorgeschrieben sind, oder nicht gleichzeitig mit beizufügenden Unterlagen offengelegt, so ist hierauf bei der Offenlegung hinzuweisen.

(2) Werden der Jahresabschluß oder der Konzernabschluß in Veröffentlichungen und Vervielfältigungen, die nicht durch Gesetz, Gesellschaftsvertrag oder Satzung vorgeschrieben sind, nicht in der nach Absatz 1 vorgeschriebenen Form wiedergegeben, so ist jeweils in einer Überschrift darauf hinzuweisen, daß es sich nicht um eine der gesetzlichen Form entsprechende Veröffentlichung handelt. Ein Bestätigungsvermerk darf nicht beigefügt werden. Ist jedoch aufgrund gesetzlicher Vorschriften eine Prüfung durch einen Abschlußprüfer erfolgt, so ist anzugeben, ob der Abschlußprüfer den in gesetzlicher Form erstellten Jahresabschluß oder den Konzernabschluß bestätigt hat oder ob er die Bestätigung eingeschränkt oder versagt hat. Ferner ist anzugeben, bei welchem Handelsregister und in welcher Nummer des Bundesanzeigers die Offenlegung erfolgt ist oder daß die Offenlegung noch nicht erfolgt ist.

(3) Absatz 1 Nr. 1 ist auf den Lagebericht, den Konzernlagebericht, den Vorschlag für die Verwendung des Ergebnisses und den Beschluß über seine Verwendung sowie auf die Aufstellung des Anteilsbesitzes entsprechend anzuwenden. Werden die in Satz 1 bezeichneten Unterlagen nicht gleichzeitig mit dem Jahresabschluß oder dem Konzernabschluß offengelegt, so ist bei ihrer nachträglichen Offenlegung jeweils anzugeben, auf welchen Abschluß sie sich beziehen und wo dieser offengelegt worden ist; dies gilt auch für die nachträgliche Offenlegung des Bestätigungsvermerks oder des Vermerks über seine Versagung.

(4) [1]Werden die Angaben im Jahresabschluß oder im Konzernabschluß außer in Deutscher Mark auch in Europäischer Währungseinheit gemacht, ist der am Bilanzstichtag gültige Umrechnungskurs zugrunde zu legen. Dieser Kurs ist im Anhang anzugeben.

§ 329
Prüfungspflicht des Registergerichts

(1) Das Gericht prüft, ob die vollständig oder teilweise zum Handelsregister

1 § 328 Abs. 4 aufgeh. mWv 1. 1. 1999

einzureichenden Unterlagen vollständig sind, und, sofern vorgeschrieben, bekanntgemacht worden sind.
(2) Gibt die Prüfung nach Absatz 1 Anlaß zu der Annahme, daß von der Größe der Kapitalgesellschaft abhängige Erleichterungen nicht hätten in Anspruch genommen werden dürfen, so kann das Gericht zu seiner Unterrichtung von der Kapitalgesellschaft innerhalb einer angemessenen Frist die Mitteilung der Umsatzerlöse (§ 277 Abs. 1) und der durchschnittlichen Zahl der Arbeitnehmer (§ 267 Abs. 5) verlangen. Unterläßt die Kapitalgesellschaft die fristgerechte Mitteilung, so gelten die Erleichterungen als zu Unrecht in Anspruch genommen.

Fünfter Unterabschnitt
Verordnungsermächtigung für Formblätter und andere Vorschriften

§ 330

Der Bundesminister der Justiz wird ermächtigt, im Einvernehmen mit dem Bundesminister der Finanzen und dem Bundesminister für Wirtschaft durch Rechtsverordnung, die nicht der Zustimmung des Bundesrates bedarf, für Kapitalgesellschaften Formblätter vorzuschreiben oder andere Vorschriften für die Gliederung des Jahresabschlusses oder des Konzernabschlusses oder den Inhalt des Anhangs, des Konzernanhangs, des Lageberichts oder des Konzernlageberichts zu erlassen, wenn der Geschäftszweig eine von den §§ 266, 275 abweichende Gliederung des Jahresabschlusses oder des Konzernabschlusses oder von den Vorschriften des ersten Abschnitts und des Ersten und Zweiten Unterabschnitts des Zweiten Abschnitts abweichenden Regelungen erfordert. Die sich aus den abweichenden Vorschriften ergebenden Anforderungen an die in Satz 1 bezeichneten Unterlagen sollen den Anforderungen gleichwertig sein, die sich für große Kapitalgesellschaften (§ 267 Abs. 3) aus den Vorschriften des Ersten Abschnitts und des Ersten und Zweiten Unterabschnitts des Zweiten Abschnitts sowie den für den Geschäftszweig geltenden Vorschriften ergeben. Über das geltende Recht hinausgehende Anforderungen dürfen nur gestellt werden, soweit sie auf Rechtsakten des Rates der Europäischen Gemeinschaften beruhen.
(2) Absatz 1 ist auf Kreditinstitute im Sinne des § 1 Abs. 1 des Gesetzes über das Kreditwesen, soweit sie nach dessen § 2 Abs. 1 oder 4 von der Anwendung nicht ausgenommen sind, nach Maßgabe der Sätze 3 und 4 ungeachtet ihrer Rechtsform anzuwenden. Satz 1 ist auch auf Zweigstellen von Unternehmen mit Sitz in einem Staat anzuwenden, der nicht Mitglied der Europäischen Wirtschaftsgemeinschaft und auch nicht Vertragsstaat des Abkommens über den Europäischen Wirtschaftsraum ist, sofern die Zweigstelle nach § 53 Abs. 1 des Gesetzes über das Kreditwesen als Kreditinstitut gilt. Die Rechtsverordnung bedarf nicht der Zustimmung des Bundesrates; sie ist im Einvernehmen mit dem Bundesministerium der Finanzen und im Benehmen mit der Deutschen Bundesbank zu erlassen. In die Rechtsverordnung nach Satz 1 können auch nähere Bestimmungen über die Aufstellung des Jahresabschlusses und des Konzernabschlusses im Rahmen der vorge-

schriebenen Formblätter für die Gliederung des Jahresabschlusses gemäß § 340a Abs. 3 und des Konzernzwischenabschlusses gemäß § 340i Abs. 4 und über den Inhalt der Anlage gemäß § 26 Abs. 1 Satz 1 des Gesetzes über das Kreditwesen aufgenommen werden, soweit dies zur Erfüllung der Aufgaben des Bundesaufsichtsamts für das Kreditwesen oder der Deutschen Bundesbank erforderlich ist, insbesondere um einheitliche Unterlagen zur Beurteilung der von den Kreditinstituten durchgeführten Bankgeschäfte zu erhalten.

(3) Absatz 1 ist auf Versicherungsunternehmen nach Maßgabe der Sätze 3 und 4 ungeachtet ihrer Rechtsform anzuwenden. Satz 1 ist auch auf Niederlassungen im Geltungsbereich dieses Gesetzes von Versicherungsunternehmen mit Sitz in einem anderen Staat anzuwenden, wenn sie zum Betrieb des Direktversicherungsgeschäfts der Erlaubnis durch die deutsche Versicherungsaufsichtsbehörde bedürfen. Die Rechtsverordnung bedarf der Zustimmung des Bundesrates und ist im Einvernehmen mit dem Bundesministerium der Finanzen zu erlassen. In die Rechtsverordnung nach Satz 1 können auch nähere Bestimmungen über die Aufstellung des Jahresabschlusses und des Konzernabschlusses im Rahmen der vorgeschriebenen Formblätter für die Gliederung des Jahresabschlusses und des Konzernabschlusses sowie Vorschriften über den Ansatz und die Bewertung von versicherungstechnischen Rückstellungen, insbesondere die Näherungsverfahren, aufgenommen werden.

(4) In der Rechtsverordnung nach Absatz 1 in Verbindung mit Absatz 3 kann bestimmt werden, daß Versicherungsunternehmen, auf die die Richtlinie 91/674/EWG nach deren Artikel 2 in Verbindung mit Artikel 3 der Richtlinie 73/239/EWG oder in Verbindung mit Artikel 2 Nr. 2 oder 3 oder Artikel 3 der Richtlinie 79/267/EWG nicht anzuwenden ist, von den Regelungen des Zweiten Unterabschnitts des Vierten Abschnitts ganz oder teilweise befreit werden, soweit dies erforderlich ist, um eine im Verhältnis zur Größe der Versicherungsunternehmen unangemessene Belastung zu vermeiden; Absatz 1 Satz 2 ist soweit nicht anzuwenden. In der Rechtsverordnung dürfen diesen Versicherungsunternehmen auch für die Gliederung des Jahresabschlusses und des Konzernabschlusses, für die Erstellung von Anhang und Lagebericht und Konzernanhang und Konzernlagebericht sowie für die Offenlegung ihrer Größe angemessene Vereinfachungen gewährt werden.

Sechster Unterabschnitt
Straf- und Bußgeldvorschriften
Zwangsgelder

§ 331
Unrichtige Darstellung

Mit Freiheitsstrafe bis zu drei Jahren oder mit Geldstrafe wird bestraft, wer

1. als Mitglied des vertretungsberechtigten Organs oder des Aufsichtsrats einer Kapitalgesellschaft die Verhältnisse der Kapitalgesellschaft in der Eröffnungsbilanz, im Jahresabschluß, im Lagebericht oder im Zwischenabschluß nach § 340a Abs. 3 unrichtig wiedergibt oder verschleiert,

2. als Mitglied des vertretungsberechtigten Organs oder des Aufsichtsrats einer Kapitalgesellschaft die Verhältnisse des Konzerns im Konzernabschluß, im Konzernlagebericht oder im Konzernzwischenabschluß nach § 340i Abs. 4 unrichtig wiedergibt oder verschleiert,
3. als Mitglied des vertretungsberechtigten Organs einer Kapitalgesellschaft zum Zwecke der Befreiung nach § 291 oder einer nach § 292 erlassenen Rechtsverordnung einen Konzernabschluß oder Konzernlagebericht, in dem die Verhältnisse des Konzerns unrichtig wiedergegeben oder verschleiert worden sind, vorsätzlich oder leichtfertig offenlegt oder
4. als Mitglied des vertretungsberechtigten Organs einer Kapitalgesellschaft oder als Mitglied des vertretungsberechtigten Organs oder als vertretungsberechtigter Gesellschafter eines ihrer Tochterunternehmen (§ 290 Abs. 1, 2) in Aufklärungen oder Nachweisen, die nach § 320 einem Abschlußprüfer der Kapitalgesellschaft, eines verbundenen Unternehmens oder des Konzerns zu geben sind, unrichtige Angaben macht oder die Verhältnisse der Kapitalgesellschaft, eines Tochterunternehmens oder des Konzerns unrichtig wiedergibt oder verschleiert.

§ 332
Verletzung der Berichtspflicht

(1) Mit Freiheitsstrafe bis zu drei Jahren oder mit Geldstrafe wird bestraft, wer als Abschlußprüfer oder Gehilfe eines Abschlußprüfers über das Ergebnis der Prüfung eines Jahresabschlusses, eines Lageberichts, eines Konzernabschlusses, eines Konzernlageberichts einer Kapitalgesellschaft oder eines Zwischenabschlusses nach § 340a unrichtig berichtet, im Prüfungsbericht (§ 321) erhebliche Umstände verschweigt oder einen inhaltlich unrichtigen Bestätigungsvermerk (§ 322) erteilt.
(2) Handelt der Täter gegen Entgelt oder in der Absicht, sich oder einen anderen zu bereichern oder einen anderen zu schädigen, so ist die Strafe Freiheitsstrafe bis zu fünf Jahren oder Geldstrafe.

§ 333
Verletzung der Geheimhaltungspflicht

(1) Mit Freiheitsstrafe bis zu einem Jahr oder mit Geldstrafe wird bestraft, wer ein Geheimnis der Kapitalgesellschaft, eines Tochterunternehmens (§ 290 Abs. 1, 2), eines gemeinsam geführten Unternehmens (§ 310) oder eines assoziierten Unternehmens (§ 311), namentlich ein Betriebs- oder Geschäftsgeheimnis, das ihm in seiner Eigenschaft als Abschlußprüfer oder Gehilfe eines Abschlußprüfers bei Prüfung des Jahresabschlusses oder des Konzernabschlusses bekannt geworden ist, unbefugt offenbart.
(2) Handelt der Täter gegen Entgelt oder in der Absicht, sich oder einen anderen zu bereichern oder einen anderen zu schädigen, so ist die Strafe Freiheitsstrafe bis zu zwei Jahren oder Geldstrafe. Ebenso wird bestraft, wer ein Geheimnis der in Absatz 1 bezeichneten Art, namentlich ein Betriebs- oder Geschäftsgeheimnis, das ihm unter den Voraussetzungen des Absatzes 1 bekannt geworden ist, unbefugt verwertet.
(3) Die Tat wird nur auf Antrag der Kapitalgesellschaft verfolgt.

§ 334
Bußgeldvorschriften

(1) Ordnungswidrig handelt, wer als Mitglied des vertretungsberechtigten Organs oder des Aufsichtsrats einer Kapitalgesellschaft

1. bei der Aufstellung oder Feststellung des Jahresabschlusses einer Vorschrift
   a) des § 243, Abs. 1 oder 2, der §§ 244, 245, 246, 247, 248, 249 Abs. 1 Satz 1 oder Abs. 3 des § 250 Abs. 1 Satz 1 oder Abs. 2, des § 251 oder des § 264 Abs. 2 über Form oder Inhalt,
   b) des § 253 Abs. 1 Satz 1 in Verbindung mit § 255 Abs. 1 oder 2 Satz 1, 2 oder 6, des § 253 Abs. 1 Satz 2 oder Abs. 2 Satz 1, 2 oder 3, dieser in Verbindung mit § 279 Abs. 1 Satz 2, des § 253 Abs. 3 Satz 1 oder 2, des § 280 Abs. 1, des § 282 oder des § 283 über die Bewertung,
   c) des § 265 Abs. 2, 3, 4 oder 6, der §§ 266, 268 Abs. 2, 3, 4, 5, 6 oder 7, der §§ 272, 273, 274 Abs. 1, des § 275 oder des § 277 über die Gliederung oder
   d) des § 280 Abs. 3, des § 281 Abs. 1 Satz 2 oder 3 oder Abs. 2 Satz 1, des § 284 oder des § 285 über die in der Bilanz oder im Anhang zu machenden Angaben,
2. bei der Aufstellung des Konzernabschlusses einer Vorschrift
   a) des § 294 Abs. 1 über den Konsolidierungskreis,
   b) des § 297 Abs. 2 oder 3 oder des § 298 Abs. 1 in Verbindung mit den §§ 244, 245, 246, 247, 248, 249 Abs. 1 Satz 1 oder Abs. 3, dem § 250 Abs. 1 Satz 1 oder Abs. 2 oder dem § 251 über Inhalt und Form,
   c) des § 300 über die Konsolidierungsgrundsätze oder das Vollständigkeitsgebot,
   d) des § 308 Abs. 1 Satz 1 in Verbindung mit den in Nummer 1 Buchstabe b bezeichneten Vorschriften oder des § 308 Abs. 2 über die Bewertung,
   e) des § 311 Abs. 1 Satz 1 in Verbindung mit § 312 über die Behandlung assoziierter Unternehmen oder
   f) des § 308 Abs. 1 Satz 3, des § 313 oder des § 314 über die im Anhang zu machenden Angaben,
3. bei der Aufstellung des Lageberichts einer Vorschrift des § 289 Abs. 1 über den Inhalt des Lageberichts,
4. bei der Aufstellung des Konzernlageberichts einer Vorschrift des § 315 Abs. 1 über den Inhalt des Konzernlageberichts,
5. bei der Offenlegung, Veröffentlichung oder Vervielfältigung einer Vorschrift des § 328 über Form oder Inhalt oder
6. einer aufgrund des § 330 Satz 1 erlassenen Rechtsverordnung, soweit sie für einen bestimmten Tatbestand auf diese Bußgeldvorschrift verweist,

zuwiderhandelt.

(2) Ordnungswidrig handelt auch, wer zu einem Jahresabschluß oder einem Konzernabschluß, der aufgrund gesetzlicher Vorschriften zu prüfen ist, einen Vermerk nach § 322 erteilt, obwohl nach § 319 Abs. 2 oder nach § 319 Abs. 3 die Wirtschaftsprüfungsgesellschaft oder Buchprüfungsgesellschaft, für die er tätig wird, nicht Abschlußprüfer sein darf.

(3) Die Ordnungswidrigkeit kann mit einer Geldbuße bis zu fünfzigtausend Deutsche Mark geahndet werden.
(4) Die Absätze 1 bis 3 sind auf Kreditinstitute im Sinne des § 340 und auf Versicherungsunternehmen im Sinne des § 341 Abs. 1 nicht anzuwenden.

§ 335
Festsetzung von Zwangsgeld

Mitglieder des vertretungsberechtigten Organs einer Kapitalgesellschaft, die

1. § 242 Abs. 1 und 2, § 264 Abs. 1 über die Pflicht zur Aufstellung eines Jahresabschlusses und eines Lageberichts,
2. § 290 Abs. 1 und 2 über die Pflicht zur Aufstellung eines Konzernabschlusses und eines Konzernlageberichts,
3. § 318 Abs. 1 Satz 4 über die Pflicht zur unverzüglichen Erteilung des Prüfungsauftrags,
4. § 318 Abs. 4 Satz 3 über die Pflicht, den Antrag auf gerichtliche Bestellung des Abschlußprüfers zu stellen,
5. § 320 über die Pflichten gegenüber dem Abschlußprüfer oder
6. § 325 über die Pflicht zur Offenlegung des Jahresabschlusses, des Lageberichts, des Konzernabschlusses, des Konzernlageberichts und anderer Unterlagen der Rechnungslegung,
7. § 325a über die Pflicht zur Offenlegung der Rechnungslegungsunterlagen der Hauptniederlassung

nicht befolgen, sind hierzu vom Registergericht durch Festsetzung von Zwangsgeld nach § 132 Abs. 1 des Gesetzes über die Angelegenheiten der freiwilligen Gerichtsbarkeit anzuhalten. Im Fall der Nummer 7 treten die § 13e Abs. 2 Satz 4 Nr. 3 genannten Personen, sobald sie angemeldet sind, an die Stelle der Mitglieder des vertretungsberechtigten Organs der Kapitalgesellschaft. Das Registergericht schreitet jedoch nur ein, wenn ein Gesellschafter, Gläubiger oder der Gesamtbetriebsrat oder, wenn ein solcher nicht besteht, der Betriebsrat der Kapitalgesellschaft dies beantragt; § 14 ist insoweit nicht anzuwenden. Bestehen die Pflichten hinsichtlich eines Konzernabschlusses und eines Konzernlageberichts, so können den Antrag nach Satz 2 auch die Gesellschafter und Gläubiger eines Tochterunternehmens sowie der Konzernbetriebsrat stellen. Die Antragsberechtigung ist glaubhaft zu machen. Ein späterer Wegfall der Antragsberechtigung ist unschädlich. Der Antrag kann nicht zurückgenommen werden. Das Gericht kann von der wiederholten Androhung und Festsetzung eines Zwangsgeldes absehen. Das einzelne Zwangsgeld darf den Betrag von zehntausend Deutsche Mark nicht übersteigen.

Einführungsgesetz zum Handelsgesetzbuch

Vom 10. Mai 1997 (RGBl. S. 437)
BGBl. III/FNA 4101-1
zuletzt geändert durch Art. 6 Gesetz zur Änderung des Einführungsgesetzes zur Insolvenzordnung und anderer Gesetze (EGInsO-ÄndG) vom 19. 12. 1998 (BGBl. I S. 3836)

Erster Abschnitt. Einführung des Handelsgesetzbuchs

Art. 25. [Abschlußprüfer und Konzernabschlußprüfer bei gemeinnützigen Wohnungsunternehmen, AktG, KGaA und GmbH]

(1) Auf die Prüfung des Jahresabschlusses

1. von Aktiengesellschaften und Gesellschaften mit beschränkter Haftung, bei denen die Mehrheit der Anteile und die Mehrheit der Stimmrechte Genossenschaften oder zur Prüfung von Genossenschaften zugelassenen Prüfungsverbänden zusteht, oder
2. von Unternehmen, die am 31. Dezember 1989 als gemeinnützige Wohnungsunternehmen oder als Organe der staatlichen Wohnungspolitik anerkannt waren oder die nicht eingetragene Genossenschaften sind,

ist § 319 Abs. 1 des Handelsgesetzbuchs mit der Maßgabe anzuwenden, daß diese Gesellschaften oder Unternehmen sich auch von dem Prüfungsverband prüfen lassen dürfen, dem sie als Mitglied angehören, sofern mehr als die Hälfte der geschäftsführenden Mitglieder des Vorstands dieses Prüfungsverbands Wirtschaftsprüfer sind. Hat der Prüfungsverband nur zwei Vorstandsmitglieder, so muß einer von ihnen Wirtschaftsprüfer sein. § 319 Abs. 2 und 3 des Handelsgesetzbuchs ist entsprechend anzuwenden.

(2) Bei der Prüfung des Jahresabschlusses der in Absatz 1 bezeichneten Gesellschaften oder Unternehmen durch einen Prüfungsverband darf der gesetzlich vorgeschriebene Bestätigungsvermerk nur von Wirtschaftsprüfern unterzeichnet werden. Die im Prüfungsverband tätigen Wirtschaftsprüfer haben ihre Prüfungstätigkeit unabhängig, gewissenhaft, verschwiegen und eigenverantwortlich auszuüben. Sie haben sich insbesondere bei der Erstattung von Prüfungsberichten unparteiisch zu verhalten. Weisungen dürfen ihnen hinsichtlich ihrer Prüfungstätigkeit von Personen, die nicht Wirtschaftsprüfer sind, nicht erteilt werden. Die Zahl der im Verband tätigen Wirtschaftsprüfer muß so bemessen sein, daß die den Bestätigungsvermerk unterschreibenden Wirtschaftsprüfer die Prüfung verantwortlich durchführen können.

(3) Ist ein am 31. Dezember 1989 als gemeinnütziges Wohnungsunternehmen oder als Organ der staatlichen Wohnungspolitik anerkanntes Unternehmen als Aktiengesellschaft, Kommanditgesellschaft auf Aktien oder als Gesellschaft mit beschränkter Haftung zur Aufstellung eines Konzernabschlusses und eines Konzernlageberichts nach dem Zweiten Unterabschnitt des Zweiten Abschnitts des Dritten Buchs des Handelsgesetzbuchs verpflichtet, so ist der Prüfungsverband, dem das Unternehmen angehört, auch Abschlußprüfer des Konzernabschlusses.

Art. 26. [Abschlußprüfer nach § 319 HGB] (1) Abschlußprüfer nach § 319 Abs. 1 Satz 1 des Handelsgesetzbuchs kann auch eine nach § 131f

Abs. 2 der Wirtschaftsprüferordnung bestellte Person sein. Abschlußprüfer nach § 319 Abs. 1 Satz 2 des Handelsgesetzbuchs kann auch eine nach § 131b Abs. 2 der Wirtschaftsprüferordnung bestellte Person sein. Für die Durchführung der Prüfung von Jahresabschlüssen und Lageberichten haben diese Personen die Rechte und Pflichten von Abschlußprüfern.

(2) Für die Anwendung des § 319 Abs. 2 und 3 des Handelsgesetzbuchs bleibt eine Mitgliedschaft im Aufsichtsrat des zu prüfenden Unternehmens außer Betracht, wenn sie spätestens mit der Beendigung der ersten Versammlung der Aktionäre oder Gesellschafter der zu prüfenden Gesellschaft, die nach Inkrafttreten des Bilanzrichtlinien-Gesetzes stattfindet, endet.

Neunter Abschnitt. Übergangsvorschriften zur Einführung des Euro

Art. 42. (1) §§ 244, 284 Abs. 2 Nr. 2, § 292a Abs. 1 Satz 1, § 313 Abs. 1 Nr. 2 und § 340h Abs. 1 Satz 1 und 2 des Handelsgesetzbuchs in der ab 1. Januar 1999 geltenden Fassung sind erstmals auf das nach dem 31. Dezember 1998 endende Geschäftsjahr anzuwenden. Der Jahres- und Konzernabschluß darf auch in Deutscher Mark aufgestellt werden, letztmals für das im Jahre 2001 endende Geschäftsjahr. Sofern der Jahresabschluß und der Konzernabschluß nach Satz 2 in Deutscher Mark aufgestellt werden, sind auch die nach § 284 Abs. 2 Nr. 2, § 292a Abs. 1 Satz 1, § 313 Abs. 1 Nr. 2 sowie § 340h Abs. 1 Satz 1 und 2 vorgeschriebenen Angaben weiterhin in Deutscher Mark zu machen. § 328 Abs. 4 des Handelsgesetzbuchs ist letztmals auf das spätestens am 31. Dezember 1998 endende Geschäftsjahr anzuwenden.

(2) Werden der Jahresabschluß und der Konzernabschluß in Euro aufgestellt, ist § 265 Abs. 2 des Handelsgesetzbuchs mit der Maßgabe anzuwenden, daß zu jedem Posten der entsprechende Betrag des vorhergehenden Geschäftsjahres in Euro anzugeben ist. Die Umrechnung hat insoweit auch für ein Geschäftsjahr, das vor dem 1. Januar 1999 endet, zu dem vom Rat der Europäischen Union gemäß Artikel 1091 Abs. 4 Satz 1 des EG-Vertrages unwiderruflich festgelegten Umrechnungskurs zu erfolgen. Satz 2 gilt entsprechend für die Darstellung der Entwicklung der einzelnen Posten des Anlagevermögens und des Postens »Aufwendungen für die Ingangsetzung und Erweiterung des Geschäftsbetriebs« in der Bilanz oder im Anhang nach § 268 Abs. 2 des Handelsgesetzbuchs.

(3) Stellen Unternehmen vor Umstellung ihres gezeichneten Kapitals auf Euro den Jahres- und Konzernabschluß in Euro auf, darf das gezeichnete Kapital in der Vorspalte der Bilanz weiterhin in Deutscher Mark ausgewiesen werden, sofern der sich in Euro ergebende Betrag in der Hauptspalte ausgewiesen wird. Stellen Unternehmen den Jahres- und Konzernabschluß nach Umstellung ihres gezeichneten Kapitals auf Euro in Deutscher Mark auf, darf das gezeichnete Kapital in der Vorspalte in Euro ausgewiesen werden, sofern der sich in Deutscher Mark ergebende Betrag in der Hauptspalte ausgewiesen wird. Statt des Ausweises in der Vorspalte darf das gezeichnete Kapital auch im Anhang angegeben werden.

Art. 43. (1) Ausleihungen, Forderungen und Verbindlichkeiten, die auf Währungseinheiten der an der Wirtschafts- und Währungsunion teilnehmenden anderen Mitgliedstaaten oder auf die ECU im Sinne des Artikels 2 der Verordnung (EG) Nr. 1103/97 des Rates vom 17. Juni 1997 (ABl. EG Nr.

L 162 S. 1) lauten, sind zum nächsten, auf den 31. Dezember 1998 folgenden Stichtag im Jahresabschluß und im Konzernabschluß mit dem vom Rat der Europäischen Union gemäß Artikel 1091 Abs. 4 Satz 1 des EG-Vertrages unwiderruflich festgelegten Umrechnungskurs umzurechnen und anzusetzen. Erträge, die sich aus der Umrechnung und dem entsprechenden Bilanzansatz ergeben, dürfen auf der Passivseite in einen gesonderten Posten unter der Bezeichnung »Sonderposten aus der Währungsumstellung auf den Euro« nach dem Eigenkapital eingestellt werden. Der Posten ist insoweit aufzulösen, als die Ausleihungen, Forderungen und Verbindlichkeiten, für die er gebildet worden ist, aus dem Vermögen des Unternehmens ausscheiden, spätestens jedoch am Schluß des fünften nach dem 31. Dezember 1998 endenden Geschäftsjahres.

(2) In den Sonderposten gemäß Absatz 1 Satz 2 dürfen auch Erträge eingestellt werden, die sich aus der Aktivierung von Vermögensgegenständen aufgrund der unwiderruflichen Festlegung der Wechselkurse ergeben. Absatz 1 Satz 3 gilt entsprechend.

Art. 44. (1) Die Aufwendungen für die Währungsumstellung auf den Euro dürfen als Bilanzierungshilfe aktiviert werden, soweit es sich um selbstgeschaffene immaterielle Vermögensgegenstände des Anlagevermögens handelt. Der Posten ist in der Bilanz unter der Bezeichnung »Aufwendungen für die Währungsumstellung auf den Euro« vor dem Anlagevermögen auszuweisen. Die als Bilanzierungshilfe ausgewiesenen Beträge sind in jedem folgenden Geschäftsjahr zu mindestens einem Viertel durch Abschreibung zu tilgen. Im Jahresabschluß von Kapitalgesellschaften ist der Posten im Anhang zu erläutern. Werden solche Aufwendungen in der Bilanz von Kapitalgesellschaften ausgewiesen, so dürfen Gewinne nur ausgeschüttet werden, wenn die nach der Ausschüttung verbleibenden jederzeit auflösbaren Gewinnrücklagen zuzüglich eines Gewinnvortrags und abzüglich eines Verlustvortrags dem angesetzten Betrag mindestens entsprechen.

(2) Absatz 1 ist erstmals auf das nach dem 31. Dezember 1997 endende Geschäftsjahr anzuwenden.

Art. 45. (1) Anmeldungen zur Eintragung in das Handelsregister, die nur die Ersetzung von auf Deutsche Mark lautenden Beträgen durch den zu dem vom Rat der Europäischen Union gemäß Artikel 1091 Abs. 4 Satz 1 des EG-Vertrages unwiderruflich festgelegten Umrechnungskurs ermittelten Betrag in Euro zum Gegenstand haben, bedürfen nicht der in § 12 des Handelsgesetzbuchs vorgeschriebenen Form. Entsprechende Eintragungen werden abweichend von § 10 des Handelsgesetzbuchs nicht bekanntgemacht.

(2) Auf Eintragungen in das Handelsregister, die nur die Ersetzung von auf Deutsche Mark lautenden Beträgen durch den zu dem vom Rat der Europäischen Union gemäß Artikel 1091 Abs. 4 Satz 1 des EG-Vertrages unwiderruflich festgelegten Umrechnungskurs ermittelten Betrag in Euro zum Gegenstand haben, ist § 26 Abs. 7 der Kostenordnung anzuwenden.

(3) Für die Anmeldung der Erhöhung des Grund- oder Stammkapitals aus Gesellschaftsmitteln oder der Herabsetzung des Kapitals auf den nächsthöheren oder nächstniedrigeren Betrag, mit dem die Nennbeträge der Aktien

auf volle Euro oder die Nennbeträge der Geschäftsanteile auf einen durch zehn teilbaren Betrag in Euro gestellt werden können, zum Handelsregister und für die Eintragung in das Handelsregister ist die Hälfte des sich aus § 26 Abs. 1 Nr. 3 oder 4 der Kostenordnung ergebenden Wertes als Geschäftswert zugrunde zu legen.

Zehnter Abschnitt. Übergangsvorschriften zum Gesetz zur Kontrolle und Transparenz im Unternehmensbereich

Art. 46. (1) Die §§ 285, 289, 297, 315, 317, 321, 322, 340a und 341k des Handelsgesetzbuchs in der Fassung des Gesetzes zur Kontrolle und Transparenz im Unternehmensbereich sind spätestens auf das nach dem 31. Dezember 1998 beginnende Geschäftsjahr anzuwenden. § 323 des Handelsgesetzbuchs in der Fassung des in Satz 1 genannten Gesetzes ist erstmals auf die Prüfung des Abschlusses für das nach dem 31. Dezember 1998 beginnende Geschäftsjahr anzuwenden.

(2) § 319 des Handelsgesetzbuchs in der Fassung des in Absatz 1 Satz 1 genannten Gesetzes ist erstmals auf das nach dem 31. Dezember 2001 beginnende Geschäftsjahr anzuwenden.

(3) Sind die neuen Vorschriften nach Absatz 1 und 2 auf ein früheres Geschäftsjahr nicht anzuwenden und werden die neuen Vorschriften nach Absatz 1 Satz 1 nicht freiwillig angewendet, so ist für das Geschäftsjahr die am 30. April 1998 geltende Fassung der geänderten Vorschriften anzuwenden.

GmbH-Gesetz

Gesetz betreffend die Gesellschaften mit beschränkter Haftung

Vom 20. April 1892 (RGBl. S. 477)
in der Fassung der Bekanntmachung vom 20. Mai 1898 (RGBl. S. 486)

BGBl. III/FNA 4123-1

zuletzt geändert durch Art. 3 § 3 Gesetz zur Einführung des Euro (Euro-Einführungsgesetz – EuroEG) vom 9. 6. 1998 (BGBl. I S. 1242), Art. 10 Gesetz zur Neuregelung des Kaufmanns- und Firmenrechts und zur Änderung anderer handels- und gesellschaftsrechtlicher Vorschriften (Handelsrechtsreformgesetz – HRefG) vom 22. 6. 1998 (BGBl. I S. 1474) und Art. 1 Nr. 10 Gesetz zur Änderung des Einführungsgesetzes zur Insolvenzordnung und anderer Gesetze (EGInsOÄndG) vom 19. 12. 1998 (BGBl. I S. 3836)

Inhaltsübersicht

Erster Abschnitt. Errichtung der Gesellschaft

§ 1. [Zweck] Gesellschaften mit beschränkter Haftung können nach Maßgabe der Bestimmungen dieses Gesetzes zu jedem gesetzlich zulässigen Zweck durch eine oder mehrere Personen errichtet werden.

§ 2. [Form des Gesellschaftsvertrags] (1) Der Gesellschaftsvertrag bedarf notarieller Form. Er ist von sämtlichen Gesellschaftern zu unterzeichnen.

(2) Die Unterzeichnung durch Bevollmächtigte ist nur auf Grund einer notariell errichteten oder beglaubigten Vollmacht zulässig.

§ 3. [Inhalt des Gesellschaftsvertrags] (1) Der Gesellschaftsvertrag muß enthalten:

1. die Firma und den Sitz der Gesellschaft,
2. den Gegenstand des Unternehmens,
3. den Betrag des Stammkapitals,
4. den Betrag der von jedem Gesellschafter auf das Stammkapital zu leistenden Einlage (Stammeinlage).

(2) Soll das Unternehmen auf eine gewisse Zeit beschränkt sein oder sollen den Gesellschaftern außer der Leistung von Kapitaleinlagen noch andere Verpflichtungen gegenüber der Gesellschaft auferlegt werden, so bedürfen auch diese Bestimmungen der Aufnahme in den Gesellschaftsvertrag.

§ 4. [Firma] Die Firma der Gesellschaft muß, auch wenn sie nach § 22 des Handelsgesetzbuchs oder nach anderen gesetzlichen Vorschriften fortgeführt wird, die Bezeichnung »Gesellschaft mit beschränkter Haftung« oder eine allgemein verständliche Abkürzung dieser Bezeichnung enthalten.

§ 4a. [Sitz der Gesellschaft] (1) Sitz der Gesellschaft ist der Ort, den der Gesellschaftsvertrag bestimmt.

(2) Als Sitz der Gesellschaft hat der Gesellschaftsvertrag in der Regel den Ort, an dem die Gesellschaft einen Betrieb hat, oder den Ort zu bestimmen, an dem sich die Geschäftsleitung befindet oder die Verwaltung geführt wird.

§ 5. [Stammkapital; Stammeinlage] (1) Das Stammkapital der Gesellschaft muß mindestens fünfundzwanzigtausend Euro, die Stammeinlage jedes Gesellschafters muß mindestens hundert Euro betragen.

(2) Kein Gesellschafter kann bei Errichtung der Gesellschaft mehrere Stammeinlagen übernehmen.

(3) Der Betrag der Stammeinlage kann für die einzelnen Gesellschafter verschieden bestimmt werden. Er muß in Euro durch fünfzig teilbar sein. Der Gesamtbetrag der Stammeinlagen muß mit dem Stammkapital übereinstimmen.

(4) Sollen Sacheinlagen geleistet werden, so müssen der Gegenstand der Sacheinlage und der Betrag der Stammeinlage, auf die sich die Sacheinlage bezieht, im Gesellschaftsvertrag festgesetzt werden. Die Gesellschafter haben in einem Sachgründungsbericht die für die Angemessenheit der Leistungen für Sacheinlagen wesentlichen Umstände darzulegen und beim Übergang eines Unternehmens auf die Gesellschaft die Jahresergebnisse der beiden letzten Geschäftsjahre anzugeben.

§ 6. [Geschäftsführer] (1) Die Gesellschaft muß einen oder mehrere Geschäftsführer haben.

(2) Geschäftsführer kann nur eine natürliche, unbeschränkt geschäftsfähige Person sein. Ein Betreuter, der bei der Versorgung seiner Vermögensangelegenheiten ganz oder teilweise einem Einwilligungsvorbehalt (§ 1903 des Bürgerlichen Gesetzbuchs) unterliegt, kann nicht Geschäftsführer sein. Wer wegen einer Straftat nach den §§ 283 bis 283d des Strafgesetzbuchs verurteilt worden ist, kann auf die Dauer von fünf Jahren seit der Rechtskraft des Urteils nicht Geschäftsführer sein; in die Frist wird die Zeit nicht eingerechnet, in welcher der Täter auf behördliche Anordnung in einer Anstalt verwahrt worden ist. Wem durch gerichtliches Urteil oder durch vollziehbare Entscheidung einer Verwaltungsbehörde die Ausübung eines Berufs, Berufszweiges, Gewerbes oder Gewerbezweiges untersagt worden ist, kann für die Zeit, für welche das Verbot wirksam ist, bei einer Gesellschaft, deren Unternehmensgegenstand ganz oder teilweise mit dem Gegenstand des Verbots übereinstimmt, nicht Geschäftsführer sein.

(3) Zu Geschäftsführern können Gesellschafter oder andere Personen bestellt werden. Die Bestellung erfolgt entweder im Gesellschaftsvertrag oder nach Maßgabe der Bestimmung des dritten Abschnitts.

(4) Ist im Gesellschaftsvertrag bestimmt, daß sämtliche Gesellschafter zu Geschäftsführern berechtigt sein sollen, so gelten nur die der Gesellschaft bei Festsetzung dieser Bestimmung angehörenden Personen als die bestellten Geschäftsführer.

§ 7. [Anmeldung] (1) Die Gesellschaft ist bei dem Gericht, in dessen Bezirk sie ihren Sitz hat, zur Eintragung in das Handelsregister anzumelden.

(2) Die Anmeldung darf erst erfolgen, wenn auf jede Stammeinlage, soweit nicht Sacheinlagen vereinbart sind, ein Viertel eingezahlt ist. Insgesamt muß auf das Stammkapital mindestens soviel eingezahlt sein, daß der Gesamtbetrag der eingezahlten Geldeinlagen zuzüglich des Gesamtbetrags der Stammeinlagen, für die Sacheinlagen zu leisten sind, die Hälfte des Stammkapitals gemäß § 5 Abs. 1 erreicht. Wird die Gesellschaft nur durch eine Person errichtet, so darf die Anmeldung erst erfolgen, wenn mindestens die nach den Sätzen 1 und 2 vorgeschriebenen Einzahlungen geleistet sind und der Gesellschafter für den übrigen Teil der Geldeinlage eine Sicherung bestellt hat.

(3) Die Sacheinlagen sind vor der Anmeldung der Gesellschaft zur Eintragung in das Handelsregister so an die Gesellschaft zu bewirken, daß sie endgültig zur freien Verfügung der Geschäftsführer stehen.

§ 8. [Inhalt der Anmeldung] (1) Der Anmeldung müssen beigefügt sein:

1. der Gesellschaftsvertrag und im Fall des § 2 Abs. 2 die Vollmachten der Vertreter, welche den Gesellschaftsvertrag unterzeichnet haben, oder eine beglaubigte Abschrift dieser Urkunden,
2. die Legitimation der Geschäftsführer, sofern dieselben nicht im Gesellschaftsvertrag bestellt sind,
3. eine von den Anmeldenden unterschriebene Liste der Gesellschafter, aus welcher Name, Vorname, Geburtsdatum und Wohnort der letzteren sowie der Betrag der von einem jeden derselben übernommenen Stammeinlage ersichtlich ist,
4. im Fall des § 5 Abs. 4 die Verträge, die den Festsetzungen zugrunde liegen oder zu ihrer Ausführung beschlossen worden sind, und der Sachgründungsbericht,
5. wenn Sacheinlagen vereinbart sind, Unterlagen darüber, daß der Wert der Sacheinlagen den Betrag der dafür übernommenen Stammeinlagen erreicht,
6. in dem Fall, daß der Gegenstand des Unternehmens der staatlichen Genehmigung bedarf, die Genehmigungsurkunde.

(2) In der Anmeldung ist die Versicherung abzugeben, daß die in § 7 Abs 2 und 3 bezeichneten Leistungen auf die Stammeinlagen bewirkt sind und daß der Gegenstand der Leistungen sich endgültig in der freien Verfügung des Geschäftsführers befindet. Wird die Gesellschaft nur durch eine Person errichtet und die Geldeinlage nicht voll eingezahlt, so ist auch zu versichern, daß die nach § 7 Abs. 2 Satz 3 erforderliche Sicherung bestellt ist.

(3) In der Anmeldung haben die Geschäftsführer zu versichern, daß keine Umstände vorliegen, die ihrer Bestellung nach § 6 Abs. 2 Satz 3 und 4 entgegenstehen, und daß sie über ihre unbeschränkte Auskunftspflicht gegenüber dem Gericht belehrt worden sind. Die Belehrung nach § 51 Abs. 2 des Gesetzes über das Zentralregister und das Erziehungsregister *in der Fassung der Bekanntmachung vom 22. Juli 1976 (BGBl. I S. 2205)*[1] kann auch durch einen Notar vorgenommen werden.

---

1 Nunmehr § 53 Abs. 2 Bundeszentralregistergesetz idF der Bek. vom 21.9 1984 (BGBL. I S 1229, ber. 1985 I S. 195).

(4) In der Anmeldung ist ferner anzugeben, welche Vertretungsbefugnis die Geschäftsführer haben.
(5) Die Geschäftsführer haben ihr Unterschrift zur Aufbewahrung bei dem Gericht zu zeichnen.
§ 9. [Geldeinlage statt Sacheinlage] (1) Erreicht der Wert einer Sacheinlage im Zeitpunkt der Anmeldung der Gesellschaft zur Eintragung in das Handelsregister nicht den Betrag der dafür übernommenen Stammeinlage, hat der Gesellschafter in Höhe des Fehlbetrags eine Einlage in Geld zu leisten.
(2) Der Anspruch der Gesellschaft verjährt in fünf Jahren seit der Eintragung der Gesellschaft in das Handelsregister.
§ 9a. [Ersatzansprüche der Gesellschaft] (1) Werden zum Zweck der Errichtung der Gesellschaft falsche Angaben gemacht, so haben die Gesellschafter und Geschäftsführer der Gesellschaft als Gesamtschuldner fehlende Einzahlungen zu leisten, eine Vergütung, die nicht unter den Gründungsaufwand aufgenommen ist, zu ersetzen und für den sonst entstehenden Schaden Ersatz zu leisten.
(2) Wird die Gesellschaft von Gesellschaftern durch Einlagen oder Gründungsaufwand vorsätzlich oder aus grober Fahrlässigkeit geschädigt, so sind ihr alle Gesellschafter als Gesamtschuldner zum Ersatz verpflichtet.
(3) Von diesen Verpflichtungen ist ein Gesellschafter oder ein Geschäftsführer befreit, wenn er die die Ersatzpflicht begründenden Tatsachen weder kannte noch bei Anwendung der Sorgfalt eines ordentlichen Geschäftsmannes kennen mußte.
(4) Neben den Gesellschaftern sind in gleicher Weise Personen verantwortlich, für deren Rechnung die Gesellschafter Stammeinlagen übernommen haben. Sie können sich auf ihre eigene Unkenntnis nicht wegen solcher Umstände berufen, die ein für ihre Rechnung handelnder Gesellschafter kannte oder bei Anwendung der Sorgfalt eines ordentlichen Geschäftsmannes kennen mußte.
§ 9b. [Verzicht auf Ersatzansprüche] (1) Ein Verzicht der Gesellschaft auf Ersatzansprüche nach § 9a oder ein Vergleich der Gesellschaft über diese Ansprüche ist unwirksam, soweit der Ersatz zur Befriedigung der Gläubiger der Gesellschaft erforderlich ist. Dies gilt nicht, wenn der Ersatzpflichtige zahlungsunfähig ist und sich zur Abwendung oder Beseitigung des Konkursverfahrens mit seinen Gläubigern vergleicht.
(2) Ersatzansprüche der Gesellschaft nach § 9a verjähren in fünf Jahren. Die Verjährung beginnt mit der Eintragung der Gesellschaft in das Handelsregister oder, wenn die zum Ersatz verpflichtende Handlung später begangen worden ist, mit der Vornahme der Handlung.
§ 9c. [Ablehnung der Eintragung] (1) Ist die Gesellschaft nicht ordnungsgemäß errichtet und angemeldet, so hat das Gericht die Eintragung abzulehnen. Dies gilt auch, wenn Sacheinlagen überbewertet worden sind.
(2) Wegen einer mangelhaften, fehlenden oder nichtigen Bestimmung des Gesellschaftsvertrages darf das Gericht die Eintragung nach Absatz 1 nur ablehnen, soweit diese Bestimmung, ihr Fehlen oder ihre Nichtigkeit
1. Tatsachen oder Rechtsverhältnisse betrifft, die nach § 3 Abs. 1 oder auf Grund anderer zwingender gesetzlicher Vorschriften in dem Gesell-

schaftsvertrag bestimmt sein müssen oder die in das Handelsregister einzutragen oder von dem Gericht bekanntzumachen sind,

2. Vorschriften verletzt, die ausschließlich oder überwiegend zum Schutze der Gläubiger der Gesellschaft oder sonst im öffentlichen Interesse gegeben sind, oder
3. die Nichtigkeit des Gesellschaftsvertrages zur Folge hat.

§ 10. [Eintragung in das Handelsregister] (1) Bei der Eintragung in das Handelsregister sind die Firma und der Sitz der Gesellschaft, der Gegenstand des Unternehmens, die Höhe des Stammkapitals, der Tag des Abschlusses des Gesellschaftsvertrages und die Personen der Geschäftsführer anzugeben. Ferner ist einzutragen, welche Vertretungsbefugnis die Geschäftsführer haben.

(2) Enthält der Gesellschaftsvertrag eine Bestimmung über die Zeitdauer der Gesellschaft, so ist auch diese Bestimmung einzutragen.

(3) In der Veröffentlichung, durch welche die Eintragung bekanntgemacht wird, sind außer dem Inhalt der Eintragung die nach § 5 Abs. 4 Satz 1 getroffenen Festsetzungen und, sofern der Gesellschaftsvertrag besondere Bestimmungen über die Form enthält, in welcher öffentliche Bekanntmachungen der Gesellschaft erlassen werden, auch diese Bestimmungen aufzunehmen.

§ 11. [Rechtszustand vor der Eintragung] (1) Vor der Eintragung in das Handelsregister des Sitzes der Gesellschaft besteht die Gesellschaft mit beschränkter Haftung als solche nicht.

(2) Ist vor der Eintragung im Namen der Gesellschaft gehandelt worden, so haften die Handelnden persönlich und solidarisch.

§ 12. *(aufgehoben)*

Zweiter Abschnitt. Rechtsverhältnisse der Gesellschaft und der Gesellschafter

§ 13. [Juristische Person; Handelsgesellschaft] (1) Die Gesellschaft mit beschränkter Haftung als solche hat selbständig ihre Rechte und Pflichten; sie kann Eigentum und andere dingliche Rechte an Grundstücken erwerben, vor Gericht klagen und verklagt werden.

(2) Für die Verbindlichkeiten der Gesellschaft haftet den Gläubigern derselben nur das Gesellschaftsvermögen.

(3) Die Gesellschaft gilt als Handelsgesellschaft im Sinne des Handelsgesetzbuchs.

§ 14. [Geschäftsanteil] Der Geschäftsanteil jedes Gesellschafters bestimmt sich nach dem Betrag der von ihm übernommenen Stammeinlage.

§ 15. [Übertragung von Geschäftsanteilen] (1) Die Geschäftsanteile sind veräußerlich und vererblich.

(2) Erwirbt ein Gesellschafter zu seinem ursprünglichen Geschäftsanteil weitere Geschäftsanteile, so behalten dieselben ihre Selbständigkeit.

(3) Zur Abtretung von Geschäftsanteilen durch Gesellschafter bedarf es eines in notarieller Form geschlossenen Vertrages.

(4) Der notariellen Form bedarf auch eine Vereinbarung, durch welche die Verpflichtung eines Gesellschafters zur Abtretung eines Geschäftsanteils begründet wird. Eine ohne diese Form getroffene Vereinbarung wird jedoch

durch den nach Maßgabe des vorigen Absatzes geschlossenen Abtretungsvertrag gültig.

(5) Durch den Gesellschaftsvertrag kann die Abtretung der Geschäftsanteile an weitere Voraussetzungen geknüpft, insbesondere von der Genehmigung der Gesellschaft abhängig gemacht werden.

§ 16. [Rechtsstellung von Veräußerer und Erwerber] (1) Der Gesellschaft gegenüber gilt im Fall der Veräußerung des Geschäftsanteils nur derjenige als Erwerber, dessen Erwerb unter Nachweis des Übergangs bei der Gesellschaft angemeldet ist.

(2) Die vor der Anmeldung von der Gesellschaft gegenüber dem Veräußerer oder von dem letzteren gegenüber der Gesellschaft in bezug auf das Gesellschaftsverhältnis vorgenommenen Rechtshandlungen muß der Erwerber gegen sich gelten lassen.

(3) Für die zur Zeit der Anmeldungen auf den Geschäftsanteil rückständigen Leistungen ist der Erwerber neben dem Veräußerer verhaftet.

§ 17. [Veräußerung von Teilen eines Geschäftsanteils] (1) Die Veräußerung von Teilen eines Geschäftsanteils kann nur mit Genehmigung der Gesellschaft stattfinden.

(2) Die Genehmigung bedarf der schriftlichen Form; sie muß die Person des Erwerbers und den Betrag bezeichnen, welcher von der Stammeinlage des ungeteilten Geschäftsanteils auf jeden der durch die Teilung entstehenden Geschäftsanteile entfällt.

(3) Im Gesellschaftsvertrag kann bestimmt werden, daß für die Veräußerung von Teilen eines Geschäftsanteils an andere Gesellschafter sowie für die Teilung von Geschäftsanteilen verstorbener Gesellschafter unter deren Erben eine Genehmigung der Gesellschaft nicht erforderlich ist.

(4) Die Bestimmungen in § 5 Abs. 1 und 3 über den Betrag der Stammeinlagen finden bei der Teilung von Geschäftsanteilen entsprechende Anwendung.

(5) Eine gleichzeitige Übertragung mehrerer Teile von Geschäftsanteilen eines Gesellschafters an denselben Erwerber ist unzulässig.

(6) Außer dem Fall der Veräußerung und Vererbung findet eine Teilung von Geschäftsanteilen nicht statt. Sie kann im Gesellschaftsvertrag auch für diese Fälle ausgeschlossen werden.

§ 18. [Mitberechtigung am Geschäftsanteil] (1) Steht ein Geschäftsanteil mehreren Mitberechtigten ungeteilt zu, so können sie die Rechte aus demselben nur gemeinschaftlich ausüben.

(2) Für die auf den Geschäftsanteil zu bewirkenden Leistungen haften sie der Gesellschaft solidarisch.

(3) Rechtshandlungen, welche die Gesellschaft gegenüber dem Inhaber des Anteils vorzunehmen hat, sind, sofern nicht ein gemeinsamer Vertreter der Mitberechtigten vorhanden ist, wirksam, wenn sie auch nur gegenüber einem Mitberechtigten vorgenommen werden. Gegenüber mehreren Erben eines Gesellschafters findet diese Bestimmung nur in bezug auf Rechtshandlungen Anwendung, welche nach Ablauf eines Monats seit dem Anfall der Erbschaft vorgenommen werden.

§ 19. [Einzahlungen auf die Stammeinlage] (1) Die Einzahlungen auf die Stammeinlagen sind nach dem Verhältnis der Geldeinlagen zu leisten.

(2) Von der Verpflichtung zur Leistung der Einlagen können die Gesellschafter nicht befreit werden. Gegen den Anspruch der Gesellschaft ist die Aufrechnung nicht zulässig. An dem Gegenstand einer Sacheinlage kann wegen Forderungen, welche sich nicht auf den Gegenstand beziehen, kein Zurückbehaltungsrecht geltend gemacht werden.

(3) Durch eine Kapitalherabsetzung können die Gesellschafter von der Verpflichtung zur Leistung von Einlagen höchstens in Höhe des Betrags befreit werden, um den das Stammkapital herabgesetzt worden ist.

(4) Vereinigen sich innerhalb von drei Jahren nach der Eintragung der Gesellschaft in das Handelsregister alle Geschäftsanteile in der Hand eines Gesellschafters oder daneben in der Hand der Gesellschaft, so hat der Gesellschafter innerhalb von drei Monaten seit der Vereinigung der Geschäftsanteile alle Geldeinlagen voll einzuzahlen oder der Gesellschaft für die Zahlung der noch ausstehenden Beträge eine Sicherung zu bestellen oder einen Teil der Geschäftsanteile an einen Dritten zu übertragen.

(5) Eine Leistung auf die Stammeinlage, welche nicht in Geld besteht oder welche durch Aufrechnung einer für die Überlassung von Vermögensgegenständen zu gewährenden Vergütung bewirkt wird, befreit den Gesellschafter von seiner Verpflichtung nur, soweit sie in Ausführung einer nach § 5 Abs. 4 Satz 1 getroffenen Bestimmung erfolgt.

§ 20. [Verzugszinsen] Ein Gesellschafter, welcher den auf die Stammeinlage erforderlichen Betrag nicht zur rechten Zeit einzahlt, ist zur Entrichtung von Verzugszinsen von Rechts wegen verpflichtet.

§ 21. [Kaduzierung] (1) Im Fall verzögerter Einzahlung kann an den säumigen Gesellschafter eine erneute Aufforderung zur Zahlung binnen einer zu bestimmenden Nachfrist unter Androhung seines Ausschlusses mit dem Geschäftsanteil, auf welchen die Zahlung zu erfolgen hat, erlassen werden. Die Aufforderung erfolgt mittels eingeschriebenen Briefes. Die Nachfrist muß mindestens einen Monat betragen.

(2) Nach fruchtlosem Ablauf der Frist ist der säumige Gesellschafter seines Geschäftsanteils und der geleisteten Teilzahlungen zugunsten der Gesellschaft verlustig zu erklären. Die Erklärung erfolgt mittels eingeschriebenen Briefes.

(3) Wegen des Ausfalls, welchen die Gesellschaft an dem rückständigen Betrag oder den später auf den Geschäftsanteil eingeforderten Beträgen der Stammeinlagen erleidet, bleibt ihr der ausgeschlossene Gesellschafter verhaftet

§ 22. [Haftung der Rechtsvorgänger] (1) Wegen des von dem ausgeschlossenen Gesellschafter nicht bezahlten Betrages der Stammeinlage ist der Gesellschafter der letzte und jeder frühere, bei der Gesellschaft angemeldete Rechtsvorgänger des Ausgeschlossenen verhaftet.

(2) Ein früherer Rechtsvorgänger haftet nur, soweit die Zahlung von dessen Rechtsnachfolger nicht zu erlangen ist; dies ist bis zum Beweis des Gegenteils anzunehmen, wenn der letztere die Zahlung nicht bis zum Ablauf eines Monats geleistet hat, nachdem an ihn die Zahlungsaufforderung und an den Rechtsvorgänger die Benachrichtigung von derselben erfolgt ist.

(3) Die Haftpflicht des Rechtsvorgängers ist auf die innerhalb der Frist von

fünf Jahren auf die Stammeinlage eingeforderten Einzahlungen beschränkt. Die Frist beginnt mit dem Tag, an welchem der Übergang des Geschäftsanteils auf den Rechtsnachfolger ordnungsmäßig angemeldet ist.

(4) Der Rechtsvorgänger erwirbt gegen Zahlung des rückständigen Betrages den Geschäftsanteil des ausgeschlossenen Gesellschafters.

§ 23. [Versteigerung des Geschäftsanteils] Ist die Zahlung des rückständigen Betrages von Rechtsvorgängern nicht zu erlangen, so kann die Gesellschaft den Geschäftsanteil im Wege öffentlicher Versteigerung verkaufen lassen. Eine andere Art des Verkaufs ist nur mit Zustimmung des ausgeschlossenen Gesellschafters zulässig.

§ 24. [Aufbringen von Fehlbeträgen] Soweit eine Stammeinlage weder von den Zahlungspflichtigen eingezogen noch durch Verkauf des Geschäftsanteils gedeckt werden kann, haben die übrigen Gesellschafter den Fehlbetrag nach Verhältnis ihrer Geschäftsanteile aufzubringen. Beträge, welche von einzelnen Gesellschaftern nicht zu erlangen sind, werden nach dem bezeichneten Verhältnis auf die übrigen verteilt.

§ 25. [Zwingende Vorschriften] Von den in den §§ 21 bis 24 bezeichneten Rechtsfolgen können die Gesellschafter nicht befreit werden.

§ 26. [Nachschußpflicht] (1) Im Gesellschaftsvertrag kann bestimmt werden, daß die Gesellschafter über den Betrag der Stammeinlagen hinaus die Einforderung von weiteren Einzahlungen (Nachschüssen) beschließen können.

(2) Die Einzahlung der Nachschüsse hat nach Verhältnis der Geschäftsanteile zu erfolgen.

(3) Die Nachschußpflicht kann im Gesellschaftsvertrag auf einen bestimmten, nach Verhältnis der Geschäftsanteile festzusetzenden Betrag beschränkt werden.

§ 27. [Unbeschränkte Nachschußpflicht] (1) Ist die Nachschußpflicht nicht auf einen bestimmten Betrag beschränkt, so hat jeder Gesellschafter, falls er die Stammeinlage vollständig eingezahlt hat, das Recht, sich von der Zahlung des auf den Geschäftsanteil eingeforderten Nachschusses dadurch zu befreien, daß er innerhalb eines Monats nach der Aufforderung zur Einzahlung den Geschäftsanteil der Gesellschaft zur Befriedigung aus demselben zur Verfügung stellt. Ebenso kann die Gesellschaft, wenn der Gesellschafter binnen der angegebenen Frist weder von der bezeichneten Befugnis Gebrauch macht noch die Einzahlung leistet, demselben mittels eingeschriebenen Briefes erklären, daß sie den Geschäftsanteil als zur Verfügung gestellt betrachtet.

(2) Die Gesellschaft hat den Geschäftsanteil innerhalb eines Monats nach der Erklärung des Gesellschafters oder der Gesellschaft im Wege öffentlicher Versteigerung verkaufen zu lassen. Eine andere Art des Verkaufs ist nur mit Zustimmung des Gesellschafters zulässig. Ein nach Deckung der Verkaufskosten und des rückständigen Nachschusses verbleibender Überschuß gebührt dem Gesellschafter.

(3) Ist die Befriedigung der Gesellschaft durch den Verkauf nicht zu erlangen, so fällt der Geschäftsanteil der Gesellschaft zu. Dieselbe ist befugt, den Anteil für eigene Rechnung zu veräußern.

(4) Im Gesellschaftsvertrag kann die Anwendung der vorstehenden Bestimmungen auf den Fall beschränkt werden, daß die auf den Geschäftsanteil eingeforderten Nachschüsse einen bestimmten Betrag überschreiten.

§ 28. [Beschränkte Nachschußpflicht] (1) Ist die Nachschußpflicht auf einen bestimmten Betrag beschränkt, so finden, wenn im Gesellschaftsvertrag nicht ein anderer festgesetzt ist, im Fall verzögerter Einzahlung von Nachschüssen die auf die Einzahlung der Stammeinlagen bezüglichen Vorschriften der §§ 21 bis 23 entsprechende Anwendung. Das gleiche gilt im Fall des § 27 Abs. 4 auch bei unbeschränkter Nachschußpflicht, soweit die Nachschüsse den im Gesellschaftsvertrag festgesetzten Betrag nicht überschreiten.

(2) Im Gesellschaftsvertrag kann bestimmt werden, daß die Einforderung von Nachschüssen, auf deren Zahlung die Vorschriften der §§ 21 bis 23 Anwendung finden, schon vor vollständiger Einforderung der Stammeinlagen zulässig ist.

§ 29. [Gewinnverwendung] (1) Die Gesellschafter haben Anspruch auf den Jahresüberschuß zuzüglich eines Gewinnvortrags und abzüglich eines Verlustvortrags, soweit der sich ergebende Betrag nicht nach Gesetz oder Gesellschaftsvertrag, durch Beschluß nach Absatz 2 oder als zusätzlicher Aufwand auf Grund des Beschlusses über die Verwendung des Ergebnisses von der Verteilung unter die Gesellschafter ausgeschlossen ist. Wird die Bilanz unter Berücksichtigung der teilweisen Ergebnisverwendung aufgestellt oder werden Rücklagen aufgelöst, so haben die Gesellschafter abweichend von Satz 1 Anspruch auf den Bilanzgewinn.

(2) Im Beschluß über die Verwendung des Ergebnisses können die Gesellschafter, wenn der Gesellschaftsvertrag nichts anderes bestimmt, Beträge in Gewinnrücklagen einstellen oder als Gewinn vortragen.

(3) Die Verteilung erfolgt nach Verhältnis der Geschäftsanteile. Im Gesellschaftsvertrag kann ein anderer Maßstab der Verteilung festgesetzt werden.

(4) Unbeschadet der Absätze 1 und 2 abweichender Gewinnverteilungsabreden nach Absatz 3 Satz 2 können die Geschäftsführer mit Zustimmung des Aufsichtsrats oder der Gesellschafter den Eigenkapitalanteil von Wertaufholungen bei Vermögensgegenständen des Anlage- und Umlaufvermögens und von bei der steuerrechtlichen Gewinnermittlung gebildeten Passivposten, die nicht im Sonderposten mit Rücklageanteil ausgewiesen werden dürfen, in andere Gewinnrücklagen einstellen. Der Betrag dieser Rücklagen ist entweder in der Bilanz gesondert auszuweisen oder im Anhang anzugeben.

§ 30. [Rückzahlungen] (1) Das zur Erhaltung des Stammkapitals erforderliche Vermögen der Gesellschaft darf an die Gesellschafter nicht ausgezahlt werden.

(2) Eingezahlte Nachschüsse können, soweit sie nicht zur Deckung eines Verlustes am Stammkapital erforderlich sind, an die Gesellschafter zurückgezahlt werden. Die Zurückzahlung darf nicht vor Ablauf von drei Monaten erfolgen, nachdem der Rückzahlungsbeschluß durch die im Gesellschaftsvertrag für die Bekanntmachungen der Gesellschaft bestimmten öffentli-

chen Blätter und in Ermangelung solcher durch die für die Bekanntmachungen aus dem Handelsregister bestimmten öffentlichen Blätter bekanntgemacht ist. Im Fall des § 28 Abs. 2 ist die Zurückzahlung von Nachschüssen vor der Volleinzahlung des Stammkapitals unzulässig. Zurückgezahlte Nachschüsse gelten als nicht eingezogen.

§ 31. [Erstattung von verbotenen Rückzahlungen] (1) Zahlungen, welche den Vorschriften des § 30 zuwider geleistet wurden, müssen der Gesellschaft erstattet werden.

(2) War der Empfänger in gutem Glauben, so kann die Erstattung nur insoweit verlangt werden, als sie zur Befriedigung der Gesellschaftsgläubiger erforderlich ist.

(3) Ist die Erstattung von dem Empfänger nicht zu erlangen, so haften für den zu erstattenden Betrag, soweit er zur Befriedigung der Gesellschaftsgläubiger erforderlich ist, die übrigen Gesellschafter nach Verhältnis ihrer Geschäftsanteile. Beiträge, welche von einzelnen Gesellschaftern nicht zu erlangen sind, werden nach dem bezeichneten Verhältnis auf die übrigen verteilt.

(4) Zahlungen, welche auf Grund der vorstehenden Bestimmungen zu leisten sind, können den Verpflichteten nicht erlassen werden.

(5) Die Ansprüche der Gesellschaft verjähren in fünf Jahren; die Verjährung beginnt mit dem Ablauf des Tages, an welchem die Zahlung, deren Erstattung beansprucht wird, geleistet ist. Fällt dem Verpflichteten eine bösliche Handlungsweise zur Last, so findet die Bestimmung keine Anwendung.

(6) Für die in den Fällen des Absatzes 3 geleistete Erstattung einer Zahlung sind den Gesellschaftern die Geschäftsführer, welchen in betreff der geleisteten Zahlung ein Verschulden zur Last fällt, solidarisch zum Ersatz verpflichtet.

§ 32. [Rückzahlung von Gewinn] Liegt die in § 31 Abs. 1 bezeichnete Voraussetzung nicht vor, so sind die Gesellschafter in keinem Fall verpflichtet, Beträge, welche sie in gutem Glauben als Gewinnanteile bezogen haben, zurückzuzahlen.

§ 32a. [Rückgewähr von Darlehen] (1) Hat ein Gesellschafter der Gesellschaft in einem Zeitpunkt, in dem ihr die Gesellschafter als ordentliche Kaufleute Eigenkapital zugeführt hätten (Krise der Gesellschaft), statt dessen ein Darlehen gewährt, so kann er den Anspruch auf Rückgewähr des Darlehens im Insolvenzverfahren über das Vermögen der Gesellschaft nur als nachrangiger Insolvenzgläubiger geltend machen.

(2) Hat ein Dritter der Gesellschaft in einem Zeitpunkt, in dem ihr die Gesellschafter als ordentliche Kaufleute Eigenkapital zugeführt hätten, statt dessen ein Darlehen gewährt und hat ihm ein Gesellschafter für die Rückgewähr des Darlehns eine Sicherung bestellt oder hat er sich dafür verbürgt, so kann der Dritte im Insolvenzverfahren über das Vermögen der Gesellschaft nur für den Betrag verhältnismäßige Befriedigung verlangen, mit dem er bei der Inanspruchnahme der Sicherung oder des Bürgen ausgefallen ist.

(3) Diese Vorschriften gelten sinngemäß für andere Rechtshandlungen eines Gesellschafters oder eines Dritten, die der Darlehensgewährung nach

Absatz 1 oder 2 wirtschaftlich entsprechen. Die Regeln über den Eigenkapitalersatz gelten nicht für den nicht geschäftsführenden Gesellschafter, der mit zehn vom Hundert oder weniger am Stammkapital beteiligt ist. Erwirbt ein Darlehensgeber in der Krise der Gesellschaft Geschäftsanteile zum Zweck der Überwindung der Krise, führt dies für seine bestehenden oder neugewährten Kredite nicht zur Anwendung der Regeln über den Kapitalersatz.

§ 32b. [Haftung für zurückgezahlte Darlehen] Hat die Gesellschaft im Fall des § 32a Abs. 2, 3 das Darlehen im letzten Jahr vor dem Antrag auf Eröffnung des Insolvenzverfahrens oder nach diesem Antrag zurückgezahlt, so hat der Gesellschafter, der die Sicherung bestellt hatte oder als Bürge haftete, der Gesellschaft den zurückgezahlten Betrag zu erstatten. Die Verpflichtung besteht nur bis zur Höhe des Betrags, mit dem der Gesellschafter als Bürge haftete oder der dem Wert der von ihm bestellten Sicherung zum Zeitpunkt der Rückzahlung des Darlehens entspricht. Der Gesellschafter wird von der Verpflichtung frei, wenn er die Gegenstände, die dem Gläubiger als Sicherung gedient hatten, der Gesellschaft zu ihrer Befriedigung zur Verfügung stellt. Diese Vorschriften gelten sinngemäß für andere Rechtshandlungen, die der Darlehensgewährung wirtschaftlich entsprechen.

§ 33. [Erwerb eigener Geschäftsanteile] (1) Die Gesellschaft kann eigene Geschäftsanteile, auf welche die Einlagen noch nicht vollständig geleistet sind, nicht erwerben oder als Pfand nehmen.

(2) Eigene Geschäftsanteile, auf welche die Einlagen vollständig geleistet sind, darf sie nur erwerben, sofern der Erwerb aus dem über den Betrag des Stammkapitals hinaus vorhandenen Vermögen geschehen und die Gesellschaft die nach § 272 Abs. 4 des Handelsgesetzbuchs vorgeschriebene Rücklage für eigene Anteile bilden kann, ohne das Stammkapital oder eine nach dem Gesellschaftsvertrag zu bildende Rücklage zu mindern, die nicht zu Zahlungen an die Gesellschaft verwandt werden darf. Als Pfand nehmen darf sie solche Geschäftsanteile nur, soweit der Gesamtbetrag der durch Inpfandnahme eigener Geschäftsanteile gesicherten Forderungen oder, wenn der Wert der als Pfand genommenen Geschäftsanteile niedriger ist, dieser Betrag nicht höher ist als das über das Stammkapital hinaus vorhandene Vermögen. Ein Verstoß gegen die Sätze 1 und 2 macht den Erwerb oder die Inpfandnahme der Geschäftsanteile nicht unwirksam; jedoch ist das schuldrechtliche Geschäft über einen verbotswidrigen Erwerb oder eine verbotswidrige Inpfandnahme nichtig.

(3) Der Erwerb eigener Geschäftsanteile ist ferner zulässig zur Abfindung von Gesellschaftern nach § 29 Abs. 1, § 125 Satz 1 in Verbindung mit § 29 Abs. 1, § 207 Abs. 1 Satz 1 des Umwandlungsgesetzes, sofern der Erwerb binnen sechs Monaten nach dem Wirksamwerden der Umwandlung oder nach der Rechtskraft der gerichtlichen Entscheidung erfolgt und die Gesellschaft die nach § 272 Abs. 4 des Handelsgesetzbuchs vorgeschriebene Rücklage für eigene Anteile bilden kann, ohne das Stammkapital oder eine nach dem Gesellschaftsvertrag zu bildende Rücklage zu mindern, die nicht zu Zahlungen an die Gesellschafter verwandt werden darf.

§ 34. [Einziehung (Amortisation)] (1) Die Einziehung (Amortisation) von Geschäftsanteilen darf nur erfolgen, soweit sie im Gesellschaftsvertrag zugelassen ist.

(2) Ohne die Zustimmung des Anteilsberechtigten findet die Einziehung nur statt, wenn die Voraussetzungen derselben vor dem Zeitpunkt, in welchem der Berechtigte den Geschäftsanteil erworben hat, im Gesellschaftsvertrag festgesetzt waren.

(3) Die Bestimmung in § 30 Abs. 1 bleibt unberührt.

Dritter Abschnitt.[1] Vertretung und Geschäftsführung

§ 35. [Vertretung durch Geschäftsführer] (1) Die Gesellschaft wird durch die Geschäftsführer gerichtlich und außergerichtlich vertreten.

(2) Dieselben haben in der durch den Gesellschaftsvertrag bestimmten Form ihre Willenserklärungen kundzugeben und für die Gesellschaft zu zeichnen. Ist nichts darüber bestimmt, so muß die Erklärung und Zeichnung durch sämtliche Geschäftsführer erfolgen. Ist der Gesellschaft gegenüber eine Willenserklärung abzugeben, so genügt es, wenn dieselbe an einen der Geschäftsführer erfolgt.

(3) Die Zeichnung geschieht in der Weise, daß die Zeichnenden zu der Firma der Gesellschaft ihre Namensunterschrift beifügen.

(4) Befinden sich alle Geschäftsanteile der Gesellschaft in der Hand eines Gesellschafters oder daneben in der Hand der Gesellschaft und ist er zugleich deren alleiniger Geschäftsführer, so ist auf seine Rechtsgeschäfte mit der Gesellschaft § 181 des Bürgerlichen Gesetzbuchs anzuwenden. Rechtsgeschäfte zwischen ihm und der von ihm vertretenen Gesellschaft sind, auch wenn er nicht alleiniger Geschäftsführer ist, unverzüglich nach ihrer Vornahme in eine Niederschrift aufzunehmen.

§ 35a. [Angaben auf Geschäftsbriefen] (1) Auf allen Geschäftsbriefen, die an einen bestimmten Empfänger gerichtet werden, müssen die Rechtsform und der Sitz der Gesellschaft, das Registergericht des Sitzes der Gesellschaft und die Nummer, unter der die Gesellschaft in das Handelsregister eingetragen ist, sowie alle Geschäftsführer, und, sofern die Gesellschaft einen Aufsichtsrat gebildet und dieser einen Vorsitzenden hat, der Vorsitzende des Aufsichtsrats mit dem Familiennamen und mindestens einem ausgeschriebenen Vornamen angegeben werden. Werden Angaben über das Kapital der Gesellschaft gemacht, so müssen in jedem Falle das Stammkapital sowie, wenn nicht alle in Geld zu leistenden Einlagen eingezahlt sind, der Gesamtbetrag der ausstehenden Einlagen angegeben werden.

---

1 Beachte § 77 Abs. 1 Betriebsverfassungsgesetz 1952 vom 11. 10. 1952 (BGBl. I S. 681), geändert durch Gesetz vom 6. 9. 1965 (BGBl. I S. 1185):

»§ 77. (1) Bei Gesellschaften mit beschränkter Haftung und bergrechtlichen Gewerkschaften mit eigener Rechtspersönlichkeit mit mehr als fünfhundert Arbeitnehmern ist ein Aufsichtsrat zu bilden. Seine Zusammensetzung sowie seine Rechte und Pflichten bestimmen sich nach § 90 Abs. 3, 4, 5 Satz 1 und 2, §§ 95 bis 114, 116, 118 Abs. 2, § 125 Abs. 3, §§ 171, 268 Abs. 2 des Aktiengesetzes und § 76 dieses Gesetzes.«

Beachte ferner die in der Anm. zu § 96 AktG (Nr. 1) abgedruckten weiteren Bestimmungen des Betriebsverfassungsgesetzes 1952, insbesondere dessen §§ 76 und 77a.

(2) Der Angaben nach Absatz 1 Satz 1 bedarf es nicht bei Mitteilungen oder Berichten, die im Rahmen einer bestehenden Geschäftsverbindung ergehen und für die üblicherweise Vordrucke verwendet werden, in denen lediglich die im Einzelfall erforderlichen besonderen Angaben eingefügt zu werden brauchen.

(3) Bestellscheine gelten als Geschäftsbriefe im Sinne des Absatzes 1. Absatz 2 ist auf sie nicht anzuwenden.

(4) Auf allen Geschäftsbriefen und Bestellscheinen, die von einer Zweigniederlassung einer Gesellschaft mit beschränkter Haftung mit Sitz im Ausland verwendet werden, müssen das Register, bei dem die Zweigniederlassung geführt wird, und die Nummer des Registereintrags angegeben werden; im übrigen gelten die Vorschriften der Absätze 1 bis 3, soweit nicht das ausländische Recht Abweichungen nötig macht. Befindet sich die ausländische Gesellschaft in Liquidation, so sind auch diese Tatsache sowie alle Liquidatoren anzugeben.

§ 36. [Wirkung der Vertretung] Die Gesellschaft wird durch die in ihrem Namen von den Geschäftsführern vorgenommenen Rechtsgeschäfte berechtigt und verpflichtet; es ist gleichgültig, ob das Geschäft ausdrücklich im Namen der Gesellschaft vorgenommen worden ist oder ob die Umstände ergeben, daß es nach dem Willen der Beteiligten für die Gesellschaft vorgenommen werden sollte.

§ 37. [Beschränkung der Vertretungsbefugnis] (1) Die Geschäftsführer sind der Gesellschaft gegenüber verpflichtet, die Beschränkungen einzuhalten, welche für den Umfang ihrer Befugnis, die Gesellschaft zu vertreten, durch den Gesellschaftsvertrag oder, soweit dieser nicht ein anderes bestimmt, durch die Beschlüsse der Gesellschafter festgesetzt sind.

(2) Gegen dritte Personen hat eine Beschränkung der Befugnis der Geschäftsführer, die Gesellschaft zu vertreten, keine rechtliche Wirkung. Dies gilt insbesondere für den Fall, daß die Vertretung sich nur auf gewisse Geschäfte oder Arten von Geschäften erstrecken oder nur unter gewissen Umständen oder für eine gewisse Zeit oder an einzelnen Orten stattfinden soll, oder daß die Zustimmung der Gesellschafter oder eines Organs der Gesellschaft für einzelne Geschäfte erforderlich ist.

§ 38. [Widerruf der Bestellung] (1) Die Bestellung der Geschäftsführer ist zu jeder Zeit widerruflich, unbeschadet der Entschädigungsansprüche aus bestehenden Verträgen.

(2) Im Gesellschaftsvertrag kann die Zulässigkeit des Widerrufs auf den Fall beschränkt werden, daß wichtige Gründe denselben notwendig machen. Als solche Gründe sind insbesondere grobe Pflichtverletzung oder Unfähigkeit zur ordnungsmäßigen Geschäftsführung anzusehen.

§ 39. [Anmeldung der Geschäftsführer] (1) Jede Änderung in den Personen der Geschäftsführer sowie die Beendigung der Vertretungsbefugnis eines Geschäftsführers ist zur Eintragung in das Handelsregister anzumelden.

(2) Der Anmeldung sind die Urkunden über die Bestellung der Geschäftsführer oder über die Beendigung der Vertretungsbefugnis in Urschrift oder öffentlich beglaubigter Abschrift für das Gericht des Sitzes der Gesellschaft beizufügen.

(3) Die neuen Geschäftsführer haben in der Anmeldung zu versichern, daß keine Umstände vorliegen, die ihrer Bestellung nach § 6 Abs. 2 Satz 3 und 4 entgegenstehen und daß sie über ihre unbeschränkte Auskunftspflicht gegenüber dem Gericht belehrt worden sind. § 8 Abs. 3 Satz 2 ist anzuwenden.

(4) Die Geschäftsführer haben ihre Unterschrift zur Aufbewahrung bei dem Gericht zu zeichnen.

§ 40. [Liste der Gesellschafter] (1) Die Geschäftsführer haben nach jeder Veränderung in den Personen der Gesellschafter oder des Umfangs ihrer Beteiligung unverzüglich eine von ihnen unterschriebene Liste der Gesellschafter, aus welcher Name, Vorname, Geburtsdatum und Wohnort der letzteren sowie ihre Stammeinlagen zu entnehmen sind, zum Handelsregister einzureichen. Hat ein Notar einen Vertrag über die Abtretung eines Geschäftsanteils nach § 15 Abs. 3 beurkundet, so hat er diese Abtretung unverzüglich dem Registergericht anzuzeigen.

(2) Geschäftsführer, welche die ihnen nach Absatz 1 obliegende Pflicht verletzen, haften den Gläubigern der Gesellschaft für den daraus entstandenen Schaden als Gesamtschuldner.

§ 41. [Buchführung] (1) Die Geschäftsführer sind verpflichtet, für die ordnungsmäßige Buchführung der Gesellschaft zu sorgen.

(2)–(4) *(aufgehoben)*

§ 42. [Bilanz] (1) In der Bilanz des nach den §§ 242, 264 des Handelsgesetzbuchs aufzustellenden Jahresabschlusses ist das Stammkapital als gezeichnetes Kapital auszuweisen.

(2) Das Recht der Gesellschaft zur Einziehung von Nachschüssen der Gesellschafter ist in der Bilanz insoweit zu aktivieren, als die Einziehung bereits beschlossen ist und den Gesellschaftern ein Recht, durch Verweisung auf den Geschäftsanteil sich von der Zahlung der Nachschüsse zu befreien, nicht zusteht. Der nachzuschießende Betrag ist auf der Aktivseite unter den Forderungen gesondert unter der Bezeichnung »Eingeforderte Nachschüsse« auszuweisen, soweit mit der Zahlung gerechnet werden kann. Ein dem Aktivposten entsprechender Betrag ist auf der Passivseite in dem Posten »Kapitalrücklage« gesondert auszuweisen.

(3) Ausleihungen, Forderungen und Verbindlichkeiten gegenüber Gesellschaftern sind in der Regel als solche jeweils gesondert auszuweisen oder im Anhang anzugeben; werden sie unter anderen Posten ausgewiesen, so muß diese Eigenschaft vermerkt werden.

§ 42a. [Vorlage des Jahresabschlusses und des Lageberichts] (1) Die Geschäftsführer haben den Jahresabschluß und den Lagebericht unverzüglich nach der Aufstellung den Gesellschaftern zum Zwecke der Feststellung des Jahresabschlusses vorzulegen. Ist der Jahresabschluß durch einen Abschlußprüfer zu prüfen, so haben die Geschäftsführer ihn zusammen mit dem Lagebericht und dem Prüfungsbericht des Abschlußprüfers unverzüglich nach Eingang des Prüfungsberichts vorzulegen. Hat die Gesellschaft einen Aufsichtsrat, so ist dessen Bericht über das Ergebnis seiner Prüfung ebenfalls unverzüglich vorzulegen.

(2) Die Gesellschafter haben spätestens bis zum Ablauf der ersten acht Monate oder, wenn es sich um eine kleine Gesellschaft handelt (§ 267 Abs. 1

des Handelsgesetzbuchs), bis zum Ablauf der ersten elf Monate des Geschäftsjahrs über die Feststellung des Jahresabschlusses und über die Ergebnisverwendung zu beschließen. Der Gesellschaftsvertrag kann die Frist nicht verlängern. Auf den Jahresabschluß sind bei der Feststellung die für seine Aufstellung geltenden Vorschriften anzuwenden.

(3) Hat ein Abschlußprüfer den Jahresabschluß geprüft, so hat er auf Verlangen eines Gesellschafters an den Verhandlungen über die Feststellung des Jahresabschlusses teilzunehmen.

(4) Ist die Gesellschaft zur Aufstellung eines Konzernabschlusses und eines Konzernlageberichts verpflichtet, so ist Absatz 1 mit der Maßgabe anzuwenden, daß es der Feststellung des Konzernabschlusses nicht bedarf.

§ 43. [Haftung der Geschäftsführer] (1) Die Geschäftsführer haben in den Angelegenheiten der Gesellschaft die Sorgfalt eines ordentlichen Geschäftsmannes anzuwenden.

(2) Geschäftsführer, welche ihre Obliegenheiten verletzen, haften der Gesellschaft solidarisch für den entstandenen Schaden.

(3) Insbesondere sind sie zum Ersatze verpflichtet, wenn den Bestimmungen des § 30 zuwider Zahlungen aus dem zur Erhaltung des Stammkapitals erforderlichen Vermögen der Gesellschaft gemacht oder den Bestimmungen des § 33 zuwider eigene Geschäftsanteile der Gesellschaft erworben worden sind. Auf den Ersatzanspruch finden die Bestimmungen in § 9 Abs. 1 entsprechende Anwendung. Soweit der Ersatz zur Befriedigung der Gläubiger der Gesellschaft erforderlich ist, wird die Verpflichtung der Geschäftsführer dadurch nicht aufgehoben, daß dieselben in Befolgung eines Beschlusses der Gesellschafter gehandelt haben.

(4) Die Ansprüche auf Grund der vorstehenden Bestimmungen verjähren in fünf Jahren.

§ 43a. [Kredit aus Gesellschaftsvermögen] (1) Den Geschäftsführern, anderen gesetzlichen Vertretern, Prokuristen oder zum gesamten Geschäftsbetrieb ermächtigten Handlungsbevollmächtigten darf Kredit nicht aus dem zur Erhaltung des Stammkapitals erforderlichen Vermögen der Gesellschaft gewährt werden. Ein entgegen Satz 1 gewährter Kredit ist ohne Rücksicht auf entgegenstehende Vereinbarungen sofort zurückzugewähren.

§ 44. [Stellvertreter von Geschäftsführern] Die für die Geschäftsführer gegebenen Vorschriften gelten auch für Stellvertreter von Geschäftsführern.

§ 45. [Rechte der Gesellschafter im allgemeinen] (1) Die Rechte, welche den Gesellschaftern in den Angelegenheiten der Gesellschaft, insbesondere in bezug auf die Führung der Geschäfte zustehen, sowie die Ausübung derselben bestimmen sich, soweit nicht gesetzliche Vorschriften entgegenstehen, nach dem Gesellschaftsvertrag.

(2) In Ermangelung besonderer Bestimmungen des Gesellschaftsvertrages finden die Vorschriften der §§ 46 bis 51 Anwendung.

§ 46. [Aufgabenkreis der Gesellschafter] Der Bestimmung der Gesellschafter unterliegen:

1. die Feststellung des Jahresabschlusses und die Verwendung des Ergebnisses;

2. die Einforderung von Einzahlungen auf die Stammeinlagen;
3. die Rückzahlung von Nachschüssen;
4. die Teilung sowie die Einziehung von Geschäftsanteilen;
5. die Bestellung und die Abberufung von Geschäftsführern sowie die Entlastung derselben;
6. die Maßregeln zur Prüfung und Überwachung der Geschäftsführung;
7. die Bestellung von Prokuristen und von Handlungsbevollmächtigten zum gesamten Geschäftsbetrieb;
8. die Geltendmachung von Ersatzansprüchen, welche der Gesellschaft aus der Gründung oder Geschäftsführung gegen Geschäftsführer oder Gesellschafter zustehen, sowie die Vertretung der Gesellschaft in Prozessen, welche sie gegen die Geschäftsführer zu führen hat.

§ 47. [Abstimmung] (1) Die von den Gesellschaftern in den Angelegenheiten der Gesellschaft zu treffenden Bestimmungen erfolgen durch Beschlußfassung nach der Mehrheit der abgegebenen Stimmen.

(2) Jede fünfzig Euro eines Geschäftsanteils gewähren eine Stimme.

(3) Vollmachten bedürfen zu ihrer Gültigkeit der schriftlichen Form.

(4) Ein Gesellschafter, welcher durch die Beschlußfassung entlastet oder von einer Verbindlichkeit befreit werden soll, hat hierbei kein Stimmrecht und darf ein solches auch nicht für andere ausüben. Dasselbe gilt von einer Beschlußfassung, welche die Vornahme eines Rechtsgeschäfts oder die Einleitung oder Erledigung eines Rechtsstreites gegenüber einem Gesellschafter betrifft.

§ 48. [Gesellschafterversammlung] (1) Die Beschlüsse der Gesellschafter werden in Versammlungen gefaßt.

(2) Der Abhaltung einer Versammlung bedarf es nicht, wenn sämtliche Gesellschafter schriftlich mit der zu treffenden Bestimmung oder mit der schriftlichen Abgabe der Stimmen sich einverstanden erklären.

(3) Befinden sich alle Geschäftsanteile der Gesellschaft in der Hand eines Gesellschafters oder daneben in der Hand der Gesellschaft, so hat er unverzüglich nach der Beschlußfassung eine Niederschrift aufzunehmen und zu unterschreiben.

§ 49. [Einberufung der Versammlung] (1) Die Versammlung der Gesellschafter wird durch die Geschäftsführer berufen.

(2) Sie ist außer den ausdrücklich bestimmten Fällen zu berufen, wenn es im Interesse der Gesellschaft erforderlich erscheint.

(3) Insbesondere muß die Versammlung unverzüglich berufen werden, wenn aus der Jahresbilanz oder aus einer im Laufe des Geschäftsjahres aufgestellten Bilanz sich ergibt, daß die Hälfte des Stammkapitals verloren ist.

§ 50. [Minderheitsrechte] (1) Gesellschafter, deren Geschäftsanteile zusammen mindestens dem zehnten Teil des Stammkapitals entsprechen, sind berechtigt, unter Angabe des Zwecks und der Gründe die Berufung der Versammlung zu verlangen.

(2) In gleicher Weise haben die Gesellschafter das Recht zu verlangen, daß Gegenstände zur Beschlußfassung der Versammlung angekündigt werden.

(3) Wird dem Verlangen nicht entsprochen oder sind Personen, an welche

dasselbe zu richten wäre, nicht vorhanden, so können die in Absatz 1 bezeichneten Gesellschafter unter Mitteilung des Sachverhältnisses die Berufung oder Ankündigung selbst bewirken. Die Versammlung beschließt, ob die entstandenen Kosten von der Gesellschaft zu tragen sind.

§ 51. [Form der Einberufung] (1) Die Berufung der Versammlung erfolgt durch Einladung der Gesellschafter mittels eingeschriebener Briefe. Sie ist mit einer Frist von mindestens einer Woche zu bewirken.

(2) Der Zweck der Versammlung soll jederzeit bei der Berufung angekündigt werden.

(3) Ist die Versammlung nicht ordnungsmäßig berufen, so können Beschlüsse nur gefaßt werden, wenn sämtliche Gesellschafter anwesend sind.

(4) Das gleiche gilt in bezug auf Beschlüsse über Gegenstände, welche nicht wenigstens drei Tage vor der Versammlung in der für die Berufung vorgeschriebenen Weise angekündigt worden sind.

§ 51a. [Auskunfts- und Einsichtsrecht] (1) Die Geschäftsführer haben jedem Gesellschafter auf Verlangen unverzüglich Auskunft über die Angelegenheiten der Gesellschaft zu geben und die Einsicht der Bücher und Schriften zu gestatten.

(2) Die Geschäftsführer dürfen die Auskunft und die Einsicht verweigern, wenn zu besorgen ist, daß der Gesellschafter sie zu gesellschaftsfremden Zwecken verwenden und dadurch der Gesellschaft oder einem verbundenen Unternehmen einen nicht unerheblichen Nachteil zufügen wird. Die Verweigerung bedarf eines Beschlusses der Gesellschafter.

(3) Von diesen Vorschriften kann im Gesellschaftsvertrag nicht abgewichen werden.

§ 51b. [Gerichtliche Entscheidung über das Auskunfts- und Einsichtsrecht] Für die gerichtliche Entscheidung über das Auskunfts- und Einsichtsrecht findet § 132 Abs. 1, 3 bis 5 des Aktiengesetzes entsprechende Anwendung. Antragsberechtigt ist jeder Gesellschafter, dem die verlangte Auskunft nicht gegeben oder die verlangte Einsicht nicht gestattet worden ist.

§ 52. [Aufsichtsrat] (1) Ist nach dem Gesellschaftsvertrag ein Aufsichtsrat zu bestellen, so sind § 90 Abs. 3, 4, 5 Satz 1 und 2, § 95 Satz 1, § 100 Abs. 1 und 2 Nr. 2, § 101 Abs. 1 Satz 1, § 103 Abs. 1 Satz 1 und 2, §§ 105, 110 bis 114, 116 des Aktiengesetzes in Verbindung mit § 93 Abs. 1 und 2 des Aktiengesetzes, §§ 170, 171, 337 des Aktiengesetzes entsprechend anzuwenden, soweit nicht im Gesellschaftsvertrag ein anderes bestimmt ist.

(2) Werden die Mitglieder des Aufsichtsrats vor der Eintragung der Gesellschaft in das Handelsregister bestellt, gelten § 37 Abs. 4 Nr. 3, § 40 Abs. 1 Nr. 4 des Aktiengesetzes entsprechend. Jede spätere Bestellung sowie jeden Wechsel von Aufsichtsratsmitgliedern haben die Geschäftsführer unverzüglich durch den Bundesanzeiger und die im Gesellschaftsvertrag für die Bekanntmachungen der Gesellschaft bestimmten anderen öffentlichen Blätter bekanntzumachen und die Bekanntmachung zum Handelsregister einzureichen.

(3) Schadensersatzansprüche gegen die Mitglieder des Aufsichtsrats wegen Verletzung ihrer Obliegenheiten verjähren in fünf Jahren.

Vierter Abschnitt. Abänderungen des Gesellschaftsvertrages

§ 53. [Form der Satzungsänderung] (1) Eine Abänderung des Gesellschaftsvertrages kann nur durch Beschluß der Gesellschafter erfolgen.

(2) Der Beschluß muß notariell beurkundet werden, derselbe bedarf einer Mehrheit von drei Vierteilen der abgegebenen Stimmen. Der Gesellschaftsvertrag kann noch andere Erfordernisse aufstellen.

(3) Eine Vermehrung der den Gesellschaftern nach dem Gesellschaftsvertrag obliegenden Leistungen kann nur mit Zustimmung sämtlicher beteiligter Gesellschafter beschlossen werden.

§ 54. [Anmeldung und Eintragung] (1) Die Abänderung des Gesellschaftsvertrages ist zur Eintragung in das Handelsregister anzumelden. Der Anmeldung ist der vollständige Wortlaut des Gesellschaftsvertrags beizufügen; er muß mit der Bescheinigung eines Notars versehen sein, daß die geänderten Bestimmungen des Gesellschaftsvertrags mit dem Beschluß über die Änderung des Gesellschaftsvertrags und die unveränderten Bestimmungen mit dem zuletzt zum Handelsregister eingereichten vollständigen Wortlaut des Gesellschaftsvertrags übereinstimmen.

(2) Bei der Eintragung genügt, sofern nicht die Abänderung die in § 10 Abs. 1 und 2 bezeichneten Angaben betrifft, die Bezugnahme auf die bei dem Gericht eingereichten Urkunden über die Abänderung. Die öffentliche Bekanntmachung findet in betreff aller Bestimmungen statt, auf welche sich die in § 10 Abs. 3 und in § 13b Abs. 4 des Handelsgesetzbuchs vorgeschriebenen Veröffentlichungen beziehen.

(3) Die Abänderung hat keine rechtliche Wirkung, bevor sie in das Handelsregister des Sitzes der Gesellschaft eingetragen ist.

§ 55. [Erhöhung des Stammkapitals] (1) Wird eine Erhöhung des Stammkapitals beschlossen, so bedarf es zur Übernahme jeder auf das erhöhte Kapital zu leistenden Stammeinlage einer notariell aufgenommenen oder beglaubigten Erklärung des Übernehmers.

(2) Zur Übernahme einer Stammeinlage können von der Gesellschaft die bisherigen Gesellschafter oder andere Personen, welche durch die Übernahme ihren Beitritt zu der Gesellschaft erklären, zugelassen werden. Im letzteren Falle sind außer dem Betrage der Stammeinlage auch sonstige Leistungen, zu welchen der Beitretende nach dem Gesellschaftsvertrag verpflichtet sein soll, in der in Absatz 1 bezeichneten Urkunde ersichtlich zu machen.

(3) Wird von einem der Gesellschaft bereits angehörenden Gesellschafter eine Stammeinlage auf das erhöhte Kapital übernommen, so erwirbt derselbe einen weiteren Geschäftsanteil.

(4) Die Bestimmungen in § 5 Abs. 1 und 3 über den Betrag der Stammeinlagen sowie die Bestimmungen in § 5 Abs. 2 über die Unzulässigkeit der Übernahme mehrerer Stammeinlagen finden auch hinsichtlich der auf das erhöhte Kapital zu leistenden Stammeinlagen Anwendung.

§ 56. [Kapitalerhöhung mit Sacheinlagen] (1) Sollen Sacheinlagen geleistet werden, so müssen ihr Gegenstand und der Betrag der Stammeinlage, auf die sich die Sacheinlage bezieht, im Beschluß über die Erhöhung des Stammkapitals festgesetzt werden. Die Festsetzung ist in die § 55 Abs. 1 bezeichnete Erklärung des Übernehmers aufzunehmen.

(2) Die §§ 9 und 19 Abs. 5 finden entsprechende Anwendung.

§ 56a. [Leistungen auf das neue Stammkapital] Für die Leistungen der Einlagen auf das neue Stammkapital und die Bestellung einer Sicherung findet § 7 Abs. 2 Satz 1 und 3, Abs. 3 entsprechende Anwendung.

§ 57. [Anmeldung der Erhöhung] (1) Die beschlossene Erhöhung des Stammkapitals ist zur Eintragung in das Handelsregister anzumelden, nachdem das erhöhte Kapital durch Übernahme von Stammeinlagen gedeckt ist.

(2) In der Anmeldung ist die Versicherung abzugeben, daß die Einlagen auf das neue Stammkapital nach § 7 Abs. 2 Satz 1 und 3, Abs. 3 bewirkt sind und daß der Gegenstand der Leistungen sich endgültig in der freien Verfügung der Geschäftsführer befindet. Für die Anmeldung findet im übrigen § 8 Abs. 2 Satz 2 entsprechende Anwendung.

(3) Der Anmeldung sind beizufügen:

1. die in § 55 Abs. 1 bezeichneten Erklärungen oder eine beglaubigte Abschrift derselben;
2. eine von den Anmeldenden unterschriebene Liste der Personen, welche die neuen Stammeinlagen übernommen haben; aus der Liste muß der Betrag der von jedem übernommenen Einlage ersichtlich sein;
3. bei einer Kapitalerhöhung mit Sacheinlagen die Verträge, die den Festsetzungen nach § 56 zugrunde liegen oder zu ihrer Ausführung geschlossen worden sind.

(4) Für die Verantwortlichkeit der Geschäftsführer, welche die Kapitalerhöhung zur Eintragung in das Handelsregister angemeldet haben, finden § 9a Abs. 1 und 3, § 9b entsprechende Anwendung.

§ 57a. [Ablehnung der Eintragung] Für die Ablehnung der Eintragung durch das Gericht findet § 9c Abs. 1 entsprechende Anwendung.

§ 57b. [Bekanntmachung der Eintragung der Kapitalerhöhung] In die Bekanntmachung der Eintragung der Kapitalerhöhung sind außer deren Inhalt die bei einer Kapitalerhöhung mit Sacheinlagen vorgesehenen Festsetzungen aufzunehmen. Bei der Bekanntmachung dieser Festsetzungen genügt die Bezugnahme auf die beim Gericht eingereichten Urkunden.

§ 57c. [Kapitalerhöhung aus Gesellschaftsmitteln] (1) Das Stammkapital kann durch Umwandlung von Rücklagen in Stammkapital erhöht werden (Kapitalerhöhung aus Gesellschaftsmitteln).

(2) Die Erhöhung des Stammkapitals kann erst beschlossen werden, nachdem der Jahresabschluß für das letzte vor der Beschlußfassung über die Kapitalerhöhung abgelaufene Geschäftsjahr (letzter Jahresabschluß) festgestellt und über die Ergebnisverwendung Beschluß gefaßt worden ist.

(3) Dem Beschluß über die Erhöhung des Stammkapitals ist eine Bilanz zugrunde zu legen.

(4) Neben den §§ 53 und 54 über die Abänderung des Gesellschaftsvertrags gelten die §§ 57d bis 57o.

§ 57d. [Ausweisung von Kapital- und Gewinnrücklagen] (1) Die Kapital- und Gewinnrücklagen, die in Stammkapital umgewandelt werden sollen, müssen in der letzten Jahresbilanz und, wenn dem Beschluß eine andere Bilanz zugrunde gelegt wird, auch in dieser Bilanz unter »Kapitalrücklage« oder »Gewinnrücklagen« oder im letzten Beschluß über die Verwendung des Jahresergebnisses als Zuführung zu diesen Rücklagen ausgewiesen sein.

(2) Die Rücklagen können nicht umgewandelt werden, soweit in der zugrunde gelegten Bilanz ein Verlust, einschließlich eines Verlustvortrags, ausgewiesen ist.
(3) Andere Gewinnrücklagen, die einem bestimmten Zweck zu dienen bestimmt sind, dürfen nur umgewandelt werden, soweit dies mit ihrer Zweckbestimmung vereinbar ist.
§ 57e. [Zugrundelegung der letzten Jahresbilanz, Prüfung] (1) Dem Beschluß kann die letzte Jahresbilanz zugrunde gelegt werden, wenn die Jahresbilanz geprüft und die festgestellte Jahresbilanz mit dem uneingeschränkten Bestätigungsvermerk der Abschlußprüfer versehen ist und wenn ihr Stichtag höchstens acht Monate vor der Anmeldung des Beschlusses zur Eintragung in das Handelsregister liegt.
(2) Bei Gesellschaften, die nicht große im Sinne des § 267 Abs. 3 des Handelsgesetzbuchs sind, kann die Prüfung auch durch vereidigte Buchprüfer erfolgen; die Abschlußprüfer müssen von der Versammlung der Gesellschafter gewählt sein.
§ 57f. [Anforderungen an die Bilanz] (1) Wird dem Beschluß nicht die letzte Jahresbilanz zugrunde gelegt, so muß die Bilanz den Vorschriften über die Gliederung der Jahresbilanz und über die Wertansätze in der Jahresbilanz entsprechen. Der Stichtag der Bilanz darf höchstens acht Monate vor der Anmeldung des Beschlusses zur Eintragung in das Handelsregister liegen.
(2) Die Bilanz ist, bevor über die Erhöhung des Stammkapitals Beschluß gefaßt wird, durch einen oder mehrere Prüfer darauf zu prüfen, ob sie dem Absatz 1 entspricht. Sind nach dem abschließenden Ergebnis der Prüfung keine Einwendungen zu erheben, so haben die Prüfer dies durch einen Vermerk zu bestätigen. Die Erhöhung des Stammkapitals kann nicht ohne diese Bestätigung der Prüfer beschlossen werden.
(3) Die Prüfer werden von den Gesellschaftern gewählt; falls nicht andere Prüfer gewählt werden, gelten die Prüfer als gewählt, die für die Prüfung des letzten Jahresabschlusses von den Gesellschaftern gewählt oder vom Gericht bestellt worden sind. Im übrigen sind, soweit sich aus der Besonderheit des Prüfungsauftrags nichts anderes ergibt, § 318 Abs. 1 Satz 2, § 319 Abs. 1 bis 3, § 320 Abs. 1 Satz 2, Abs. 2 und die §§ 321 und 323 des Handelsgesetzbuchs anzuwenden. Bei Gesellschaften, die nicht große im Sinne des § 267 Abs. 3 des Handelsgesetzbuchs sind, können auch vereidigte Buchprüfer zu Prüfern bestellt werden.
§ 57g. [Vorherige Bekanntgabe des Jahresabschlusses] Die Bestimmungen des Gesellschaftsvertrags über die vorherige Bekanntgabe des Jahresabschlusses an die Gesellschafter sind in den Fällen des § 57f entsprechend anzuwenden.
§ 57h. [Arten der Kapitalerhöhung] (1) Die Kapitalerhöhung kann vorbehaltlich des § 57l Abs. 2 durch Bildung neuer Geschäftsanteile oder durch Erhöhung des Nennbetrags der Geschäftsanteile ausgeführt werden. Die neuen Geschäftsanteile und die Geschäftsanteile, deren Nennbetrag erhöht wird, können auf jeden durch zehn teilbaren Betrag, müssen jedoch auf mindestens fünfzig Euro gestellt werden.
(2) Der Beschluß über die Erhöhung des Stammkapitals muß die Art der Erhöhung angeben. Soweit die Kapitalerhöhung durch Erhöhung des

Nennbetrags der Geschäftsanteile ausgeführt werden soll, ist sie so zu bemessen, daß durch sie auf keinen Geschäftsanteil, dessen Nennbetrag erhöht wird, Beträge entfallen, die durch die Erhöhung des Nennbetrags des Geschäftsanteils nicht gedeckt werden können.

§ 57i. [Anmeldung des Erhöhungsbeschlusses; Registergericht] (1) Der Anmeldung des Beschlusses über die Erhöhung des Stammkapitals zur Eintragung in das Handelsregister ist die der Kapitalerhöhung zugrunde gelegte, mit dem Bestätigungsvermerk der Prüfer versehene Bilanz, in den Fällen des § 57f außerdem die letzte Jahresbilanz, sofern sie noch nicht eingereicht ist, beizufügen. Die Anmeldenden haben dem Registergericht gegenüber zu erklären, daß nach ihrer Kenntnis seit dem Stichtag der zugrunde gelegten Bilanz bis zum Tag der Anmeldung keine Vermögensminderung eingetreten ist, die der Kapitalerhöhung entgegenstünde, wenn sie am Tag der Anmeldung beschlossen worden wäre.

(2) Das Registergericht darf den Beschluß nur eintragen, wenn die der Kapitalerhöhung zugrunde gelegte Bilanz für einen höchstens acht Monate vor der Anmeldung liegenden Zeitpunkt aufgestellt und eine Erklärung nach Absatz 1 Satz 2 abgegeben worden ist.

(3) Zu der Prüfung, ob die Bilanzen den gesetzlichen Vorschriften entsprechen, ist das Gericht nicht verpflichtet.

(4) Bei der Eintragung des Beschlusses ist anzugeben, daß es sich um eine Kapitalerhöhung aus Gesellschaftsmitteln handelt.

§ 57j. [Verteilung der Geschäftsanteile] Die neuen Geschäftsanteile stehen den Gesellschaftern im Verhältnis ihrer bisherigen Geschäftsanteile zu. Ein entgegenstehender Beschluß der Gesellschafter ist nichtig.

§ 57k. [Teilrechte; Ausübung der Rechte] (1) Führt die Kapitalerhöhung dazu, daß auf einen Geschäftsanteil nur ein Teil eines neuen Geschäftsanteils entfällt, so ist dieses Teilrecht selbständig veräußerlich und vererblich.

(2) Die Rechte aus einem neuen Geschäftsanteil, einschließlich des Anspruchs auf Ausstellung einer Urkunde über den neuen Geschäftsanteil, können nur ausgeübt werden, wenn Teilrechte, die zusammen einen vollen Geschäftsanteil ergeben, in einer Hand vereinigt sind oder wenn sich mehrere Berechtigte, deren Teilrechte zusammen einen vollen Geschäftsanteil ergeben, zur Ausübung der Rechte (§ 18) zusammenschließen.

§ 57l. [Teilnahme an Erhöhung des Stammkapitals] (1) Eigene Geschäftsanteile nehmen an der Erhöhung des Stammkapitals teil.

(2) Teileingezahlte Geschäftsanteile nehmen entsprechend ihrem Nennbetrag an der Erhöhung des Stammkapitals teil. Bei ihnen kann die Kapitalerhöhung nur durch Erhöhung des Nennbetrags der Geschäftsanteile ausgeführt werden. Sind neben teileingezahlten Geschäftsanteilen vollständig eingezahlte Geschäftsanteile vorhanden, so kann bei diesen die Kapitalerhöhung durch Erhöhung des Nennbetrags der Geschäftsanteile und durch Bildung neuer Geschäftsanteile ausgeführt werden. Die Geschäftsanteile, deren Nennbetrag erhöht wird, können auf jeden durch fünf teilbaren Betrag gestellt werden.

§ 57m. [Verhältnis der Rechte; Beziehungen zu Dritten] (1) Das Verhältnis der mit den Geschäftsanteilen verbundenen Rechte zueinander wird durch die Kapitalerhöhung nicht berührt.

(2) Soweit sich einzelne Rechte teileingezahlter Geschäftsanteile, insbesondere die Beteiligung am Gewinn oder das Stimmrecht, nach der je Geschäftsanteil geleisteten Einlage bestimmen, stehen diese Rechte den Gesellschaftern bis zur Leistung der noch ausstehenden Einlagen nur nach der Höhe der geleisteten Einlage, erhöht um den auf den Nennbetrag des Stammkapitals berechneten Hundertsatz der Erhöhung des Stammkapitals zu. Werden weitere Einzahlungen geleistet, so erweitern sich diese Rechte entsprechend.

(3) Der wirtschaftliche Inhalt vertraglicher Beziehungen der Gesellschaft zu Dritten, die von der Gewinnausschüttung der Gesellschaft, dem Nennbetrag oder Wert ihrer Geschäftsanteile oder ihres Stammkapitals oder in sonstiger Weise von den bisherigen Kapital- oder Gewinnverhältnissen abhängen, wird durch die Kapitalerhöhung nicht berührt.

§ 57n. [Gewinnbeteiligung der neuen Geschäftsanteile] (1) Die neuen Geschäftsanteile nehmen, wenn nichts anderes bestimmt ist, am Gewinn des ganzen Geschäftsjahres teil, in dem die Erhöhung des Stammkapitals beschlossen worden ist.

(2) Im Beschluß über die Erhöhung des Stammkapitals kann bestimmt werden, daß die neuen Geschäftsanteile bereits am Gewinn des letzten vor der Beschlußfassung über die Kapitalerhöhung abgelaufenen Geschäftsjahrs teilnehmen. In diesem Fall ist die Erhöhung des Stammkapitals abweichend von § 57c Abs. 2 zu beschließen, bevor über die Ergebnisverwendung für das letzte vor der Beschlußfassung abgelaufene Geschäftsjahr Beschluß gefaßt worden ist. Der Beschluß über die Ergebnisverwendung für das letzte vor der Beschlußfassung über die Kapitalerhöhung abgelaufene Geschäftsjahr wird erst wirksam, wenn das Stammkapital erhöht worden ist. Der Beschluß über die Erhöhung des Stammkapitals und der Beschluß über die Ergebnisverwendung für das letzte vor der Beschlußfassung über die Kapitalerhöhung abgelaufene Geschäftsjahr sind nichtig, wenn der Beschluß über die Kapitalerhöhung nicht binnen drei Monaten nach der Beschlußfassung in das Handelsregister eingetragen worden ist; der Lauf der Frist ist gehemmt, solange eine Anfechtungs- oder Nichtigkeitsklage rechtshängig ist oder eine zur Kapitalerhöhung beantragte staatliche Genehmigung noch nicht erteilt worden ist.

§ 57o. [Anschaffungskosten] Als Anschaffungskosten der vor der Erhöhung des Stammkapitals erworbenen Geschäftsanteile und der auf sie entfallenden neuen Geschäftsanteile gelten die Beträge, die sich für die einzelnen Geschäftsanteile ergeben, wenn die Anschaffungskosten der vor der Erhöhung des Stammkapitals erworbenen Geschäftsanteile auf diese und auf die auf sie entfallenden neuen Geschäftsanteile nach dem Verhältnis der Nennbeträge verteilt werden. Der Zuwachs an Geschäftsanteilen ist nicht als Zugang auszuweisen.

§ 58. [Herabsetzung des Stammkapitals] (1) Eine Herabsetzung des Stammkapitals kann nur unter Beobachtung der nachstehenden Bestimmungen erfolgen:

1. Der Beschluß auf Herabsetzung des Stammkapitals muß von den Geschäftsführern zu drei verschiedenen Malen durch die in § 30 Abs. 2 bezeichneten Blätter bekanntgemacht werden; in diesen Bekanntma-

chungen sind zugleich die Gläubiger der Gesellschaft aufzufordern, sich bei derselben zu melden; die aus den Handelsbüchern der Gesellschaft ersichtlichen oder in anderer Weise bekannten Gläubiger sind durch besondere Mitteilung zur Anmeldung aufzufordern;
2. die Gläubiger, welche sich bei der Gesellschaft melden und der Herabsetzung nicht zustimmen, sind wegen der erhobenen Ansprüche zu befriedigen oder sicherzustellen;
3. die Anmeldung des Herabsetzungsbeschlusses zur Eintragung in das Handelsregister erfolgt nicht vor Ablauf eines Jahres seit dem Tage, an welchem die Aufforderung der Gläubiger in den öffentlichen Blättern zum dritten Mal stattgefunden hat;
4. mit der Anmeldung sind die Bekanntmachungen des Beschlusses einzureichen; zugleich haben die Geschäftsführer die Versicherung abzugeben, daß die Gläubiger, welche sich bei der Gesellschaft gemeldet und der Herabsetzung nicht zugestimmt haben, befriedigt oder sichergestellt sind.

(2) Die Bestimmung in § 5 Abs. 1 über den Mindestbetrag des Stammkapitals bleibt unberührt. Erfolgt die Herabsetzung zum Zweck der Zurückzahlung von Stammeinlagen oder zum Zweck des Erlasses der auf diese geschuldeten Einzahlungen, so darf der verbleibende Betrag der Stammeinlagen nicht unter den in § 5 Abs. 1 und 3 bezeichneten Betrag herabgehen.

§ 58a. [Vereinfachte Kapitalherabsetzung] (1) Eine Herabsetzung des Stammkapitals, die dazu dienen soll, Wertminderungen auszugleichen oder sonstige Verluste zu decken, kann als vereinfachte Kapitalherabsetzung vorgenommen werden.

(2) Die vereinfachte Kapitalherabsetzung ist nur zulässig, nachdem der Teil der Kapital- und Gewinnrücklagen, der zusammen über zehn vom Hundert des nach der Herabsetzung verbleibenden Stammkapitals hinausgeht, vorweg aufgelöst ist. Sie ist nicht zulässig, solange ein Gewinnvortrag vorhanden ist.

(3) Im Beschluß über die vereinfachte Kapitalherabsetzung sind die Nennbeträge der Geschäftsanteile dem herabgesetzten Stammkapital anzupassen. Die Geschäftsanteile können auf jeden durch zehn teilbaren Betrag, müssen jedoch auf mindestens fünfzig Euro gestellt werden. Geschäftsanteile, deren Nennbetrag durch die Herabsetzung unter fünfzig Euro sinken würden, sind von den Geschäftsführern zu gemeinschaftlichen Geschäftsanteilen zu vereinigen, wenn die Einlagen auf die Geschäftsanteile voll geleistet, die Geschäftsanteile nicht mit einer Nachschußpflicht oder mit Rechten Dritter belastet und nach dem Gesellschaftsvertrag nicht mit verschiedenen Rechten und Pflichten ausgestattet sind. Die Erklärung über die Vereinigung der Geschäftsanteile bedarf der notariellen Beurkundung. Die Vereinigung wird mit der Eintragung des Beschlusses über die Kapitalherabsetzung in das Handelsregister wirksam.

(4) Das Stammkapital kann unter den in § 5 Abs. 1 bestimmten Mindestnennbetrag herabgesetzt werden, wenn dieser durch eine Kapitalerhöhung wieder erreicht wird, die zugleich mit der Kapitalherabsetzung beschlossen ist und bei der Sacheinlagen nicht festgesetzt sind. Die Beschlüsse sind

nichtig, wenn sie nicht binnen drei Monate nach der Beschlußfassung in das Handelsregister eingetragen worden sind. Der Lauf der Frist ist gehemmt, solange eine Anfechtungs- oder Nichtigkeitsklage rechtshängig ist oder eine zur Kapitalherabsetzung oder Kapitalerhöhung beantragte staatliche Genehmigung noch nicht erteilt ist. Die Beschlüsse sollen nur zusammen in das Handelsregister eingetragen werden.

(5) Neben den §§ 53 und 54 über die Abänderung des Gesellschaftsvertrags gelten die §§ 58b bis 58f.

§ 58b. [Beträge aus Rücklagenauflösung und Kapitalherabsetzung]

(1) Die Beträge, die aus der Auflösung der Kapital- oder Gewinnrücklagen und aus der Kapitalherabsetzung gewonnen werden, dürfen nur verwandt werden, um Wertminderungen auszugleichen und sonstige Verluste zu dekken.

(2) Daneben dürfen die gewonnenen Beträge in die Kapitalrücklage eingestellt werden, soweit diese zehn vom Hundert des Stammkapitals nicht übersteigt. Als Stammkapital gilt dabei der Nennbetrag, der sich durch die Herabsetzung ergibt, mindestens aber der nach § 5 Abs. 1 zulässige Mindestnennbetrag.

(3) Ein Betrag, der auf Grund des Absatzes 2 in die Kapitalrücklage eingestellt worden ist, darf vor Ablauf des fünften nach der Beschlußfassung über die Kapitalherabsetzung beginnenden Geschäftsjahres nur verwandt werden

1. zum Ausgleich eines Jahresfehlbetrags, soweit er nicht durch einen Gewinnvortrag aus dem Vorjahr gedeckt ist und nicht durch Auflösung von Gewinnrücklagen ausgeglichen werden kann;
2. zum Ausgleich eines Verlustvortrags aus dem Vorjahr, soweit er nicht durch einen Jahresüberschuß gedeckt ist und nicht durch Auflösung von Gewinnrücklagen ausgeglichen werden kann;
3. zur Kapitalerhöhung aus Gesellschaftsmitteln.

§ 58c. [Nichteintritt angenommener Verluste] Ergibt sich bei Aufstellung der Jahresbilanz für das Geschäftsjahr, in dem der Beschluß über die Kapitalherabsetzung gefaßt wurde, oder für eines der beiden folgenden Geschäftsjahre, daß Wertminderungen und sonstige Verluste in der bei der Beschlußfassung angenommenen Höhe tatsächlich nicht eingetreten oder ausgeglichen waren, so ist der Unterschiedsbetrag in die Kapitalrücklage einzustellen. Für einen nach Satz 1 in die Kapitalrücklage eingestellten Betrag gilt § 58b Abs. 3 sinngemäß.

§ 58d. [Gewinnausschüttung] (1) Gewinn darf vor Ablauf des fünften nach der Beschlußfassung über die Kapitalherabsetzung beginnenden Geschäftsjahrs nur ausgeschüttet werden, wenn die Kapital- und Gewinnrücklagen zusammen zehn vom Hundert des Stammkapitals erreichen. Als Stammkapital gilt dabei der Nennbetrag, der sich durch die Herabsetzung ergibt, mindestens aber der nach § 5 Abs. 1 zulässige Mindestnennbetrag.

(2) Die Zahlung eines Gewinnanteils von mehr als vier vom Hundert ist erst für ein Geschäftsjahr zulässig, das später als zwei Jahre nach der Beschlußfassung über die Kapitalherabsetzung beginnt. Dies gilt nicht, wenn die Gläubiger, deren Forderung vor der Bekanntmachung der Eintragung des

Beschlusses begründet worden waren, befriedigt oder sichergestellt sind, soweit sie sich binnen sechs Monate nach der Bekanntmachung des Jahresabschlusses, auf Grund dessen die Gewinnverteilung beschlossen ist, zu diesem Zweck gemeldet haben. Einer Sicherstellung der Gläubiger bedarf es nicht, die im Fall des Insolvenzverfahrens ein Recht auf vorzugsweise Befriedigung aus einer Deckungsmasse haben, die nach gesetzlicher Vorschrift zu ihrem Schutz errichtet und staatlich überwacht ist. Die Gläubiger sind in der Bekanntmachung nach § 325 Abs. 1 Satz 2 oder Abs. 2 Satz 1 des Handelsgesetzbuchs auf die Befriedigung oder Sicherstellung hinzuweisen.

§ 58e. [Beschluß über Kapitalherabsetzung] (1) Im Jahresabschluß für das letzte vor der Beschlußfassung über die Kapitalherabsetzung abgelaufene Geschäftsjahr können das Stammkapital sowie die Kapital- und Gewinnrücklagen in der Höhe ausgewiesen werden, in der sie nach der Kapitalherabsetzung bestehen sollen. Dies gilt nicht, wenn der Jahresabschluß anders als durch Beschluß der Gesellschafter festgestellt wird.

(2) Der Beschluß über die Feststellung des Jahresabschlusses soll zugleich mit dem Beschluß über die Kapitalherabsetzung gefaßt werden.

(3) Die Beschlüsse sind nichtig, wenn der Beschluß über die Kapitalherabsetzung nicht binnen drei Monaten nach der Beschlußfassung in das Handelsregister eingetragen worden ist. Der Lauf der Frist ist gehemmt, solange eine Anfechtungs- oder Nichtigkeitsklage rechtshängig ist oder eine zur Kapitalherabsetzung beantragte staatliche Genehmigung noch nicht erteilt ist.

(4) Der Jahresabschluß darf nach § 325 des Handelsgesetzbuchs erst nach Eintragung des Beschlusses über die Kapitalherabsetzung offengelegt werden.

§ 58f. [Kapitalherabsetzung bei gleichzeitiger Erhöhung des Stammkapitals] (1) Wird im Fall des § 58e zugleich mit der Kapitalherabsetzung eine Erhöhung des Stammkapitals beschlossen, so kann auch die Kapitalerhöhung in dem Jahresabschluß als vollzogen berücksichtigt werden. Die Beschlußfassung ist nur zulässig, wenn die neuen Stammeinlagen übernommen, keine Sacheinlagen festgesetzt sind und wenn auf jede neue Stammeinlage die Einzahlung geleistet ist, die nach § 56a zur Zeit der Anmeldung der Kapitalerhöhung bewirkt sein muß. Die Übernahme und die Einzahlung sind dem Notar nachzuweisen, der den Beschluß über die Erhöhung des Stammkapitals beurkundet.

(2) Sämtliche Beschlüsse sind nichtig, wenn die Beschlüsse über die Kapitalherabsetzung und die Kapitalerhöhung nicht binnen drei Monaten nach der Beschlußfassung in das Handelsregister eingetragen worden sind. Der Lauf der Frist ist gehemmt, solange eine Anfechtungs- oder Nichtigkeitsklage rechtshängig ist oder eine zur Kapitalherabsetzung oder Kapitalerhöhung beantragte staatliche Genehmigung noch nicht erteilt worden ist. Die Beschlüsse sollen nur zusammen in das Handelsregister eingetragen werden.

(3) Der Jahresabschluß darf nach § 325 des Handelsgesetzbuchs erst offengelegt werden, nachdem die Beschlüsse über die Kapitalherabsetzung und Kapitalerhöhung eingetragen worden sind.

§ 59. [Zweigniederlassung] Die Versicherung nach § 57 Abs. 2 ist nur gegenüber dem Gericht des Sitzes der Gesellschaft abzugeben. Die Urkunden nach § 57 Abs. 3 Nr. 1 und § 58 Abs. 1 Nr. 4 sind nur bei dem Gericht des Sitzes der Gesellschaft einzureichen.

Fünfter Abschnitt. Auflösung und Nichtigkeit der Gesellschaft

§ 60. [Auflösungsgründe] (1) Die Gesellschaft mit beschränkter Haftung wird aufgelöst:

1. durch Ablauf der im Gesellschaftsvertrag bestimmten Zeit;
2. durch Beschluß der Gesellschafter; derselbe bedarf, sofern im Gesellschaftsvertrag nicht ein anderes bestimmt ist, einer Mehrheit von drei Vierteilen der abgegebenen Stimmen;
3. durch gerichtliches Urteil oder durch Entscheidung des Verwaltungsgerichts oder der Verwaltungsbehörde in den Fällen der §§ 61 und 62;
4. durch die Eröffnung des Insolvenzverfahrens; wird das Verfahren auf Antrag des Schuldners eingestellt oder nach der Bestätigung eines Insolvenzplans, der den Fortbestand der Gesellschaft vorsieht, aufgehoben, so können die Gesellschafter die Fortsetzung der Gesellschaft beschließen;
5. mit der Rechtskraft des Beschlusses, durch den die Eröffnung des Insolvenzverfahrens mangels Masse abgelehnt worden ist;
6. mit der Rechtskraft einer Verfügung des Registergerichts, durch welche nach den §§ 144a, 144b des Gesetzes über die Angelegenheiten der freiwilligen Gerichtsbarkeit ein Mangel des Gesellschaftsvertrags oder die Nichteinhaltung der Verpflichtung nach § 19 Abs. 4 dieses Gesetzes festgestellt worden ist;
7. durch die Löschung der Gesellschaft wegen Vermögenslosigkeit nach § 141a des Gesetzes über die Angelegenheiten der freiwilligen Gerichtsbarkeit.

(2) Im Gesellschaftsvertrag können weitere Auflösungsgründe festgesetzt werden.

§ 61. [Auflösung durch Urteil] (1) Die Gesellschaft kann durch gerichtliches Urteil aufgelöst werden, wenn die Erreichung des Gesellschaftszwecks unmöglich wird oder wenn andere, in den Verhältnissen der Gesellschaft liegende, wichtige Gründe für die Auflösung vorhanden sind;

(2) Die Auflösungsklage ist gegen die Gesellschaft zu richten. Sie kann nur von Gesellschaftern erhoben werden, deren Geschäftsanteile zusammen mindestens dem zehnten Teil des Stammkapitals entsprechen.

(3) Für die Klage ist das Landgericht ausschließlich zuständig, in dessen Bezirk die Gesellschaft ihren Sitz hat.

§ 62. [Auflösung durch Verwaltungsbehörde] (1) Wenn eine Gesellschaft das Gemeinwohl dadurch gefährdet, daß die Gesellschafter gesetzwidrige Beschlüsse fassen oder gesetzwidrige Handlungen der Geschäftsführer wissentlich geschehen lassen, so kann sie aufgelöst werden, ohne daß deshalb ein Anspruch auf Entschädigung stattfindet.

(2) Das Verfahren und die Zuständigkeit der Behörden richtet sich nach den für streitige Verwaltungssachen *landesgesetzlich* geltenden Vorschriften.

§ 63. *(aufgehoben)*

§ 64. [Insolvenzantragspflicht] (1) Wird die Gesellschaft zahlungsunfähig, so haben die Geschäftsführer ohne schuldhaftes Zögern, spätestens aber drei Wochen nach Eintritt der Zahlungsunfähigkeit, die Eröffnung des Insolvenzverfahrens zu beantragen. Dies gilt sinngemäß, wenn sich eine Überschuldung der Gesellschaft ergibt.

(2) Die Geschäftsführer sind der Gesellschaft zum Ersatz von Zahlungen verpflichtet, die nach Eintritt der Zahlungsunfähigkeit der Gesellschaft oder nach Feststellung ihrer Überschuldung geleistet werden. Dies gilt nicht von Zahlungen, die auch nach diesem Zeitpunkt mit der Sorgfalt eines ordentlichen Geschäftsmanns vereinbar sind. Auf den Ersatzanspruch finden die Bestimmungen in § 43 Abs. 3 und 4 entsprechende Anwendung.

§ 65. [Anmeldung der Auflösung] (1) Die Auflösung der Gesellschaft ist zur Eintragung in das Handelsregister anzumelden. Dies gilt nicht in den Fällen der Eröffnung oder der Ablehnung der Eröffnung des Insolvenzverfahrens und der gerichtlichen Feststellung eines Mangels des Gesellschaftsvertrags oder der Nichteinhaltung der Verpflichtungen nach § 19 Abs. 4. In diesen Fällen hat das Gericht die Auflösung und ihren Grund von Amts wegen einzutragen. Im Falle der Löschung der Gesellschaft (§ 60 Abs. 1 Nr. 7) entfällt die Eintragung der Auflösung.

(2) Die Auflösung ist von den Liquidatoren zu drei verschiedenen Malen durch die in § 30 Abs. 2 bezeichneten öffentlichen Blätter bekanntzumachen. Durch die Bekanntmachung sind zugleich die Gläubiger der Gesellschaft aufzufordern, sich bei derselben zu melden.

§ 66. [Liquidatoren] (1) In den Fällen der Auflösung außer dem Fall des Insolvenzverfahrens erfolgt die Liquidation durch die Geschäftsführer, wenn nicht dieselbe durch den Gesellschaftsvertrag oder durch Beschluß der Gesellschafter anderen Personen übertragen wird.

(2) Auf Antrag von Gesellschaftern, deren Geschäftsanteile zusammen mindestens dem zehnten Teil des Stammkapitals entsprechen, kann aus wichtigen Gründen die Bestellung von Liquidatoren durch das Gericht (§ 7 Abs. 1) erfolgen.

(3) Die Abberufung von Liquidatoren kann durch das Gericht unter derselben Voraussetzung wie die Bestellung stattfinden. Liquidatoren, welche nicht vom Gericht ernannt sind, können auch durch Beschluß der Gesellschafter vor Ablauf des Zeitraums, für welchen sie bestellt sind, abberufen werden.

(4) Für die Auswahl der Liquidatoren findet § 6 Abs. 2 Satz 3 und 4 entsprechende Anwendung.

(5) Ist die Gesellschaft durch Löschung wegen Vermögenslosigkeit aufgelöst, so findet eine Liquidation nur statt, wenn sich nach der Löschung herausstellt, daß Vermögen vorhanden ist, das der Verteilung unterliegt. Die Liquidatoren sind auf Antrag eines Beteiligten durch das Gericht zu ernennen.

§ 67. [Anmeldung der Liquidatoren] (1) Die ersten Liquidatoren sowie ihre Vertretungsbefugnis sind durch die Geschäftsführer, jeder Wechsel der Liquidatoren und jede Änderung ihrer Vertretungsbefugnis sind durch die Liquidatoren zur Eintragung in das Handelsregister anzumelden.

(2) Der Anmeldung sind die Urkunden über die Bestellung der Liquidatoren oder über die Änderung in den Personen derselben in Urschrift oder öffentlich beglaubigter Abschrift für das Gericht des Sitzes der Gesellschaft beizufügen.

(3) In der Anmeldung haben die Liquidatoren zu versichern, daß keine Umstände vorliegen, die ihrer Bestellung nach § 66 Abs. 4 entgegenstehen, und daß sie über ihre unbeschränkte Auskunftspflicht gegenüber dem Gericht belehrt worden sind. § 8 Abs. 3 Satz 2 ist anzuwenden.
(4) Die Eintragung der gerichtlichen Ernennung oder Abberufung der Liquidatoren geschieht von Amts wegen.
(5) Die Liquidatoren haben ihre Unterschrift zur Aufbewahrung bei dem Gericht zu zeichnen.
§ 68. [Zeichnung der Liquidatoren] (1) Die Liquidatoren haben in der bei ihrer Bestellung bestimmten Form ihre Willenserklärungen kundzugeben und für die Gesellschaft zu zeichnen. Ist nichts darüber bestimmt, so muß die Erklärung und Zeichnung durch sämtliche Liquidatoren erfolgen.
(2) Die Zeichnungen geschehen in der Weise, daß die Liquidatoren der bisherigen, nunmehr als Liquidationsfirma zu bezeichnenden Firma ihre Namensunterschrift beifügen.
§ 69. [Rechtsverhältnisse von Gesellschaft und Gesellschaftern] (1) Bis zur Beendigung der Liquidation kommen ungeachtet der Auflösung der Gesellschaft in bezug auf die Rechtsverhältnisse derselben und der Gesellschafter die Vorschriften des zweiten und dritten Abschnitts zur Anwendung, soweit sich aus den Bestimmungen des gegenwärtigen Abschnitts und aus dem Wesen der Liquidation nicht ein anderes ergibt.
(2) Der Gerichtsstand, welchen die Gesellschaft zur Zeit ihrer Auflösung hatte, bleibt bis zur vollzogenen Verteilung des Vermögens bestehen.
§ 70. [Aufgaben der Liquidatoren] (1) Die Liquidatoren haben die laufenden Geschäfte zu beendigen, die Verpflichtungen der aufgelösten Gesellschaft zu erfüllen, die Forderungen derselben einzuziehen und das Vermögen der Gesellschaft in Geld umzusetzen; sie haben die Gesellschaft gerichtlich und außergerichtlich zu vertreten. Zur Beendigung schwebender Geschäfte können die Liquidatoren auch neue Geschäfte eingehen.
§ 71. [Bilanz; Rechte und Pflichten] (1) Die Liquidatoren haben für den Beginn der Liquidation eine Bilanz (Eröffnungsbilanz) und einen die Eröffnungsbilanz erläuternden Bericht sowie für den Schluß eines jeden Jahres einen Jahresabschluß und einen Lagebericht aufzustellen.
(2) Die Gesellschafter beschließen über die Feststellung der Eröffnungsbilanz und des Jahresabschlusses sowie über die Entlastung der Liquidatoren. Auf die Eröffnungsbilanz und den erläuternden Bericht sind die Vorschriften über den Jahresabschluß entsprechend anzuwenden. Vermögensgegenstände des Anlagevermögens sind jedoch wie Umlaufvermögen zu bewerten, soweit ihre Veräußerung innerhalb eines übersehbaren Zeitraums beabsichtigt ist oder diese Vermögensgegenstände nicht mehr dem Geschäftsbetrieb dienen; dies gilt auch für den Jahresabschluß.
(3) Das Gericht kann von der Prüfung des Jahresabschlusses und des Lageberichts durch einen Abschlußprüfer befreien, wenn die Verhältnisse der Gesellschaft so überschaubar sind, daß eine Prüfung im Interesse der Gläubiger und der Gesellschafter nicht geboten erscheint. Gegen die Entscheidung ist die sofortige Beschwerde zulässig.
(4) Im übrigen haben sie die aus §§ 36, 37, 41 Abs. 1, § 43 Abs. 1, 2 und 4, § 49 Abs. 1 und 2, § 64 sich ergebenden Rechte und Pflichten der Geschäftsführer.

(5) Auf allen Geschäftsbriefen, die an einen bestimmten Empfänger gerichtet werden, müssen die Rechtsform und der Sitz der Gesellschaft, die Tatsache, daß die Gesellschaft sich in Liquidation befindet, das Registergericht des Sitzes der Gesellschaft und die Nummer, unter der die Gesellschaft in das Handelsregister eingetragen ist, sowie alle Liquidatoren und, sofern die Gesellschaft einen Aufsichtsrat gebildet und dieser einen Vorsitzenden hat, der Vorsitzende des Aufsichtsrats mit dem Familiennamen und mindestens einem ausgeschriebenen Vornamen angegeben werden. Werden Angaben über das Kapital der Gesellschaft gemacht, so müssen in jedem Falle das Stammkapital sowie, wenn nicht alle in Geld zu leistenden Einlagen eingezahlt sind, der Gesamtbetrag der ausstehenden Einlagen angegeben werden. Der Angaben nach Satz 1 bedarf es nicht bei Mitteilungen oder Berichten, die im Rahmen einer bestehenden Geschäftsverbindung ergehen und für die üblicherweise Vordrucke verwendet werden, in denen lediglich die im Einzelfall erforderlichen besonderen Angaben eingefügt zu werden brauchen. Bestellscheine gelten als Geschäftsbriefe im Sinne des Satzes 1; Satz 3 ist auf sie nicht anzuwenden.

§ 72. [Vermögensverteilung] Das Vermögen der Gesellschaft wird unter die Gesellschafter nach Verhältnis ihrer Geschäftsanteile verteilt. Durch den Gesellschaftsvertrag kann ein anderes Verhältnis für die Verteilung bestimmt werden.

§ 73. [Sperrjahr] (1) Die Verteilung darf nicht vor Tilgung oder Sicherstellung der Schulden der Gesellschaft und nicht vor Ablauf eines Jahres seit dem Tag vorgenommen werden, an welchem die Aufforderung an die Gläubiger (§ 65 Abs. 2) in den öffentlichen Blättern zum dritten Male erfolgt ist.

(2) Meldet sich ein bekannter Gläubiger nicht, so ist der geschuldete Betrag, wenn die Berechtigung zur Hinterlegung vorhanden ist, für den Gläubiger zu hinterlegen. Ist die Berichtigung einer Verbindlichkeit zur Zeit nicht ausführbar oder ist eine Verbindlichkeit streitig, so darf die Verteilung des Vermögens nur erfolgen, wenn dem Gläubiger Sicherheit geleistet ist.

(3) Liquidatoren, welche diesen Vorschriften zuwiderhandeln, sind zum Ersatz der verteilten Beträge solidarisch verpflichtet. Auf den Ersatzanspruch finden die Bestimmungen in § 43 Abs. 3 und 4 entsprechende Anwendung.

§ 74. [Schluß der Liquidation] (1) Ist die Liquidation beendet und die Schlußrechnung gelegt, so haben die Liquidatoren den Schluß der Liquidation zur Eintragung in das Handelsregister anzumelden. Die Gesellschaft ist zu löschen.

(2) Nach Beendigung der Liquidation sind die Bücher und Schriften der Gesellschaft für die Dauer von zehn Jahren einem der Gesellschafter oder einem Dritten in Verwahrung zu geben. Der Gesellschafter oder der Dritte wird in Ermangelung einer Bestimmung des Gesellschaftsvertrags oder eines Beschlusses der Gesellschafter durch das Gericht (§ 7 Abs. 1) bestimmt.

(3) Die Gesellschafter und deren Rechtsnachfolger sind zur Einsicht der Bücher und Schriften berechtigt. Gläubiger der Gesellschaft können von dem Gericht (§ 7 Abs. 1) zur Einsicht ermächtigt werden.

§ 75. [Nichtigkeitsklage] (1) Enthält der Gesellschaftsvertrag keine Bestimmungen über die Höhe des Stammkapitals oder über den Gegenstand des Unternehmens oder sind die Bestimmungen des Gesellschaftsvertrags über den Gegenstand des Unternehmens nichtig, so kann jeder Gesellschafter, jeder Geschäftsführer und, wenn ein Aufsichtsrat bestellt ist, jedes Mitglied des Aufsichtsrats im Wege der Klage beantragen, daß die Gesellschaft für nichtig erklärt werde.

(2) Die Vorschriften der *§§ 272, 273 des Handelsgesetzbuchs*[1] finden entsprechende Anwendung.

§ 76. [Mängelheilung durch Gesellschafterbeschluß] Ein Mangel, der die Bestimmungen über den Gegenstand des Unternehmens betrifft, kann durch einstimmigen Beschluß der Gesellschafter geheilt werden.

§ 77. [Wirkung der Nichtigkeit] (1) Ist die Nichtigkeit einer Gesellschaft in das Handelsregister eingetragen, so finden zum Zwecke der Abwicklung ihrer Verhältnisse die für den Fall der Auflösung geltenden Vorschriften entsprechende Anwendung.

(2) Die Wirksamkeit der im Namen der Gesellschaft mit Dritten vorgenommenen Rechtsgeschäfte wird durch die Nichtigkeit nicht berührt.

(3) Die Gesellschafter haben die versprochenen Einzahlungen zu leisten, soweit es zur Erfüllung der eingegangenen Verbindlichkeiten erforderlich ist.

Sechster Abschnitt. Schlußbestimmungen

§ 78. [Anmeldungspflichtige] Die in diesem Gesetz vorgesehenen Anmeldungen zum Handelsregister sind durch die Geschäftsführer oder die Liquidatoren, die in § 7 Abs. 1, § 57 Abs. 1, § 57i Abs. 1, § 58 Abs. 1 Nr. 3 vorgesehenen Anmeldungen sind durch sämtliche Geschäftsführer zu bewirken.

§ 79. [Zwangsgelder] (1) Geschäftsführer oder Liquidatoren, die §§ 35a, 71 Abs. 5 nicht befolgen, sind hierzu vom Registergericht durch Festsetzung von Zwangsgeld anzuhalten; § 14 des Handelsgesetzbuchs bleibt unberührt. Das einzelne Zwangsgeld darf den Betrag von zehntausend Deutsche Mark nicht übersteigen.

(2) In Ansehung der in §§ 7, 54, 57 Abs. 1, § 58 Abs. 1 Nr. 3 bezeichneten Anmeldungen zum Handelsregister findet, soweit es sich um die Anmeldung zum Handelsregister des Sitzes der Gesellschaft handelt, eine Festsetzung von Zwangsgeld nach § 14 des Handelsgesetzbuchs nicht statt.

§ 80–81a. *(aufgehoben)*

§ 82. [Falsche Angaben] (1) Mit Freiheitsstrafe bis zu drei Jahren oder mit Geldstrafe wird bestraft, wer

1. als Gesellschafter oder als Geschäftsführer zum Zweck der Eintragung der Gesellschaft über die Übernahme der Stammeinlagen, die Leistung der Einlagen, die Verwendung eingezahlter Beträge, über Sondervorteile, Gründungsaufwand, Sacheinlagen und Sicherungen für nicht voll eingezahlte Geldeinlagen,
2. als Gesellschafter im Sachgründungsbericht,

---

1 Jetzt §§ 246 bis 248 AktG.

3. als Geschäftsführer zum Zweck der Eintragung einer Erhöhung des Stammkapitals über die Zeichnung oder Einbringung des neuen Kapitals oder über Sacheinlagen,
4. als Geschäftsführer in der in § 57i Abs. 1 Satz 2 vorgeschriebenen Erklärung oder
5. als Geschäftsführer in der nach § 8 Abs. 3 Satz 1 oder § 39 Abs. 3 Satz 1 abzugebenden Versicherung oder als Liquidator in der nach § 67 Abs. 3 Satz 1 abzugebenden Versicherung

falsche Angaben macht.

(2) Ebenso wird bestraft, wer

1. als Geschäftsführer zum Zweck der Herabsetzung des Stammkapitals über die Befriedigung oder Sicherstellung der Gläubiger eine unwahre Versicherung abgibt oder
2. als Geschäftsführer, Liquidator, Mitglied eines Aufsichtsrats oder ähnlichen Organs in einer öffentlichen Mitteilung die Vermögenslage der Gesellschaft unwahr darstellt oder verschleiert, wenn die Tat nicht in § 331 Nr. 1 des Handelsgesetzbuchs mit Strafe bedroht ist.

§ 83. *(aufgehoben)*

§ 84. [Pflichtverletzung bei Verlust, Zahlungsunfähigkeit oder Überschuldung] (1) Mit Freiheitsstrafe bis zu drei Jahren oder mit Geldstrafe wird bestraft, wer es

1. als Geschäftsführer unterläßt, den Gesellschaftern einen Verlust in Höhe der Hälfte des Stammkapitals anzuzeigen, oder
2. als Geschäftsführer entgegen § 64 Abs. 1 oder als Liquidator entgegen § 71 Abs. 4 unterläßt, bei Zahlungsunfähigkeit oder Überschuldung die Eröffnung des Insolvenzverfahrens zu beantragen.

(2) Handelt der Täter fahrlässig, so ist die Strafe Freiheitsstrafe bis zu einem Jahr oder Geldstrafe.

§ 85. [Verletzung der Geheimhaltungspflicht] (1) Mit Freiheitsstrafe bis zu einem Jahr oder mit Geldstrafe wird bestraft, wer ein Geheimnis der Gesellschaft, namentlich ein Betriebs- oder Geschäftsgeheimnis, das ihm in seiner Eigenschaft als Geschäftsführer, Mitglied des Aufsichtsrats oder Liquidator bekanntgeworden ist, unbefugt offenbart.

(2) Handelt der Täter gegen Entgelt oder in der Absicht, sich oder einen anderen zu bereichern oder einen anderen zu schädigen, so ist die Strafe Freiheitsstrafe bis zu zwei Jahren oder Geldstrafe. Ebenso wird bestraft, wer ein Geheimnis der in Absatz 1 bezeichneten Art, namentlich ein Betriebs- oder Geschäftsgeheimnis, das ihm unter den Voraussetzungen des Absatzes 1 bekanntgeworden ist, unbefugt verwertet.

(3) Die Tat wird nur auf Antrag der Gesellschaft verfolgt. Hat ein Geschäftsführer oder ein Liquidator die Tat begangen, so sind der Aufsichtsrat und, wenn kein Aufsichtsrat vorhanden ist, von den Gesellschaftern erstellte besondere Vertreter antragsberechtigt. Hat ein Mitglied des Aufsichtsrats die Tat begangen, so sind die Geschäftsführer oder die Liquidatoren antragsberechtigt.

§ 86. [Umstellung auf Euro] (1) Gesellschaften, die vor dem 1. Januar 1999 in das Handelsregister eingetragen worden sind, dürfen ihr auf Deutsche Mark lautendes Stammkapital beibehalten; entsprechendes gilt für

Gesellschaften, die vor dem 1. Januar 1999 zur Eintragung in das Handelsregister angemeldet, aber erst danach bis zum 31. Dezember 2001 eingetragen werden. Für Mindestbetrag und Teilbarkeit von Kapital, Einlagen und Geschäftsanteilen sowie für den Umfang des Stimmrechts bleiben bis zu einer Kapitaländerung nach Satz 4 die bis dahin gültigen Beträge weiter maßgeblich. Dies gilt auch, wenn die Gesellschaft ihr Kapital auf Euro umgestellt hat; das Verhältnis der mit den Geschäftsanteilen verbundenen Rechte zueinander wird durch die Umrechnung zwischen Deutscher Mark und Euro nicht berührt. Eine Änderung des Stammkapitals darf nach dem 31. Dezember 2001 nur eingetragen werden, wenn das Kapital auf Euro umgestellt und die in Euro berechneten Nennbeträge der Geschäftsanteile auf einen durch zehn teilbaren Betrag, mindestens jedoch auf fünfzig Euro gestellt werden.

(2) Bei Gesellschaften, die zwischen dem 1. Januar 1999 und dem 31. Dezember 2001 zum Handelsregister angemeldet und in das Register eingetragen werden, dürfen Stammkapital und Stammeinlagen auch auf Deutsche Mark lauten. Für Mindestbetrag und Teilbarkeit von Kapital, Einlagen und Geschäftsanteilen sowie für den Umfang des Stimmrechts gelten die zu dem vom Rat der Europäischen Union gemäß Artikel 109l Abs. 4 Satz 1 des EG-Vertrages unwiderruflich festgelegten Umrechnungskurs in Deutsche Mark umzurechnenden Beträge des Gesetzes in der ab dem 1. Januar 1999 geltenden Fassung.

(3) Die Umstellung des Stammkapitals und der Geschäftsanteile sowie weiterer satzungsmäßiger Betragsangaben auf Euro zu dem gemäß Artikel 109l Abs. 4 Satz 1 des EG-Vertrages unwiderruflich festgelegten Umrechnungskurs erfolgt durch Beschluß der Gesellschafter mit einfacher Stimmenmehrheit nach § 47; § 53 Abs. 2 Satz 1 findet keine Anwendung. Auf die Anmeldung und Eintragung der Umstellung in das Handelsregister ist § 54 Abs. 1 Satz 2 und Abs. 2 Satz 2 nicht anzuwenden. Werden mit der Umstellung weitere Maßnahmen verbunden, insbesondere das Kapital verändert, bleiben die hierfür geltenden Vorschriften unberührt; auf eine Herabsetzung des Stammkapitals, mit der die Nennbeträge der Geschäftsanteile auf einen Betrag nach Absatz 1 Satz 4 gestellt werden, findet jedoch § 58 Abs. 1 keine Anwendung, wenn zugleich eine Erhöhung des Stammkapitals gegen Bareinlagen beschlossen und diese in voller Höhe vor der Anmeldung zum Handelsregister geleistet werden.

Literaturverzeichnis

Balser, H.; Meyer, W.; Piorreck, K. F.: Die GmbH, 9. Aufl., Freiburg 1991

Brandmüller (Hrsg.): Bonner Handbuch der GmbH, LBW, Stollfuß Verlag, Bonn

Brandmüller: Der GmbH-Geschäftsführer im Gesellschafts-, Steuer- und Sozialversicherungsrecht, Bonn 1992 bis 2000

Dankmeyer/Welter: Steuerleitfaden für die neuen Bundesländer, Stollfuß Verlag, Bonn 1993

Gräfer, H.: Der Jahresabschluß der GmbH unter Berücksichtigung der Regelungen des D-Mark-Bilanzgesetzes, 3. Aufl., Herne/Berlin 1991

Henseler, E.: Unternehmensanalyse, Grundlagen der Beurteilung von Unternehmen, Stuttgart 1979

Hueck, A.: Gesellschaftsrecht, München

Jasper/Sönksen: Investitionsförderung in den neuen Bundesländern, LBW, Stollfuß Verlag, Bonn 1993 bis 2000

Lutz, J.: Die richtige Altersversorgung des GmbH-Geschäftsführers, 6. Aufl., Freiburg 1991

Rohwedder, H.; Fuhrmann, H.; Koppensteiner, H.: Gesetz betreffend die Gesellschaften mit beschränkter Haftung, Vahlen 1990

Senftner, G.; Henze, M., Triller, H.: Wie gründet man eine Gesellschaft m.b.H.?, Heidelberg 1991

Scholz, R.: Kommentar zum GmbH-Gesetz, Loseblattwerk, Berlin

Wissmann, M.: Die Haftung des GmbH-Geschäftsführers, 3. Aufl., Freiburg 1990

Register

Econ
Heinz Commer
Johannes v. Thadden
Managerknigge
2000
Mit Verhaltenstips zu allen wichtigen Geschäfts- und Urlaubsländern
Das internationale
ABC der erfolgreichen
Umgangsformen